珍藏本
纪念版

汉译世界学术名著丛书

历史的观念

〔英〕柯林武德 著

何兆武 张文杰 译

商务印书馆
SINCE 1897
The Commercial Press

2017年·北京

R. G. Collingwood
THE IDEA OF HISTORY
First Edition 1946
Reprinted Lithographically in Great Britain
At the University Press, Oxford
From Sheets of the First Edition
1948,1949,1951
Reprinted by D. R. Hillman & Son, LTD, Frome
1962
根据希尔曼父子公司 1962 年重印版译出

汉译世界学术名著丛书
（120年纪念版·珍藏本）
出版说明

2017年2月11日，商务印书馆迎来120岁的生日。120年前，商务印书馆前贤怀揣文化救国的理想，抱持“昌明教育，开启民智”的使命，立足本土，放眼寰宇，以出版为津梁，沟通中西，为中国、为世界提供最富智慧的思想文化成果。无论世事白云苍狗，潮流左右激荡，甚至战火硝烟弥漫，始终践行学术报国之志，无改初心。

迻译世界各国学术名著，即其一端。早在20世纪初年便出版《原富》《天演论》等影响至今的代表性著作，1950年代后更致力于外国哲学和社会科学经典的译介，及至1980年代，辑为“汉译世界学术名著丛书”，汇涓为流，蔚为大观。丛书自1981年开始出版，历时三十余年，迄今已推出七百种，是我国现代出版史上规模最大、最为重要的学术翻译工程。

丛书所选之书，立场观点不囿于一派，学科领域不限于一门，皆为文明开启以来，各时代、各国家、各民族的思想与文化精粹，代表着人类已经到达过的精神境界。丛书系统译介世界学术经典，引领时代思想，为本土原创学术的发展提供丰富的文化滋养，为推动中国现代学术和现代化进程做出了突出的贡献。

为纪念商务印书馆成立120周年，我们整体推出“汉译世界学术名著丛书”120年纪念版的珍藏本，寄望既利于文化积累，又便于研读查考，同时向长期支持丛书出版的译者、编者和读者致以敬意。

两甲子后的今天，商务印书馆又站在了一个新的历史时间节点上。我们不仅要铭记先辈的身影和足迹，更须让我们的步伐充满新的时代精神。这是商务人代代相传的事业，更是与国家和民族的命运始终紧密相连的事业。我们责无旁贷，必须做好我们这代人的传承与创造，让我们的努力和成果不仅凝聚成民族文化的记忆，还能成为后来人可以接续的事业。唯此，才能不负前贤，无愧来者。

商务印书馆编辑部

2017年10月

译　序

——评柯林武德的史学理论

（一）

柯林武德在本世纪初期的学术活动主要是在纯哲学方面，后来对历史学的理论考察越来越引起了他的兴趣。从1936年起，他写过一系列有关历史哲学的文章，但他这方面重要遗文之最后汇集为他的代表作《历史的观念》一书，却是他死后三年由友人诺克斯于1946年编辑出版的。

1910年当柯林武德在牛津开始读哲学的时候，格林三十年前所奠立的那个哲学运动仍然在统治着学院；在这个有势力的流派中包括有他的后学F. H. 布莱德雷、鲍桑葵、W. 华莱士和奈特尔席普等人，即通常人们所称的新黑格尔派或英国唯心派。然而他们自己反对这个名称，认为自己的哲学既是英格兰和苏格兰土生土长的哲学的延续，同时又是对这一哲学的批判。1880—1910年的三十年间，这个流派不但在牛津、而且更多地是在牛津以外，有着广泛的影响。这个流派的反对派则是所谓实在主义者。

柯林武德本人自始即不同意实在主义者的论点。他认为实在主义者把哲学弄成了一种徒劳无功的空谈游戏、一种犬儒式的自欺欺人，对于英国思想与社会带来了灾难性的后果；又过了三十年以后,他仍在批评实在主义者是建立在"人类的愚蠢"[1]之上的。第一次世界大战后,大多数英国哲学家都已属于实在主义,而凡是反对实在主义的就自行归入唯心派,亦即格林后学的行列。以实在主义者的论敌和对手而出现的柯林武德,也被列入其中。这时候,罗素和摩尔的重要著作均已问世。随后亚历山大的《空间、时间和神性》、怀特海的《历程与实在》相继发表;实在主义者一时大畅玄风。就在这个时期,柯林武德仍然认为这些著作不但没有能驳倒、反而更加证实了他所坚持的论点。他认为罗素哲学赖以立论的逻辑和数学都是先天的,不属于实验科学的范围;而摩尔则根本不讨论存在问题或者什么是存在,只讨论命题的意义。如果实在主义的含义是指被认识的对象与认识者的认识无关,那么怀特海那种通体相关的哲学就不能算做实在主义;因为它承认认识与被认识的对象二者总是相互依存的,而这一点正是实在主义所要否认的。至于亚历山大那部名噪一时的著作,柯林武德则认为其主体大都出自康德和黑格尔的观念,只不过是装潢上一道实在主义的门面而已。怀特海所依据的是反实在主义的原则,而亚历山大所依据的是非实在主义的材料。所有这些著作都不足以说明实在主义的论点,反而正是返回到了实在主义所要与之宣告决裂的那个传统。

柯林武德的中心论点是:"哲学是反思的(reflective)",[2]因此它的任务就不仅是要思维某种客体,而且要思维这一思维着某种

---

① 《形而上学论》,1940 年英文版(以下同),第 34 页。

② 《历史的观念》,1946 年英文版(以下同),第 1 页。

客体的思维；因此“哲学所关怀的就并非是思想本身，而是思想对客体的关系，故而它既关怀着客体，又关怀着思想”①。他晚年的兴趣虽日益由哲学问题转到史学问题上来，但实质上仍然是这个论点在史学理论上的继续和深入。和大陆思想背景不同的是，英国思想多少世纪以来就富于经验主义的传统。例如像休谟那样一个充满着怀疑与不可知论的色彩的人，同时却又是一位出色的历史学家。柯林武德一生在史学研究上卓有成绩，他的理论思维也始终浸染着浓厚的经验主义色调。

（二）

实在主义者每每引向语言分析，把对客观实在的研究转化为语言学的问题，乃至流入只问用法、不问意义的地步。柯林武德反对实在主义的这一倾向，而把提法重新颠倒过来；他提出：“哲学的对象就是实在，而这一实在既包括史家所认识的事实，又包括他对这个事实的认知。”②柯林武德自称他继承的是笛卡尔和培根的传统，即一种哲学理论就是哲学家对自己所提出某种问题的解答；凡是不理解所提出的问题究竟是什么的人，也就不可能希望他理解这种哲学理论究竟是什么。换句话说，知识来自回答问题，但问题必须是正当的问题并出之以正当的次序。当时不但牛津的实在主义者们认为知识只是对某种“实在”的理解，就连剑桥的摩尔和曼彻斯特的亚历山大也不例外。柯林武德把实在主义者的论点归结

① 《历史的观念》，1946年英文版（以下同），第2页。

② 《艺术哲学》，1925年英文版（以下同），第93页。

如下:知识的条件并非是消极的,因为它积极参与了认知过程,即认识者把自己置于一个可以认知某一事物的位置上。和实在主义者的立场不同,柯林武德认为他自己的“提问题的活动”并不是认识某一事物的活动;它不是认识活动的前奏,而是认识活动的一半,那另一半便是回答问题,这问答二者的结合就构成为认识。这就是他所谓的问答哲学或问答逻辑。

要了解一个人(或一个命题或一本书)的意义,就必须了解他(或它)心目中(或问题中)的问题是什么,而他所说的(或他所写的)就意味着对于这一问题的答案。因此“任何人所做的每一个陈述,就都是对某个问题所做的答案”。[①] 这也就蕴涵着,一个命题并不是对一个又可以做出别的答案来的问题的答案——或者至少并不是正确的答案。这种关系,柯林武德称之为问答二者之间的相关性(correlativity)原则。他把这一原则应用于矛盾。他不承认两个命题作为命题可以互相矛盾。因为除非你知道一个命题所要求回答的问题是什么,你就不可能知道一个命题的意思是什么。所以除非两个命题都是对于同一个问题的回答,否则这两个命题就不可能互相矛盾。

上述原则同样可以应用于真假。真假并不属于某个命题本身,真假之属于命题仅仅有如答案之属于问题一样,即每个命题都回答一个严格与其自身相关的问题。但一般人往往认为逻辑的主要任务在于分辨真假命题,而真假又属于问题本身。命题往往被人称为“思想单元”,那意思是指一个命题可以分解为主词、谓语等

① 《形而上学论》,第23页。

等，每一部分单独而言都不是一个完整的思想，所以不可能有真或假。在柯林武德看来，这是由逻辑与文法之间悠久的历史渊源——即以逻辑上的命题与文法的直陈语句挂钩——而产生的错误。这种逻辑可以称之为“命题逻辑”；它与“问答逻辑”不同，并且应该为“问答逻辑”所取代。他把历史上的“命题逻辑”归结为四种形式，即：(1)真假属于命题本身的性质。也就是它本身或则真、或则假。(2)真假在于命题与命题所涉及的事实二者是否相符。(3)真假在于一个命题是否与其他命题融通一贯。(4)真假在于一个命题是否被认为有用。以上第一种说法即传统的说法，第二种即真理的符合说(correspondence theory)，第三种即真理的融贯说(coherence theory)，第四种即实用主义的观点。在他看来，这四种说法都是错误的。错误的原因就在于它们都假设了“命题逻辑”的原则，而这种原则正是他所要全盘否定的。

柯林武德的意见是：通常所谓一个命题是“真”，不外意味着：(1)命题属于一组问答的综合体(complex)；而这个综合体作为一个整体来说，是真；(2)在这个综合体中有着对某个问题的答案；(3)问题是属于我们通常称之为明晰的(sensible/intelligent)那种；(4)命题是对该问题的“正当”的答案。假如以上所述就是我们称一个命题为真的含义；那么除非我们知道它所要回答的是什么问题，否则我们就不可能说某一命题为真为假。真并不属于某个命题，或是属于某一组命题的综合体；它属于、而且只属于包括问题与答案都在内的那个综合体，而那种综合体却是历来的“命题逻辑”所从未萦心加以研究的。上述“正当的答案”的“正当”(right)一词，并非指“真”；所谓对一个问题的“正当的答案”，乃是指能使人们继续进行问与答的那种答案。一个命题之为真为假、有意义或无意义,完全取决于它所要回答的是什么问题。脱离了一个命题所要回答的特定问题,则命题本身并无所谓真假或有意义无意义。故此,重要之点就在于我们必须明确找出它所要回答的问题,而决不可以根本茫然于它所要回答的究竟是什么问题。这种"提问题的能力",他称之为"逻辑的功效"(efficiency)。[1] 传统的"命题逻辑"之必须为"问答逻辑"所取代,他于1917年就作了全面的论述。

既然在思想方法上反对实在主义的分析路数,所以在对待形而上学的态度上他也一反分析派的结论。对形而上学,分析派采取完全否定的态度。柯林武德虽然认为根本就不存在什么有关"纯粹存在"(pure being)的科学或半科学乃至伪科学,亦即根本就不存在本体论,并且在这种意义上,他也根本不承认有所谓"纯粹存在";但本体论不存在并不意味着形而上学也丧失其存在的权利。反之,柯林武德认为形而上学是不能取消的,虽则他所谓的形而上学已不是、或不完全是传统意义上的形而上学。这一论题枝蔓过多[2],这里不拟详谈。但是有一点是应该提到的,即他坚持"形而上学对于知识的健康与进步乃是必要的",因此"那种认为形而上学是思想上的一条死胡同的看法,乃是错误的"[3]。原因就在

① 《形而上学论》,第33页。

② 例如他谈到维特根斯坦的二分法,即可知的事实与可直觉(shown)的神秘,以及罗素的逻辑结构之只能直觉而不能论证(demonstrate);并认为以往的哲学大多是企图论证只能被直觉的东西,因而是无意义的,或者是什么也没有说。

③ 《形而上学论》,第Ⅶ页。

于形而上学有好坏真假之分，逻辑实证论者却没有看到或者不懂得这个区别；因此，“逻辑实证主义并没有区别好的形而上学和坏的形而上学，而是把一切形而上学都看作是同样的无意义”。[①] 这一点是柯林武德与分析学派的根本分野之一。他认为不仅分析学派，以往历史上之所以有那么多的哲学家都在理论上跌了跤，原因之一“就正在于他们没有区别(真)形而上学和假形而上学”。[②]

(三)

逻辑实证主义所掀起的分析思潮，自第一次世界大战后蔚为巨流，迄今未衰。这一思潮的意图是要避免或者反对形而上学，但发展到极端，竟致对全部哲学根本问题有一并取消或否定之势。无论语言分析或逻辑分析对于澄清哲学思想可能有着多么巨大的作用，但哲学终究不能仅仅归结为语言分析或逻辑分析，而是无可避免地要回答世界观的问题。这一点就成为西方各派生命哲学对分析哲学分庭抗礼的据点。古来有所谓学哲学即是学死法的提法，现代各派生命哲学的共同点也正在于解决生命本身在思想上对外界的适应和反应，所以它的对象就包括全部现实生活在内，例如包括感情生活在内。哲学的本性究竟和科学是根本相同，还是根本不同呢？在这个问题上，双方各有其不同的解答。近代史从一开始就有一种思潮极力追求思想的精确性，追求几何学那样的

① 他接着又说：“于是量子论在一个彻底逻辑实证主义的眼里，也就和古典物理学是同样地没有意义。”(《形而上学论》，第260页。)

② 《形而上学论》，第343页。他并且认为怀特海所谈的哲学(甚至可以说是形而上学)已超出了通常逻辑之外(与之上)，因而与分析派或实证派的旨趣已不大相同。

思想方式。同时,也有另一种思潮,不以科学为满足,认为在科学知识之外,人生尚另有其意义和价值,而那是科学所无能为力的。这一派也有同样之悠久的历史传统,例如与笛卡尔同时、同地、同属17世纪最卓越的数理科学家行列的帕斯卡尔就提出过:心灵有其自己的思维方式,那是理智所不能把握的①。两派之中,前者重思维的逻辑形式,后者则重生命存在的内容。

20世纪初,两派对峙呈现新的形势。两派虽都不满于19世纪的思想方法,在反对形而上学这一点上是共同的;但一派走向纯形式的语言分析和逻辑分析,另一派则把哲学思维看作就是生命的活动,它虽然不给人以知识,却从内部阐明生命存在的意义,因此哲学就不是、或不只是理论思维而且是活动。分析哲学后来较流行于英美,而生命哲学则在西欧大陆较占上风。两派之中,柯林武德对罗素在分析哲学中和胡塞尔在现象学中所起的作用,有着深刻的印象②。

柯林武德在双方对峙之中采取了一个比较特殊的立场。他本人一生始终是一位专业历史学家,因而把史学带入哲学很自然地就成为他思想的特点。近代西方哲学家大多从科学入手,而柯林

① 帕斯卡尔《思想录》,1912年,布伦士维克本,第277节。

② 他认为:罗素哲学包括两个组成部分,即(1)逻辑,(2)仅仅从直接感觉与材料出发的内容;而在胡塞尔那里则直接感觉与材料并不是直接的,真正直接的乃是日常生活事物,所以出发点也应该转移到日常生活事物上来,人们通过认识而把握的这种日常生活的经验就叫做"意向的行为"。罗素把生活经验分解为直接感觉与材料,正有如把化合物之分解为各种元素(所以他的理论又称"原子主义")。实际上,从来就有一种看法(包括布莱德雷)把日常生活看作是非真实的,以为真实只能求之于"绝对"之中;罗素本人只不过是把真实移置于感觉与材料之中罢了。

武德所强调的历史知识与历史研究对于人类认识的必要性和重要性,恰恰是大多数哲学家所忽视的。在这一方面,他受到两位意大利思想家,即维柯和克罗齐的影响,而与克罗齐相似和相通之处尤多。他早年即曾批判传统上以经验心理学来研究宗教的方法,而把宗教视为知识的一种形式,后来又通过心灵的统一性来论证他的一套文化哲学。他讨论了人类五种经验形式,即艺术、宗教、科学、历史、哲学(这里面显然可以看出有克罗齐的浓厚的影子),而且企图对不同层次的人类知识进行综合。他企图打通各种不同的学科并在其间建立一种亲密的关系(rapprochement),这种亲密的关系不仅存在于哲学和史学之间,而且也存在于理论与实践之间。这同时就意味着:人不仅生活在一个各种"事实"的世界里,同时也生活在一个各种"思想"的世界里;因此,如果为一个社会所接受的各种道德的、政治的、经济的等等理论改变了,那么人们所生活于其中的那个世界的性质也就随之而改变。同样,一个人的思想理论改变了,他和世界的关系也就改变了。第一次世界大战后,柯林武德的思想更多地转到道德以及社会政治和经济的问题上来,提出了:每一种人类行为都具有其多方面的含义,因此就不存在什么纯道德的、或纯政治的、或纯经济的行为;但是我们却不可因此就把道德性与政治性或经济性混为一谈,不加区别。在他看来功利主义,就是由于以经济效果来解说或检验道德,——即一种行为是好是坏取决于其经济后果如何,——因而犯了错误。

(四)

以上理论特别涉及自然科学与历史学的关系。19 世纪由于自然科学的思想方法取得了极大的成功,实证主义遂风靡一时。这一思潮大大影响了近代西方史学思想与方法,或者如柯林武德所说的:“近代史学研究方法是在她的长姊——自然科学方法的荫庇之下成长起来的”;①这样就使得专业史学家有意无意之间强烈地倾向于以自然科学的思想方法治史,乃至史学有向自然科学看齐的趋势。柯林武德的思想则是对于这一思潮的反动或反拨。史学对自然科学的这种模仿或效颦,他称之为“史学的自然主义”;并宣称目前到了这样一个时代:“历史学终于摆脱了对自然科学的学徒状态”。②

反对史学中的自然科学或实证主义思潮的,不只是柯林武德一个人。19世纪的德罗伊曾即已标榜自然科学与人文科学两者的题材和方法论都是根本不同的。随后的布莱德雷,本世纪的奥特加、卡西勒、狄尔泰等相继属于这一行列。狄尔泰把历史学划归精神科学或心灵科学,认为它与自然科学的不同就在于它的主题是可以体验的(erlebt),或者说是可以从内部加以认识的。柯林武德对这一论点做了深入的发挥。他认为历史科学和自然科学虽同属科学,因而都基于事实;但作为两者对象的事实,其性质却大不相同。他说:“一切科学都基于事实。自然科学是基于由观察与实验所肯定的自然事实;心灵科学则是基于由反思所肯定的心灵事实。”③两者的不同就在于“对科学来说,自然永远仅仅是现象”,“但历史事件却并非仅仅是现象、仅仅是观察的对象,而是要求史

① 《历史的观念》,第228页。

② 同上书,第315页。

③ 《新利维坦》,1942年英文版,第280页。

学必须看透它并且辨析出其中的思想来。”[①]自然现象仅仅是现象，它的背后并没有思想，历史现象则不仅仅是现象，它的背后还有思想。一场地震可以死掉多少万人，但地震只是自然现象，其中并无思想可言。一场战争也可以死掉多少万人，但战争并不仅仅是现象，它从头至尾在贯穿着人的思想，它有思想在指导行动。只有认识了这一点，历史才成为可以理解的，因为历史事件乃是人类心灵活动的表现。所以自然科学家研究自然现象时，没有必要研究自然是在怎么想的，但是历史学家研究历史事件时，则必须研究人们是在怎么想的。

自然科学研究所依据的数据是通过知觉而来，但历史研究所依据的材料却不能凭知觉。或者说，自然界只有“外表”，而人事却还有“内心”；史家的职责就在于了解这种“内心”及其活动。柯林武德着重阐述了他的论点：“自然科学概括作用的价值取决于如下的事实，即物理科学的数据是由知觉给定的，而知觉却不是理解”；但“根据历史事实进行概括，则情形便大不相同。这里的事实要能作为数据加以使用，则首先必须是历史地为人所知。而历史知识却不是知觉，它乃是对于事件内部的思想的剖析”。[②] 这就要求史学家必须有本领从内部钻透他所研究的历史事件，而不仅仅如自然科学家之从外部来考察自然现象。一个人由于自然原因而死去，医生只须根据外部的现象就可以判断致死的原因。但是布鲁塔斯刺死了恺撒，史学家却不能仅止于断言布鲁塔斯是刺客而已，

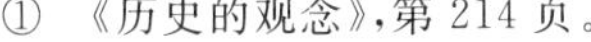

① 《历史的观念》，第 214 页。

② 同上书，第 222 页。

而是必须追究这一事件背后的思想，包括布鲁塔斯本人的思想。严格说来，史学所研究的对象与其说是历史事实，倒不如说是历史事实背后的思想活动。自然科学并不要求科学家认识自然事件背后的思想，而史学则要求史家吃透历史事件背后的思想；唯有历史事件背后的思想——可以这样说——才是历史的生命和灵魂。这就是史学之所以成其为史学而有别于自然科学的所在。谈到史学与自然科学的不同时，柯林武德反复申说他的中心思想如下："与自然科学家不同，史家一点也不关心如此这般的事件本身。他只关心作为思想之外在表现的那些事件上，而且只是在它们表现思想时，他才关心它们；他关心的只是思想而已。"①这就是说，史家之关心历史事件，仅只在于历史事件反映了思想，表现了或体现了思想。归根到底，历史事件之成其为历史事件都是由于它有思想。这样就达到了柯林武德史学理论的一条根本原则：历史就是思想史；他说："史学的确切对象乃是思想，——并非是被思想的事物而是思想本身的行为。这一原则使人一方面可以区别史学与自然科学，自然科学是研究一个给定的、客观的世界而与正在思想着它的行为不同；另一方面又可以区别史学与心理学，心理学研究的是直接经验和感觉，这些尽管也是心灵的活动，但不是思想的活动。"②不过我们必须指出，这一历史即思想史的论点却包含一个理论的前提，即人们必须有可能对前人的思想直接加以认识。这一点在柯林武德看来似乎是不言而喻的和理所当然的，但实际上它并不

① 《历史的观念》，第 127 页。

② 同上书，第 305 页。

像它看起来(或至少像柯林武德看得)那么简单。这一点后面将再谈到。

这样,历史科学与自然科学的不同就并不在于两者的证实方法不同,而在于两者所要证实的假说,其性质根本不同。“史学的任务在于表明事情何以发生,在于表明一件事情怎样导致另一件事情”①;在历史事件的这种“何以”和“怎样”的背后,就有着一条不可须臾离弃的思想线索在起作用,史学家的任务就是要找出贯穿其间的这一思想线索,而在自然科学中却不存在这个问题②。这一任务就向史学家提出了一个苛刻的要求,即史学家必须具有充分的历史想象力。19 世纪中叶麦考莱即曾特标史学家必须以想象力来使历史著作的叙述生动而且形象化③。但柯林武德认为麦考莱的说法尚属皮相,而未能触及史学的本质;因为麦考莱所谓的想象力只是指文辞的修饰,而“历史想象力严格说来,却不是修饰性的而是构造性的”。④ 缺乏这一构造性的功能,就谈不到有真正的历史知识。这里所谓构造性,大致即相当于康德知识论中“调节性的”(regulativ)与“构造性的”(konstruktiv)之别的“构造性的”一词的含义。

柯林武德认为,近代自然科学的进展极其深刻地改变了人类

① 《历史的观念》,第 100 页。

② 奥特加也说:“我们必须使自己摆脱并且彻底摆脱对人文因素的物理的或自然的研究途径”,“自然科学在指导人们认识事物时所获得的丰富成绩和自然科学面对严格的人文因素时的破产,恰好形成鲜明的对比”(《哲学与历史》1936 年英文版,第 293 页)。

③ 麦考莱:《史学论》,1828 年英文版。

④ 《历史的观念》,第 241 页。

的思想面貌和整个世界历史面貌;但是人类控制自然能力的增长却并未同时伴之以相应的控制人类局势能力的增长。而后者的徘徊不前,更由于前者的突飞猛进而格外暴露出其严重弱点。人类控制物质力量的能力的增长与控制人类本身局势的无能形成了日益扩大的差距,从而使得文明世界中的一切的美好与价值有面临毁灭的危险。因此,成为当务之急的就不仅仅是要求人与人之间的和解或善意,而尤其在于真正理解人事并懂得如何驾驭人事。这就要求历史学进行一场革命、一场培根式的革命,从而使得历史学也能处于近代自然科学的那种地位并起到近代自然科学的那种作用。培根的思想革命开辟了近代科学的新时代;柯林武德提出的史学中培根式的革命,则是要把以往杂乱无章、支离破碎的史学研究改造成为真正能提出明确的问题并给出明确答案的史学。这一思想和他的问答逻辑一脉相承。要进行这样一场革命,首先就必须向史学家进行宣传,使史学家抛弃其因循守旧的思想方法,而在自己的认识中掀起一场培根式的革命。

研究历史是不是就能使人们更好地理解人事?史学怎样才能在人类文明史上或思想史上扮演一种相当于或类似于近代自然科学所曾扮演过的角色?柯林武德的回答是:传统的史学是不能担此重任的,因为传统的史学只不过是剪刀加浆糊的历史学,或者说剪贴史学。他在书中屡屡使用这一贬义词,作为他对于传统史学的恶谥;历来史家的工作大抵不外是以剪刀浆糊从事剪贴工作,重复前人已说过的东西,只不过是出之以不同的排列与组合的方式而已。历来的史学家却寄希望于通过这种史学就能做到鉴往以知来。柯林武德认为这种史学完全是徒劳无功,并借用黑格尔的话说道:我们从历史中所学到的东西,实际上只是并没有人从历史中学到任何东西。

(五)

柯林武德还写过一部美学著作,即1928年的《艺术原理》,其中一些基本论点远祧柯勒律治,近承克罗齐,通常被称为克罗齐—柯林武德的表现学说。对克罗齐的直觉与表现二者同一的公式,他的后学曾各有所侧重和发扬:一派强调对事物性质的直觉,形成所谓构造主义(contextualism),一派则强调表现,形成所谓表现主义(expressionism)。柯林武德和他的老师凯里特都属于后一派,认为艺术品是艺术家情操的表现。表现成功的就把艺术家自己的情操传达给了公众。柯林武德把思想分为理知和意识,理知适用于科学而艺术则是感情的意识;意识把感觉经验转化为想象的活动,就成为了艺术美。艺术要求能够既体现真挚的情操,而又把它传达给观众。这种表现论虽可以上溯到柏拉图和亚里士多德,但克罗齐和柯林武德却是这一理论近代形式的重要代表。

托尔斯泰的《艺术论》(1898年)曾揭橥以能否鼓舞人们的道德与宗教的情操作为评价艺术的原则,艺术必须是能以作者自己的崇高情操感染观众。这种《艺术论》引起了思想界的争论。[①] 柯林武德的艺术论没有托尔斯泰那种浓厚的宗教说教,而是把艺术和史学与哲学三者更紧密地结合在一起。他以为人与人之间需要有科学概念的传达,但除此之外,还需要有情操的传达;艺术就是

① 文艺史有名的故事之一,是它影响了青年的罗曼·罗兰以及托尔斯泰、罗曼·罗兰两人的通信。

传达情操的媒介。有许多东西是科学概念所不能传达的,唯有凭借艺术才能有效地加以传达。故而艺术形象正像科学概念是同样地有价值而又必不可少,因为人类需要情操的传达并不亚于他们之需要有科学概念的传达。

这里成为问题的是他所谓真挚的感情(或感情真挚性)的含义,因为并不是所有一切种类和形式的感情传达都可以称之为艺术;浅薄无聊的情操就被排斥在所谓真挚之外。真挚的感情这一概念有点近似于后来存在主义所谓"真正的"情操。对于这个问题,克罗齐强调表现的圆满性,从而排除了艺术美中一切概念的或实用的内容;但柯林武德却同时还容纳了智力的或知识的成分,只要它们也能被融会在情操之中。他区分了所谓"腐化的"和"未腐化的"两种情操,并且把压抑看成是腐化的根源。

在他的美学理论和艺术理论中,柯勒律治和克罗齐的影子随处可见。他承袭了柯勒律治的想象论①,标榜想象,提出"艺术归根到底无非是想象,不多也不少",②同时又把想象力引入史学作为史学家的必备条件。至于他的有关精神与实践两者关系的基本论点,即"就理论方面说,就叫做精神力图认识它自己;就实践方面说,就叫做精神力图创造它自己"③,则克罗齐体系的影响更可谓跃然纸上。因此卡西勒评柯林武德的艺术论就指责他说:"他完全忽视了作为艺术品产生与观赏的前提的全部构造过程。"④

① 见柯勒律治《文学自传》1817年英文版,特别是第13章。

② 《艺术原理》,第3页。

③ 同上书,第88页。

④ 《人论》,1944年英文版,第182页。又可参看《艺术哲学》,第279—285页。

这里我们要讨论的不是他的美学理论或艺术论本身，而是它和他的史学观念之间的联系。在美学上，柯林武德强调："真正的美绝不是主观与客观相排斥这种意义上的主观与客观。它是心灵在客观之中发现其自身。"①美学认识的性质如此，史学认识的性质也类似。在历史认识上，也不存在主观与客观相对立这种意义上的历史知识，或如通常所谓的认识主体认识了客观事物那么一回事。而把史学中的主体与客体打成一片的，则是"思想"这条渠道。

（六）

史学思想或对历史的观念，严格地说，虽然和历史学本身同样的古老，但近代史学思想之成为历史哲学，则始自18世纪的维科而大盛于18世纪末的启蒙运动，特别是在大陆上的德、法两国思想界的代表人物中间。维柯②已经提出史家必须神游于古代的精神世界，重视古人的精神，而不应把今人的思想认识强加于古人。这一重现或再现的观念，衍为柯林武德史学思想中一个重要的契机。另一方面，18世纪末赫德尔和康德③的富有积极意义的思辨历史哲学观念却在稍晚的德国哲学中变了质。如谢林之以历史为

① 《艺术原理》，第43页。

② 维柯在一般书籍中曾有近代历史哲学开山祖之称（如巴恩斯《史学史》，1963年英文版，第192页）。

③ 赫德尔和康德虽相凿枘，但两人的一系列基本论点又复有惊人的类似之处：如两人均以为历史的目标在于人道的充分发展，而这一目标是终将实现的；一切反面的历史势力最后终将成就为全体的美好，理性与正义是人类进步的保证，它们必然促进上述目标的实现，等等。

"绝对"的自我实现的历程,实际上不过是一种改头换面了的由天意所实现的神功;因而未免中世纪神学残余之讥,缺乏近代式的分析和洗练。自布莱德雷《批判历史的前提》(1874年)问世之后,西方史学思想逐步从探讨历史本身的规律转移到探讨历史知识的本性上来。柯林武德史学的两个根本观点,即(1)史学是过去思想的重演,(2)史学的目的就在于把过去的思想组织为一套发展体系;都由布莱德雷发其微。

在历史观点上影响柯林武德的另一个人是克罗齐。克罗齐强调离开思想便没有实在,因而也就没有历史的实在。通常意义上的史学家们,在克罗齐看来,都只能算是史料编纂者,不能算是史学家(即对历史有真正理解的人);因为史实只有通过史学家本人心灵或思想的冶炼才能成为史学。古奇评克罗齐时曾说:"克罗齐看不起通常的编年史方法。过去之对于我们,仅仅在于它作为过去所发生的事件的主观观念而存在。我们只能以我们今天的心灵去思想过去;在这种意义上,一切历史都是当代史。"①柯林武德由此再加引申,于是就达到了一切历史都是思想史这一基本命题。

第一次世界大战后,柯林武德即开始考虑如何建立一种人文(human affairs)科学的问题。1928年,他在度假时,酝酿出本然的历史与伪历史之别这一论点。真史和伪史都是由某些叙述构成的,但区别在于真史必须说明支配历史事件的有目的的活动;历史文献或遗物仅仅是证件,而其所以能成为证件,则只在于史家能就其目的加以理解,也就是说能理解其目的何在。伪史或假历史学

① 古奇:《十九世纪历史学与历史学家》,1952年英文版,第XXXVI页。

则不考虑目的，从而仅只成为把史料分门别类归入各个不同时期的一篇流水账。1930年左右，他总结出比较明确的论点如下：

考古学上的各种遗物都是属于过去时代的，但它们都必须向考古学家表明它们本身的目的何在。考古学家把它们当作是历史的证件，仅仅是在如下的意义上，即他能理解它们是做什么用的，也就是他必须把它们看作是表现一种目的的。这一"目的"才是史家的立足点和着眼点，离开了它就谈不到对历史的理解，也就无所谓史料或历史的证件。一切历史都是思想史，那意思是说：人们必须历史地去思想，也就是必须思想古人做某一件事时是在怎么思想的。由此而推导出的系论便是：可能成其为历史知识的对象的，就只有思想，而不能是任何别的东西。例如，政治史就是、而且只能是政治思想史。当然，这并不是指政治史就是通常意义上的政治思想史，即政治理论或政治学说的历史，而是指人们在进行政治活动时，他们头脑中所进行的思想，或他们是在怎么想的。这里也许可以用一个流行的比喻说法，即：思想是灵魂，抽掉了思想，历史或史学就将只剩下一具没有灵魂的躯壳。

柯林武德自认为上述的这一论点（或者说发现），在19世纪是不可能出现的，因为当时的史学尚未经历过一次培根式的革命而成为科学。19世纪的史学还笼罩在18世纪的观点之下；18世纪的理论家们在看到有必要建立人文科学时，并不是把它当作历史学而是把它当作一种"人性的科学"，从而错误地以随时随地莫不皆然的普遍人性为其对象，如像休谟和亚当·斯密的例子。19世纪的学者又往往求之于心理学，把人类的思想错误地归结为心理的事实。人性论或心理学都不是、也不能代替历史学，——因为历史乃是思想史，而人性论或心理学却不是。如果说17世纪的哲学是清理17世纪的自然科学，那么“20世纪哲学的主要任务就是要清理20世纪的史学”。[①] 他认为直迄19世纪末以前，史学研究始终处于类似前伽利略的自然科学所处的那种状态。但从这时起，史学却经历着一场革命，足以媲美17世纪的自然科学革命，而其规模之巨大则远甚于哥白尼的革命[②]目前人们正处在这样一个时代，史学在其中要起一个相当于17世纪的自然科学所起的作用。

（七）

上述理论意味着，一切过去的历史都必须联系到当前才能加以理解。当然，既是过去的历史，就需要有证据；但是这类证据却是今天的史家在此时此地的当前世界中所现有的某种东西。假如一桩过去的历史事件并未为当前世界留下任何遗迹，那么我们就对它毫无证据可言，因而也就对它一无所知。但是这里所谓的遗迹或证据，绝不仅仅是物质的东西而已，而是还需要有更多的东西。过去所遗留给当前世界的，不仅仅有遗文、遗物，而且还有其思想方式，即人们迄今仍然在以之进行思想的那种思想方式。1920年，柯林武德把这一论点概括为他的历史观念的第一条原理，即史家所研究的过去并非是死掉的过去，而是在某种意义上目

① 《自传》，1939年英文版，第29页。按，早在伏尔泰即有一切历史都是现代史的提法，但现代克罗齐之强调：“历史从目前出发”，“一切真正的历史都是当代的历史”（《历史学的理论和实际》1912年英文版），对柯林武德的影响尤大。

② 这一点，据柯林武德说，是阿克顿在其1895年的剑桥就职演说中就已开始提到的。

前依然活着的过去。因此，史学所研究的对象就不是事件，而是“历程”；事件有始有末，但历程则无始无末而只有转化。历程 P_1 转化为 P_2，但两者之间并没有一条界线标志着 P_1 的结束和 P_2 的开始。P_1 并没有而且永远也不会有结束，它只是改变了形式而成为 P_2。P_2 也并没有开始，它以前就以 P_1 的形式存在着了。一部历史书可以有其开端和结束，但它所叙述的历史本身却没有开端和结束。今天由昨天而来，今天里面就包括有昨天，而昨天里面复有前天，由此上溯以至于远古；过去的历史今天仍然存在着，它并没有死去。因此，P_1 的遗迹并不是 P_1 的死掉的残骸，而是仍然活生生在起作用的 P_1 本身，只不过是被纳入另一种形式 P_2 而已。不妨这样说，P_2 是透明的，P_1 就通过 P_2 而照耀出来，两者的光和色是融为一体的。这就是柯林武德所谓“活着的过去”(livig past)的论点①。因此，柯林武德的历史哲学，首先在于阐明历程——或者称之为“变”(becoming)——的性质和意义。接着他就攻击实在主义的理论说：实在主义者不承认“变”这一实在，而把“P_1 变为 P_2”这一真命题肢解为“P_1 是 P_1”、“P_2 是 P_2”、“P_1 不是 P_2”、“P_2 不是 P_1”、“P_1 的结束是 P_2 的开始”之类的同义反复的命题或者假命题。

复次，历史问题与哲学问题之间也不可能划出一条清楚明白而不可逾越的界线。假如划出了这样一条界限，那就等于假定哲

① 当然，这种观点或类似的观点在当代史学思想中并非为柯林武德一个人所独有：克罗齐和奥特加大体上也都相近。奥特加说：“我们之了解昨天，只能是通过乞灵于前天，而前天也如此类推。历史是一个体系，是全部人类经验之连成为一个单一的、无可抗拒的链锁体系。”(奥特加，《历史是一个体系》1941 年英文本，第 221 页。)

学问题乃是永恒的问题。但所谓问题 P 实际上只是一连串在不断转着或过渡着的问题 P_1、P_2、P_3 等等。由此而得出的有关历史观念的另一条原则就是:研究任何历史问题,就不能不研究其次级(second order)的历史。所谓次级的历史即指关于该问题的历史思想的历史,亦即史学思想史或史学史(因为历史即思想史,所以史学史就是史学思想史)。例如研究某一战争的历史,就包括必须研究前人是以怎样的思想在论述这一战争的。由此便推导出他的历史观念的第三条原则,那就是:历史知识乃是对囊缩于(incapsulated)现今思想结构之中的过去思想的重演,现今思想与过去思想相对照并把它限定在另一个层次上。柯林武德批评了近代的史学,认为近代史学虽然也在研究各种历史问题,但其所研究的归根到底都是统计问题而非思想问题。研究历史而撇开思想不谈,那就成了演哈姆莱特而没有丹麦王子,因为历史就是思想史。

近代史学的一大因缘应该说是考据学派的兴起,这一学派标榜客观如实(Wie es eigentlich gewesen),而以德国的兰克最为大师[①],其在英国的后学则先后有弗里曼、斯塔布斯、格林、莱基、西莱和迦丁纳等人。柯林武德父子两人也侧身其间从事古史研究,并甚有收获。另一方面,由布莱德雷开其端的另一史学思潮却把重点转移到探讨历史知识的本性上面来,遂于传统的思辨历史哲学而外,另辟分析历史哲学的蹊径[②]。属于这一思潮的狄尔泰和

---

① 19 世纪的正统史家多宗兰克,乃至古奇有云“他是近代最伟大的史学家”,“正是这位史学界的歌德使得德国学术称雄于欧洲。”(古奇,前引书,第 97 页)

② 应该提到,这些早期的分析历史哲学和后来 20 世纪中叶流行起来的分析历史哲学也有不同,这里不拟涉及。

克罗齐都认为历史是一堆糊涂账，唯有在史学家使之成为可以理解的这一意义上，它才成了可以理解的。所以他们的探讨着重在历史知识之所以可能的条件，反而不在于考据意义上的历史事实的本身。问题更多的倒不在历史事件是什么，反而在人们是怎样认识历史事件的，于是史学的重点就从研究历史事实的性质转而为研究历史知识的性质——亦即历史研究在逻辑上所假设的前提①。柯林武德本人毕生是一个历史学家，始终努力把历史和理论紧密联系起来加以考察，所以不同于某些历史理论家往往脱离历史的实际和史学的实践，流于凿空立论。他认为研究历史就是为了对人类目前的活动看得更清楚，并且自称他的每一个理论细节都是从实际的史学研究中得出来的。他的历史观念大体上在1930年左右形成，其中史学思想方法论占有突出的地位；因为按照他的看法，史学家应该抛却寻求历史发展的结构这一野心，转而从事于论证研究的方法或途径问题。在他1931年的《哲学方法论》和1940年的《形而上学论》中，都曾讨论过作为人类文明基础的历史的性质，并认为应该把这也视为历史的产物而不应视为永恒的真理或概念。

和克罗齐一样，柯林武德也着重批评了以前的历史理论在方法论和在主题两方面所犯的根本错误；错误在于它们努力要模仿自然科学，以自然科学为蓝本，力图以自然科学那样的普遍规律来归纳历史现象。因此，史学必须摆脱它自己对自然科学的模仿阶

① 借用康德的提法，则史学所要回答的问题首先是：史学，作为一种知识或科学，是怎样成为可能的？

段；这就要求史学家对过去历史的理解，不能再把它当作是由归纳得出的普遍规律的事例。它应该是史学家自觉的、有目的的思维的表现，也就是史学家必须在自己的心灵中重建或重演过去的思想。

历史哲学这一课题的研究者，在近代西方是哲学家远多于史学家；像克罗齐和柯林武德这样以哲学家而兼历史学家的人，情况尚不多见。柯林武德自称历史考古研究是他生平的乐趣所在。第一次大战前，他在牛津是罗马不列颠专家哈佛菲耳德的入室弟子，战后1919年，哈佛菲耳德逝世，他成为维护牛津学派的代表人物，虽则他的观点和他的老师不尽相同。在他一系列的历史著作中①，他自命解决了一些长期以来争论不休的问题，但其解决并非是由于发现了新材料，而是由于重新考虑了一些原则性的问题②。他以为这可以说明，就史学研究而言，努力促进哲学与史学之间的亲密关系是何等必要。他在《自传》中提到，正是由于历史研究的训练才使他认识到“提问题的活动”的重要意义，从而也使他强烈不满于实在主义者的那种“直觉主义的知识论”③，因为知识既包括认知活动，也包括被认知的事物，所以只着眼于答案而忽视提问题的逻辑便是假逻辑。

---

① 《罗马不列颠考古学》(1930年)和《牛津英国史》(1936年)有关章节。

② 作为说明，他举了这样的例子：恺撒曾两次入侵不列颠，其目的何在？过去研究者很少考虑这个问题，而恺撒本人著作中也从未提及。但是恺撒对此沉默无言，恰好构成他的意图所在的主要证据。因为无论恺撒意图如何，那目的总归是不能向读者说明的，故而最可能的解释便是：无论他的目的是什么，他却未能取得成功，如果成功了，他就没有沉默的必要。

③ 《自传》，第30页。

（八）

剪刀浆糊历史学或剪贴史学就是排比过去的现成史料，再缀以几句史家本人的诠释[①]；有时柯林武德也把它称之为前培根式的史学。他攻击这种史学说："根据抄录和组合各种权威的引文而构造出来的历史，我就称之为剪刀浆糊历史学"，"有一种史学（指剪贴史学——引者）全靠引证权威。事实上，这根本就不是史学。"[②]在剪贴史学看来，仿佛史学家的任务就只在于引述各家权威对某个历史问题都曾说过些什么话，都是怎么说的；换句话说，"剪贴史学对他的题目的全部知识都要依赖前人的现成论述，而他所能找到的这类论述的文献就叫做史料"[③]。但真正的史学却决不是以剪贴为基础就可以建立的。

真正的史学决非以剪贴为能事，而必须从某种培根式的概念出发；即史学家本人必须确切决定他自己所要知道的究竟是什么东西，这一点是没有任何权威能告诉他的。他必须努力去寻找一切可能隐藏有自己问题的答案的东西[④]。剪贴史学那种把历史当作"连续发生的事件的故事"完全是"假历史观念"[⑤]；真正的史学必须是就史学家心目中所提出的具体问题，根据证件来进行论

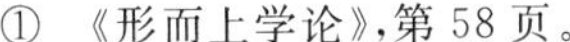

① 《形而上学论》，第58页。

② 《历史的观念》，第257页。

③ 同上书，第278页。

④ 当代史学家中运用这种史学方法比较成功的，他列举有伊凡斯的考古研究和蒙森的罗马史研究。

⑤ 《历史的观念》，第220页。

证[①]。或者换一种说法，史料(包括权威论断)的排列与组合并不就是、也不等于史学，史料与史学二者并不是等值的或等价的。史料，像剪贴史学所提供的那样，都只停留在史学知识的外边，史学必须从这个“外边”或外部过渡到“里边”或内部去。史料不是史学，史学是要建筑一座大厦，而史料则是建筑这座大厦的砖瓦；建筑材料无论有多么多，都不是建筑物本身。史实的堆积和史料的考订，充其极也只是一部流水账，要了解这部流水账的意义，则有赖于思想。史家是无法回避思想理论的，尽管剪贴派史家曾用种种办法来抗拒理论，包括以剪贴现成理论文献的方式来对抗真正的理论；——史学有史学的义理，既不能用考据本身代替义理，也不能以考据的方式讲义理。只有通过思想，历史才能从一堆枯燥无生命的原材料中形成一个有血有肉的生命。只有透过物质的遗迹步入精神生活的堂奥，才能产生真正的史学。

通常史学家对“知识”一词的理解，大致即相当于自然科学家对自然知识的那种理解。但这里有着这样一个重大的不同：自然界的事物并没有思想，而人则有思想。每一桩自然界的事件都没有目的，但每一桩历史事件都是由人来完成的，而每个人在做任何一件事都是有目的的。自然科学研究客观事实，但历史并没有自然科学那种意义上的客观事实，因为每一件历史事实都包括着主观目的，把这一主观的目的置之于不顾，那将是最大的不客观。排斥主观于历史之外的人事实上最不科学；当然，这并不是说，应该把自己的主观强加之于客观，而是说必须承认主观本身乃是客观

① 《形而上学论》，第 59 页。

存在，只有承认这一点，才配称真正的史学。既然史学研究的对象并不是自然科学那种意义上的客观事实，所以自然科学的方法也就不能运用于史学研究。“人的心灵是由思想构成的”①，历史事件则是人们思想所表现出来的行动。

一个历史学家诚然可以掌握一大堆材料；然而无论史料可能是多么详尽和丰富，但古人已矣，假如他不能重新认识古人的想法，则这一堆材料就难免断烂朝报之讥。自然科学的研究方法要靠观察和实验，但对过去的历史事件却不能进行观察和实验，而只能靠“推论加以研究”②。每一桩历史事件都是人的产物，是人的思想的产物；所以，不通过人的思想就无由加以理解或说明。要了解前人，最重要的就是要了解前人的想法；只有了解了历史事实背后的思想，才能算是真正了解了历史。我们对于一个人，是通过他的某些具体行为而了解到他的精神或心灵或思想的。同样，我们也是通过一些具体的历史事件而了解过去的思想的。过去的历史不妨说有两个方面，即外在的具体事实和它背后的思想。史家不仅要知道过去的事实，而且还要知道自己是怎样认识和理解过去的事实的。不理解过去人们的思想，也就不能理解过去的历史。正是在这种意义上，历史就是思想史，一切历史都是思想史，过去的思想这样加以理解之后，就不再是单纯的思想而成为了知识，成为了历史知识。

既然历史就是思想史，因此历史上就没有什么纯粹的“事件”，

① 《新利维坦》，1·61，第5页。

② 《历史的观念》，第251页。

每一桩历史事件既是一种行为,又表现着行为者的思想。史学研究的任务就在于发掘这些思想;一切历史研究的对象都必须是通过思想来加以说明。因此,"史学所要发现的对象,并不是单纯事件,而是其中所表现的思想。发现了那种思想也就是理解了那种思想";"当史家知道发生了什么事的时候,他已经知道它何以会发生了"①,因为他已掌握了其中的思想。史学研究的对象,确切说来,不外是人类思想活动的历史而已②。所以他又说:"凡是我们所着意称之为人文的一切,都是由于人类苦思苦想所致。"③这种思想的功能就构成为史学的本质,这就是说:"历史思想总是反思,因为反思就是对思想的行为进行思想"——"一切历史思想都属于这种性质"④。史学家要想知道某种情况下何以发生某一历史事件,他首先就要能在思想上向自己提问一个明确的问题,即自己在这种情况下所能希望得出的是什么,然后再从思想上解答这个问题。这些问题并不是向别人提出的,而是史学家向自己提出的,史学家必须是自问自答;这样,史学"论证的每一步就都取决于提问题"⑤的能力。

要真正捕捉古人的思想和意图,又谈何容易;古人并不为后人而写作,古人有古人的问题,但这些问题到了后世已经被遗忘了。史学的任务就是要重建它们,而要做到重建,就非有特殊的史学思

① 《历史的观念》,第 214 页。

② 可以比较诗人蒲伯的名句:"人类恰当的研究乃是人类本身。"(《书翰》Ⅱ·i,行 1·I)

③ 《形而上学论》,第 37 页。

④ 《历史的观念》,第 307 页。

⑤ 同上书,第 274 页。

想方法不为功。要了解某件古代艺术品，就必须了解当时那位古代艺术家心目中的意图是什么，要了解某一古代思想家，就必须了解当时那位古代思想家心目中的问题是什么，换句话说，要了解古人都是在怎么想的。这就要求史学家必须能够使自己设身处地重行思想古人的思想，然后才能解释古人思想的表现，即具体的历史事件。于是，根据历史即思想史的原则，便可以得出来另一条原则，即历史知识就是史学家在他自己的心灵里重演（re-enact）他所要研究的历史事实背后的思想。这就是说，史学家的任务就在于挖掘出历史上的各种思想，而“要做到这一点，唯一的办法就是在他自己的心灵中重新思想它们”[①]。然而这里必须注意：这一重演决不是史学家使自己消极地发思古之幽情而已；这一重演是以史学家本人的水平高低为其前提的，并且是通过把古代纳入今天的轨道在进行的。因此，它并不是停留在古代水平上的重演，而是提高到今天水平上的重演。因此，“这一重演只有在史学家使问题赋有他本人心灵全部的能力和全部的知识时，才告完成”；“它并不是消极地委身于别人心灵的魅力；它是一项积极的、因而是批判思维的工作”；“他之重演它，乃是在他自己的知识结构中进行的，因而重演它也就是批判它并形成自己对它的价值的判断”[②]。所谓过去，决不是史家根据知觉就能从经验上简单地加以领会的某种给定的事实。根据定义，史家就不是、而且不可能是他所要知道的历史的目击者或经历者；因此他对于过去所可能有的唯一知识乃是

① 《历史的观念》，第215页。

② 同上书，第281页。

间接的、推论而来的知识，而并非直接的经验。这种知识只能是靠以自己的思想重演过去，因此“史家必须在自己的心灵中重演过去”①。在这种意义上，史学家可以说是有似于演员；演员必须思角色之所思，想角色之所想，史学家也必须重行思想前人的思想，——否则就只是伪历史，是一篇毫无意义的流水账。昔人往矣，心事幽微，强作解人，无乃好事；史学家所要扮演的就正是这种好事者之徒，他的任务就正是要强解昔人的心事，——但他是站在今天的更高的水平上在这样做的。所谓理解前人的思想，也就是要历史地去想它们。历史知识并非是指仅仅知道有如此这般的若干事件前后相续而已（那是剪贴史学），它要求史家钻进别人的脑子里去，用他们的眼光观察与看待他们的处境，然后再自己作出判断：前人究竟想得正当与否。

史学家这种重演前人的思想，并不是、也不能是简单的重复，其中必然也包含着有他自己的思想在内。史学家所知道的是过去的思想，但他是以自己的思想在重行思想它们而知道它们的，所以历史研究所获得的知识中也就有他自己的思想成分在内。史家对外界的知识和他对自己的知识，这两者并不是互相对立或排斥和不相容的；他对外界的知识同时也就是他对自己的知识。在重行思想前人的思想时，是他本人亲自在思想它们的；前人的思想就被囊缩在他的思想之中，所以他本人就是、而且不可能不是他所知道的全部历史的一个微缩世界。过去之所以可知，正因为它已经被囊缩在现在之中；现在之中就包含有过去。或许可以换一种说法，

① 《历史的观念》，第 282 页。

即历史的各个时代在时间上并非如人们通常所设想的那样是互不相容的，是现在就不是过去，是过去就不是现在；而是过去是以另一种比例或尺度而被纳入现在之中，——即过去和现在乃是一连串内在相关的、重叠的时辰，尽管它们并不相同，但并不分别独立，而是一个包罗在另一个之中。这一点，柯林武德曾用一个比喻说："过去的一切都活在史学家的心灵之中，正有如牛顿是活在爱因斯坦之中。"①

只要过去和现在截然被分作两橛，彼此相外，则关于过去的知识对于目前就谈不到有什么用处。但如果两者没有被割裂（而且事实上也不可能被割裂），那么过去的历史就可以为当前服务。历史为当前服务，这是柯林武德的重要论点之一；我们前面已经提到，他特别强调 20 世纪正在步入一个新的历史时代，其中史学对人类所起的作用可以方之于 17 世纪的自然科学。自然科学教导人们控制自然力量，史学则有可能教导人们控制人类局势；然而仅凭剪刀—浆糊历史学却绝不可能教导人们控制人类局势，像自然科学之教导人们控制自然力量那样。如果借用卡西勒评赫德尔历史哲学的话："他的著作不是单纯对过去的复述，而是对过去的复活"②，那么不妨说，剪贴史学仅仅是对过去的复述，而真正的史学则是对过去的复活。但必须是真正的史学，才能完成这一使命。

（九）

同理，理论和实践两者的关系，也并非互相独立，而是互相依

① 《历史的观念》，第 334 页。

② 《人论》，第 225 页。

存。思想有赖于人们从实践中所获得的经验，而行为则有赖于他们对自己以及对世界的思想。流俗的看法总是把思想和行为两者对立起来；而当时牛津的习惯更是承袭希腊传统，把生活分为思想生活和实际生活两橛。柯林武德认为，这是一种错误。例如，通常总以为是民族性或多或少决定着一个民族的历史，但人们却常常忽略了另一个方面，即“历史造就了民族性，并且不断地在取消它、改造它”[①]。民族性也是在历史中形成并在历史中改变着的东西。

一般看法又往往把不同的思想流派，看作只是对于同样的问题所作的不同答案。例如，历史上不同的哲学派别，产生于对同一个哲学问题各有不同的答案。这是严重的误解，事实并非如此。不同的思想派别所谈的并不是同一个问题，不仅仅是其答案不同。柏拉图的《国家篇》和霍布斯的《利维坦》两书讨论的都是国家，但它们却并非都在回答同一个国家问题；因为他们问题的性质并不相同，他们心目中的国家并不相同。两人所谈的、所要回答的，在很大程度上是两回事。希腊的国家 polis 和近代的国家 state 是两种不同的东西，尽管部分地有其共同之处。历史就是思想史，但思想史（例如政治思想史）并不是对同一个问题（例如对同一个国家问题）的不同答案的历史。问题本身不断在变化，因而解答也不断在变化，——这才是历史。历史上的每一种思想都由前人的思想演变而来，并且它本身也将演变下去；因而人类思想本身就构成一个不断在演变着的整体，并且因此一切心灵的知识就都是历史的，也就是说，只有通过历史研究才能了解人们的心灵。这就意味着，

① 《形而上学论》，第 98 页。

一切知识都包括历史的成分，并且“唯有一个人的历史意识已达到了一定成熟的程度，他才能知道各种不同的人所思想的是多么地不同”[①]。在柯林武德看来，实在主义者的谬误就在于他们忽视了史学，所以他们的知识论并不符合历史实际。这种对历史的认识与解释，维柯曾在17世纪发其端，但要到20世纪的克罗齐和柯林武德才做出系统的解释。柯林武德之所以要突出历史的重要性、崇史学于上位，原因在于他深深感到近代科学与近代思想两者前进的步伐已经脱节，而不能维持同步，补救的办法则要靠史学在20世纪必须起到物理学在17世纪所起的那种作用[②]，所以他才有20世纪哲学的任务就是要清理20世纪的史学的提法。

（十）

上面简略地叙述了柯林武德的历史的观念。为了较全面地评价他的观点，这里似有必要赘叙几句他的政治态度和政治思想。他写过一部政治学专著，题名为《新利维坦》，显然意在承续霍布斯的《利维坦》。利维坦是古代神话中的巨灵，霍布斯以之称呼近代国家[③]。然而自《利维坦》以来，史学、心理学、人类学等多方面的进展，已使它显得跟不上时代[④]，这是他要写《新利维坦》的原因。

柯林武德自命他的政治观点就是英国所称为“民主的”、大陆

① 《形而上学论》，第56页。

② 这个论点他曾反复提到，可参见《形而上学论》，第61页。

③ 霍布斯《利维坦》第一卷第一章：“这个巨灵就叫做国家（civitas），它只不过是一个人工制造的人，尽管在体型上和力量上都要比自然人来得大。”

④ 参见《新利维坦》，第iv页。

所称为“自由的”那种政治观点。他又自命是英国体制的一分子，在这个体制中，每个人都有投票权，可以选举议会中的代表；并且他认为英国的普选以及言论自由，可以保证不会再有相当一部分人受政权的压迫或者再被迫蒙蔽起他们苦难的真相。民主制不仅是一种政府形式，而且是一所传授政治经验的学校，它在政治上可以以公共舆论或意见为基础，而这一点是任何极权体制所做不到的。这种政体所具有的优越性超过了人类迄今为止所曾有过的任何其他政体；因为它是自馈的(self-feeding)，议员由选民从他们自身之中选出，政务官由议员担任。正由于政治取决于多数，所以少数人的无知和错误是不足为虑的。他甚至称美这种“通过自我解放的行动而达到的自由意志”，“标志着一个人在近代欧洲所达到的思想成熟的高度”①；所以尽管他承认这种所谓民主制也存在着腐化问题，但又肯定英国仍不失为真正民主的传统。凡此都表现出他的偏见和浅视，只从形式看问题，并没有触及政治的实质；这是无待多说的。

霍布斯的出发点是：人与人的关系在自然状态中是“每个人对所有的人在进行战争”②，人对人都是豺狼。柯林武德补充说，但人与人之间也还有友善：“他(霍布斯)认为人们‘天然地’彼此是仇敌，这是对的；但他们同时也还‘天然地’是朋友”③。人类彼此是朋友这一天性，不仅仅是出自理性的深思熟虑，“人与人之间的合作，并不像霍布斯所想象的那样，仅仅是奠基于人类的理性这样一

① 《新利维坦》，13·56—57，第94—95页。

② 《利维坦》，第13章。

③ 《新利维坦》，36·72，第305页。

个薄弱的基础之上”[①]，而且还因为人们在友好之中享受感情的欣慰。这里柯林武德虽和霍布斯的结论不同，但两人都是从普遍的抽象的人性出发，其推论形式是一样的。可是，这和他自己的史学理论有矛盾，因为按照他的史学理论，人性并不是永恒不变的。

20世纪20年代，柯林武德亲眼看见了社会主义思潮的兴起，30年代又出现了法西斯主义的思潮；两者从不同的方面都成为对他所信仰的“民主”传统的冲击。他曾指出并谴责了当时英国保守党从鲍尔温到张伯伦政府对法西斯的三次迁就——意大利侵略阿比西尼亚、西班牙内战、出卖捷克——终于导致第二次世界大战的爆发。西班牙内战本来是法西斯所发动的对外战争，英国保守党政府却在中立的幌子之下纵容法西斯。第二次世界大战前夕，他还指出法西斯主义就意味着人类理性的终结和非理性主义的胜利，并声称他本人要自觉地与之斗争，这反映出他自由主义的政治态度。他把纳粹主义列为人类历史上的野蛮之一，但同时也流露出一种恐惧与悲观的情调；他说：“真理是世界上最宝贵的东西，人的全部职责就在于追求真理，非理性主义的瘟疫如果在欧洲一发而不可收拾，那么它就会在很短的时间内摧毁一切号称欧洲文明的东西”[②]，这段话写在第二次世界大战爆发的那一年。但同时他又把历史上的伊斯兰教、土耳其帝国乃至阿尔比异端(Albi)均归入野蛮之列，反映出了自由主义者的褊狭性。

从同样的立场出发，他反对社会主义。他曾论证：“政治学的

① 《新利维坦》，36·73，第305页。

② 《形而上学论》，第140页。

第一条定律就是：一个政治体是分为统治阶级和被统治阶级的"[①]；他不但承认"自由是个程度问题"[②]，即自由总是就一定的环境和条件而言的，而且还承认"近代欧洲政治体中的自由，首先是只限于统治阶级"[③]；但是他又认为不同的、对立的阶级可以互相"渗透"[④]，因而主张走阶级调和的道路。他曾多次表示不同意马克思主义，认为马克思尽管要反对空想，但是马克思有关国家消亡的学说却使自己也"在千年福王国的梦想这一特殊形式中陷入了空想"[⑤]。他还指责社会主义会"使得教育者们官僚化"[⑥]。按照他本人的理论来说，马克思所要解决的既是实际问题，即改造世界的问题，所以他的理论对于不同意把这种愿望视为合理的人，便是毫无意义的；但这一点对他自己的理论来说，在某种意义上也可以说是夫子自道。

30 年代以后的历史现实，使得他对英国的政治和政府的看法染上了一层怀疑和悲观的色彩，特别是当他看到保守党政府在禁运武器与不干涉的幌子下，实际上在干着支持佛朗哥法西斯政权勾当的时候。他同意这种看法，即哲学不应该是消极的知识，而应该是一种积极的武器；也曾论断文明的进步有赖于思想，——所以宣称"就其对自然界的关系而言，文明就是榨取，或者更确切地说，

① 《新利维坦》，25·7，第 189 页。
② 同上书，21·8，第 156 页。
③ 同上书，27·72，第 208 页。
④ 同上书，25·8，第 189 页。
⑤ 同上书，25·33，第 185 页。
⑥ 同上书，37·58，第 313 页。

是科学的与思想的榨取”[1]。但是这一时期,无论在科学上或在思想上,他都没有什么更多的新东西提出来,除了死后出版的压卷之作《历史的观念》留下了一部评价他的史学理论的最重要的证件。

(十一)

自柯林武德《历史的观念》问世以来,一直有人在对他的理论进行评价。有人就总的英国唯心主义哲学加以评论,有人则偏重于其史学理论。就后者而言,也一直有不同的评价;有人把他和狄尔泰、克罗齐并列为唯心主义史学的突出代表,称他是“英语国家中最有影响的历史哲学家”[2],也有人认为他的史学方法专靠艺术上的移情(empathy),那并不是真正的科学方法。大体上可以说,思辨的历史哲学虽然自古有之,但批判的或分析的历史哲学在西方却要到19世纪末才正式登上理论舞台;柯林武德的书不失为这方面一部有代表性的著作,近几十年来分析的历史哲学有逐渐成为显学的趋势,论者谓这“部分地要归功于柯林武德的影响”。而相形之下,传统的思辨历史哲学[3]却显得有点式微了[4]。看来思辨的体系似乎有必要先经过一番批判的洗礼。与思辨历史哲学同时存在的还有实证主义的历史观点;它在近代西方远比思辨历史哲学更有市场。几乎大部分近代史学家都有意或无意信奉着实证主

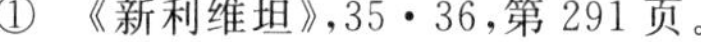

① 《新利维坦》,35·36,第291页。

② 沃尔什,《历史哲学导论》,1960年英文版(以下同),第48页。

③ 本世纪初的斯宾格勒和本世纪中的汤因比都可归入这一类。

④ 康金编《史学的遗产和挑战》,1971年英文版,第114页。鲍亨斯基也把柯林武德列为狄尔泰的后学,见《当代欧洲哲学》1965年英文版,第125页。

义的教条，把史学简单看作是类似于自然科学的某种东西。克罗齐和柯林武德极力想把历史哲学纳入一条新途径，对于反击流行的实证主义观点是起了很大作用的。

克罗齐拘守新黑格尔派的家法，认为离开精神就没有实在，精神就是实在。柯林武德不如克罗齐那样强调精神本体，而有着更多康德的影子。他对理性能力的结构的提法，基本上脱胎于康德的三分法[①]。康德的巨大影响[②]还表现在柯林武德的历史观念上。康德以理性的自我批判来否定传统形而上学。柯林武德一方面并不完全否定形而上学，另一方面则把理性自我批判的办法转移到史学上面来，要求史家在认识历史之前首先对自己认识历史的能力进行自我批判。他说："人要求知道一切，所以也要求知道自己"，"没有对自己的了解，他对其他事物的了解就是不完备的"[③]，"理性的自知决不是什么偶然，而是由于它的本性所使然"[④]。这样，历史哲学的重点就被转移到对理性自身认识能力的批判上来。固然，认识能力的自身首先应该进行自我批判，否则任何科学认识都有陷入盲目的危险；但认识能力的自我批判却不能就此代替或

① 《艺术原理》第10页："每种活动都有理论的成分，心灵由此而认识某种事物；又有实践的成分，心灵由此而改变自身与世界；还有感觉的成分，心灵的认识与行动由此而赋有好恶苦乐的色彩。"可以比较康德《判断力批判》，Meredith英译本，第15页。

② 他特别有契于康德的如下原则，即有关自然界的命题有赖于联系性的原理：在一个序列的两项之间总有一个第三项存在，他认为这样康德就在科学上前进了一大步，"他（康德）就从伽利略以及自然科学原则必须是一种应用数学这一普遍原则，而过渡到莱布尼兹和牛顿以及自然科学必须包括微分方程这一特殊原则"（《形而上学论》第258—259页）。

③ 《历史的观念》，第205页。

④ 同上书，第227页。

者是取消对客观规律的探讨。理解历史规律与对理解的方法及其概念的分析,二者是属于两个不同层次的两回事。分析的历史哲学实际上往往是用对历史认识的逻辑分析取代了对历史规律的探讨。这严格说来,只是回避了(或篡改了)问题而并没有解决问题。一切分析学派之所以不能令人满意(而招致反对派的攻击),归根到底也就在此。不做答案并不是答案,而分析历史哲学却每每以不做答案为其答案。柯林武德的理论也未能避免这一点,虽然他和更晚近的分析派历史哲学也有不同,而后者似乎更为变本加厉。

上面这个带根本性的问题,也牵涉到主客体之间如何明确地划定界限的问题。这条界限如何划分?划在哪里?对此,柯林武德以普遍概念的互为前提(presupposition)来解释①。这样一来,例如惯性原则就不再成其为动力学中的普遍的真实,而毋宁说是人们所采用的一种前提,或者说解释原则;于是通常的客位就被转移到主位上来。这种办法表面上的优点是,它可解释某些类型的科学论证何以具有看起来的那种必然性。然而实际上它却根本否定了任何科学知识的客观性,把科学的概念结构归结为只是科学家所任意选择并强加于自然现象的解说。事实上,这种办法——连同它的一切优点和缺点——或多或少以大致相同的方式,也被他引用于史学理论研究。他在逻辑上独标所谓问答逻辑的思想方法,——他自命这是逻辑学上的一大革命,认为它与时下流行的各

① 柯林武德解释说:"每个问题都包括一个事先的前提"(《形而上学论》,第25页)。例如在物理学中,牛顿预先以"某些事件有因"为其前提,康德则以"一切事件都有因"为其前提,而爱因斯坦则以"任何事件都没有因"为其前提(同上书,第545页)。提出问题之前,须先有某些前提,尽管事后可以受到修正乃至被其他前提所取代。

派均不相同，并且自我评价甚高。然而它的作用究竟如何，尚有待今后的发展做出答案①。而他的历史观念则大致可以看成是他这套理论与方法在史学方面的引申和应用。康德曾标榜哥白尼式的革命，那是总结 17 世纪所奠立的自然科学的。柯林武德认为现在到了 20 世纪的史学行将取代 17 世纪自然科学的地位的时代。因此，他标榜一场其意义更甚于哥白尼革命的培根式的史学革命。

（十二）

最后，我们对以上柯林武德的史学理论试作一些初步的评论。

首先他的理论所使用的一些基本概念不够明晰，有的乃至完全缺乏科学规定；这就不可避免地导致某些理论的混乱。诸如他所谓的“理解”、“思想”、“重演”等等究竟应该作何解释，他并没有讲清楚，经不起分析和推敲。这是他理论的薄弱性的所在。

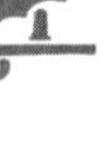

他的逻辑推论也有一些成分是应该重视的，包括他以问答方式处理逻辑，指出了某些看来似乎矛盾的命题，其实并没有矛盾，——只要我们善于分辨它的具体含义是什么，亦即具体问题是什么，或要回答的是什么具体问题。这有助于澄清一些思想上和逻辑上的混淆。特别是他应用这种思想方法于史学所达到的结论是：史学给人以真正的知识。这一点就使他有别于当代其他历史哲学的立场。本世纪生命派的流行观点是把世界看作某种不是被理解的、而是被体验的对象。因此哲学就不是科学知识，或者不能

① 如果谈到逻辑学上的革命，那么至少迄今它还无法比拟差不多在同时、同地问世的罗素和怀特海的《数学原理》，后者几乎使传统逻辑丧失其存在的根据和价值，而其势头似乎仍在有增无已。

给人以知识,因为哲学家并不在他所思考的事物之外,而是参与其中,研究方法与答案是受观察者本人的制约的;甚至竟然认为所谓知识只能是对于中性的人才存在。而分析派的代表们则认为哲学是识而不是知,是洞见而非事实,哲学只是从事实中籀绎出秩序。与这两派不同,柯林武德肯定了以新方法可以求得新的历史知识;这一点有其积极的意义。

与此相关,他区别自然科学与人文科学的不同,也有其绵密与深邃之处。但他截然划分并割裂科学方法与史学方法却不免绝对化,甚而不谈或不承认历史本身也多少可以有像自然规律那样的客观规律。自然科学的方法,例如应用数学方法或统计学方法,没有理由不能应用于史学研究。人文既是统一的世界的一部分,当然也就要服从普遍的规律。自然和人文切成两,实在是有见于特殊性,而无见于普遍性。自然科学和人文科学所研究的并不是两个截然不相通的世界,其间并没有一道不可逾越的鸿沟;它们同属科学,研究的是同一个统一的世界,而且它们互相渗透、影响、利用并促进。仍然与此相关的是,他把历史过程 P 看作仅仅是 P_1、P_2、P_3……也犯了同样的毛病;因为所有的 P_1、P_2、P_3 终究都有一个共同属性构成其为 P,否则 P 就没有存在的理由。特殊性是不能被强调到取消普遍性的地步的。同时,既然 P 只是 P_1、P_2、P_3……,所以 P_1、P_2、P_3……每一个环节对历史就同样是不可少的,所以它们必须同等地被史学家所复活。历史可以如他所论断的,无所谓结束,每一个 P_n 都是 P_{n-1} 的发展,所有的 P_1、P_2、P_3……都活在 P_n 里;但这一点却不可绝对化。并不能由此推导说,过去全部的 P_1、P_2、P_3……都是等价的或等值的,并且是等值地或等价地都活在今

天。事实上，它们有些仍然活着，有些则不是那样活着，有些则已死去或正在死去。它们绝不是同等地都活在今天。如果肯定它们全部都同样活着，那至少也有资格被戴上一顶柯林武德的“坏形而上学”的帽子。史学家没有必要，也没有可能复活以往全部历史的每一个环节或事件。

一切历史都是思想史，因而只有重演古人的思想才能理解历史。情形真是这样的吗？真的是“除了思想以外，任何别的东西都不可能有历史”[①]吗？史学上强调研究思想的重要性，虽然始自19世纪[②]，但把它总结为一套史学原则的则是柯林武德。然而即使思想是历史最主要的内容，也没有理由可以引申出思想就是历史的决定因素或唯一因素的结论。柯林武德在强调历史的思想内容时，对于历史上非个人的力量几乎不着一词，完全无视于起巨大历史作用的非思想的物质力量。而实际上物质力量却往往有如海水之下的冰山，至于思想则不过是水面上浮露出来的那一小部分顶尖罢了。假如他的意思是说，任何物质力量也都要通过思想而表现，所以历史仍然是思想史；这种说法诚然无可非议，但并没有任何理由应该就此把历史全部归结为思想史。而这正是柯林武德史学理论的特征。非思想的物质力量中甚至可以包括人们的本能和各种潜意识，——其作用往往并不呈现为有意识的、有目的的、逻辑的思想形式。“思想”一词，他用得实在太滥，其含义大体上我们

---

① 《历史的观念》，第304页。

② 19世纪阿克顿已有这样的提法：“我们（史学家）的任务就是要注视并掌握思想的运动，它并不是历史事件的结果而是它的原因。”（《历史研究》1911年英文版，第6页。）

可以归结为广、狭二义。狭义的思想指推理的思想，广义的则略如康德所称的“全部的心灵能力”，即知、情、意均包括在内。但他本人根本没有正视那些采取非逻辑形式的思想；而有时候那些下意识或潜意识对于人的行为的支配力却并不亚于有意识的思想。归根到底，历史的进程是不以人的思想为转移的；个别地看，每桩历史事件虽然贯穿着当事者的思想意图，但整个历史运动却又与每个当事人有意识的思想关系不一定很大。在历史上，一个人的有意识的思想倒往往像是一幕偶然的插曲、一种假象。例如历史上的神学争论，往往只不外是用以掩盖世俗利益冲突的外衣。恰好是历史之作为这样一幕“理性的狡猾”，在他十分强调思想的时候，却十分幼稚地被他忽视了。历史事件在很大程度上并不是、至少不仅仅是当事人有意识的思想的表现；不重视当事者的思想和过分强调当事者的思想是同样地不正确。历史事件确实表现思想，但这在任何意义上都不能说历史仅仅是思想或思想的产物。在规定着历史进程的巨大物质力量的面前，思想——它被柯林武德赋予了那么重要的意义——有时候还会显得苍白无力。历史并不是由某个人或某些人的思想所规划的，这一点柯林武德的理论几乎没有触及。

柯林武德既提出思想重演的理论，但同时又不得不承认那并非是简单的重演。即使如此，这里面也还存在着许多问题。就理解历史而言，史学家必须在自己的心灵中重演古人的思想，——这一点在理论上是否有必要，在事实上是否有可能？严格说来，神游于古人的境界并非对一切历史了解都是必要的，即使对于理解心灵或思想或目的是必要的，但对于理解非个人的物质力量及其运动却绝非是必要的。在这里，科学的推理能力要远比艺术的移情能力更为需要。在历史上，物质力量本身并不直接发言，但它通过人的思想而间接发言；所以沉默着的物质力量本身和思想的活动或表现，两者是同等地值得史学家注意。其次，思想的重演有无可能？单纯的或纯粹的重演是没有的，如实的思想重演，正如如实的历史复述，是不可能的事，这是作者本人也承认的。真正要做到重演，仅仅设身处地的同情是不够的，直觉的洞见（假如有的话）也还是不够的。不但没有两个人的思想是完全相同的，即使同一个人的思想前后也不可能完全相同。歌德晚年写他的自传，却题名为《诗与真》；他知道对自己的过去已不可能再重复其真实，他所能做到的只是诗情的回忆。对自己的思想尚且如此，对古人的思想更可想而知。既然古人的思想被纳入今人的思想格局之中，它就不再是古人的思想了。在这种意义上，它就不是思想的重演。还有，思想总是和事实不可分割地构成一个历史整体。史学不能撇开事实而专论思想。伽利略的思想是根据他一系列的科学实验的事实而产生的，我们可以重复他的实验，因而可以以自己的思想重演他的思想；拿破仑的思想是根据他一系列的社会生活的事实而产生的，我们已不可能重复他的生活，又如何可能在自己的思想里重演他的思想？历史事实显然是无法重演的，史学家对事实的认识无论如何也不可能完全如实，因为他的知识只能间接地通过材料由自己的思想来构造，何况材料总归是不完全的而且必然要受原作者条件的局限。假如具体的历史事实和历史条件不可能重演，那么又如何可能把当时的思想从产生这种思想的具体环境和条件中离析出来而加以重演？对于一个给定的思想-环境的整体，又如何可能在环境改变后(这是柯林武德也承认的),却使思想如实地加以重演?柯林武德谈艺术美时,是把思想从时空环境中离析出来的,或许在史学上他认为也可以用这种方法对过去的思想加以再思想。但思想和行为同属于一个历史事件的组成部分;如果不能重演古人的行为,史学家有可能重演古人的思想吗?这似乎不太好自圆其说。史学家不可能重演历史人物;历史的整体既然不可能重演,那么作为整个组成部分的思想就应该也不可能重演,至少是不可能完全重演。我们前面提到,思想一词可以有广狭不同的含义;最狭义的思想或抽象的概念,例如逻辑的思想或数学的思想,是可以重演的;今人可以思前人之所思,想前人之所想,例如他完全可以像亚里士多德一样重演三段论式的思想,或像欧几里得一样重演几何学的思想。但广义的思想——柯林武德是把感情和意识都包括在内的——作为具体条件的产物,却是不可能这样重演的,至少不可能完全重演,因为具体历史条件已不可能重演。思想是看不见、摸不着的,故而不能凭知觉来直接经验,而只能靠推论;既然是推论,就不是重演而且还可能有错误。

既然史学家对古人思想的认识总需要纳入他自己的思想结构,而每个史学家的思想又各不相同;所以假如每个史学家都在自己思想里重演古人的思想,那结果将是有多少史学家在思维,就会有多少种不同的历史世界,每个人各以其自己的思想方式在重演古代的历史。那样一来,客观历史作为一个统一体也就不复存在而被分裂为无数的单子,那就非但没有史学,甚至也没有历史了。作者极力要求史学家在心灵中复活过去,宣称史学家只有使自己置身于史事背后的心灵活动之中,亦即以个人本身的经验来重行思维并重新构造过去的历史，才有可能认识历史的意义。这一论点中包含有合理性的因素，它对剪贴史学的因循浅陋、对考据史学的幼稚无聊，在一定程度上揭露了其缺点并力图代之以一种更富有思想深度与心灵广度的史学及其方法论。但这种历史学及其方法论正如它所批判的传统史学一样，其自身也应该首先受到批判；认识能力首先也应该为这种史学及其方法论划定一个有效性的范围；有效性总是有一定范围的，出了圈子就变成不正确了。有人评论柯林武德所谓的重演只是假说，尚有待于事实来验证①。但应该说，更重要的是这个假说本身首先就需从概念上澄清。合理的成分如果不限定其正确的范围而成为脱缰之马，那就会变成为荒谬。柯林武德的历史的观念虽对当代西方历史哲学有很大影响，但即使受他影响的人也有不少表示不同意他或批评他的；例如德雷就不同意他的培根式的史学革命论，认为史学家的本质和任务更应该是批评家而非科学家；沃尔什则批评他的理论是前后抵牾不能一致②。

柯林武德对于史学以及他本人所创立的史学理论寄予极高的、乃至过分的希望。历史家对于他来说，意味着人类的自知，而这正是人的本性；换言之，史学即人性科学。他说："历史学的目的是为了人类的自知"，"所谓自知不仅指他（史学家）个人有别于他人的特性，而且是他作为人的本性"③；又说："人性的科学只能由史学来完成，史学就是人性科学宣称自己所应当是的那种东西"④。但这样

① 多纳根编《历史哲学》，1965 年英文版，第 20 页。

② 沃尔什：《历史哲学导论》，第 109 页。

③ 《历史的观念》，第 10 页。

④ 同上书，第 209 页。

一种无所不包与无所不能的史学，他却远远没有能建立起来。他曾想建立一种科学的史学而与传统的史学相对立，前者以自己为权威而后者则接受现成的权威，但他所做的主要工作却只限于对史学进行思想方法的与知识论的考察，而非对历史规律本身做出任何结论。或许可以说，他的主要工作只在于使史学界认识到：对历史科学进行哲学的反思乃是必要的而又重要的，而且严肃的史学必须使自己经历一番严格的逻辑的与哲学的批判和洗练。正是在这一点上，我们不应该低估他对当代西方历史哲学思潮的作用和影响。史学的高下不仅仅取决于史料的丰富与否，而更重要的还取决于史学家思想的驾驭能力。这虽在某种意义可以说是常识，但柯林武德却做了详尽细致的发挥，——尤其是他着重分析了史学与其他科学之不同在于必须掌握人的思想（这样就使死历史变成了活历史），不失为对传统剪贴史学的一种非常有价值的批判①。

1981 年冬，北京

① 罗宾·乔治·柯林武德 1889 年 2 月 22 日生于英国兰开郡，1943 年 1 月 9 日死于英国康尼斯顿。他 13 岁以前受他父亲画家兼考古学家 W. G. 柯林武德(1819—1900)的家庭教育，1908 年入牛津大学，1912 年被选为牛津大学导师，第一次大战时被征从事战时工作，战后重返牛津任彭布鲁克学院研究员；1934 年被选入皇家学会；1935 年任牛津温弗莱特形而上学教授，1941 年退休。他晚年特别侧重于探讨历史哲学，代表着本世纪上半叶这一领域的重大努力。他的一些重要著作已见前面引文；其中他的《自传》一书简明扼要地叙述了他自己思想发展的历程。另外，评介他的历史观念的著作，就我所知较为重要的有如下诸种：沃尔什的《柯林武德的历史哲学》(载《哲学》XXII，1942 年)，多纳根的《柯林武德晚期的哲学》(1962 年)，德宾斯编《历史哲学论文集》(1965 年)，鲁宾诺夫的《柯林武德与形而上学的改造》(1969 年)，戈尔登斯坦的《柯林武德关于历史认识的理论》(载《历史与理论》IX，1，1970 年)，杜森的《作为科学的历史学：柯林武德的哲学》(1981 年)和《论柯林武德的未刊稿》(载《历史与理论》XVIII，3，1979 年)。

目　录

原编者序

一　Disiecta membra〔内容散论〕

1936 年的头六个月里，柯林武德写了三十二篇关于《历史哲学》的讲稿。手稿分成两部分，其中每一部分他都打算写成一部书。第一部分是有关近代的历史观念是如何从希罗多德发展到 20 世纪的历史说明；第二部分包括对历史学的性质、题材和方法的"形而上学的后论"[①]或哲学的反思。

这两部规划中的书的第二部，于 1939 年春天，当柯林武德在爪哇作短期逗留开始写《史学原理》时，就开始构思并成形了。在这部著作中，他打算讨论"历史学作为一门特殊科学的主要特点"，然后考虑它与其他科学的关系，特别是与自然科学和哲学的关系，以及它对现实生活的意义。

1940 年，他修订了 1936 年的部分手稿，特别是有关希腊和罗马的部分，并更名为《历史的观念》。尽管他最终打算使之成为《自然的观念》的姊妹篇，但不幸的是他未能继续下去。

---

① 按，康德有《形而上学导论》(Prolegomena)一书，此处反其意而题名为《形而上学后论》(Epilegomena)。——译者

柯林武德的愿望是在考虑出版其遗稿时，应该是用高标准加以判断；因而对做出把这些有关历史学的手稿编成一部书的这一决定并不是没有几分踌躇的。然而我们认为它们含有对历史学家和哲学家们可能是很有用的材料，而这些材料又太好了而不能不出版。

因为大部分可用的材料还只不过是最初的草稿，所以在这里有必要比《自然的观念》一书做更多得多的编辑工作。但是我认为，正确的说法是，尽管这部书的编排和它的某些形式应归功于编者，而内容则整个都是柯林武德的。本书的设计造成一些几乎不可避免的重复，（特别是在由我挑选并收集在一起形成了第五编的那几篇论文，似乎最好应该印得像写作它们时那样精确）；而且各篇写作于不同的时期，甚至在1936年的手稿写作期间作者的思想也在发展，这就足以说明为什么仍然存在偶尔不一致的地方。

除了下面注明者以外，本书的基础是1936年的讲稿，我遵循着这些讲稿的计划编成一部书而不是两部书。我这样做的理由是，尽管有足够的未发表过的手稿和已发表的论文可以用来编成一部论述历史学的性质的单独文集，但我却不认为所有那些未发表的材料的质量都足以达到出版水平。

《史学原理》的手稿是断简零篇，只包括原来所计划的三分之一，但是柯林武德写下了一条笔记，允许它在写一篇序言之后出版。序言须“说明它是我至少二十五年来所期待写出的我的主要著作的片断”。尽管有这种授权，我仍不认为有理由要出版除了后面第三编第八节和第五编第三、第六两节中所出现的三部分摘录而外的更多的东西。甚至我把这些包括进去，都是有些迟疑的。这些部分是用柯林武德后来的态度写成的，而它们的风格和情调与本书的其余部分有时候颇为脱节；但是把它们包罗进来可以补充他的历史观和更详细地阐明在其他地方只是简略指出的某些论点。

在第五编第一节和第二节中，我把两篇已经发表过的史学论文也包括进去：即，柯林武德于1935年10月28日就任温弗莱特(Weynflete)形而上学哲学教授时所发表的就职演说(由克拉林顿出版社作为单篇发表)和1936年5月20日提交给英国科学院的讲稿(发表于科学院院刊第二十二卷，现经科学院同意在此重行发表)。其他他随时发表过的史学论文似乎不值得重印，不是因为它们代表他后来已经放弃了的立场，就是因为它们的内容已经被收入本书的内容之中。这些论文的细目可以在《英国科学院院刊》(第二十九卷)上的讣告中他的哲学著作目录里找到。那个目录尚应补充如下项目：

1925年　《作为一门哲学科学的经济学》(《国际伦理学杂志》第三十五卷)。

1926年　《宗教、科学和哲学》(《真理与自由》，第二卷，第七册)。

1928年　翻译克罗齐的"美学"条，载《大英百科全书》第十四版。

1929年　《进步哲学》(《现实主义者》第一册)。

1940年　《法西斯主义与纳粹主义》(《哲学》第十五卷)。

应当感谢编辑们和《英国历史评论》的出版者朗曼·格林公司允许本书第四编第一节(iv)采用柯林武德为该刊所提供的一篇书评。

二 Magis amica veritas〔热爱真理的人〕

如果柯林武德有关他身后遗文的愿望继续被重视,那么本书将是他哲学著作的最后一部;在这一节中对他的哲学著作和在第三节中对他个人和他在哲学界的地位概括说几句话,也许是适宜的。

他一直主张哲学应该是成体系的,但是他的哲学著作与其说构成一个体系,倒不如说是一系列的体系。它们也许可以分成三组,虽则某些思想发展在每一组著作中都是有迹可寻的。第一组包括他视为少年时代作品的《宗教与哲学》(1916 年)和 Speculum Mentis〔《知识的图式》〕(1924 年)。第二组始自《哲学方法论》(1933 年),继之以《自然的观念》(除了"结论"外,均注明 1934 年)以及《历史的观念》的大部分(1936 年)。最后一组包括《自传》(1939 年),《形而上学论》(1940 年),以及《新利维坦》(1942 年)。而《艺术原理》(1938 年)则部分与第二组相近,部分与第三组相近。

要充分评价像这些著作所包含的如此多方面的工作,将会占用比这里所能允许的更多的篇幅;因此如果讨论主要地只限于它的一个方面,即只限于在柯林武德关于哲学与历史学之间的关系的概念方面,或许更好一些。在《自传》中他自称,他的哲学目的始终是要达成这两门学科之间的亲密关系。因为在这一节里我所必须说的，有那么多的话都是批判语气；所以在一开始就必须肯定地说，这个目的在他能力的顶峰时所写的这些书里，亦即在我刚刚叙及的他的哲学著作的第二组里，已经胜利地完成了。《哲学方法论》论证了哲学的题材更有似于历史而非自然，并且它的方法也必须构造得与之相应。《历史的观念》迫使哲学家们注意由历史的存在而造成的认识论问题，并且就像《自然的观念》一书那样，它表明了哲学问题怎样可以通过历史学的探讨来阐明和解决。在这些书出版之后，说英国哲学家们只有把头埋在沙里才能够继续忽视历史学，这种说法是并不过分的。

柯林武德对哲学和历史学以及对其他问题的观点，常常被人拿来和克罗齐的观点相比较；而且这两个人的哲学发展之间肯定有着引人入胜的类似之处。克罗齐对哲学的最初兴趣是由赫尔巴特[①]学派那位反黑格尔的拉布里奥拉[②]所点燃的；而柯林武德做大学生时则被灌输了库克·威尔逊[③]的实在主义。使他们二人对自己所学的哲学感到不满的，乃是他们对艺术和历史的兴趣；两人都为自己而去研究黑格尔，并在史学方面做出了创造性的工作；两人都按一种唯心主义的形式前进，而且最后是把哲学与历史学合而为一。但是尽管柯林伍德从克罗齐那里学到了大量的美学和某些历史学，可是把柯林武德看作本质上是克罗齐的一个后学，那就错了。例如，《历史的观念》中有许多观念都和克罗齐的相似，但是它

① 赫尔巴特(J. F. Herbart，1776—1841)，德国哲学家。——译者

② 拉布里奥拉(1843—1904)，意大利哲学家。——译者

③ 库克·威尔逊(1849—1915)，英国哲学家。——译者

们整个说来乃是作为他自己的历史学工作的结果而独立得出的，而且它们发挥得更细致，论证得更严密。况且，他常常说他所喜爱的哲学家是柏拉图，又说维柯对他的影响比其他任何人都大；如果说在他的晚年他终于采取了一种与克罗齐并无不同的历史主义，那么他早年却曾深刻地批判过克罗齐，并从事于创立一套他自己的哲学，那与《精神哲学》①至少有许多部分都大为不同。在《哲学方法论》中，上述的哲学毋宁说是一种隐含的而非特别阐明了的哲学。

在这部书中他区分了历史研究和哲学批判，区分了作为有关"个体"的历史思想与有关"一般"的哲学思想，区分了适用于哲学研究和历史研究的两种态度。如果这些区分可以信赖的话，那么这部书本身便是哲学而不是历史学。然而，其中的哲学是从历史学以及从自然科学里学来的，这一点是很清楚的；因为它的核心是这样一种学说，——即哲学的概念是以一个发展过程中从低级到高级彼此互相关联的各种形式这个尺度而加以规定的。正如我们不得不靠进化的科学概念才能理解物质世界一样，正如我们不研究它被创造的历史过程，就不可能理解英国的宪法一样；因此，柯林武德论证说，我们决不能把快乐、功利和道德上的善良当作仅仅是善意的特殊表现形式，是自从同时被创造以来就并存的（就像进化论以前的生物学中的生物物种那样）；我们必须发现它们在发生学上的相互关系，并且把它们展示为善良这一概念的发展所经历的过程的各个阶段。然而，在处理各种概念时，我们总是在处理那

① 克罗齐的著作。——译者

些彼此辩证地联系着的思想,所以所处理的材料就更近似于历史学的材料而不像自然科学的材料。

根据这种观点,哲学就像科学一样是在论述一般(例如,真或善);但是它又像史学一样,对这种一般的特殊说明就像历史的过程中的各个阶段那样是连接在一起的,每一个之中都体现了它的先行者的特点,而又孕育着其继承者的特点。也可以认为,如果范畴就这样具有着一种它们本身的历史,那么哲学,作为对它们的研究,其本身也就是历史。但这并不是柯林武德的观点,因为他论证说,历史学并不是对一切过程的研究,而仅仅是对人事的研究,因而是靠对证据的解说(按照《历史的观念》第五编第三节所描写的路数)来进行的。这就蕴涵着,哲学和科学(包括生物学)一样都处于历史学之外,而不可能被归并到历史学中去,直到它不再询问"什么是善"为止,——像是在《哲学方法论》中还曾允许的那样,而到了像"什么是柏拉图的善的概念?"这样的问题面前就戛然止步了。

因此使用柯林武德在他的《哲学方法论》中所提倡的方法而得出的哲学,就会以发展这一概念为其母题,而且它在那种程度上也就是在历史学影响之下的哲学;但是它会仍然与历史学不同,哪怕是把它限于被某些思想家们看作是历史学的基础的那些范畴的研究之内。但是,柯林武德的思想在这一点上并没有这样被限制住;因为他当时认为,除了写一部自然观念的历史而外,哲学家还应当构造出(例如)一种宇宙论,这就是他对于那种历史学反思的结果:除了是一个哲学史家而外,他还应当创造出自己的哲学。

这部《哲学方法论》断然拒绝考虑"最终的问题",而留给读者自己去建立它所包含的形而上学、逻辑学和伦理学。柯林武德确实开始把他的方法应用到宇宙论上面，而且他在1935年一次牛津学会上宣读的一篇论文中，同时也在他关于自然哲学的讲演的原来结论中，勾画出了他的结论。这一结论后来他没有发表；而且他并没有再回到充分写出那部《哲学方法论》原来所曾打算介绍的那种哲学的任务上面来。其原因是他改变了他的想法。像克罗齐一样，他逐渐认为“哲学作为一门独立的学科已由于被转化为历史学而消失了”（此处引文正如本节没有注明出处的其他引文一样，都引自早在1939年为《史学原理》一书所写的一系列注释）。

这种观点的改变是怎样发生的？他最后所主张的观点比起他早先所主张的观点又是怎样的呢？

在他《自传》的第七章和第十章中的说法是，在1932年写《哲学方法论》之前，他已经完成了关于“绝对假设”以及关于形而上学的纯粹历史特征的学说（这是写作于1938年而出版于1940年的《形而上学论》中所阐述的）。但这一点是难以置信的。不仅是早期的《哲学方法论》清楚地区别了历史学与哲学，像我们已经看到的那样，而且1936年有关历史哲学的讲演仍然划清了上述的区别，我还有文字记录的证件：在1936年他仍然相信形而上学作为一门与历史学完全不同的独立研究、作为一门对于“一、真、善”的研究的可能性。因此我不得不相信，他的哲学立场在1936年和1938年之间是彻底改变了，哪怕在他的《自传》中并没有记述这样的改变，而且哪怕别人认为当他的观点发展时，这种发展乃是逐步地而且总是沿着同一条轨迹进行的。

这些观点的差别可能在某种程度上调和一致，因为我所提到的那场变化并不是一场毫无预兆的革命；它是由柯林武德早期思想中所呈现的怀疑主义和教条主义的倾向战胜了在 1932 年和 1936 年之间所遭遇的暂时挫折而造成的，从而 1936 年以后所“形成”的那种哲学并不是一种全新的发展，而是在作者过去的思想中就有其根源的。

在《哲学方法论》的结尾，柯林武德说，他对被指控为怀疑主义决不认罪，但是当这种指控根据《知识的图式》的某些段落而强行被提出时，他对此加以否认的那种激情却并没有对他的无辜提供什么保证。在同一部书中，他指出怀疑主义乃是一种隐蔽的教条主义，而这一点对他本人所曾教授过的牛津哲学来说是特别真切的。然而他终于不能使自己摆脱这种哲学的怀疑主义的(并且因此之故，摆脱相应的教条主义的)束缚；而且在他发展自己的历史理论时，能观察一下这种束缚对他的思想的影响也是饶有兴味的事。这种或那种形式的哲学怀疑主义，乃是他为了努力要把哲学纳入历史学之中这一企图所付出的代价。

在《自传》中，他考虑的是通常由牛津大学的教师们所持有的观点，即在研究哲学史时必须要问，第一，“柏拉图思考的是什么”？第二，“他是正确的吗”？第一个问题据说是历史问题，第二个问题则是哲学问题。但是，他论证说，这里实际上只有一个问题，而那是一个历史问题；要理解柏拉图所思想的东西而不发掘他所试图解决的是什么问题，这是不可能的事；而如果能指出这个问题，那也就证明他已经解决它了，因为我们只有反过来从解答推论，才能知道那个问题是什么。由此可见，要发现柏拉图思想是什么而不同时发现他的思想究竟是否真确，乃是不可能的事。这种论证却不大容易通过用以说明它的那些类比而被人所接受：我们被告知，既然纳尔逊[①]赢得了特法拉加战役的胜利，所以他就解决了他的战术问题，而且我们可以通过他在那次战役中所使用的战术反过来推论而发现它们都是什么、他的计划又是什么。可是维伦诺夫[②]却战败了；他未能解决他的问题，因而我们也就不能发现他的计划是什么。如果这种类推进行下去的话，结论似乎就应当是，只有在他打了胜仗或者正确地解决了他的问题的时候，我们才能理解一个哲学家的问题，从而一切哲学著作要么是真确的，要么就是不可理解的了。这种惊人的结果很难与柯林武德在他自己书中同一章内对柏拉图的批评调和一致，在那一章中他论述道，柏拉图在《国家篇》中设想他描写了政治生活本身的形式而不仅仅是希腊政治生活的形式，乃是错误的。

另外，在“历史的”和“哲学的”问题的联系上也出现了另一种不同的、但同样困难的观点。在1936年所写的一份手稿中，柯林武德说：“圣奥古斯丁从一个早期基督徒的观点来看待罗马的历史；提累蒙特[③]是从一个17世纪法国人的观点来看；吉本是从一个18世纪英国人的观点来看；而蒙森则从一个19世纪德国人的观点来看。问哪一种观点是正确的，那是没有意义的。每种观点对于采用它的人来说，都只是唯一的一种可能。”可以把这一节和他在《历史的观念》(第三编，第五节)中所谈的有关过去的历史学家在不断改变着对中世纪的态度(在那里这种态度被说成是“历史

① 纳尔逊(1758—1805)，英国海军上将，于1805年特法拉加海战中击败法军。——译者

② 维伦诺夫(1767—1806)，特法拉加海战中的法国海军上将。——译者

③ 提累蒙特(1637—1698)，法国历史学家。——译者

的过错”)的话对照一下。如果没有必要去问过去的思想家正确与否,那么“哲学的”问题就不再“被囊缩”在历史学之内;它就作为一个不可能出现的问题而全然被抛在一旁了。在1939年,柯林武德明确地提到这一点,当时他写道:“历史学是唯一的知识”,并且他继续阐明他的意思,又补充说:“逻辑学是企图阐明在逻辑学家当时被认为是有效的思想的那些原则;伦理学的理论各不相同,但没有哪一种因此就是错误的,因为任何伦理学的理论都是企图表述被看作是值得指望的那种生活,因而总是产生这个问题:被谁看作是? 自然科学与历史学确实不同,而且也不像哲学,它是不能被吸收入历史学之中的,但这是因为它是从某些假说出发并思索出它的结果来的,而且因为这些假说既不真又不假,所以把这些假说和它的结果一起加以思考就既不是知识又不是谬误。”一篇叙述哲学方法的论文就被预先假定为并不是一种对哲学家们所应采用的方法的阐明(因为它是正确的方法),却只不过是对文章家或他的这一个或那一个前辈碰巧使用的方法的一番描述罢了。

的确,必须是既对哲学又对自然科学的一种极端怀疑主义,才会引导一个思想家认为知识是只能靠历史学家并且仅仅是由解说历史的证据而获得的。从《历史的观念》起,柯林武德的写作包含着一种给人以深刻印象的论证,他承认历史学是硕果丰盛的,历史学有资格被称为知识并不亚于自然科学。但他不仅仅满足于——正如他确实是有力地而又令人信服地——论证反对把哲学吸收到自然科学中去作为知识的唯一形式的那种实证主义的企图;他进一步采取了一种同样不妥协的立场,并且实际上出于同一个怀疑主义的理由而为历史学要求着恰好是他的对手们为科学所要求的东西。单纯的哲学和历史学之间的亲密关系已经不再能使他满足了。

从他后来著作中所引的一个例子可以表明，哲学怀疑主义的潜移默化是怎样在他的思想中起作用的。在《历史的观念》一书中，对狄尔泰的说法，即一个人所采取的哲学有赖于其心理的构造，曾有一段尖锐的批驳。难道这种尖锐性是出于一种仍然不自觉的怀疑，认为一种类似的和同样是怀疑主义的观点，已经隐含在对他越来越有吸引力的历史相对主义之中了吗？正像我们已经看到的，他渐渐地认为追问圣奥古斯丁关于罗马历史的观点正确与否是没有意义的，因为除了他处于他自己时代的条件之下的想法而外，他不可能有别的想法。但如果我们要确切地追问为什么他不可能有别的想法，那么至少部分的答案就必须是“由于他的心理构造使然”；而且确实这一答案从《形而上学论》中得到了某种证实。

这本书论证说，一个知识的整体最终取决于承认一组“绝对的假说”；例如，“上帝存在”就被说成是属于“科学和文明”的绝对的假说的。但是柯林武德自己的历史主义的(historicist)原则却迫使我们要问：是“谁的科学”？是“谁的文明”？而我们不能回答是“现代的科学”或是“西方的文明”，而不同时假设这些单元所归纳的要远甚于批判的思想史观点之所可能容许的。难道能够认真地认为，“西方的文明”乃是一种所有参与其中的人或所有在其中生活的人所共有的趋势吗？或者，现代科学领域中的每个工作者都必然精确地共同具有一套同样的绝对假说吗？科学家们是这样一些人，他们在科学之外的兴趣可能对他们的科学工作有刺激，而他们在民族、教育和传统方面的差别则似乎蕴涵、或者至少是允许他们的著作在假设方面有所变异。柯林武德论证的逻辑最终将迫使他从一般，例如“科学”和“文明”，下降到个别，而且迫使他承认任何个别思想家的著作最后都是由于他本人所采取的那套绝对假说而成为它所具有的那种形态的。于是，一个人是怎样逐渐掌握他所做出的假设，以及它们又怎样在时间的过程中逐渐由于他偏爱其他假设的缘故而被抛弃，就成为一个至关重要的问题了。柯林武德只是在脚注中，仿佛是通过事后的回想，才涉及这个问题的；而他的答案则是，它们是无意识地被采用的，而且被一种“无意识的思想”过程所改变。在行文上，这种晦涩的用语似乎蕴涵着，既然这些假设和对它们的承认以及变更都属于“无意识的”范围，所以它们就属于柯林武德所认为是心理学所合法占领的领域。这与狄尔泰学说的一致性就变得惊人地近似了。

或许是柯林武德过分潜心于各个不同的分科，把它们都当成自己的专业，以至于使他混淆了它们之间的区别。例如，在他的第一部书中，宗教、神学和哲学都被说成是同一回事。在《艺术原理》一书中（尽管有《哲学方法论》一书最后一章中的论证），并没有一种确切的办法来区分哲学和作为一种文学作品的诗歌。如果自然科学终于避免了被认同于历史学，这也许是因为柯林武德从来没有真正亲身从事过这种工作的缘故，尽管柯林武德是精通自然科学史的。无论碰到吸引他精力的是什么，神学也好、艺术也好、历史学也好，他都要倾注他那强而有力的心灵；他意识到不管其对象是什么，起作用的都是同样的那种探索的精神；而且他似乎已倾向于得出这样的结论，即哲学干脆就是他当时恰好最专心致意在研究的所有问题。在1935—1936年——即划分《哲学方法论》与后来的历史主义(historicism)的那段时期——吸引了他的大部分精力的是历史学;那时候所开始的哲学的"清算",就正是由于这个事实以及由于他思想中(我一直在加以说明的)那种怀疑的倾向与其不可避免的副产物的教条主义倾向的结合。

柯林武德著作中的教条主义因素,通常要比怀疑主义的因素更为人们所熟识;如果我们把《哲学方法论》、《自然的观念》和大部分《历史的观念》排除在外的话,那么他的成熟的哲学著作就有很多部分都有一种自信的、有时是夸张的态度,批评家们注意到他的后期讲稿也有同样过分自信的态度。这种有害的教条主义不仅仅是他的怀疑主义的反面,也不仅仅浸染了他的后期著作的形式;他还影响了它们的内容,并且是和他对宗教的态度的变化相联系着的,而宗教一直是他最大的兴趣之一。在《知识的图式》一书中,他取消了他早期之把宗教与神学和哲学视为同一的观点,反之他采用的一种宗教观使人联想到,例如,黑格尔和克罗齐:宗教把想象错误地当成了思维,并且把仅仅是象征的东西当作现实。基督教解决了上帝与人相和解的宗教问题,从而为哲学之取代宗教准备了道路;它继续存在下来,只因为它是避免永远都是人类心灵陷阱的那种迷信的唯一办法。在这里可以看出,柯林武德思想中的怀疑主义的情调也表现在他对基督教学说的态度上,而他的哲学主张则是倾向于教条主义的。

他并没有长时期地满足于《知识的图式》一书;就有关宗教方面而论,他在《信仰与理性》(1928年)的小册子中提出了一种新观点。这篇论文是《形而上学论》的一个萌芽,它成为对该书的一篇

有价值的解说。他认为,理性与信仰彼此是互不可少的。二者都是知识的独立来源,理性提供我们有关世界的知识的细节,而信仰则提供有关世界的知识的整体。科学思想建立在一个由有关世界的知识的某些片断所构成的基础之上,而有关世界的知识却不是我们用科学的方法所能获得的或加以批判的:上帝存在、意志自由的现实与灵魂不朽,还有自然规律的存在这一事实,都是例子。对于这些知识我们并不具备理性;它们是信仰的产物,那不是单纯的信仰,而是普遍存在于每一个人的心中,并为一切思想、甚至于是一个批评家可能想要加以批判的思想之所必需的那种合理信仰的产物。这里并不存在想把真理的垄断权归之于哪一种学科的企图;也不存在任何关于发现一种对一切思想都普遍有效的真理的怀疑主义。怀疑主义的暗礁和教条主义的巨浪已经安全地渡过了,于是船就停泊在风平浪静的哲学庄严性的大海里;这就产生了《哲学方法论》以及1933年结束了他关于伦理学的讲演的那种哲学的神学。

然而,随着《形而上学论》却出现了重要的分歧。绝对的假设(即宗教信仰的内容)已不再被说成是知识了;作为假设而言,它们既不真也不假。它们已不再是一切思想的普遍特征了;它们总是历史地被制约着的。因此随着哲学的怀疑主义之被重新采用,就必定会有一种新的教条主义;我们对于我们自己的绝对假设(即对于我们自己的宗教)的态度,就会成为一种“不加疑问的认可”。柯林武德在同一部书中还告诉我们,实在主义是奠基于“哲学所能有的最重要的基础之上的”,即人类的愚蠢的基础之上的。我们有时候可以原谅一个读者会怀疑柯林武德是不是想要反过来把他的哲学建立在人类的轻信的基础之上。

他后期对宗教的思考把他引到了什么地方，是很难说的；尽管某些线索可以在《新利维坦》一书中找到，书中有一节很有意义，论述了基督教是一种愤怒的宗教。也许这样说就够了：他的最后的历史主义与狄尔泰和克罗齐有密切的关系，而他的绝对假设的学说及其宗教的和神学的背景则与克尔凯郭尔、甚至与卡尔·巴尔特[①]都有密切的关系。柯林武德相信 coincidentia oppositorum〔对立面的吻合〕，正如他的著作中许多章节都可以证实的那样。我想指出，他本人晚期的哲学就提供了这种现象的一个显著的例子。

以上的几段话，已经引起我们注意柯林武德的后期著作中作为未能调和的对立面而并存着的怀疑主义的和教条主义的因素。任何形式的历史主义都会面临着如何避免完全的怀疑主义这一难题。（如果黑格尔的哲学是出于他自己心理的特质，或者是出于他自己那个时代所流行的经济的或其他的条件的作用；那么这一点对历史学家本人的方法论和对任何可能的批评标准也同样是真确的。在这些情况下，是不可能发生真假问题的。）看来被似乎是对宗教难题多少有点教条主义的解答所驱遣，柯林武德就只能避开这个斯奇拉女妖而陷于“不加疑问的认可”的查利布底斯[②]旋涡之中了；至于他是否能够在他的著作中提供足够平坦的航道可以使船员避开这两种危险，从而使他的历史主义值得称道，这一点却是

① 巴尔特（1886—1968），瑞士神学家。——译者

② 按：斯奇拉为意大利西西里海滨查利布底斯涡流对岸的巉岩，两者在古代神话中均为女妖；此处借喻两种危险难于同时避免。——译者

很可疑的。

为什么他始终也没有完成《史学原理》一书呢？体力的衰退和专心致力于《新利维坦》一书，是两个明显的答案。但是真正的答案却是，他的计划已经变得要么是不可能的，要么就是不必要的了。《史学原理》要么是试图描述历史学是什么以及解释历史知识是怎样成为可能的一部哲学著作，否则它就只不过是一部自传，叙述作者是怎样在事实上进行他自己的历史写作的。对柯林武德来说，直到1939年它还不可能是前者，因为哲学已经被吸收入历史学了；而写后一部书对他来说又是无用的，因为他的《自传》一书已经出版了。这时候，他甚至于无法想到把自己作为一个历史学家的实践和自己有关这种实践的哲学理论区分开来，因为在《自传》中理论和实践已经合为一体。

由于对于批评做了限制，他甚至把他的哲学可以成为历史学家反省式的自我批评这一可能性都拒之于门外。这一哲学概念在《历史的观念》导言的第一节中已经勾出了一个轮廓，在这里也像在别的地方一样，他把思想和我们对这种思想的觉察区别开来，或者说把第一级的思想（如历史学）和第二级的思想（哲学）区别开来。再有，他常常认为，意识到一个人在思想x、同时也就是处于一种可以批评x的地位，因为自我认识也就是自我批评的可能性。既然很可能我们的思维是从我们起初并没有觉察到的那些假设出发的，但如果我们逐渐觉察到它们又是可能的，而且柯林武德也认为这是可能的；那么我们又如何能防止对它们进行批评呢？一个反对者会问，“根据什么标准”？但是，柯林武德在他的早年会回答说，理性除了它自身之外并不需要什么标准。当时他认为推理乃是自我批评的，至少就其所能批评和修正它的范畴并测定它自身的错误而言是如此:觉察到自己有偏见就已经是超越了那种偏见了。我们所未知的那些假设，无疑地会不加疑问而被接受的;但是认为当那些假设是已知的时候，它们仍必须以同样的精神加以接受，那就是认为我们对我们信仰的觉察是另一种知识，而与那种会使它们受到批评的知识不同了。如果柯林武德居然接受了这一学说而放弃了历史哲学，那么其原因似乎是他被一个他过去所产生过的幽灵所驱遣着，因为这一学说立即使人回想到实在论者之否认自我认识和(例如)亚历山大[①]的论证:自我是“可享受的”但不是可被认知的。柯林武德在《历史的观念》(第四编，第一节，第二段)中批驳了的这种论点，这和我在本书的导言中所引的那段话是一致的;但是在《形而上学论》中那种论点的对立形态却是含蓄的，而这还不是本书作者年青时代滑入实在主义唯一的一次。它也包含着否定信仰和理性有任何重叠之处，否定假设和阐发有任何重叠之处。除了从《哲学方法论》的学说倒退到库克·威尔逊的在信仰和知识之间仅只有性质上的、而并非同时也有程度上的差别的学说之外，这还能是什么呢?

在柯林武德的后期著作中找到了他早已放弃了的某些学说，并不证明这些学说就是错误的。但是有时候很难使后期的著作甚至于与它们自己相一致。《形而上学论》声称并不要发挥作者自己的形而上学观念，而是要说明形而上学现在是什么“和过去一直都是什么”。果真如此，那么按照他自己的原则，它就几乎不可能成

① 亚历山大(1859—1938)，英国哲学家。——译者

为一部历史学的著作；而且关于《论假设》那关键性的一章的论证，确实是已经在 more mathematico〔数学的领域〕中提出过了的；即使这一点仅仅是一个形式的问题，这种论证却仍然不能转变为历史的论证，只要是我们承认他在《史学原理》那一节中有关历史的证据和推论所说的那些话，——该节将作为下面的第五编、第三节刊出。因此就正在其被宣布为已吸收到历史学之中的时候，哲学却一直似乎在抗拒着被吸收。对于这一批评，柯林武德可以回答说，它是以一种错误的历史观为基础的；他写道，正是这种批评的发动者，他们“以为有必要通过补充为他们所遗漏的东西（和改正它们所注入的错误）来增补历史学，办法是引用一种哲学概念来恢复他们的历史概念的平衡”。对此人们可以反驳说，柯林武德需要用一种教条式的神学来平衡他的历史概念；但也许确切的回答是，在真正的历史概念上他仍然没有能使我们弄清楚。假如说他解决了这个问题，即把一般所称为哲学的与一般所称为历史学的这两者结合起来而形成一门新的、被称之为“历史学”的学科并（像他在《自传》中所提出的那样）成为说明人类事务一切问题的手段；那么在他的著作中，却从来没有清楚地阐明过他的解决办法。

阅读柯林武德后期的哲学著作会使人伤心地回想起他本人关于伯里[①]所写的话（见下第四编，第一节，第四段）。到了 1932 年，他以“极大的艰苦”终于成功地使自己摆脱了年青时代的怀疑主义，并且在《哲学方法论》中铸就了一件武器，使他能够在哲学问题的丛林之中开辟道路并为自己建立起一座可以长期屹立而不受批

① 伯里（1861—1927），英国历史学家。——译者

评之风的影响的住所。到了1938年，当写完《自传》的时候，他又滑入了早在六年前他即已辨认出其虚伪性的怀疑主义里面去，继而又陷入了他在写《哲学方法论》时已经从其中摆脱出来的教条主义里面去；而结果便是，对历史学的热忱势必使他成为对他的哲学使命的背叛。他那一往情深的兴趣之多连同他自己过早夭折的预感，都使得他要赶快工作。也许是他写得太快了而未能觉察到自己论证中的全部内涵吗？是不是企求过分的代价便丧失了只可能是等待着其来临的智慧呢？

三　Amicitiae sacrum〔神圣的友情〕

在《自然的观念》一书中，柯林武德奠定了检验一个哲学家是否伟大的标准。哲学上的恢宏大度"乃是一个心灵确切地驾驭了和消化了它的哲学材料的标志。因而它是以对其题材的眼界的广阔和稳定为基础的；……它是以性情的恬适和叙述的坦率为标志的，它没有困难要隐瞒，也不用恶意或激情来说明任何事物。所有伟大的哲学家都具有这种心灵的恬适，一切激情都在他们视野清晰的时候被淘汰掉了，他们的写作就仿佛他们是从高山顶上在俯览一切事物。这是显示出一位伟大哲学家的那种气度；一个缺少了它的作家也许值得读或不值得读，但是他必定够不上伟大"。用这个检验标准来判断，柯林武德只有一部书可以称之为伟大，即《哲学方法论》；尽管必须补充说，在《自然的观念》和《历史的观念》两书的大部分中也可以发现同样的哲学气质。他的其余哲学著作肯定是不免受到激情的影响，而且也不能认为它们是恬适的。

在评论《哲学方法论》时，我要鼓足勇气称它为“一部哲学名著”。我同时代的人中有一些好嘲笑别人，另有一些则宽大得足以原谅我的判断，把它当作是出于对一个朋友的偏爱。在评论者之中，我发现我自己肯定是一个少数派。《哲学》杂志上的那篇评论是很不客气的；《心灵》杂志上的那篇评论，尽管并不是不欣赏它，却几乎完全失之于——正像它的作者后来在谈话中所承认的——未能充分仔细阅读柯林武德的导言。然而，其他评论家所说的却没有任何东西使我改变我的见解；而且由于看到一封论及从亚历山大到柯林武德的书的信件，几年之后又由于同约阿喜姆[①]的一次谈话，就更加使我加强了我的见解，约阿喜姆把此书说成是“第一流”的哲学著作。

无论这部书多么好，它却始终不过是一部尚未写出来的哲学的一篇序言。它充满着厚望，但它本身却不足以为它的作者在哲学史上赢得多少篇幅。这可能就是为什么最近英国论述现代哲学的书籍（如《近代哲学》，家庭大学丛书，1936 年）并没有提到柯林武德的名字的一个原因。而他和克罗齐在美学上的密切关系以及个人的友谊，却可以说明何以鲁吉罗在《十九世纪哲学》一书（巴里版，1934 年）中要用上几十页来谈《知识的图式》一书的缘故。

为什么《哲学方法论》一书的厚望只是在《自然的观念》和《历史的观念》两书中，而不是在后来的著作中得到实现呢？（假如它毕竟是实现了的话。）在上一节中，我对他的思想发展的道路以及对这种发展为什么采取这样的路线的理由，作了一些提示。但我

① 约阿喜姆（1868—1938），英国哲学家。——译者

所说的并不全面，因为我只不过是暗示了一个决定性的因素，那对他所有的后期著作上都投下了一道暗影：即他的健康不佳。

《哲学方法论》的写作是与他自1922年以后反复重写的伦理学讲稿相联系着的，并且准备在1932年春季出版。大约就在同一时期里，柯林武德的健康状况开始恶化，他放下了学院工作而获得一个学期的休假。到了这时候才认识到这是他健康恶化的开始。对此，他的余生就成为一场英勇的搏斗。在随后几年间发生的情况是大脑的微血管开始破裂，其结果是大脑的一小部分受到影响而不起作用了。它只是这个过程的激化，到1938年他第一次受到了终于使他束手无策的一系列打击，致使他在1943年因肺炎逝世，享年52岁，这在某些方面也并非是不幸的结局。

在这些情况下，惊人的并不是他的后期著作应当缺少严肃性，或者是被疾病和过度的自信所玷染，或包含着令他的朋友们感到沮丧的内容；惊人的是它们毕竟是写出来了，而且更为惊人的是它们居然包括有许多具有突出价值的章节。《艺术原理》有一节专门探讨一种详加推敲的想象论，这一节似乎比它迄今从专业哲学家们那里所曾受到的更值得研究（专业哲学家们的注意力由于《心灵》杂志从来没有评论过这部书而被转移了）。《自传》里勾画了一种有趣的、现已开始受到当代的逻辑学家们注意的问答逻辑。《形而上学论》中的Specimina philosophandi〔哲学化的例证〕是思想史上的光辉论文。《新利维坦》对于1933年所阐明的方法之应用于伦理学并富有成果，做出了某些暗示；而它对于持久地保卫我们文明的生活方式的价值，也已为那些对柯林武德的其他著作印象不大好的评论家们所承认。

然而，不管柯林武德后期著作中这些章节以及其他章节的价值如何；事实仍然是，柯林武德的哲学精神的范围和深度要比他的出版物所显示的更为伟大。如果要问我，他是多么优秀的一位哲学家，那么我必须把他的厚望和他的成就区别开来。如果我说，在他的鼎盛期他的心灵能力允许把他不是置于他的同时代人的、而是置于他的前辈亚历山大和怀特海的同一个水平上；那么那些最了解他的人（而这样的人并不多，因为他对研究的专心以及后来他的健康恶化，使得他有点像是个离群索居的人）大概是最不会反对我所说的话的。除了一种敏锐的批评禀赋和一种同情地钻研与他自己的哲学非常不同的各种哲学的能力之外，他还具有一副建设性的头脑，它可以和近代英国哲学中刚刚提到的那两位哲学家的头脑相媲美。但是这种厚望却从来也没有变为成果；所以也许并不奇怪，那些仅仅是或主要是通过他的哲学著作而了解他的人，就把他看作是个能干的、聪明的、有时是乖僻的作家，却不再是什么别的。

评论家们有时候谴责他"挑起争论"，甚至于是"故作怪论"，尽管他们往往回避而不是回答成为他的某些悖论的支柱的那些证据。我们可以从《形而上学论》和《自传》中摘出两个例子：第一，他论证心理学，作为一门感觉的科学，是合法的和无可估价的，但当它冒充一门思想的科学时，就变成了"非理性主义的宣传"；第二，他相信，不管它们自称目的是什么，现代的分析的和实证主义的哲学在倾向上根本是非理性主义的，并且对于文明是危险的。前一点在《心灵》杂志(1942)上遭人非议，但非议者是否确实掌握了柯林武德的论证是很可疑的，也许是由于提出它来的方式是相当动感情的缘故。第二点激起了人们的兴趣，但是它几乎一点也没有得到回答；虽说一个有敌意的批评家也许会问柯林武德，他自己的历史主义比他如此毫不留情地加以攻击的各种哲学，究竟是不是更少一点非理主义或者对文明是不是更少一点偏见呢？无论如何，不管柯林武德在这些问题上是正确的还是错误的，他都是认真地在对待它们的。他不是出于自鸣得意，为了耸人听闻或者哗众取宠而写作的；他的意思就是他所说出的，而且他确实是说出了他的道理；但是如果他能表达他自己更少一些激情的话，他也许会产生更多的信心的。

他后期著作那种咄咄逼人的风格给人的印象是，作者具有一种相当的优越感而产生了高傲的意识。但真正的柯林武德并不是那样。在疾病改变了他之前，从根本上说他是谦逊的；他意识到自己具有一种超出常规的能力，但也同样意识到它的限度；他能容忍批评，甚至于脱离自己的方式去寻求批评。如果我在这里对他的著作持批评态度，那也只不过是他所期待的和所希望的而已。他身后留下的大量未出版的手稿，就是他为了澄清自己的观念和详尽地发挥它们而付出的巨大辛劳的证据；必须记得，他的哲学著作仅仅是他全部学术产品的一部分；对于这位罗马时期不列颠史的历史学家柯林武德的评价，我只需提到I. A. 理奇蒙先生的形象化的论文以及《英国科学院院刊》(第二十九卷)上的柯林武德的史学出版物的目录就够了。

柯林武德对于他的学院的学生们永远是不辞劳苦的，虽然他们之中很少有人对哲学有多少兴趣；但是他大量最好的工作都放在他的大学讲演上，它们吸引了大批听众，而且扩大了他作为一个

哲学教师的影响。他的讲演声调细微而清晰，他给人的印象是，他总有某些重要的东西要讲；这使得他的讲演引人入胜，而那种条理井然的论证，剪裁整齐、用词精当，使得每个来听讲的人都能理解。对许多大学生来说，他关于伦理学的讲演，特别是在早期，来得就像是一种启示。他的才能博得了尊敬，然而他的孤高又往往妨碍了热情；但是在那些有幸享受他的友谊的同伴中，他从来都不是孤高的。至少对于我很难说是哪一种最伟大：是柯林武德这个人所鼓舞的热情，还是来自导师的激励，还是由我从他那里所学习到的“远远超过我所可能希望承认的”这位哲学家和历史学家的禀赋所唤起的崇敬之情。

T. M. 诺克斯

圣安德鲁斯

1945 年 10 月 30 日

导　论

第一节　历史哲学

本书是历史哲学的一种尝试。“历史哲学”这一名称是伏尔泰在18世纪创造的，他的意思只不过是指批判的或科学的历史，是历史学家用以决定自己想法的一种历史思维的类型，而不是重复自己在古书中所找到的故事。黑格尔和18世纪末的其他作家也采用了这一名称；但是他们赋予它另一种不同的意义，把它看作仅仅是指通史或世界史。在19世纪的某些实证主义者那里可以找到这个词语的第三种用法；对他们来说，历史哲学乃是发现支配各种事件过程的一般规律，而历史学的职责则是复述这些事件。

伏尔泰和黑格尔所加之于历史“哲学”的任务，只可能由历史学本身来履行；而实证主义者却在试图从历史学里不是得出一种哲学，而是得出一种经验科学，就像气象学那样。在所有这些事例中，它都是一个支配着历史哲学概念的哲学概念；对伏尔泰，哲学意味着独立的和批判的思想；对黑格尔，哲学意味着把世界作为一个整体来思考；在19世纪的实证主义，哲学意味着发现统一的规律。

我使用的“历史哲学”一词和所有这些都不同；为了说明我对

它的理解，我将首先谈谈我的哲学概念。

哲学是反思的。进行哲学思考的头脑，决不是简单地思考一个对象而已；当它思考任何一个对象时，它同时总是思考着它自身对那个对象的思想。因此哲学也可以叫做第二级的思想，即对于思想的思想。例如，就天文学这一事例而言，发现地球到太阳的距离乃是第一级思想的任务；而发现当我们发现地球到太阳的距离时我们到底是在做什么，便是第二级思想的任务了，在这个例子中即逻辑和科学理论的任务。

这并不是说哲学就是心灵科学，或者心理学。心理学是第一级的思想；它正是用生物学探讨生命的同样方法探讨心灵的。它并不研究思想及其对象之间的关系，它直接把思想作为某种与其对象完全分离的东西来研究，作为世界上单纯发生的某种东西，作为一种特殊的现象——一种能就其本身加以讨论的东西——来研究。哲学从来不涉及思想本身；它涉及的总是它与它的对象的关系，因此它涉及对象正如它涉及思想是一样之多。

哲学与心理学之间的这一区别，可以由这些学科对历史思想所采取的不同态度来阐明；历史思想是有关一种特殊对象的一种特殊思想，这种对象我们暂且规定为“过去”。心理学家自己可能对历史思想感兴趣；他可能分析历史学家身上所进行的那种特殊的心灵事件；例如，他可以论证说，历史学家就像艺术家一样是建造起一个幻想世界的人，因为他们都太神经过敏了，因而不能有效地生活在这个现实世界之中；但是又与艺术家不同，历史学家把这个幻想世界的投影颠倒过去，因为他们把他们神经过敏的起源与过去自己童年时代的事件联系起来，而且总是追溯过去，枉然企图

解决这些神经过敏症。这种分析可以深入钻研细节，而且表明历史学家对大人物（如恺撒）的兴趣是怎样表现了他对他父亲的幼稚态度的，等等。我并不提示这种分析是浪费时间。我只是描叙它的一个典型事例，以便指出它把注意力全都集中在原来的主-客体关系中的主体项上。它只关心历史学家的思想，而并不关心它的对象，即过去。对历史思想的全部心理分析仍会是完全相同的，哪怕根本就没有所谓过去这样一种东西，哪怕恺撒是个虚构的人物，哪怕历史学并不是知识而纯粹是幻想。

对哲学家，需要注意的事实既不是过去本身（像是对历史学家那样），也不是历史学家关于过去本身的思想（像是对心理学家那样），而是这两者处于它们的相互关系之中。与对象有关的思想不仅仅是思想而且是知识；因此，对心理学来说是纯粹思想的理论，是从客体抽象出来的心灵事件的理论，对哲学来说就成了知识的理论。心理学家问自己：历史学家是怎么思想的？而哲学家则问自己：历史学家是怎么知道的？他们是如何领会过去的？反之，把过去作为事物本身来领会，例如说若干年以前确实发生过如此这般的事件，那却是历史学家的任务而不是哲学家的任务了。哲学家之所以关心这些事件并不是作为事物本身，而是作为历史学家所知道的事情；他要问的并不是它们是什么样的事件以及它们在什么时候、什么地方发生的，而是它们到底是什么才使得历史学家有可能知道它们。

于是哲学家就必须思考历史学家的心灵，但是他这样做并不是重复心理学家的工作；因为对于他，历史学家的思想并不是心灵现象的一个综合体，而是一个知识的体系。他也思考过去，但并不

是以重复历史学家的工作的那种方式；因为过去对于他并不是一系列的事件，而是已知事物的一个体系。人们可以对于这一点说，哲学家就其思考历史的主观方面而言，就是一个认识论学家，就其思考历史的客观方面而言，就是一个形而上学家；但是这种说法，由于提示他的工作的认识论部分和形而上学部分是可以分别对待的，将是危险的，而且它也会是一个错误。哲学不能把认识过程的研究和被认识的事物的研究分别开来。这种不可能性直接来自哲学是第二级的思想这一观念。

如果这就是哲学思维的一般特征的话，那么当我在“哲学”一词之上再加一个“历史”时，我的意思又是什么呢？在什么意义上才有一种特殊的历史哲学，而与一般的哲学以及任何其他东西的哲学都不同呢？

一般都同意，在哲学的整体内也是有区别的，尽管有点不确定。大多数人都把逻辑学或知识论与伦理学或行为的理论区别开来；虽则作这种区分的人大多数也同意，认识在某种意义上也是一种行为，而且作为被伦理学所研究的那种行动也是（或者至少包括着）某种认识。逻辑学家所研究的思想，是一种目的在于发现真理的思想，因此也就是朝着一个目标而活动的例证；而这些都是伦理学的概念。道德哲学家所研究的行为乃是建立在什么是对的或错的知识或信仰的基础之上的行为，而知识或信仰则是认识论的概念。因此逻辑学与伦理学是联系在一起的，并且确实是不可分的，尽管它们各不相同。如果说有一种历史哲学的话，那么它和其他特殊的哲学学科的密切联系也并不亚于上述这两门科学之间的相互联系。

于是我们就必须问，历史哲学为什么应该成为一门特殊的研究课题而不应该归入一般的知识论。在整个欧洲文明史上，人们在某种意义上都是历史地在思想着的；但是我们很少去反思那些我们很容易就完成的活动。唯有我们遇到的困难，才把一种我们自己要努力克服困难的意识强加给我们。所以哲学——作为自我意识之有组织的和科学的发展——的题材，就往往取决于在某个特定时期里人们在其中发现了特殊困难的那些特殊问题。要考察任何一个特定的民族在其历史的任何特定时期中在哲学上的特别突出的论题，就要找出使他们感到正在唤起他们全部精力的那些特殊问题的征象。而边缘的或辅助性的论题则显示出他们并没有感到有什么特殊困难的那些东西。

现在我们的哲学传统是和公元前6世纪的希腊一脉相承的，那时思想的特殊问题乃是奠定数学的基础这一任务。因此希腊哲学把数学放在它配景的中心；当它讨论知识的理论时，它首先而且主要地是把它理解为数学知识的理论。

从那时起一直到一个世纪以前，欧洲历史曾有过两度伟大建设性的时代。在中世纪，思想的中心问题关注于神学，因此哲学问题产生于对神学的反思并且关注着上帝与人的关系。从16世纪到19世纪，思想的主要努力关注于奠定自然科学的基础，于是哲学就把这种关系作为自己的主题，即把人类心灵作为主体而把它周围空间中事物的自然世界作为客体这两者之间的关系。当然，在整个这一时期，人们也在历史地思想着，但是他们的历史思想总是比较简单的，甚而是起码的；它没有提出有什么是它发现不好解决的问题，而且从来没有被迫思考过历史思想本身。可是到了18

世纪，当人们已经学会了批判地思考外部世界时，他们就开始批判地思考历史了，因为历史学已开始被当作思想的一种特殊形式，而又不大像数学或神学或科学。

这种反思的结果便是：根据数学或神学或科学或所有这三种合在一起便能穷尽一般的各种知识问题的这一假设而出发的知识理论，已不再能令人满意了。历史思想有其自己的特殊的对象。过去包括着空间和时间上不再发生的特殊事件，这是不能用数学思维来加以领会的，因此数学思维领会的是在空间和时间中没有特殊定位的对象，恰恰是这种缺乏特殊的时-空定位才使得它们成为可知。过去也不能为神学思维所领会，因为神学思维的对象是一种单一的、无限的对象，而历史事件则是有限的、多数的。过去也不能为科学思维所领会，因为科学所发现的真理都是通过观察和实验才被人知道是真的，观察和实验是由我们实际感知的东西提供例证的；但过去却已经消失，我们有关过去的观念决不能像我们证实科学的假说那样来证实。因而各种打算说明数学的、神学的和科学的知识的知识理论，都没有触及历史知识的特殊问题；而如果它们自认为提供了对知识的完备解说，那实际上就蕴涵着历史知识是不可能存在的。

只要历史知识并没有遇到特殊困难并发明一种特殊的技术来解决它们从而把它自己强加于哲学家的意识时，那就不发生什么问题。但是当它发生时，像是大体说来在 19 世纪所发生的那样，情况却是：流行的各种知识理论都指向科学的特殊问题，并继承了建立在数学和神学研究基础之上的传统，而在各个方面都在勃兴的这种新的历史技巧却没有被人顾及。所以就需要有一种特殊的探讨，它的任务应当是研究这一新问题或这一组新问题，即由有组织的和系统化的历史研究之存在而造成的哲学问题。这种新探讨就可以正当地要求历史哲学的称号，而本书便是对于这种探讨的一项贡献。

这种探讨的进行可以期待着有两个阶段。首先，历史哲学确实必须不是在一个密封舱里设计出来的，因为在哲学上并不存在什么密封舱，而只是在一种相对孤立的条件下设计出来，被当作是对一个特殊问题的特殊研究。这个问题需要特殊的处理，正因为传统的哲学没有谈到它；而它需要被孤立出来则是因为有一条普遍的规律，即凡是一种哲学所没有肯定的东西都是它所否定的，以至于传统哲学就蕴涵着历史知识是不可能的。所以历史哲学就不得不对它们置之不理，直到它能对历史学是怎样成为可能的建立起一种独立的证明为止。

第二个阶段将是设计出这一哲学的新分支和旧的传统学说之间的联系。对于哲学思想的整体的任何补充，都在某种程度上改变了已经存在的一切；而一种新哲学科学的建立，就必然要修改所有的旧哲学。例如，现代自然科学的建立以及由对自然科学的反思而产生的哲学理论的建立，就由于对三段论逻辑产生普遍的不满并代之以笛卡尔和培根的新方法论而反作用于已经奠定的逻辑学；同样的东西也反作用于17世纪从中世纪所继承下来的神学的形而上学，并且产生了例如我们在笛卡尔和斯宾诺莎那里所发现的新的上帝概念。斯宾诺莎的上帝是根据17世纪科学加以修改过的中世纪神学的上帝。所以，在斯宾诺莎的时代，科学的哲学已不再是由其他哲学探讨中分化出来的一个特殊分支：它已渗透到一切哲学研究，并且产生了一套完全是以科学精神来构思的完整的哲学。在目前的情况，这就意味着要根据狭义的历史哲学所达到的结果而对一切哲学问题进行一次普遍的彻底检查；它将产生一种新的哲学，那将是一种广义的历史哲学，也就是从历史观点所构思的一套完整的哲学。

在这两个阶段中如果本书代表第一个阶段，我们就应该满足了。我在这里所努力做的就是对历史学的性质做一番哲学的探讨，把它看作是与一种特殊类型的对象有关的知识的一种特殊类型或形式，而暂时撇开更进一步的问题，即这一探讨将怎样影响到哲学研究的其他部门。

第二节　历史学的性质、对象、方法和价值

什么是历史学，它是讲什么的，它如何进行，它是做什么用的；这些在某种程度上都是不同的人会以不同的方式来回答的问题。尽管有不同，答案在很大程度上还是一致的。如果答案是着眼于抛开那些根据不合格的证据所得来的东西而加以查考，那么这种一致性就变得更紧密了。历史学，也像神学和自然科学一样，是思想的一种特殊形式。果真是这样，对这种思想形式的性质、对象、方法和价值的各种问题，就必须由具有两种资格的人来加以回答。

第一，他们必须具有那种思想形式的经验。他们必须是历史学家。在某种意义上，我们都是今天的历史学家。所有受过教育的人，都经历过一段包括有一定数量的历史思维在内的教育过程。但这并不能使他们都有资格对历史思维的性质、对象、方法和价值

发表意见。因为首先,他们这样所获得的有关历史思维的经验,也许很肤浅;所以建立在这一基础之上的见解,就不会比一个人建立在一次周末参观巴黎的基础之上的对法国人的见解更有根据。其次,通过同样肤浅的通常教育渠道所获得的无论什么经验,总归是过时的。这样获得的历史思维的经验是按教科书塑造的,而教科书总是描述那些并非现实生活着的历史学家现在正在思想着的东西,而是过去某个时候现实生活着的历史学家所已经思想过的东西,当时原始材料正在被加工创造,而教科书便是从那里面收集起来的。而且它还不仅仅是那种在收入教科书中之时就已经过了时的历史思想的结果。它也是历史思想的原则:即有关历史思维的性质、对象、方法和价值的观念。第三,与此有关的就是会出现由教育方法所获得的一切知识都会带有的那种特殊的错觉:即最终定论的错觉。当一个学生在无论哪个题目上是处于 statu pupillari〔学生的地位〕时,他就必须要相信事物都是解决了的,因为教科书和他的教师都把它们看作是解决了的。当他从那种状态中走出来并亲自继续研究这个题目时,他就会发现没有什么东西是解决了的。他会抛开教条主义的,教条主义总是不成熟性的永远不变的标志。他要用一种新眼光来观看所谓的事实。他要对自己说:“我的老师和教科书告诉我,如此这般都是真的;但那是真的吗?他们有什么理由认为那是真的,这些理由合适吗?”另一方面,如果他脱离学生的地位后就不再继续追索这个题目,那么他就永远不能使自己摆脱教条主义的态度。而这就使得他成为一个特别不适宜回答我所提出的问题的人。例如,对这些问题大概没有人能比一个在青年时读过牛津大学文学士学位考试课程的牛津哲学

家回答得更坏了，他曾经是学历史的学生，并且认为那种幼稚的有关历史思维的经验就使他有资格说历史是什么，它是讲什么的，它是如何进行的，它是做什么用的。

回答这些问题的第二种资格是，一个人不仅应当具有关于历史思维的经验，而且还应当反思那种经验。他必须不仅是一位历史学家，而且还是一位哲学家；尤其是他的哲学思想必须包括特别注意历史思想的各种问题在内。不这样反思自己的历史思维的人，可能成为一个很好的历史学家（尽管不是最高一级的历史学家）。但没有这样的反思，要成为一个很好的历史教师甚至会更容易（尽管不是最好的那种教师）。但同时，重要的是要记住：首先出现的是经验，其次才是对那种经验的反思。即使最不肯反思的历史学家也具有第一种资格。他拥有要加以反思的经验；而当要求他加以反思时，他的反思有很好的机会可以很中肯。一个从来没有在哲学方面做过很多工作的历史学家，也许比一个在历史学方面没有做过很多工作的哲学家会以更明智和更有价值的方式来回答我们的四个问题。

因此我将对我的四个问题提出答案，我认为它是今天任何一个历史学家都会接受的。在这里，它们将是粗糙的和现成的答案，但它们将用来作为我们论题的暂行定义，而在论证进行的过程中它们将得到辩护和发挥。

a）历史学的定义。　　我认为，每一个历史学家都会同意：历史学是一种研究或探讨。它是什么样的探讨，我暂不过问。问题在于，总地说来它属于我们所称的科学，也就是我们提出问题并试图做出答案所依靠的那种思想形式。重要之点在于认识，一般地说，科学并不在于把我们已经知道的东西收集起来并用这种或那种方式加以整理，而在于把握我们所不知道的某些东西，并努力去发现它。耐心地对待我们已经知道的事物，对于这一目的可能是一种有用的手段，但它并不是目的本身。它充其量也只不过是手段。它仅仅在新的整理对我们已经决定提出的问题能给我们以答案的限度内，才在科学上是有价值的。这就是为什么一切科学都是从知道我们自己的无知而开始的：不是我们对一切事物的无知，而是对某种确切事物的无知，——如国会的起源、癌症的原因、太阳的化学成分、不用人或马或某种其他家畜的体力而抽水的方法。科学是要把事物弄明白；在这种意义上，历史是一门科学。

b）历史学的对象。　一门科学与另一门之不同，在于它要把另一类不同的事物弄明白。历史学要弄明白的是哪一类事物呢？我的答案是 res gestae〔活动事迹〕：即人类在过去的所作所为。虽然这个答案提出了各种各样的进一步的问题，其中许多会引起争论；但不管对它们可能做出怎样的答案，这些答案都不会推翻这一命题，即历史学是关于 res gestae 的科学，即企图回答人类在过去的所作所为的问题。

c）历史学是如何进行的？　历史学是通过对证据的解释而进行的：证据在这里是那些个别地就叫做文献的东西的总称；文献是此时此地存在的东西，它是那样一种东西，历史学家加以思维就能够得到对他有关过去事件所询问的问题的答案。这里，关于证据的特征是什么以及如何加以解释，又会有大量的困难问题提出来。但是在这个阶段，我们没有必要提这些问题。不管它们的答案如何，历史学家们都会同意历史学的程序或方法根本上就在于解释证据。

d）**最后，历史学是作什么用的？** 这或许是比其他问题更困难的问题；回答这个问题的人要比回答我们已经回答过的那三个问题的人反思得更广一些。他必须不仅反思历史思维，而且也要反思其他事物；因为说某种东西是“为了”另外某种东西之用的，就蕴涵着 A 和 B 之间的一种区别，在这里 A 对于某种东西是有用的，而 B 则是某种东西对其有用的那种东西。但是我将提示一个答案并发表一种没有哪个历史学家会加以反驳的见解，虽然它会进一步引起许多困难的问题。

我的答案是：历史学是“为了”人类的自我认识。大家都认为对于人类至关重要的就是，他应该认识自己：这里，认识自己意味着不仅仅是认识个人的特点，他与其他人的区别所在，而且也要认识他之作为人的本性。认识你自己就意味着，首先，认识成其为一个人的是什么；第二，认识成为你那种人的是什么；第三，认识成为你这个人而不是别的人的是什么。认识你自己就意味着认识你能做什么；而且既然没有谁在尝试之前就知道他能做什么，所以人能做什么的唯一线索就是人已经做过什么。因而历史学的价值就在于，它告诉我们人已经做过什么，因此就告诉我们人是什么。

第三节　第一编至第四编的问题

我刚刚简略概括的历史的观念是属于近代的，在我于第五编中着手更加详尽地发挥和阐述这种观念之前，我打算先通过考察它的历史来作说明。今天的历史学家们都认为历史学应当是：a）一门科学，或者说回答问题；b）与人类过去的活动有关；c）通过解释证据来进行；d）为了人类的自我认识。但这并不是人们对历史学的一贯想法。例如，有一位近代的作家[①]关于公元前三千年的苏美尔人写道：

> 历史编纂学表现为纪念建筑宫殿和神殿的官方铭刻。文体的神权风格把一切事物都归因于神意的活动，从下面的段落中就可以看到许多实例之一。
>
> 拉伽什（Lagash）的国王和乌玛（Umma）的国王之间关于他们各自领土的边界起了争端。这一争端要服从启什（Kish）国王美西里（Mesilim）的仲裁，并由神来解决，启什、拉伽什、乌玛的国王都仅仅是神的代理人或祭司：
>
> 听了疆域之王恩利尔（Enlil）神的真诚的言辞，宁吉尔苏（Ningirsu）神和萨拉（Shara）神就认真考虑。启什的国王美西里一经他的神顾一西里（Gu-Silim）训谕，……就在（这个）地方竖立一个石柱。乌玛的 isag，即乌什（Ush），就按照他的雄心勃勃的计划而行动。他移走美西里的石柱并来到拉伽什的

① 秦恩先生，见艾尔《欧洲的文明》第1卷，伦敦版，1935年，第259页。

平原。奉宁吉尔苏神的正义的命令，恩利尔神的战士与乌玛的一场战斗发生了。在恩利尔神的命令之下，巨大的神网笼罩了敌人，于是氏族公共墓地就被安放在平原上，取代了他们的地位。

应该注意，秦恩先生并不是说苏美尔人的历史编纂学就是这种东西，而是说在苏美尔的文献中历史编纂学就是由这种东西来表现的。我以为他的意思是，这种东西并不真正是历史学，而是在某种方式上有似于历史学的东西。我对于这一点评论如下。像这样一种铭文所表达的一种思想形式，是不会有任何一位近代历史学家称之为历史学的，因为首先它缺少科学的特征：它不是试图回答一个问题，对这个问题的回答作者是从无知而开始的；它不过是作者所知有关某一事实的某些东西的记录；其次，被记录的事实并不是人类方面的某些活动，它是神那方面的某些活动。无疑地，这些神意的活动导致了人类所进行的活动；但是它们在第一种情况下并不被认为是人类的活动而是神意的活动；就这方面而言，就表达的思想在它的对象上就不是历史的，因而在它的方法上也就不是历史的；因为这里面没有任何对于证据的解释，也没有对它的价值的解释，这里面没有任何提示可以表明它的目的是促进人类的自我认识的。由这样的记录所增进的知识并不是，或者无论如何主要地并不是人类对于人的知识，而是人类对于神的知识。

所以，从作者的观点来看，这不是我们所称为历史著作的东西。作者不是在写历史，他是在写宗教。从我们的观点来看，它可以用来作为历史的证据，因为一个用自己的目光注视着人类 res gestae〔活动事迹〕的近代历史学家可以把它解释为有关美西里和乌什及其臣民所进行的活动的证据。但是它仅仅仿佛是要靠我们自己对待它的历史态度，才获得它那身后作为历史证据的资格的；正如同史前的燧石或罗马的陶器获得身后的历史证据的资格一样，并不是因为制造它们的人想到它们会作为历史证据，而是因为我们想到它们作为历史证据。

古代苏美尔人丝毫没有留下什么我们可以称之为历史学的东西。如果他们有过任何作为历史意识的东西，他们也并没留下来对它的任何记录。我们可以说，他们必定有过这样一种东西；对我们来说，历史的意识乃是如此之真实而又如此之无孔不入的一种生命特征，以至于我们看不出任何一个人怎么可能没有它；但是我们这样论证是否正确，却是很值得怀疑的。如果我们坚持文献向我们所揭示的事实，我认为我们就必须说，古代苏美尔人的历史意识乃是科学家们所称之为宗教秘传体的那种东西，——那是科学方法的准则根据奥坎[①]剃刀（Occam's Razor）的原则 entia non sunt multiplicanda praeter necessitaem〔不可多得超出必要之外〕所不允许我们加以肯定的那种东西。

然而四千年以前，我们文明的先驱者们并不具备我们所称为历史的观念的这种东西。就我们所能了解的而言，这不是因为他们具备了那种东西本身而没有加以反思。这是因为他们并不具有那种东西本身。历史学在当时并不存在。反之，这里存在着某些在一定方式上类似我们所称之为历史学的东西；但就今天我们鉴定历史学时所存在的四个特征中的任何一个而言，那都与我们所

① 奥坎(1300？—1349?)英国哲学家。——译者

称之为历史学的东西不同。

所以，像今天所存在的那种历史学，在西亚和欧洲是最近的四千年里形成的。它是怎样发生的？叫做历史学的那种东西，是经过哪些阶段形成的？这就是以下第一至第四编中将要提供一个有点枯燥而又概括的答案的问题了。

第一编　希腊罗马的历史编纂学

第一节　神权历史学和神话

近代欧洲的历史观念究竟是通过什么步骤和什么阶段开始产生的？因为我并不认为其中的任何阶段会发生在地中海地区以外，即发生在欧洲、在从地中海到美索不达米亚的近东和北非海岸之外的地方；所以关于中国的、或者关于除了我上面指出的地区以外的世界上任何其他部分的历史思想，我都无权说任何话。

我从大约是公元前两千五百年左右的文献中引用早期美索不达米亚历史学的一个例子。我说历史学，不如是说准历史学；因为正像我已经指出的那样，这种文献所表达的思想虽有似于我们所称为是陈述过去的那种历史学，但又与它不同：第一，这些陈述并不是对问题的答案，不是研究的成果，而仅仅是述说作者已经知道的东西；第二，所记录的事迹不是人类的活动；而是神明的活动（至少在第一个例子中是如此）。神是仿照人间的君主进行类推而设想出来的，神指挥着国王和领袖的行动，就像国王和领袖指挥他们的人间下属一样；政府的等级制度是以一种外化作用而朝上推的。这种顺序并不是：臣民、下级官吏、高级官吏、国王，而是：臣民、下级官吏、高级官吏、国王、神。无论国王和神是如何截然被区分开来，从而把神设想为社会的真正首脑，而国王则是他的仆人；或者国王和神多少是被等同起来，国王被设想为神的化身，或无论如何在某种程度上是神明的而不仅仅是人间的，——这是一个我们不需要讨论的问题，因为不管我们怎么回答，结果都将是政府是以神权来构思的。

这种历史学我建议称之为神权历史学；在这里，“历史学”一词不是指构成为科学的历史学的那种历史学本身，而是指对已知事实的一种陈述，以供那些不知道这些事实的人参考；但他们作为对于所谈的神的崇拜者，是应该知道神借之使自己得以显现的那类事迹的。

还有另外一种准历史学，我们在美索不达米亚的文献中也找到了它的例子，那就是神话。尽管神权历史学根本不是有关人类活动的历史学，然而就故事中神明人物是人类社会的超人统治者这个意义来说，它仍然与人类活动有关；因此他们的活动就部分地是向人类所做出的、而部分地则是通过人类而做出的活动。在神权历史学中，人类并不是所记载的活动的行动者，却部分地是一种工具，部分地又是一个被动者。而且，这些活动被想象为在时间序列上占有确定的位置，发生在过去的某些日期里。反之，神话则与人类的活动完全无关。人的因素完全被摈除了，故事中的人物仅仅是神。而且所记载的神明活动并不是有日期可稽的过去事件；它们被想象为在过去发生过，不过确实是在遥远得不可考的过去，以至于没有人知道究竟是在什么时候。它是在我们的一切时间记录之外的，叫做“万物之始”。因此，当神话被安放在一种看上去似乎是时间的外壳之中的时候（因为它叙述的事件是按照一定的秩序一个随着一个相继出现的),这个外壳严格地说来并不是时间上的,它是半时间性的:叙述者是在使用时间上相续的语言作为一种隐喻,用以表达叙述者并不想象为是真正时间上的各种关系。因此以时间上相续的语言在神话上所表现的这种题材,就神话本身而言,便是各种神或神性的各种因素之间的关系。因此神话本身总是带有神谱的特性。

例如,让我们考虑一下巴比伦《创世诗》的主要轮廓。我们有一份它在公元前7世纪的原文,这个本子声称是、而且无疑地是许多更古老得多的原文本的一个抄本,或许可能追溯到我已经摘引过的那份文献的同一个时期。

“诗从万物的起源开始。那时候什么都还不存在,甚至于神也不存在。从这种虚无之中出现了宇宙的原则阿普苏(Apsu),即鲜水,和提阿玛特(Tiamat),即咸水”。神谱的第一步是阿普苏和提阿玛特的长子姆摩(Mummu)的诞生。“神增多了而且繁殖起来。于是他们开始反抗〔这种原始的〕神圣的三结合。阿普苏决心摧毁它们,……但是聪明的埃阿(Ea)运用了魔力而取胜。他用强有力的符咒摄住了水(阿普苏的成分),使他的祖先沉睡”,并且俘虏了姆摩。提阿玛特这时“打算为被征服的人报仇。她嫁给了基恩古(Qingu),使他成为她的军队的领袖,并把命运簿交给他保管”。埃阿占卜她的计划时,把计划透露给了古老的神安沙(Anshar)。起初提阿玛特战胜了这个联盟,但现在又出现了马尔都克(Marduk),他向提阿玛特挑战,要求单人决斗;马尔都克杀死了她,把她的尸体“像一条鱼那样”切成两截,把一半变成了天空,他在天空上安置了群星,把另一半变成了大地。马尔都克所流的血就被造成为人①。

准历史学的这两种形式，即神权历史学和神话，统治了整个近东直至希腊兴起为止。例如，摩押石碑（the Moabite Stone）（公元前9世纪）就是神权历史学的一份完整的文献，它表明了公元前二至一千年期间那种思想的形式没有发生什么变化：

> 我是摩押国王科莫什（Kemosh）的儿子梅沙（Mesha）。我父亲是统治了摩押三十多年的国王，我继我父亲成为国王。我为他筑起这座高台，因为他拯救了我免于亡覆并使我战胜了我的敌人。
>
> 以色列的国王奥雷（Omri）长期以来是摩押的压迫者，因为科莫什对他的国家怀恨在心。他的儿子继承了他，而他的儿子也说“我要压迫摩押”。这是在我统治的时期他说的话。而我战胜了他和他的一家。以色列就永远消灭了。
>
> 并且奥雷占领了梅赫德巴（Mehedeba）的土地并在那里度过了他的一生和他儿子的半生，共四十年之久；但是科莫什在我在世的时候就把它给我们恢复了。

或者，这里再引一段叙述，这段话被置诸于公元前7世纪初期尼尼微国王埃萨—哈登（Esar-Haddon）之口，是有关他反抗杀死了他父亲西拿基立（Sennacherib）的敌人的那场战役的：

> 对于伟大的神明——我的主——的敬畏战胜了他们。当他们看到我发动可怕的战斗冲击时，他们身魂无主。战争和斗争的女神伊世塔（Ishtar）喜欢我的祭祀，始终在我这一边

① 秦恩：《欧洲的文明》，第一卷，艾尔版，第271页。

并突破了他们的战线。她突破了他们的战线，而且，在他们的集会上，他们都说“这就是我们的国王”①。

希伯来的经文中包含有大量神权历史学和神话这两者。从我现在考察这些古代文献的观点来看，旧约全书中的准历史学成分与美索不达米亚和埃及文献中相应的成分，并没有很大的不同。主要的区别就在于，神权成分在其他这些文献中大体上是特殊主义的(particularistic)，而在希伯来的经文中它却倾向于普遍主义的(universalistic)。我的意思是说，其他这些文献中记载着其事迹的神明，大体上被看成是特殊社会的神圣首领。希伯来人的上帝无疑地在特殊的意义上被看作是希伯来社会的神圣首领的；但在“先知”运动的影响之下，即从大约公元前8世纪中叶起，他们越来越把上帝想象为全人类的神圣首领；所以不再期待他保护他们的利益不受其他特殊社会利益的侵犯，而是期待他按他们的功过来对待他们，并且以同样的方式对待其他的特殊社会。而这种脱离特殊主义而转向普遍主义的倾向，不仅影响着希伯来人的神权历史学，而且也影响着他们的神话学。与巴比伦的创世传说不同，希伯来的创世传说包括一种尝试，确实并不是一种深思熟虑的尝试，(因为我认为每个儿童都曾向长辈提出过无法回答的问题，“谁是该隐②的妻子？”)但仍然是一种尝试，即不仅仅要叙述一般人的起源，而且还有人类——像传说的作者所知道的那样——之分化为各个民族的起源。的确，我们差不多可以说，与巴比伦的传说比起

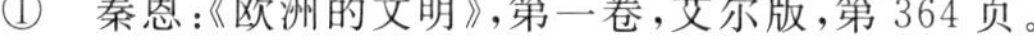

① 秦恩：《欧洲的文明》，第一卷，艾尔版，第364页。

② 见《旧约·创世记》。——译者

来，希伯来传说的特点就是它用人种学代替了神谱学。

第二节　希罗多德开创的科学历史学

与上述这一切比较起来，希腊历史学家的著作，例如我们所详尽占有的公元前5世纪的历史学家希罗多德和修昔底德的著作，就把我们带到了一个新的世界。希腊人非常清楚地并有意识地不仅认为历史学是（或者可能是）一门科学，而且认为它必须研究人类的活动。希腊的历史学不是传说，而是研究；它在试图对人们认识到自己所不知道的那些问题做出明确的答案。它不是神权主义的，而是人文主义的；所探究的问题并不是 τὰ θεῖα〔神事〕，而是 τὰ ἀθρῶπινα〔人事〕。而且它也不是神话式的。所探究的事件不是万物之初、时间无考的过去的事件；它们是若干年之前、时间上可确定的过去的事件。

这并不是说，神权历史学形式的传说或神话形式的传说是和希腊思想无缘的东西。荷马的著作并不是研究，那是传说；而且在某种程度上，它是神权的传说。神在荷马的著作中，是以一种与他们在近东的神权历史学中所出现的方式并没有很大不同的方式在干预着人类的事务。赫西俄德①就同样地给我们树立了神话的榜样。也不是说，这类传说的成分，无论它可能是神权的还是神话的，在公元前5世纪历史学家的古典作品中是完全不存在的。康福德（F. M. Cornford）在他的《神话历史学家修昔底德》（伦敦版

① 赫西俄德，公元前8世纪希腊诗人。——译者

1907年)一书中就注意到了,甚至在头脑冷静的、科学的修昔底德的著作中也存在这些成分。当然,他是十分正确的;而类似的传说成分在希罗多德的著作中频繁出现也是引人瞩目的。但希腊人更值得注意的却并不在于他们的历史思想包括我们要称之为非历史的因素的某些残余,而在于和这些因素一起,它还包含着我们称之为历史学的因素。

我在导言中所列举的历史学的四个特点是:a) 它是科学的,或者说是由提问题而开始,而传说的作者则由知道某些事情而开始并且讲述他所知道的事情;b) 它是人文主义的,或者说提出有关人们在过去的确切的时间里所做的事情的问题;c) 它是合理的,或者说对它的问题所做的回答是有根据的,也就是诉之于证据;d) 它是自我显示的,或者说它的存在是为了通过讲述人类已经做了什么而告诉人们人类是什么。第一、第二和第四个特征显然在希罗多德那里已经出现了:1)历史学作为一门科学乃是希腊人的发明这一事实,直到今天还在以历史学这个名称[①]被记载着。历史学是一个希腊名词,原意只是调查和探究。希罗多德采用它作为自己著作的标题,从而"标志着一场文学革命"(正像一位希腊文学史家克罗瓦赛所说的[②])。以前的作者都是 λογογράφοι,即流行故事的记录者;豪和威尔斯说"历史学家从事'发现'真理"。正

① 按历史学(history)一词源出于希腊文 ιστορια。——译者

② 《希腊文学史》,第二卷,第589页。据豪和威尔斯,《希罗多德诠释》第一卷(牛津版,1912年),第53页。克罗瓦赛(Croiset,1845—1923),法国古典学家。——译者

是使用了这个名词及其含义，才使得希罗多德成为了历史学之父。传说的笔录之转化为历史科学，并不是希腊思想中所固有的；它是公元前五世纪的发明，而希罗多德则是它的发明人。2）同样清楚的是，历史学对于希罗多德来说乃是人文主义的，而与神话的或神权的都不相同。正如他在他的序言中所说的，他的目的是要描写人们的事迹。3）正像他自己所叙述的那样，他的目的是为了使这些事迹不致被后世所遗忘。这里我们有着我所说的关于历史学的第四个特点，就是它有助于人们有关人的知识。希罗多德特别指出，它揭示出人乃是一个有理性的行动者：也就是说，它的作用部分地是发现人做了什么事，而部分地是发现他们为什么这样做 δι' ἥυ αιτὶ ηυ ἐπολέμησαυ〔因为什么原因而争斗〕。希罗多德并没有把注意力限于单纯的事件；他以一种彻底的人文主义态度在考虑这些事件，把它们看作是有理由像他们所作所为那样在行动着的人们的行为：而历史学家则是要追究这些理由。

这三点再度出现于修昔底德的序言中，这篇序言显然是着眼于希罗多德的序言而写的。修昔底德写的是古希腊雅提加（Attic）文，而不是爱奥尼亚（Ionic）文，所以当然不会使用 ιστορια〔历史〕这个名词；但他用其他的词句说到它：为了表明他不是一个故事的笔录者，而是一位科学的研究者，所以他提出问题而不是重复传说；他辩护他所选定的题材说，比伯罗奔尼撒战争更早的事件是不可能精确肯定的——σαφῶs μὲν εὑρεὶν ἀδὺνατα ἦν〔不可能知道得很清楚〕。他强调历史学的人文主义的目的和自我显示的作用，在用词上脱胎于他的前驱者。但在一个方面他对希罗多德有改进，因为希罗多德没有提到证据（即前面所提到的第三个特征），人们只好从他的整个著作中得出他关于证据的观念是什么；但是修昔底德则明确地说，历史的探讨依赖于证据，他说，“当我根据证据来考虑的时候”。他们有关证据的性质的想法和一个历史学家所解释它的方式，将是我在第五节还要谈到的题目。

第三节　希腊思想的反历史倾向

同时，我愿意指出希罗多德之创造科学的历史学是多么值得注意的一件事；因为他是一个古希腊人，而古希腊的思想整个说来有着一种十分明确的流行倾向，不仅与历史思想的成长格格不入，而且实际上我们可以说它是基于一种强烈的反历史的形而上学的。历史学是关于人类活动的一门科学：历史学家摆在自己面前的是人类在过去所做过的事，而这些都属于一个变化着的世界，——在这个世界之中事物不断地出现和消逝。这类事情，按照通行的希腊的形而上学观点，应该是不能认识的，所以历史学就应该是不可能的。

在希腊人看来，自然世界也发生同样的困难，因为它也是这种性质的一个世界。他们问道，如果世界上的万物都在变，那么在这样一个世界里还有什么东西需要人的思想去把握的呢？他们十分肯定，能够成为真正的知识的对象的任何事物都必须是永恒的；因为它必须具有它自己某些确切的特征，因此它本身之内就不能包含有使它自己消失的种子。如果它是可以认识的，它就必须是确定的；而如果它是确定的，它就必须是如此之完全而截然地是它自己，以至于没有任何内部的变化或外部的势力能够使得它变成另外的某种东西。希腊的思想，当其在数学知识的对象中发现了某些东西满足这些条件时，就获得了它的第一次胜利。一条直铁棒可以弯成曲线，一个水平面可以破裂成波浪；但是直线和平面，像数学家所思考的那种，却是其特征不可能改变的永恒对象。

随着争论线索这样展开，希腊思想就形成了两种思想类型之间的区别，即真知〔ἐπιστημη〕和我们所翻译为“意见”〔δὀξα〕的东西。意见是我们关于事实问题所具有的经验性的半-知识，它总是在变化着的。它是我们关于世界的不断流变着的现实之不断流变着的认识，因而它只在此时此地在它自己本身的延续期内是有效的；并且它是瞬间的，没有道理的，又不可能被证明。反之，真正的知识不仅是此时此地而且在任何地方都永远是有效的，而且它根据可以证明的推理并且可能通过辩证批评的武器来找出错误和扬弃错误。

这样，对希腊人来说，过程就只有在它被知觉时才能被认识，而且有关它的知识是永远不可能证明的。对这一观点的一种夸张性的陈述，像我们在埃利亚学派那里所看到的，就是误用辩证的武器（而它只是针对在严格地所谓知识的范围内的错误才是确实有效的）来证明变化并不存在，而我们关于变化所具有的“意见”实际上甚至于不是意见而是纯粹的错觉。柏拉图反驳了这种学说，并且看到了变化的世界中有着某些东西确实不可理解，但在可知觉的范围内却是真实的，这是介乎埃利亚学派所指之为虚无性和永恒事物的完全现实性与可知性之间的某种中间性的东西。根据这样一种理论，历史学就应该是不可能产生的。因为历史学必须具有这样两个特征：第一，它必须是有关瞬时性的东西；第二，它必须是科学的或者可证明的。但是根据这种理论，瞬时性的东西乃是不能由证明来认识的；它不可能是科学的对象；它只能是一种 αἴσθησις（即知觉）的东西，是人类的感性在其还是飘忽的时候以知觉抓住了那流变着的瞬间。而对瞬息万变的事物之这一瞬时的感官知觉不可能成为科学或科学的基础，这一点乃是希腊人的观点中最本质的东西。

第四节　希腊人关于历史学的性质和价值的概念

希腊人追求永恒不变的知识对象这一理想所具有的热情，很容易使我们误解他们的历史兴趣。如果我们漫不经心地阅读他们，就很可能使我们认为他们对历史学不感兴趣，有点类似于柏拉图对诗人的攻击可以使一个无知的读者幻想着柏拉图不大关心诗歌。为了正确地解释这些东西，我们就必须记得：有能力的思想家或作家没有一个会浪费时间去攻击一个稻草人的。对某种学说进行激烈的论战，乃是争论中的学说在作者的环境中形象高大、甚至对他本人具有强大的吸引力的一个确实无误的标志。希腊人对永恒的追求是极其热烈的追求，正因为希腊人本身对于非永恒具有一种非凡的鲜明感。他们生活在一个历史以特别的速度运动着的时代里，生活在一个地震和侵蚀并以在其他地方罕见的暴力改变着大地面貌的国度里。他们看到的整个自然就是一场不断变化的场面，而人类生活又比任何其他事物都变得更为激烈。不像中国或欧洲的中世纪文明的有关人类社会的概念，是被系定在保持它的结构的主要面貌不变的这一希望之上，希腊人使自己的第一个目的面对着、并使自己协调于这样一个事实，即永久性乃是不可能的。这种承认人类事物中的变化的必然性，给了希腊人对历史以一种特殊的敏感。

认识到生活中没有什么东西是持续不变的，他们就习惯地问他们自己，他们知道是必然曾经出现过、从而使现在得以产生的那些变化到底是什么。因此，他们的历史意识并不是要把一代又一代的人的生活铸入一个相同的模式里去的那种传统悠久的意识；它是一种强烈的 περιπέτειαι〔突变〕，即从事物的一种状态突变性地转化为它的对立面的那种意识，从小到大、从骄傲到谦卑、从幸福到苦难的变化的那种意识。这就是他们怎样在他们的戏剧中解释人类生活的一般特性，这也是他们怎样在他们的历史学中叙述人生的那些特殊部分。一个像希罗多德那样精明而富有批评精神的希腊人会说的唯一有关规定历史过程的神力的事情就是"它喜欢打翻和打乱一切事物"。他只是重复了每个希腊人都知道的事(i. 32)：宙斯①的威力表现在雷霆中，波塞东②的威力表现在地震中，阿波罗③的威力表现在瘟疫中，阿芙罗狄特④的威力表现在一举而同时破坏了斐德拉的骄傲和希波里特的贞洁⑤的那种激情之中。

---

① 宙斯，希腊神话中的诸神之王。——译者

② 波塞东，希腊神话中的海神。——译者

③ 阿波罗，希腊神话中的太阳神。——译者

④ 阿芙罗狄特，希腊神话中的爱神。——译者

⑤ 斐德拉(Phaedra)为雅典王后，希波里特(Hippolytus)为雅典王子；参见欧里庇底《希波里特》。——译者

对希腊人，成为历史学的正当题材的这些人生条件之下的灾变，确实是不可理解的。他们不可能有对它们的 ἐπιστήμη〔知识〕，根本没有可加以证明的科学知识。然而历史学同样地对希腊人有着一种确切的价值。柏拉图本人指出了，正确的意见①(那是知觉给我们的一种有关变化着的事物的假-知识)对生活的行为的用处并不下于科学知识，而诗人们则保持着他们在希腊生活中作为健全原则的教师的那种传统地位，他们教导说在这些变化的一般模式中，一定的前因通常会导致一定的后果。值得注目的是，在任何一个方向上的过度都会导向一场强烈的变化，把自己转化为自己的对立面。为什么如此，他们说不出来；但他们认为它之成为这样乃是一个观察到的事实；变得极其富有或极有权势的人，就会因而有被转化为极度贫困和软弱的境地的特别危险。这里并没有因果关系的理论；这种思想并不像是 17 世纪的归纳科学有着建立在因果公理之上的形而上学的基础；克罗苏斯②的财富并不是他倒台的原因，在明智的观察者看来，财富只不过是很可能导致他倒台的某种在生活节奏中行将发生的事情的征兆。在明智的道德意义上，对于任何可以称之为犯错误的事，倒台都不是惩罚。在希罗多德的书中(iii, 43)，当阿马西斯③断绝了同波吕克里特④的联盟时，他简单地以波吕克里特太兴旺了为理由干下了这件事：摆朝着一边摆动得太远了，所以就会朝着另一边摆得同样之远。这样

① 见《美诺篇》(Meno)，97，a～b。

② 克罗苏斯(Croesus)，公元前 6 世纪吕底亚的国王，以富有著称。——译者

③ 阿马西斯(Amasis，公元前 568—526)，埃及国王。——译者

④ 波吕克里特(Polycrates)，萨摩斯的僭主(公元前 530 年)。——译者

的例子对一个能够运用它们的人来说，却有着它们的价值；因为他能运用自己的意志在它们达到危险点之前就阻止自己生活中的这些节奏，并能扼制对权力和财富的渴望而不允许它们驱使自己到过分的地步。因此，历史学就有价值；它的教导对人生是有用的，仅仅因为它那变化节奏很有可能重复，类似的前因会导致类似的后果；著名事件的历史是值得记取的，以便作为判断预兆的一个基础，它不是可证明的但却是可能的，它不是说明将要发生什么而是可能会发生什么，并指出节奏中现在正在行进着的危险之点。

这种历史观正是决定论历史观的对立面，因为希腊人把历史过程看作是灵活的，并可能接受教养良好的人类意志的改造。所发生的事，没有什么是不可避免的。行将卷入一场悲剧的人终于被悲剧所淹没，只是因为他太盲目了而看不到自己的危险。如果他看见了危险，他就能防范它。所以希腊人对于人类控制自己命运的力量有着一种轻快的而确实是天真的感觉，并且认为这种力量仅仅受他的知识的局限性所制约。从希腊人的观点看来，孕育着人生的那种命运之成为一种破坏性的力量，仅只因为人类茫然不了解它的作用。假如他不能理解这些作用的话，他仍然可能对它们具有正确的意见；而且只要他获得了这些意见，他就能把自己放在命运的打击打不到的一个位置上。

另一方面，尽管历史的教导是有价值的，它们的价值却为它的题材的不可理解性所限制；这就是为什么亚里士多德说诗歌要比历史学更科学的原因，因为历史学只不过是搜集经验的事实，而诗歌则从这些事实中抽出一套普遍的判断。历史学告诉我们说，克罗苏斯倒台了，波吕克里特倒台了；而按照亚里士多德的观念，诗

歌并不做出这类单独的判断，而是做出像这类极富的人都要倒台的普遍判断。在亚里士多德看来，甚至于这也只部分地是科学的判断，因为没有一个人能明白为什么富人就要倒台；普遍的判断是不能用三段论式加以证明的；但它却趋向于一种真正普遍的地位，因为我们可以用它作为一个新三段论的大前提，把这种概括应用于新情况。因此，诗歌对亚里士多德来说，乃是历史教导所凝结的精髓。在诗歌中，历史的教训一点也没有变得更容易理解，它们始终是不可证明的，因而就仅仅是可能的；但它们却变得更为简明，所以就更加有用。

这就是希腊人用以设想历史学的性质和价值的方式。与他们总的哲学态度相一致，他们不可能把历史学看作是科学的。他们不得不把它看作根本上并不是一门科学而只是知觉的集合。那么他们有关历史证据的概念是怎样的呢？与这种观点相一致，答案就是：他们认为历史证据就是这些事实的目击者所做出的事实记录。证据就在于目击者的叙述，而历史方法则在于得出这些叙述。

第五节 希腊的历史学方法及其局限性

十分明显，希罗多德就是以这种方式来设想证据和方法的。这并不意味着他毫无批判地相信目击者所告诉他的任何事情。相反地，他在实际上对他们的叙述是严加批判的。这里再次表现出他是一个典型的希腊人。希腊人整个说来是擅长法庭诉讼的，而一个希腊人会发现，把他所习惯在法庭上对付目击者的那种批评应用于历史的作证上并没有困难。希罗多德或者修昔底德的著作，大体上都有赖于历史学家与之有过个人接触的那些目击者的证词。而历史学家作为一个研究者的技巧就在于这一事实，即他必须反复追究过去事件的目击者，直到他在报导者本人的心目中能唤起一幅这些事件的历史图画，远比报导人能为自己所自动提供的任何历史图画更加完备、更为一贯为止。这一过程的结果是要在报导者的心目中第一次创造出有关过去事件的真正知识，而这些事件报导者虽然知觉到了，但迄今为止对它们却只有 δόξα〔意见〕而没有 ἐπιστήμη〔知识〕。

这种关于一个希腊历史学家用以搜集材料的方式的概念，使它成为一种与现代历史学家可能使用的印行出来的回忆录的方式大不相同的东西。不是轻易相信报导人方面的最初的回忆符合事实，而是在他的心目中逐渐形成一种经过推敲的和批判性的回忆，这种回忆要经受住下面这样一些问题的炮火，"你完全肯定你记得的就是原来那样的吗？你现在和你昨天所说过的话不矛盾吗？你怎样能使你自己对那件事的叙述同某某人所提供的大不相同的叙述一致起来呢？"这种采用目击者的证词的方法，无疑地是奠定了希罗多德和修昔底德最后能写出关于公元前 5 世纪希腊的记述那种非常的坚实性和一贯性的基础。

公元前 5 世纪的历史学家所能采用的，再没有别的方法是配得上"科学"这个名称的了，但它却也有三种局限：

第一，它不可避免地强加给它的使用者以一种历史眼光的短浅性。近代历史学家都知道，只要他有能力，他就能成为人类全部过去的解释者；但是无论希腊的历史学家们可能怎样在想柏拉图把哲学家描绘成一切时代的旁观者，他们却从来不敢声称柏拉图的话也是描写他们自己的。他们的方法把他们束缚在一截绳子上，它那长度也就是活的记忆的长度；他们可能加以批评的唯一来源，就是他们与之面对面进行交谈的那个目击者。的确，他们叙述了遥远过去的事件，但是一旦希腊的历史著作企图超出它那截绳子，它就变成一种非常软弱不定的东西。比如说，我们决不能欺骗自己而认为希罗多德所告诉我们的关于公元前 6 世纪的事，或者修昔底德所告诉我们的关于本特康德提亚①之前的事，具有任何价值。从我们 20 世纪的观点来看，在希罗多德和修昔底德的著作中这些早期的故事是很有意思的，但它们不过是故事的记录而已，并不是科学。它们是传说，作者把它们传给我们而没有能够把它们提高到历史学的水平，因为他没有能够使它们经受他所知道的唯一的批评方法的考验。然而，希罗多德和修昔底德的著作中这种对远离活的回忆以前的每一桩事物的不可靠性与对活的回忆以内所呈现的批评的精确性二者之间的对比，却并非公元前 5 世纪历史编纂学失败的一个标志，而是它成功的一个标志。关于希罗多德和修昔底德，要点并不在于遥远的过去对他们来说是在科学的历史学范围之外，而是在于最近的过去乃是在它的范围之内。科学的历史学已经被创立了。它的领域仍然是狭隘的；但是在那个领域之内它却是可靠的。况且，这种领域的狭隘性对希腊人来说并没有多大关系，因为他们本身文明发展和变化之极端迅速，就

① 按，本特康德提亚(Pentecontaetia)，希腊文原文意为“五十年间”，指波希战争至伯罗奔尼撒战争之间的五十年。——译者

在他们的方法所设定的范围以内提供了充分的第一等历史材料；并且由于同样的理由，他们就可能创作出第一流的历史著作而不必发展他们实际上所从来没有发展过的东西，即有关遥远过去的任何炽热的好奇心。

第二，希腊历史学家的方法妨碍了他选择他的题材。他不能像吉本那样，从希望写一部伟大的历史著作而开始，并且不断在问他自己他将写些什么。他所能写的唯一事情，就是发生在他能够与之有私人接触的那些人的记忆之中的事件。不是历史学家在选择题材，而是题材在选择历史学家；我的意思是说，写历史仅只是因为发生了值得纪念的事情，需要有一个同时代亲身目击其事的人来作为记录者。我们几乎可以说，在古希腊有艺术家和哲学家的那种意义上，古希腊并没有历史学家；他们没有把终生奉献给历史研究的人；历史学家只是他那一代人的自传的写作者，而写自传并不是一种职业。

第三，希腊的史学方法使得它不可能把各种特殊的历史集合成一种包罗万象的历史。我们今天把有关各种题材的专题文章看作是理想地形成了一部通史的组成部分，从而如果它们的题材经过精心选择，而它们的比例和论述又经过精心控制，那么它们就可以当作是一部单独历史著作的各个篇章；像格罗特[①]那样一位作家，实际上就是以这种方式看待希罗多德之叙述波斯战争和修昔底德之叙述伯罗奔尼撒战争的。但是如果任何特定的历史学都是一个世代的自传，那么当那个世代成为过去时，它就不能重写，因

① 格罗特（1794—1871），英国历史学家。——译者

为它所依据的证据将会消失。因此一个同时代的人依据证据的那种著作，就永远不能加以修改或批评；而且它也永远不可能被纳入一个更大的整体之中，因为它就像一件艺术品一样，是某种具有一座雕像或一首诗歌的独特性或个性的东西。修昔底德的著作是一种 κτῆμα ἐς αἰεὶ〔永恒的财富〕，希罗多德的著作则是写了出来为的是使光荣的业迹免得被时间所淹没，这恰恰是因为当他们那代人一旦死亡和过去时，这种著作就永远也不可能再写出来了。重写他们的历史著作，或者把它们归并到一部时期更长的历史书中去，在他们看来似乎都是荒唐的事。所以，对希腊历史学家来说，就永远不可能有任何像是一部希腊史这样的东西。可能有一部相当广泛的事件复合体的历史，例如波斯战争或伯罗奔尼撒战争；但只能是在下述两种情况之下。第一，这种事件的复合体必须其本身是完整的；它必须有一个开始，一个中间和一个结尾，就像亚里士多德的悲剧布局那样。第二，它还必须是 εὐσύνπτοs〔目力所及〕，就像亚里士多德的城市国家那样。正像亚里士多德认为在一个单独政府之下的文明人的社会，其大小不能超过一个单独的传令官的声音所及的公民数目，政治体的范围就这样被纯粹的物理事实所限定；同样，希腊的史学理论也蕴涵着任何历史叙述其跨度都不得超过一个人一生的年限，唯有在这个范围之内批评的方法才能够随意地加以运用。

第六节　希罗多德和修昔底德

当希罗多德作为历史学之父被放到一个包括希腊思想一般倾

向的背景之下的时候，他的伟大是显得极为突出的。正像我已经论述过的，这些思想中占主导地位的乃是反历史的，因为它包含着只有成其为不变的东西才能被人认识的这一立场。所以历史学就是一种徒然的希望，是企图知道由于瞬息即逝而成为不可知的一切。但是我们已经看到，希罗多德由于善于提问，是能够从报道者的 δόξα〔意见〕中抽出 ἐπιστημη〔知识〕来的，因而也就能够在希腊人认为是不可能的领域中获得知识。

他的成功必然会使我们想起他的一位同时代的人，一位无论在战争中以及在哲学上都不怕从事于徒然的希望的人。苏格拉底坚持说他自己一无所知，并且创造了一种通过善于提问而在其他像他自己一样无知的人的头脑之中可能产生出知识来的技术，从而把哲学从天上带到地上。是什么知识呢？是有关人事的知识，特别是有关指导人类行为的道德观念的知识。

这两个人的工作并驾齐驱是如此之惊人，以至于我要把希罗多德和苏格拉底并列作为公元前 5 世纪伟大的创新天才之一。但是他的成就又与希腊思想的潮流背道而驰得那么厉害，以至于它没有能在它的创造者的身后长存。苏格拉底毕竟与希腊思想的传统一脉相承，这就是何以他的著作为柏拉图和其他许多门徒所接受并发展的缘故。希罗多德却不是这样。希罗多德没有任何后继者。

即使我向反对者让步，承认修昔底德当之无愧地继承了希罗多德的传统，但问题却仍然存在：当修昔底德结束它的时候，又由谁来把它传下去呢？唯一的答案是：没有人把它传下去。这些公元前 5 世纪的巨匠们，并没有任何一个公元前 4 世纪的继承人能有哪一点和他们的高大形象相媲美。希腊的艺术从公元前5世纪末期起就已经衰落，这是无可否认的；但是它不包含希腊科学的衰落。希腊哲学仍然有柏拉图和亚里士多德出现。自然科学仍然还有一个悠久而光辉的生命。如果历史学是一门科学，为什么历史学就与艺术共命运，而不是与其他的科学共命运呢？为什么柏拉图写作起来就仿佛是希罗多德从来也没有存在过似的呢？

答案是：希腊的精神在其反历史的倾向上趋于僵化而束缚了它自己。希罗多德的天才战胜了这种倾向，然而在他以后对于知识的永恒不变的对象的追求却逐渐窒息了历史意识，并且迫使人们放弃了希罗多德式的对人类过去活动获得科学知识的希望。

这并不是纯属猜测。我们可以看到这种事情的发生。它就发生在修昔底德这个人的身上。

希罗多德的科学见解与修昔底德的科学见解之间的差别之引人注目，并不亚于两人文学风格之间的差别。希罗多德的风格是平易、流畅而有说服力的。修昔底德的风格是粗糙、造作而令人反感的。在阅读修昔底德的著作时，我就问自己：这个人是怎么回事，竟写得像那样子？我答道：他有一种内疚。他一直试图通过把历史写成某种不是历史的东西，来为自己终究是在写历史而辩护。柯克兰先生在其《修昔底德和历史科学》（伦敦，1929年）一书中论证说，——我以为是正确的，——对修昔底德的主要影响是希波克拉底医学的影响。希波克拉底不仅是医学之父，而且也是心理学之父；他的影响之显著不仅表现在像是修昔底德对瘟疫的描写这样的事情上，而且也表现在像是对病态心理学这样的研究上，如描写一般的战争神经病及其表现在科尔西拉[①]革命和梅洛斯[②]对话中的那些特殊事例。希罗多德可以是历史学之父，但修昔底德则是心理历史学之父。

然则，什么是心理历史学呢？它根本不是历史学，而是一种特殊的自然科学。它不是为叙述事实而叙述事实。它的主要目的是要证实规律，即心理学的规律。心理学的规律既不是事件，又不是事件的复合体；它是支配各个事件之间的关系的不变法则。当我谈到希罗多德感兴趣的主要是事件本身，而修昔底德感兴趣的主要是事件发生时所依据的规律时；我认为，凡是了解这两位作者的人都会同意我的见解的。但是这些规律恰恰是这样一些永恒不变的形式，它们按照希腊思想的主要趋向来说乃是唯一可认识的事物。

修昔底德在史学思想上并不是希罗多德的继承人，而是一个把希罗多德的历史思想掩盖并窒息在反历史的动机之下的人。这是只要指出修昔底德方法中一个人所熟知的特征就可以说明的一个论点。请看他那演说。习惯已经把我们的感受性弄得麻木了；但是让我们自问一下：一个具有真正历史头脑的正直的人，能允许自己使用那样一套程式吗？首先来考虑一下它们的文风。从历史上说，使所有那些非常之不同的人物都用同一种方式在讲话，这难

① 科尔西拉(Corcyra)，古希腊的一部分，事见修昔底德《伯罗奔尼撒战争史》第三卷，第十章。——译者

② 梅洛斯(Melos)，古希腊一部分，事见修昔底德《伯罗奔尼撒战争史》第四卷，第十七章。——译者

道不是粗暴吗？在一次战斗之前对军队讲话时或者在为被征服者乞求活命时，没有任何人是能用那种方式来讲话的。这种文风暴露出对某某人在某某场合之下确实说过些什么话的这个问题缺乏兴趣，这难道不是很清楚的吗？第二，再考虑一下它们的内容。无论它们的文风是多么地非历史的，但它们的实质却是历史的，我们能这样说吗？这个问题可以有各种不同的答案。修昔底德确实说过(i、22)：他"尽可能紧紧地"保持实际上所说过的话的总的意义；但它有多么紧呢？他并没有自称它是非常之紧密的，因为他补充说，他已大致写出了说话的人适宜于那种场合所会说的话；而当我们就其行文来考虑演说本文时，却很难以反对如下这个结论，即"什么是适宜的"的审判官就是修昔底德本人。格罗特很久以前[①]就论证说，梅洛斯对话包括有比历史更多的想象，而我看不到对他这个论证有任何有说服力的反驳。在我看来，这些演说似乎本质上并不是历史学而是修昔底德对演说人行动的评论，是修昔底德对演说人的动机和意图的重建。即使这一点被否定了的话，关于这个问题的争论本身也可以看作是修昔底德的演说在文风和内容上都具有它的作者所特有的一套程式的证据；——作者的头脑不能完全集中在事件本身上，而是不断在脱离事件并走到隐藏在它们背后的某种教训里去，走到某种永恒不变的真理里去，用柏拉图的说法，事件只不过是真理的 παραδεὶ γματα〔模型〕或 μιμήματα〔复制品〕而已。

① 见《希腊史》第五卷，伦敦，1862年，第95页。

第七节　希腊化时期

公元前5世纪以后，历史学家的眼界及时得到了一次扩大。希腊思想在获得了对它自身和它自己的价值的意识之后，就着手征服世界。它从事一桩冒险行动，那种发展庞大得不能容纳在单纯一代人的观点之内，然而它对自身使命的意识又给了它以一种关于那种发展在本质上的统一性的信念。这帮助希腊人克服了在亚历山大大帝以前的时期浸透了他们所有的历史编纂学的那种特殊主义。在他们的眼里，历史在本质上始终都是一个特殊社会单位在一个特定时间里的历史：

1）他们意识到这种特殊社会单位只不过是很多社会单位之中的一个；而且在一个给定的时间范围内，只要它和其他人，无论是友好的还是敌对的，有了交往，这些其他人就会出现在历史舞台上。但是尽管由于这种理由希罗多德就不得不谈到波斯人的某些事情，他对他们之感兴趣却不是为了他们自己的缘故而仅只是作为希腊人的敌人，——是有价值和可敬的敌人，但毕竟是敌人而不是别的什么。2）在公元前5世纪，甚至于更早一些，他们就意识到存在着有像人类世界，即所有特殊社会单位的整体，这样一种东西；他们把它叫做 ἡ οἰκουμένη〔普世〕，它与 κόσμος〔宇宙〕即自然世界不同。但是这种人类世界的统一性，对他们来说，仅仅是一种地理的、而非历史的统一性。这种统一性的意识并不是一种历史的意识。普世历史、世界历史的观念，还是不存在的。3）他们意识到，他们所感兴趣的特殊社会的历史已经继续了很长的时期了。

但他们不想追溯得很远。这一点的理由我已经解说过了。迄今为止所发明的唯一真正的史学方法，乃是靠追问目击者；因而任何历史学家的领域的上限都是由人类记忆的界限所规定的。

这三种局限性在被称为希腊化的时期内都被克服了。

1)公元前5世纪希腊人的狭隘观点的象征，是希腊人与野蛮人之间的语言区别。公元前4世纪并没有消灭这个区别，但却消除了它那种僵硬性。这不是一个理论问题，而是一个实践问题。野蛮人可以变成希腊人，这已经成为当时世界所熟悉的一种事实。这种野蛮人的希腊化在希腊就称为希腊主义(Hellenism，ἑλληνιξειν〔希腊化〕一词指说希腊话，而在一种更广泛的意义上则指采用希腊的风俗习惯)；而希腊化时期就是野蛮人采用希腊风俗习惯的时期。于是对于希罗多德来说，主要是希腊人和野蛮人之间的敌对(波斯战争)意识的那种希腊的历史意识，就变成了希腊人和野蛮人之间进行合作的意识；在这场合作中希腊人带头，而野蛮人步他们的后尘也变成了希腊人，即希腊文化的继承者，因而也是希腊历史意识的继承者。

2) 由于亚历山大大帝的征服，οἰκουμὲυη〔普世〕或至少是其中很大的一部分(以及包括希腊人曾对之特别感兴趣的所有非希腊民族的一部分)就变成了一个单一的政治单位，“世界”就成为某种不止于是一个地理概念的东西。它变成了一个历史概念。整个的亚历山大帝国这时共享有一种希腊世界的单独历史。潜在地，则整个“普世”都共享着它。任何一个普通有见闻的人都知道这样一个事实：希腊历史是一部单一的历史，它适用于从亚得里亚海到印度河，从多瑙河到撒哈拉沙漠。一个思考到这一事实的哲学家，就有可能把这同一个观念扩展到整个的“普世”：“诗人说：塞克洛普斯[①]的可爱的城市；难道你就不能说宙斯的可爱的城市了吗？”当然这话是从公元2世纪玛·奥勒留[②]那里[③]摘录的；但是把整个世界作为一个单一的历史单位的观念乃是典型的斯多噶派的观念，而斯多噶主义则是希腊化时期的典型产物。它是创造了普世历史观念的希腊主义。

3）但是一部世界史是不能仅凭活着的目击者的证词写出来的，所以就需要有一种新的方法，即编纂。于是就有必要建立一种拼补的历史，它的材料得自“权威”，也就是得自以前的历史学家在各个特殊时期写出来的各个特殊社会的历史著作。这就是我所称之为“剪刀加浆糊”的史学方法。它包括从那些已不能根据希罗多德的原则而加以核实的作家们的著作里摘录出来所需要的材料，因为在这种著作中参与合作的目击者已不再在世了。作为一种方法，这远远不如公元前5世纪苏格拉底的方法。它并不全部都是非批判的方法，因为对于这位或那位权威所作的这种或那种陈述究竟是否真实，它仍可能而且必须进行判断。但是若不肯定这位或那位权威基本上是一位好历史学家，就完全不可能采用这一方法了。因此，希腊化时代（它包括罗马时代）的普世历史，乃是奠基于对希腊化时代那些特殊主义的历史学家们所做工作的高度评价。

---

① 塞克洛普斯(Cecrops)，希腊传说中雅典的第一个国王。——译者

② 玛·奥勒留(M. Aurelius)，公元2世纪的罗马皇帝、斯多噶派哲学家。——译者

③ 《沉思录》第四卷，第23页。

特别是希罗多德和修昔底德所写的著作的生动性和卓越性，在后世人的心目中再创造出了对公元前5世纪的一种活生生的观念，并且扩大了历史思想的上限的范围。正如伟大艺术家的过去成就给了人们一种感觉，即与他们自己时代不同的艺术风格是有价值的，从而就出现了一代文学和艺术的学者以及艺术爱好者，对他们来说古典艺术的保存和欣赏其本身就是目的；同样地也就出现了一种新型的历史学家，他们能够以想象感觉到自己是希罗多德和修昔底德的同时代人，然而同时却始终是他们自己时代的人而且能够以他们自己的时代和过去相比较。这种过去，希腊化的历史学家们能够作为他们自己的过去而加以感受；这样就有可能以任何规模的戏剧统一性来写出一种新历史，只要历史学家能搜集到它的材料并且能把它们熔为一个单一的故事。

第八节　波里比乌斯

这种新型的历史观念在波里比乌斯[①]的著作里充分成熟了。像一切真正的历史学家一样，波里比乌斯有一个明确的主题；他有一个故事要讲，是一个值得注意的和值得纪念的故事，即罗马征服世界的故事；但是他这个故事的起点是在写作时间的一百五十多年之间，因此他的领域的范围就是五代人而不是一代人了。他从事这件工作的能力与他一直是在罗马工作的这一事实有关，罗马人有着一种与希腊人全然不同的历史意识。在罗马人看来，历史

① 波里比乌斯(约公元前205—前125年)，希腊历史学家。——译者

意味着连续性：即从过去继承了以他们所接受的那种形式而小心翼翼保存下来的各种制度，按照祖先的习惯来塑造生活。罗马人敏锐地意识到他们本身与他们的过去这二者之间的连续性，他们谨慎地保护过去的纪念物；他们不仅在家里保存祖先的肖像，作为他们的祖先不断在注意指导着他们自己的生活之所见的象征，而且他们保存他们集体历史的古老传统达到了希腊人所从不了解的程度。这些传统无疑地受到了要把晚期共和国罗马的特征投射到她的早期历史里去的那种不可避免的倾向的影响；但是波里比乌斯以其批判的和哲学的头脑防止了歪曲历史的危险，他仅仅从自己的意见认为是可信的那些权威出发而开始他的叙述；并且在使用这些材料时，他从不允许他的批判能力去睡大觉。罗马人总是在希腊化的精神教导之下行事的，在他们看来，我们有负于一种既是普世的、而又是民族的历史的观点，在这种历史中故事的英雄乃是一个民族的连续的共同精神，而故事的情节则是在那个民族领导之下的世界大一统。甚至在这里，我们也没有达到像我们所理解的那种民族史观，——可以这样说，民族史就是一个民族从它开始以来的完整的传记。在波里比乌斯看来，罗马的历史是从罗马已经充分形成、成熟并准备进行她的征服使命而开始的。一个民族的精神是怎样产生的，这个难题仍然没有被抓住。对波里比乌斯来说，给定的、现成的民族精神乃是历史的 ὑποκείμενον〔基层〕，是成其为一切变化的基础之不变的本质。正像希腊人甚至于不会考虑到提出我们所称之为古希腊民族的起源问题的那种可能性一样，在波里比乌斯看来，甚至也就没有什么罗马民族的起源问题：如果他知道关于罗马建立的传说的话，正如他无疑会知道的那样，他就把它们悄悄地排除出他的视野，看作是远处于他所设想的历史科学所能够开始的那个起点的背后。

随着对历史学领域的这种更广泛的概念，就出现了关于历史学本身的更精确的概念。波里比乌斯使用 ἱστορὶα〔历史学〕这个词，不是在它原来的十分一般的意义上作为指任何一种的探讨，而是在历史学的现代意义上在使用它的；这种东西就被设想为一种特殊类型的研究，需要有它自己的名称。他是一个主张为这门科学本身而进行普遍研究的鼓吹者，他的著作的第一句话就指出：这是一桩迄今为止还没有做过的事；他认为自己是第一个把历史学设想为一种具有普遍价值的思想形式的人。但是他却以一种表明他已经屈服于反历史的或实质主义的倾向之下的方式表达了这种价值；我上面已经说过，这种倾向支配了希腊人的头脑。按照这种倾向，历史学不能成为一门科学，因为不可能有关于瞬息万变的事物的科学。它的价值不是一种理论的或科学的价值，它只能有一种实用的价值，——即柏拉图归之于 δόξα〔意见〕的那种价值，它不是有关永恒的和可理解的事物，而是有关暂时的和可感知的事物的准一知识。波里比乌斯接受并强调了这种思想。在他看来，历史之所以值得研究，并不是因为它在科学上是真确的或可证明的，而是因为它是政治生活的一所学校和训练场所。

但是一个在公元前 5 世纪就已经接受了这种思想的人（以前还没有人接受过，因为希罗多德仍然认为历史学是一门科学，而修昔底德，就我所知，则根本就没有提出过历史学的价值问题）会推论说，历史学的价值就在于它有能力训练出个别的政治家，像是伯

里克利[①]之类的人，来熟练而成功地处理他们自己的社会事务。这种观点是公元前4世纪的伊索克拉底[②]所主张的，但是到了波里比乌斯的时代已经办不到了。希腊时代的天真的自信心已经随着城市国家的消失而消失了。波里比乌斯并不认为历史研究将能使人们避免他们的前人的错误，并且能在世俗的成功方面超越他们的前人；研究历史所能导致的成功，在他看来，乃是一种内心的成功，一种不是克服了环境而是克服了自身的胜利。我们从它的英雄的悲剧中所学习的，不是要避免我们生活中的这类悲剧，而是要在命运带来这类悲剧时能勇敢地承受它们。运气，即 τὺχη 的观念，在这种历史观中显得非常重要，并把一种决定论的新要素注入其中。因为历史学家作画的那块画布变大了，所以分派给个人的力量就变小了。在人类努力所做的事情的成败与他本人智力的大小成比例的这种意义上说，人类发现自己不再是自己命运的主人了，而他的命运却是他的主人；他的意志自由不是表现为驾驭他生命的外界事件，而是表现为驾驭他面临这些事件时的那种内在的情绪。在这里，波里比乌斯把斯多噶派和伊壁鸠鲁派所运用于伦理学上的那同一种希腊化的概念运用于历史学。上述两个学派一致认为，道德生活的问题并不是要驾驭我们周围世界的各种事件，像是古典时代希腊道德学家所教导的那样，而是当已经放弃了要驾驭外界事件的努力时，如何保持精神的纯内心的正直和平衡。对希腊化思想来说，自我意识已不再像它对希腊思想那样，是一种

① 伯里克利(公元前495? —前429)，雅典政治家。——译者
② 伊索克拉底(公元前436—前388)，雅典雄辩家。——译者

征服世界的力量了；它成了一个堡垒，为从一个敌对的而又难以对付的世界撤退下来，提供了一个安全的隐蔽所。

第九节　李维和塔西佗

随着波里比乌斯历史思想的希腊化，传统就转移到了罗马手中。它在罗马所得到的唯一有独创性的发展来自李维，李维拟定了一部从开头以来的完整的罗马历史的宏伟构思。波里比乌斯著作的大部分是按照公元前5世纪的方法，与他在西庇阿[①]圈子里的朋友们合作写成的，这些人在建立新的罗马世界这方面达到了登峰造极的阶段。只是波里比乌斯叙述的绪论部分，不得不用剪刀加浆糊的方法而有赖于早期权威们的著作。到了李维那里，重心已经变了。用剪刀加浆糊所构成的，不仅仅是绪论，而且是他著作的全体。李维的全部任务就是搜集早期罗马历史的传说纪录并把它们熔成为一篇单一的连贯的叙述，即罗马史。这是第一次所曾进行过的这类工作。罗马人严肃地相信他们自己对其他一切民族的优越性以及他们垄断着配得上称作唯一的德行，他们认为他们自己的历史是唯一值得叙述的；因此像李维所叙述的罗马史，在罗马人的心目中就不是许多种可能的特殊历史中的一种，而就是普遍的历史，就是唯一真正的历史现实的历史，即普世的历史，因为罗马这时就像亚历山大的帝国一样，已经就是全世界了。

① 西庇阿（Scipio Africanus，公元前237—前183，Scipio Aemilianus，公元前185—前129），两人均为罗马大将。——译者

李维是一位哲学的历史学家；他的哲学性无疑地不如波里比乌斯，但是远远超过了任何后代的罗马历史学家。因此他的绪论值得极其细致地加以研究。我将简单地评论其中的几点。第一，他把他著作的科学主张的调子定得很低。他不要求有什么独创的研究或独创的方法。他进行写作，就仿佛他从一群历史学家之中脱颖而出的机缘主要地是靠了他的文采；而他的文采，正像所有他的读者都会同意的，确实是很突出的。我不需要引证像昆体良[①]那样有资格的批评家的称赞了[②]。第二，他强调他的道德目的。他说他的读者无疑宁愿听说有关最近过去的事，但是他要求他们去读遥远的过去；因为他希望在他们面前高举早期的道德典范，那时候罗马社会是纯朴的和清廉的，并且希望向他们证明罗马伟大的基础是怎样建立在这种原始道德之上的。第三，他很清楚历史学是人文主义的。他说，认为我们起源于神明可以阿谀我们的自高自大；但历史学家的事业不是要阿谀他的读者的自高自大，而是要描绘出人类的行为和风尚。

李维对他的权威们的态度有时被人误传了。像希罗多德一样，他常常被指责是极其粗率的轻信；但也像希罗多德一样，是错误地被指责的。他竭力采取批判态度；但是为每一个近代历史学家所运用的那种方法论上的批判当时还没有创立。这里只有一大堆传说；他对它们所能做的一切只是要尽可能地决定它们是否可靠。他的面前有三条路：重复它们，承认它们实质上的准确性；拒

① 昆体良(Quintilian)，公元1世纪罗马作家。

② 见《讲演术原理》。——译者

绝它们；重复它们，但谨慎地不肯定它们的真实性。这样，李维在他的历史的开头就说，关于罗马建立以前的种种事件的传说，或者不如说关于直接导致罗马建立的种种事件的传说，毋宁说是寓言而不是可靠的传说，它们既不能加以肯定也不能加以批判。所以他谨慎地重复它们，仅只是说它们通过神的力量和人的力量的混合表明了一种要美化这个城市的起源的倾向；但是只要他一谈到罗马的建立，他总是大量接受像所发现的传说。这里还只有历史批评方面的非常粗糙的尝试。这位历史学家提出了大量的传说资料并接受了它们全部的表面价值；他没有试图发现这种传说是怎样生长起来的并且通过什么样的歪曲媒介而传给了他；所以他就不可能重新解释一种传说，也就是说，不可能把它解释为意味着某种与它所明白表示的不同的东西。他只能是相信它或者抛弃它，而且大体上，李维的倾向是接受它并且诚心诚意地在重复它。

罗马帝国并不是一个朝气蓬勃的进步思想的时代。它简直没有做出什么来推进希腊人所已经开辟的各条道路上的知识。它曾有一个时期维持了斯多噶派和伊壁鸠鲁派的哲学但没有发展它们；只是在新柏拉图主义里它显示了某种哲学的独创性。在自然科学方面，它没有做出任何东西超过希腊化时代的成就。甚至在应用自然科学方面，它也是极端贫弱的。它采用了希腊化的筑城术、希腊化的火炮和部分是希腊化的、部分是凯尔特族的艺术和技术。在历史学方面，它的兴趣虽然保存着，但是没有生气。没有一个人再继续李维的事业并试图把它做得更好。在李维之后，历史学家们不是模仿他，就是退缩下来把自己限于叙述最近的过去。就方法论而言，塔西佗已经代表衰落了。

作为一个历史文献的贡献者，塔西佗是一个巨人；但是应该容许怀疑他究竟是不是一位历史学家。他仿效公元前5世纪希腊人的狭隘观点而不汲取他们的优点。他被罗马事件的历史迷住了，却忽略了帝国，或者只是通过足不出户的罗马人的眼光的折射来观察帝国；而他关于这些纯粹罗马事物的观点也是极端狭隘的。他公然偏袒元老院的反对派；他把对和平政府的轻蔑和对征服与军事荣誉的崇拜结合在一起，而这种崇拜又被他对战争现实的惊人无知所蒙蔽。所有这些缺点都使得他出奇地不适宜做一个帝政早期的历史学家，但它们在根本上只不过是一种更严重和更普遍的缺点的征候。塔西佗的真正错处是他从来也没有思索过他的事业的基本问题。他对历史的哲学规划，态度是轻率的，而他之接受那种流行的、有关历史学的目的的实用观点，与其说是一个严肃学者的精神，倒不如说是一个修辞学家的精神。

> 他标榜的写作目的是要为后代揭橥可憎恨的或可赞美的政治上的罪恶和美德的典范事例，哪怕是通过他唯恐由于其千篇一律的恐怖而会使得他的读者们感到厌倦的那种叙述来教导他的读者们：好的公民们可以在坏的统治者之下生活；不仅仅是命运或偶然事故的篇章，而是个人的品格和心性，庄严的节制和持重，——是这些东西在危险的时刻最能够保卫一个有地位的元老不受人伤害；在危险之中不仅是挑战者的一方，而且几乎往往还有阿谀奉承者的另一方，在事件的过程中乃至在君主可能的心血来潮时，都可以被击破①。

① 傅尔诺，《塔西佗编年史，卷I—IV》为学校编用，牛津版1886，第3—4页。

这种态度导致塔西佗系统地歪曲了历史，把它描述成本质上是被夸大了的好人与被夸大了的坏人之间的冲突。历史是不可能科学地被写出来的，除非是历史学家在他自己的心灵中能够重演他正在描述其行为的那些人的经验。塔西佗从来没有试图做这件工作；他的人物不是从内部以理解和同情来加以观察的，而是从外部仅仅作为是善或恶的表象。我们很难在读他对阿古利科拉[①]或图密善[②]的描写时，而不回想起苏格拉底对格劳孔所想象的十足好人和十足坏人的形象的嘲笑："听我说，格劳孔，你是多么精力过人地把他们装饰成雕像那样去参加竞赛奖的！"[③]

塔西佗由于刻绘人物而为人赞扬；但他刻绘人物所依据的原则却是根本有害的并使得他的人物刻绘损害了历史的真实。无疑地，他在他当时的斯多噶派和伊壁鸠鲁派的哲学中找到了它的根据，这一点我已经谈过了：从好人不能征服或控制一个邪恶的世界这一假设出发，这些失败主义的哲学就教导他如何保全自己不受它那邪恶的玷污。个人的性格及其社会环境之间的这种虚假的对立，在某种意义上是要证明塔西佗的方法是正当的；这种方法展示一个历史人物的行动仅仅是出自他本身的个人性格，而不承认一个人的行动可能部分地被他的环境和仅只部分地被他的性格所决定的那种方式，也不承认性格本身可能由于环境使一个人屈服的种种势力塑造出来的那种方式。事实上，正如苏格拉底所反驳格劳孔的，个人性格孤立于环境之外而加以考察，就是一种抽象而不

① 阿古利科拉（37—93 年），罗马大将。——译者

② 图密善（51—96 年），罗马皇帝，81—96 年在位。——译者

③ 柏拉图：《国家篇》第 361 页。

是一种实际存在的事物了。一个人的所作所为只是在有限的范围内取决于他是哪一种人。没有一个人能反抗他环境的各种力量。不是他征服世界,就是世界将征服他。

于是,李维和塔西佗就并肩而立,成为了罗马历史思想荒原上的两大纪念碑。李维尝试一种确实伟大的事业,但是在这上面他失败了,因为他的方法太简单了而不能应付其材料的复杂性;而他关于罗马古代史的故事又过分渗透着寓言的成分而不能列入历史思想的最伟大的著作之中。塔西佗曾尝试一种新的探索,即心理说教式(psychological-didactic)的探索;但这并不是历史方法的一种丰富而实际上是一种贫困,并且标志着历史诚实性标准的衰落。后来罗马帝国的历史学家们并没有克服难倒了李维和塔西佗的那些障碍,甚至于从没有能匹敌他们的成就。随着帝国在继续下去,历史学家们开始越来越使自己满足于可怜无补的编辑工作,以一种毫无批判的精神来积累他们从早期的著作中所找到的材料并且毫无目的地加以排比,充其量也不过是着眼于启发或是其他某种宣传而已。

第十节　希腊罗马历史编纂学的特点

一　人文主义

希腊罗马历史编纂学作为一个整体,至少是紧紧掌握了以上《导言》中所列举的四个特征之一:它是人文主义的。它是人类历史的叙述,是人的事迹、人的目的、人的成功与失败的历史。毫无疑问,它承认有一种神的作用;但是这种作用的功能是严格受限制的。显示在历史中的神意是很少出现的；在最优秀的历史学家的笔下几乎是一点都没有出现，而且要出现也只是作为支持和赞助人类意志的一种意志，并使人能够在反之将会失败的地方得到成功。神明对于人事的发展并没有他们自己的计划；他们对于人类的计划只是赐予成功或者宣判失败。这就是何以对于人类行为本身的一种更为深入的分析，在人类的行为中发现他们成功或者失败的原因时，就倾向于完全取消神明并且倾向于用人类活动的纯粹人格化，如罗马皇帝的天才、罗马女神或罗马帝国硬币上所铸的天使，来代替神明。这种倾向的最终的发展是要在人类行动者的人格之中，无论是个人的还是集体的，寻找出一切历史事件的原因。它所依据的哲学观念是，人类的意志可以自由地选择它自己的目的，并且它在它的事业中所取得的成功仅仅受到它自己的力量的以及受到能理解它们并能研究出获得成功的方法的那种智力的限制。这就蕴涵着历史上无论发生了什么事情，都是作为人类意志的直接结果而发生的，并且有某个人是要对它直接负责的，要看它是好事还是坏事而对他加以赞扬或谴责。

然而，希腊罗马的人文主义由于它那不适当的道德的或心理的见识而具有一种它自己的特殊弱点。它是以人在本质上是一个有理性的动物这一观念为基础的，我的意思是指每个个别的人都是有理性能力的动物的那种学说。只要任何特定的人发展那种能力，并且实际上而不是潜在地变成有理性的，他就会使得他的生活成功；按照希腊的观念，他就成为政治生活中的一种力量并成为历史的一个创造者；按照希腊化-罗马的观念，他就在一个野蛮而邪恶的世界里由于他自身理性的庇护而变成一个能够生活得很智慧的人。可是，每个行动者都对自己所做的每一件事负有全部的和直接的责任这一观念却是一种天真的观念，它没有能顾及道德经验中的某些重要的领域。一方面不能脱离这一事实，即人的性格是由他们的行为和经验所形成的，人本身随着自己活动的发展也在经历着变化。另一方面，还有一个事实，即人们在很大程度上并不知道自己在做什么，直到他们已经做完了——假如做完了的话——为止。人们在行动时对自己的目的所具有的明晰的观念的程度，即知道他们追求的是什么效果，是很容易被夸大的。大多数的人类行动都是尝试性的、试验性的，并不是被一种有关它将导致什么事情的知识、而毋宁说是被一种想要知道它将产生什么事情的愿望所指引的。回顾我们的行为，或回顾任何一段过去的历史，我们就会看到：当造成它的出现的行动开始时，随着那些肯定是我们心目中或者任何人的心目中所不曾出现的行为在不断进展，就有某种东西已经成形了。希腊罗马世界的伦理思想把原因太多地归之于行为者的有意的计划或政策，而太少归之于盲目活动的力量，——那种力量着手采取一个行动过程而并未预见到它的结局，并且还是通过那种过程本身的必然发展才被导向那种结局的。

二　实质主义

如果说希腊罗马历史编纂学的人文主义，不管是多么微弱，乃是它的主要优点；那么它的主要缺点就是实质主义。所谓实质主义，我是指它是建立在一种形而上学的体系的基础之上，这种体系的主要范畴就是实质这一范畴。实质并不是指物质或者物理的实质；确实，有很多希腊形而上学家都认为没有什么实质可能是物质的。对柏拉图来说,似乎实质是非物质的,虽然也不是精神的;它们是客观的形式。在亚里士多德看来,归根到底,唯一最终的真实的实质就是心灵。于是实质主义的形而上学就蕴涵着一种知识论,按照这种知识论只有不变的东西才是可知的。但是凡属不变的东西都不是历史的。成其为历史的东西都是瞬息变化的事件。产生了事件的那种实质,或者是从其本性中引出了事件的那种实质,对历史学家来说是不存在的。因此试图历史地进行思想和试图根据实质来进行思想,两者乃是不相容的。

在希罗多德那里,我们发现曾有一种要达到真正的历史观点的尝试。在他看来,事件本身是重要的并且可以就其本身而为人所知。但是早在修昔底德那里,历史观点就开始被实质主义弄得黯淡无光了。在修昔底德看来,事件的重要性主要是它们对永恒的和实质的整体投射了一道光明,而事件则只不过是它们的偶然表现。在希罗多德那里是如此自由自在地涌现出来的那股历史思想的潮流,就开始变得凝固了。

这一凝固化的过程随着时代的前进而继续着,到了李维的时代历史学就完全凝成僵硬的了。行动被看作是实质和偶然的一种特殊情况,它和行动者之间的区别,这时被认作是理所当然的。历史学家的本职工作就是研究在时间中产生、在时间中经历它们的各个阶段而发展并在时间中结束的那些行动;这也被认为是理所当然的。从他那里引出行动来的那个行动者乃是一种实质,因而是永恒不变的并且是站在历史之外的。为了使行动得以由他产生,行动者本身就必须经历一系列的行动而始终不变;因为他必须在一系列行动开始之前就存在,而在一系列行动进行时也不会发生任何事情可以给他添加一点什么或者是取走一点什么。历史学不能解释一个行动者是怎样产生的或经历过任何性质上的变化；因为行动者既是一种实质，就永远不可能产生也永远不可能经历任何性质上的变化，这是形而上学的公理。我们已经看到这些观念是怎样影响了波里比乌斯的著作的。

有时候我们被教导以没有哲学头脑的罗马人和有哲学头脑的希腊人相对比，而这样做就会引导我们认为，如果罗马人真是那样没有哲学头脑，那么他们就不会允许形而上学的思考来影响他们的历史著作了。然而，它却确实是影响了。而且注重实际的、头脑顽固的罗马人采用希腊人实质主义的形而上学时的那种完整性，并不仅仅出现在罗马历史学家的身上。它同样清晰地出现在罗马法学家的身上。罗马的法律从始至终都是建立在实质主义的形而上学的原则的结构之上的，这影响了它的每一个细节。

我将举两个例子来说明这种影响是如何表现在两位最伟大的罗马历史学家的身上的。

第一，对李维的影响。李维向自己提出写一部罗马史的任务。一个现代的历史学家会把这解释为意味着一部罗马如何变成了她所成为的那种样子的历史，一部产生了独特的罗马制度和形成了典型的罗马特点的过程的历史。但李维从来就没有想到过采纳任何这类的解释。罗马就是他叙述中的女英雄。罗马就是他在描述其行动的那个行动者。所以罗马就是一个实质，是不变的、永恒的。从叙述一开始，罗马就是现成的、完整的。直到叙述的结尾，她并没有经历过任何精神上的变化。李维所依赖的那些传说把诸如占卜、罗马军团、元老院这样一些制度都投射到那个城市的最初年代上去，并假定它们此后是始终不变的；因此，罗马的起源，照他描写的那样，就是一种奇迹式的一跃而成为了完整的城市，就像她后来所存在着的那样。作为一种对照，我们就得想象有一位英国历史学家会假定是亨季斯特[①]创立了英国的上议院和下议院。罗马被描述为“永恒之城”。为什么要这样称呼罗马呢？因为人们一直是这样认为罗马的，正如李维所认为她的那样：是实质主义的、非历史的。

第二，对塔西佗的影响。很久以前傅尔诺就指出[②]，当塔西佗描述像提比略[③]那样一个人物的个性在帝国的压力之下崩溃的那种方式时，他把那种过程写成并不是一个人格在结构或形成方面的变化，而是其中迄今为止一直在虚伪地隐蔽着的那种特性的显现。为什么塔西佗这样误解事实呢？这仅仅是出于恶意，以便给那些他使之扮演恶棍角色的人们的性格抹黑吗？这是在追求修辞学上的目的，是要举出一些令人畏惧的例子来强调他的道德并修饰他的故事吗？一点都不是。那是因为一个性格的发展这一观念、这一对我们是如此之熟悉的观念，对他来说乃是一种形而上学上的不可能。一个“性格”是一个行动者，而不是一个行动；行动有来有去，但是“性格”（像我们所称呼的）和性格所由之而来的那个行动者却是实质，所以是永恒不变的。一个提贝留乌斯和一个尼

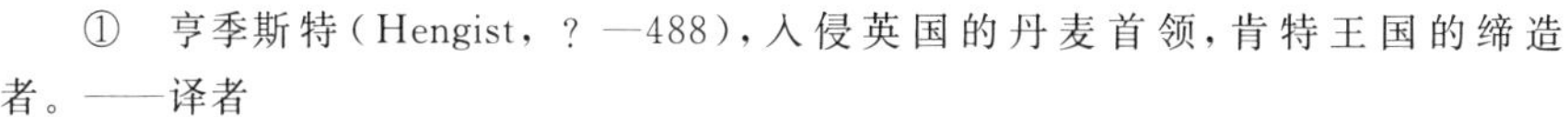

① 亨季斯特（Hengist，？—488），入侵英国的丹麦首领，肯特王国的缔造者。——译者

② 《塔西佗编年史》第一卷，牛津1886年，第158页。

③ 提比略（公元前42—公元37），罗马皇帝，公元14—37年在位。——译者

禄①的性格中只是到了他们一生比较晚的时期才出现的那些特点，在这里却是必须始终出现的。一个好人不可能变坏。一个到了老年时表现自己是个坏人的人，必须在年轻时也同样地是坏人，他的邪恶是被虚伪所隐蔽着的。正像希腊人所指出的，ἀρχὴ ἄνδρα δειξει〔权位暴露了一个人的本性〕权力并没有改变一个人的性格；它只不过表明他早就是那一种人。

因此希腊罗马历史编纂学从来没有能表明任何一件事情是如何产生的；历史舞台上所出现的一切行动因素都必须假定在历史开始以前就是现成的，它们与历史事件的关系就好像是机器与它自己的运动的关系那样。历史学的范围被限制在描述人们和事物都在做什么，而这些人和事物的性质则始终停留在它的视野之外。对这种实质主义的态度的报复就是历史的怀疑主义：即各种事件，作为纯粹瞬息万变的偶然事件，被认为是不可知的；而行动者作为一个实体，则确实是可知的，——但不是对于历史学家来说。那么，历史学的用处又是什么呢？对柏拉图主义来说，历史学可以有一种实用的价值；而把这一点作为历史学的唯一价值的那种观念，从伊索格拉底到塔西佗却被强化了。而随着这种过程在继续下去，它就产生了一种关于历史精确性的失败主义以及这样一种历史心灵的不诚恳性。

① 尼禄（公元37—68），罗马皇帝，公元54—68年在位。——译者

第二编　基督教的影响

第一节　基督教思想的潜移默化

欧洲的历史编纂学曾经出现过三次巨大的转折点。第一次是公元前五世纪时的那次转折点，那时作为一种科学、作为一种研究的形式、作为一种 ἱστορὶη〔历史〕的历史观念诞生了。第二次是公元后第四和第五世纪时的那次转折点，那时历史的观念由于基督教思想的革命性的影响而经过重新塑造。我现在就要描述这一过程，并指明基督教怎样扬弃了希腊—罗马历史编纂学中的两种主导观念，那就是：(1)对人性的乐观主义观念，(2)作为历史变化过程的基础的有关永恒实体的实质主义的观念。

(1) 基督教所表现的道德经验包含有人类行动的一种盲目感作为它的最重要的因素之一：它不是出于个人之缺乏洞见的偶然盲目性，而是人类行动本身所固有的必然盲目性。根据基督教的教义，无可避免的是人要在黑暗中行动而不知道自己的行为会出现什么结果。那种无力达到事先明确设想好的目的，在希腊文中就称之为 ἁμαρτὶα，即错过目标；它不再被看作是偶然的，而被看作是人性中的一种永恒因素，源出于人就是人的这一限制。这就是圣奥古斯丁所强调的原罪，而他又在心理上把这一原罪和自然欲望的力量联系在一起。根据这种见解，人的行动并不是根据智慧所预想的目标而设计出来的；它完全是被直接而又盲目的欲望 a tergo〔在背后〕所推动的。不仅仅是没有教养的俗人，而是作为一个人，其本身就会做出他所要做的事，而不是想出一套合理的行动路线来。欲望并不是柏拉图的隐喻中的那匹驯服的马，它是一匹脱缰之马。而那使我们陷于其中的“罪”(用神学的术语来说)，并不是我们蓄意要犯的一种罪，它是一种我们的本性所固有的原罪。由此可见，人的成就并不是由于他自己的意志和才智的本身力量的缘故，而是由于并非他自身中的某种东西使得他渴望那些值得追求的目的。因此，他的作为，从历史学家的观点看来，就仿佛他是自己幸运的聪明建筑师那样；但是表现在他的行动中的智慧却不是他自己的智慧，那是上帝的智慧；都是由于上帝的恩惠，人的欲望才被导向有价值的目的。这样，通过人类行动而得以实现的那些计划(我是指像罗马征服世界之类的计划)之成为事实，并不是因为人们曾设想过这样的计划，根据它们的好处做出决定并规划出执行计划的方法；而是因为人们随时在做着他们当时想要做的事情时，便已经执行了上帝的目的了。这种神恩的概念是与原罪的概念互相联系着的。

(2) 希腊罗马哲学中有关实质的形而上学学说，遇到了基督教创世说的挑战。根据这种创世说，除上帝以外，没有什么东西是永恒的，并且其他一切都是上帝创造的。人的灵魂不再被看作是过去 ab aeterno〔在永恒中〕的一种存在，而灵魂不灭在那种意义上便被否定了；每个灵魂都被认为是一种新的创造物。同样地，各个民族和国家从集体来考虑，便都不是永恒的实质而只是被上帝所创造出来的。而且凡是上帝所创造的，他都可以由于朝着新的目标对它们的性质重新定向而加以调整；于是通过神恩的作用，上帝便能使已经被创造出来的人或民族在性格上得以发展。即使是早期基督教思想还能容忍的所谓的实质，也不是真正像古代思想家所曾设想为实质那样的实质。人的灵魂这时依然被称为实质，但是它这时被设想为是上帝在某一个时期所创造的实质，而且是依赖于上帝才能继续存在。自然世界也是以同样的资格仍然被称为一种实质。上帝本身也仍然被称为一种实质，但是他作为实质的性质这时则被认为是不可知的：不仅仅是那孤立无援的人类理性所不可能发现的，而且甚至于是不可能被显示出来的。我们对上帝所能知道的一切，就只是他的活动。逐步地，随着基督教的潜移默化在起作用，甚至连这些类实质也消失了。到了 13 世纪，圣托马斯·阿奎那才抛掉了神性实质的概念而把上帝定义为 actus purus〔纯行动〕。及至 18 世纪，贝克莱抛弃了物质实质的概念，而休谟则抛弃了精神实质的概念。这时候就为欧洲历史编纂学史上的第三次转折点以及长期拖延下来的历史学之终于作为一种科学而登场，准备好了舞台。

基督教思想的引进，对于人们用以设想历史学的方式具有着三重影响。

a) 一种对历史学的新看法发展起来了，按照这种新看法，历史的过程并不是人类的目的、而是上帝的目的的实践；因为上帝的目的就是一种对人类的目的，是一种要在人生之中并且通过人类意志的活动而体现的目的；在这一实践中，上帝这个角色仅限于预先确定目的并且时时在确定着人类所渴望的对象。这样，每个人世的行动者便知道他所想要的是什么，并去追求它，但是他并不知道他为什么想要它；他想要它的原因乃是上帝使他想要它，为的是推进上帝的目的的实现进程。在一种意义上，人是整个历史上的行动者，因为历史上所发生的每桩事件都是根据人的意志而发生的；而在另一种意义上，则上帝才是唯一的行动者，因为只有靠神意的作用，人的意志的活动在任何一个给定的时刻才能导致这一结果而不是另一种不同的结果。再有，在一种意义上，人就是历史事件所要发生的目的，因为上帝的目的就是人的福祉；而在另一种意义上，人的生存又仅仅是作为完成上帝的目的的一种手段，因为上帝创造了人，只不过是为了假手人的生命来实现他自己的目的而已。由于这种对人类行为的新态度，历史学就大有收获；因为承认在历史上所发生的事无需通过任何人有意希望它发生才会发生，这一点乃是理解任何历史过程的一个不可缺少的先决条件。

b）对历史的这种新观点，使人有可能不仅看到历史的行动者的行为，而且还有可能看到作为上帝目的的工具因而具有历史重要性的那些行动者本身的存在和性质。正有如个人的灵魂是一种在充分的时间里被创造的东西，它如果要完成上帝的目的，恰好具有着为当时所需要的那些特点；因此，像罗马这样一件事物，就不是一个永恒的实体，而只不过是一件转瞬即逝的事物，它在历史上适时出现，是来完成某种确定的任务的，在任务完成之后就要消失。这是历史学思想中一场深邃的革命；它意味着历史变化的过程不再被设想是——可以这样说，——在事物的表面上飘浮并且仅仅影响到它们的偶然性，而是被设想为还包含有它们的实质本身，因而就需要有真正的创造和真正的毁灭。这是把基督教的上帝概念应用到历史学上，即上帝不是从早已存在的物质之中塑造出世界来的一个单纯工匠，而是一个创世主，从无中把世界召唤出有。在这里，历史学的收获也是极其巨大的，因为承认历史过程创造出它自己的工具，从而像罗马或英格兰这些实体便都不再是预先的假定而是那一过程的产物，——这一点乃是走向掌握历史学特性的第一步。

c）在历史学概念上的这两种修改，正如我们所已经看到的，都是得自基督教的原罪、神恩和创世纪的教义。第三种修改则是基于基督教的普遍主义的态度。对基督教来说，在上帝的眼中人人平等：没有什么选民、没有什么特权种族或阶级，没有哪个集体的命运比其他集体的更重要。所有的人和所有的民族都包罗在上帝目的的规划之中，因此历史过程在任何地方和一切时间都属于同样的性质，它的每一部分都是同一个整体的一部分。基督徒不能满足于罗马史或犹太史或任何其他局部的和特殊主义的历史：他要求一部世界史，一部其主题将是上帝对人生目的的普遍展开的通史。基督教思想的注入不仅仅克服了希腊—罗马历史学所特有的人文主义和实质主义，而且还有它的特殊主义。

第二节　基督教历史编纂学的特点

根据基督教的原理而写的任何历史，必然是普遍的、神意的、天启的和划分时期的。

1）它是一部普遍的历史，或一部世界通史，一直追溯到人类的起源。它要描述人类不同的种族是怎样出现并栖息在大地上各个居住区域的。它要描述各种文明和各个政权的兴衰。在这种意义上，希腊—罗马的普世历史并不是普遍的历史，因为它有一种特殊主义的重心。希腊或罗马就是它环绕着旋转的中心。基督教的普遍历史经历了一场哥白尼式的革命，从此，这样一种重心的观念本身就被摧毁了。

2）它要把种种事件不是归之于它们的那些人世执行者的智慧，而是归之于预先确定着它们的行程的神意的作用。近东的神权历史学在这种意义上并不是神意的，因为它不是普遍性的而是特殊主义的。神权史学家感兴趣的是一个特殊社会的所作所为，而支配这些作为的上帝则是这样一个上帝，对于他，那个特殊社会就是他的选民。神意的历史，在另一方面，确实是把历史当作上帝所写的一个剧本，但是在这个剧本里并没有哪个人物是作者所偏爱的人物。

3）它要使自己从事于在事件的一般过程中探索一个可理解的模式，而且特殊地要把这个模式内的中心要点附着于基督的历史生命，这一点显然是这个模式主要的先定特征之一。它要使它的叙述环绕着那件事而结晶，并把以前的事件都看成是它的先导或者在为它作准备，而把以后的事件都看成是在展开它的后果。因此，它要以基督的诞生把历史划分为两部分，每一部分各有其自身特殊的、独一无二的性质：第一部分是前瞻的性质，包括对一件尚未显示出来的事件在进行盲目准备；第二部分是回顾的性质，取决于启示这时已告完成的这一事实。一部历史这样分为两个时期，一个黑暗时期和一个光明时期，我将称之为启示的历史。

4）把过去分成两个时期之后，它就自然而然地要再加以细分；从而就要划出其他一些事件，尽管不像基督的诞生那么重要，但作为它们自己的方式却是重要的，这就使得它们以后的每一件事在性质上都不同于以前发生过的事。于是，历史便分为一些时代，或一些**时期**，各有其自己的特点；而且每一个都由于一桩事件而与前一个相划分，用这种历史编纂学的术语来说，就叫做划时代的。

所有这四种因素，事实上都是被早期的基督教徒们有意识地输入到历史学思想中来的。我们可以举出公元3世纪至公元4世纪初期赛瑟里亚的优昔比乌斯[①]为例。在他的《编年史》中，他从事于撰写一部普遍的历史，其中一切事件都被纳入一个单一的编年结构之中，而不是把希腊的事件以奥林匹克竞赛分期，也不是把罗马的事件以执政官分期，如此等等。这是编纂；但它是一种与晚期罗马帝国的异教学者们的编纂大不相同的东西，因为它为一种新的目的所鼓舞，这一目的是要表明这样加以编年的事件就形成了一种以基督诞生为中心的模式。正是怀着这一目的，优昔比乌斯撰写了另一部作品，即所谓《教会的准备》(Praeparatio Evangelica)，在这部书里，他指明基督前的世界历史可以看作是以"道成肉身"[②]为其顶峰而设计的一个过程。犹太宗教、希腊哲学、罗马法律都结合在一起来建立一个模式，使得基督的启示有可能在其中植根并生长成熟；如果基督在任何其他的时间诞生到世界上来，这个世界就不可能接受他了。

① 赛瑟里亚的优昔比乌斯(Eusebius of Caesarea，260—340)，早期基督历史学家。——译者

② "道成肉身"指基督诞生。——译者

优昔比乌斯只是大批努力为详尽地研究出基督教的人类概念的重要意义而奋斗的人们中间的一个；而且当我们发现有许多教父，像是哲罗姆[①]、安布罗斯[②]，甚至圣奥古斯丁，怀着鄙视和敌视谈到异教的学问和文献时，我们就必须提醒自己，这种鄙夷并不是出于缺乏教养或对这样的知识抱着一种野蛮的冷漠，而是出于这些人在追求一种新的知识理想时所具有的活力，他们为了人类思想整个结构的重新定向而在反对者的反噬之下努力工作着。就历史学的情况而论，——这是我们这里所涉及的唯一一件事，——这一重新定向不仅在当时成功了，而且还留下了它的遗产成为历史学思想中一笔永久的财富。

在原则上是作为世界历史的历史概念，其中的斗争，像是希腊和波斯之间或罗马和迦太基之间的斗争，就被不偏不倚地来看待，不是着眼于战斗某一方的成功，而是着眼于从后世观点来看的这场斗争的结局；这种历史概念于是就变成了一种常识。这种普遍主义的象征，便是对一切历史事件都采用一种单一的编年结构。由赛维尔的伊西多尔[③]在7世纪所创立并在8世纪由可敬的比德[④]所普及的这种单一的普遍编年史，即由基督的诞生而向前和向后记录每件事的年代，至今仍可表明这种观念是从哪里来的。

神意的观念变成了一种司空见惯的事。例如，我们学校里的

① 哲罗姆(340—420)，意大利修士、教会学者。——译者

② 安布罗斯(340？—397)，意大利主教。——译者

③ 赛维尔的伊西多尔(560？—636)，西班牙主教和学者。——译者

④ 可敬的比德(673—735)，英国历史学家和神学家。——译者

教科书这样教导我们说，英国人在18世纪，忽然一阵没头没脑地征服了一个帝国：那就是说，他们执行了在我们回顾这桩事的人看来好像是一项计划的东西，尽管在当时他们的头脑里并没有这样的计划存在。

启示录的观念变成了一种司空见惯的事，尽管历史学家们把他们的启示时刻放到各种各样的时代里：文艺复兴、印刷术的发明、17世纪的科学运动、18世纪的启蒙运动、法国大革命、19世纪的自由运动，或者甚至还有像马克思主义的历史学家要把它放在未来。

划时代的事件这种观念，也变成一种司空见惯的事；于是历史随之就划分为各个时代，各有其自己的特点。

所有这些在近代史学思想中为人所如此之熟悉的成分，在希腊罗马的历史编纂学中全都不存在，而是有意识地和辛勤地被早期的基督教徒们所创造出来的。

第三节　中世纪的历史编纂学

专门致力研究上述这些观念的中世纪历史编纂学，在某种方式上乃是希腊化的和罗马的历史编纂学的继续。这一方法始终没有改变。中世纪的历史学家仍然依靠传说来取得他的事实，而并没有有效的武器来批判那种传说。在这方面，他可以和李维等量齐观，而且保留了李维的弱点和强点。他没有办法研究流传给他的那些传说的成长过程，或者把它们分析成各个不同的组成部分。他唯一的批判乃是一种个人的、非科学性的、非系统化的批判，那往往暴露出他那在我们看来是愚昧的轻信的东西。但在其叙述的另一方面，他却往往显示出引人注目的优美文风和想象能力。例如，圣阿尔班斯(St. Albans)这位谦逊的修道士，他留下给我们一部归于威斯特敏斯特的马太名下的《历史之花》(Flores Historiarum)，这部书讲述了一些有关亚勒弗烈大王①和饼、葛蒂娃夫人②、克努特王③在博山姆(Bosham)海滨等等的故事，它们可能都是寓言，但却是文学中不朽的瑰宝，而且应当得到不亚于修昔底德的历史那样作为 κτὴματαὲs αἰεὶ〔永恒的财富〕为人们所珍惜。

但和李维不同，中世纪的历史学家是从一种普遍主义的观点来看待这种材料的。即使是在中世纪，民族主义也是一种真实的东西，但是一个为民族竞争和民族骄傲而捧场的历史学家却知道他自己是做错了事。他的本职不是要赞颂英格兰或法兰西，而是要叙述 gesta Dei〔神的业迹〕。他把历史看作不是人类目的的一幕单纯的演出，他在其中要站在自己朋友的一边；而是把历史看作是一个过程，有其自身的客观必然性，甚至于就连最明智和最有权力的人间执行者也发觉自己卷入其中，并非因为像在希罗多德的著作中所描绘的那样，上帝是毁灭性的和恶作剧的，而是因为上帝是有远见的和富于建设性的，有他自己的计划而决不允许什么人来干涉他的计划。所以人间的执行者就发觉自己陷于神意目的的洪流之中，不管自己同意或不同意，都被卷入其中前进。历史作为

① 亚勒弗烈大王(Alfred the Great, 849—900?)，英国国王。——译者

② 葛蒂娃夫人(Godiva)，11 世纪时英国贵妇。——译者

③ 克努特王(Canute, 994—1035?)，英格兰的丹麦王。——译者

上帝的意志，是在自行发号施令的；它那号令之秩序井然并不有赖于人间执行者的发号施令的意志。计划出现了，它使自己自行生效，它并不是人类所曾计划的；而且即使是那些自以为是在反抗这些计划而出现的人们，事实上也对它们在做出贡献。他们可以刺杀恺撒，但是他们却不能制止共和国的倾覆；这桩刺杀行为的本身就给那场倾覆增添了一种新的特色。因此历史事件的总历程就是一种准则，它是用以判断参与其中的每一个人的[①]。个人的责任就是要做一个推进历史客观目的的自愿工具。如果他自己立意反对它，他也不能制止它或者改变它；他所能做到的一切就是因此而获得自己的惩罚，挫败他自己并使自己的生命一事无成。这就是基督教教父的学说；魔鬼被基督教早期作家希波里特[②]定义为 ὁ ἀντιτ ἀττων τοῖs κοσμικοῖs〔世界的挑衅者〕。

中世纪历史编纂学的伟大任务就是要发现和阐明这种客观的或神的计划这一任务。它是一项在时间之中发展的计划，因此就要经历一系列确切的阶段；正是出于对这一事实的考虑，才产生了每个历史时代都由一桩划时代的事件而开始的那种概念。这时，区别历史中的各个时期的企图乃是先进的和成熟的历史学思想的一个标志，它不怕解释事实，而不仅仅是肯定事实而已；但在这里也像在其他地方一样，中世纪的思想尽管从不缺乏勇气和创造性，却表明了它自己无力使自己的许诺生效。为了说明这一点，我将

① 席勒著名的箴言：Die Weltgeschichte ist das Weltgericht〔世界历史就是世界法庭〕，乃是一句人所熟知的中世纪格言，而在18世纪末又复活了；它是典型的中世纪主义的，并在许多方面成为浪漫主义者的特征。

② 希波里特(Hippolytus)，约死于236年，罗马神学家。——译者

只举一个中世纪的历史分期为例。在12世纪时，佛罗里斯的约西姆[①]把历史分为三个时期：圣父或道尚未成肉身的上帝统治时期，也就是前基督时代；圣子统治时期或基督时代；而圣灵的统治时期则要在未来开始。这种提到未来的时代，就透露了中世纪历史编纂学的一个重要特点。如果中世纪的历史学家受到挑战，要他解释何以知道在历史中竟然有任何客观的计划；他就会回答说，他是由启示而知道的，这是基督向人类所显示的有关上帝的事情的一部分。这种启示不仅解答了上帝在过去所做的事，而且它也向我们指明了上帝在未来将要做的事。这样，基督教的启示便赋予我们一种对整个世界历史的观点，是上帝的无时间的和永恒的视野里所看到的那种从世界在过去的创造到它在未来的结局。因此中世纪的历史学家就期待着历史的结局，作为是上帝所前定的、并通过启示而为人类所预知的某种事情；因此它本身就包含着一种末世学。

末世学总是历史学中的一个从外面闯入的因素。历史学家的本职是要知道过去，而不是要知道未来；而且只要历史学家声称能够预先确定未来发生的事，我们就可以肯定地知道他们的基本历史概念出了某些毛病。再进一步，我们还可以准确地知道是什么东西出了毛病。这里所发生的情况是，他们把历史过程的单一的实在分裂成两个分离的东西，一个决定者和一个被决定者、抽象的规律和单纯的事实、普遍的东西和特殊的东西。他们把普遍当作

---

① 佛罗里斯的约西姆(Joachim of Floris，约1130/35—1201/02)，意大利教会作家。——译者

一种虚假的特殊，它被假设为由于其自己而存在并且为了其自己而存在；然而在那种孤立状态中，他们却仍然设想它在决定着特殊事件的进程。普遍这样被从时间的过程中孤立出来之后便不在那个过程之中起作用了，而只是对那个过程在起作用。时间过程是一种消极的东西，是被一种无时间的、对它在起作用的外来力量所塑造的。因为这种力量在一切时间里都精确地是以同样的方式在起作用，所以有关它现在如何起作用的知识，也就是有关它未来如何起作用的知识；而且如果我们了解它在任何一个时间是如何决定事件流程的，我们也就从而了解它在任何其他时间是如何决定它的，因此之故我们便能够预告未来。这样，在中世纪的思想里，上帝的客观目的和人类的主观目的二者之间的全盘对立，——那被设想成是上帝的目的的就表现为把某种客观计划强加于历史，而不顾人类的主观目的如何，——就不可避免地导致一种观念，即人类的目的对历史的行程是不能左右的，而决定历史行程的唯一力量乃是神性。因此神性一旦被显示出来，那些由信仰而得到神性的启示的人便能够由信仰而看到未来必然是什么样子。这看来似乎与实质主义有着密切的关系，但它却是一种完全不同的东西，即超验性。上帝在中世纪的神学里并不是实质（实体），而是纯行动；而超验性则意味着神性活动并不被设想为在人类的活动之中并通过人类的活动在起作用的，而是被设想为在人类的活动之外起作用并主宰着它的，即并不是内在于人类行动的世界而是超越于那个世界的。

这里所发生的情况是，思想之摆已经从希腊罗马历史编纂学的抽象和片面的人文主义摆到了同样抽象和片面的中世纪的神本

观点了。神意在历史中的作用得到了承认，但它却是以一种再没有任何事情留给人类去做的方式而被承认的。其结果之一就是，正如我们所看到的，历史学家们就陷入了自以为能够预示未来的这一错误之中。另一个结果就是，他们焦急地要窥测历史的总计划并相信这个计划是上帝的而不是人类的，这时他们就倾向于在历史本身之外去寻求历史的本质，办法是使目光脱离人类的行为以便窥测上帝的计划；于是人类行为的具体细节对于他们就都变得比较不重要了，于是他们就忽视了历史学家的首要责任，——即心甘情愿地承受千辛万苦去发现实际所发生的事。这就是何以中世纪的历史编纂学在批判方法上是那么地软弱无力。那种软弱无力并不是偶然。它并非取决于学者们所能运用的来源和资料方面的限制。它并非取决于他们所能做的事的限制，而是他们所想做的事的限制。他们不想对历史的具体事实进行精确的和科学的研究；他们想要做的事乃是对神的属性进行精确的和科学的研究，它是一种稳固地奠立在信仰和理性的双重基础之上的神学，它使他们能 a priori〔先验地〕决定在历史过程中什么是已经必然发生的和什么是将要必然发生的。

其结果便是，从一个纯学究式的历史学家——即除了事实的准确性而外并不关心任何事情的那类历史学家——的观点看来，中世纪的历史编纂学似乎非但是令人不能满意的，而且是有意地而又令人反感地满脑子谬见；一般说来 19 世纪的历史学家们确实对历史的性质采取了一种纯学究式的观点，所以就以极其缺乏同情的态度来看待它。今天，我们已不那么迷恋着要求考据的精确性了，而是对于解释事实更感兴趣，所以我们就能以更为友好的眼光来观察它。我们已经早已回到中世纪的历史观，使我们把各民族和文明想象为服从着一个规律而在兴衰，这个规律与构成各民族和文明的那些人的目的没有什么关系；而且我们也许与这样的一些学说并非完全格格不入，这些学说教导说，大规模的历史变化乃是由于某种辩证法客观在起作用的，并以一种不以人类意志为转移的必然性在塑造历史过程的。这就引导我们与中世纪的历史学家多少有了密切的接触了；而且如果我们想要避免他们那类观念所容易出的错误，那么对我们非常有用的就是去研究中世纪的历史编纂学，并且看看客观的必然和主观的意志之间的对立怎样会导致对历史精确性的忽视和诱使一些历史学家陷入一种非学者风度的轻信和盲目接受的传说里去。中世纪的历史学家对于那种意义上的非学者风度有种种借口；但当时还没有人发现怎样以学者的态度来考订资料和确定事实，因为这乃是继中世纪结束之后的几个世纪里史学思想的工作。但是对我们来说，既然这一工作已经完成了，所以就不能再有借口了。如果我们回到中世纪的历史观念及其全部的错误，我们就将是在证实并在促进某些历史学家（也许是过早地）所宣告的文明的灭亡。

第四节　文艺复兴时期的历史学家

中世纪结束时，欧洲思想的主要任务之一就是要对历史研究进行一番崭新的重行定向。为先天地决定着历史的普遍计划而提供基础的神学和哲学的伟大体系，已经不被人们所赞同了；于是随着文艺复兴，人们就又回到一种基于古人看法的人文主义历史观上面来。精确的学术研究变得重要起来，因为人类的作为不再使人感到与神的计划相比，被缩小得微不足道，史学思想又一次把人放到了它的画面上的中心地位。不过，尽管对希腊罗马思想有着这种新兴趣，但文艺复兴对人的观念却和希腊罗马的深为不同。当16世纪初像马基雅维里这样一位作家在以注释李维著作的前十卷的形式而表达他自己的历史思想时，他并不是在复原李维本人的历史观。对于文艺复兴时期的历史学家，人并不是像古代哲学所刻画的那样根据自己的智力作用在控制自己的行为和创造自己的命运，而是像基督教思想所刻画的人，是一种具有激情和冲动的生物。历史就这样变成了人类激情的历史，被看作是人性的一种必然体现。

这场新运动的积极成果，首先见之于大举清除中世纪历史编纂学中一切幻想的和毫无根据的东西。例如，让·鲍丹[①]在16世纪中叶时指出[②]，人们所接受的时代分期的方案，即四个帝国，并非是基于对事实的准确解释，而是基于从《但以理书》[③]中所假借来的一种武断的方案。有数不清的学者，绝大多数是意大利出身

① 让·鲍丹(J. Bodin，1530—1596)，法国作家。——译者

② 见《历史研究法》(1566年)第七章：驳四个王国论者。

③ 18世纪晚期浪漫主义的中世纪主义的倾向是意义深远的，这一点我已在论及席勒时提醒人们注意，黑格尔在他的Philosophie des Rechts〔《法哲学》〕结尾有关世界历史的段落中，重新肯定了那种早已被推翻了的四个帝国的方案。黑格尔的读者们都熟知他那把每个主题都按照他的辩证法模式分为三合一的那种根深蒂固的习惯，会惊讶地发现在那本书的结尾几页中，他的世界史纲竟分为四节，题名为"东方帝国、希腊帝国、罗马帝国、日耳曼帝国。"这些读者很容易想到，事实对黑格尔的辩证法至少有一次是来得太强而有力了。但是，这里突破了辩证法方案的却不是事实，而是中世纪分期法的再现。

的，都从事于推翻那些各个国家都曾把他们对自己的起源的无知隐蔽在其内的传说；例如波利多尔·维吉尔①在16世纪初期就推翻了特罗伊人布鲁塔斯②建立不列颠的那个古老的故事，并奠定了英格兰考据历史学的基础。

到了17世纪开始时，培根就能总结这种形势，把他的知识画面划分为诗歌、历史学、哲学三大领域，由想象、记忆和理解这三种能力所驾驭。所谓记忆主宰着历史学，也就是说历史学的主要工作是以其具体事实（就像它们实际上所发生的那样）在追忆和记录过去。培根在这里所做的，是要坚持历史学首先应当为了其自身的缘故而对过去感兴趣。这是对历史学家能够预知未来这一说法的否定，而同时它也就否定了历史学家的主要职能是要窥测贯穿于事实之中的神的计划这一观念。他的兴趣在于事实本身。

但是这样来规定历史学的地位，却是靠不住的。它已经把自己从中世纪思想的错误之中解放出来，但它仍然必须去寻求自己的固有职能。它有着一种确切的纲领，即要重新发现过去，但是它却没有能够借以实现这套纲领的方法或原则。事实上，培根把历史学定义为记忆的领域乃是错误的，因为过去唯有就其不是被、而且不可能被记忆而言，才要求进行历史的调查研究。如果过去能够被人记忆，那就不需要有历史学家了。培根自己的同时代人卡

① 波利多尔·维吉尔（Polydore Virgil，1470？—1555？），意大利历史学家。——译者

② 特罗伊人布鲁塔斯（Brutus the Trojan），传说中的古罗马英雄，曾至不列颠建立新特罗伊（伦敦）城。——译者

姆丹[①]，已经根据最优秀的文艺复兴传统在研究不列颠的地形学和考古学了；他指出未经记忆的历史怎样能够根据多少有点像是同时代的自然科学家在使用数据作为科学理论的基础那样的数据而能够重行建立起来。历史学家的理解怎样能起到补充他记忆的缺欠的作用这一问题，是培根所从未曾问过的问题。

第五节　笛卡尔

17 世纪思想的建设性运动集中在自然科学问题上，而把历史学问题抛在一旁。笛卡尔像培根一样，区分了诗歌、历史学和哲学，又增添了一个第四项，即神性学；但是在这四种之中，他把他的新方法只应用于哲学以及它的三个主要部分上：即数学、物理学和形而上学上，因为只有在这里，他才能希望获得确切可靠的知识。他说，诗歌更多地是一种天赋而不是一种学问；神性学有赖于对启示的信仰；历史学则不论是多么有趣和富有教育意义，不论对于生活中的实践态度的形成是多么有价值，却不能自命为真理；因为它所描述的事件从来都不是准确地像它所描写的那样发生的。这样，笛卡尔所展望的、而且事实上也确实出现了的那种知识的改造，就被设计得对于历史学思想毫无贡献可言，因为严格地说，他根本不相信历史学是知识的一个分支。

很值得我们更加仔细地看一看《方法论》第一部中论历史学的这一段话：

① 卡姆丹(1551—1623)，英国历史学家。——译者

到目前为止，我认为我在研究古代的语文、了解古代的作家以及他们的历史和著述方面，已经付出了足够多的辛劳。和更早时代的人们生活在一起，就好像是在异域旅行。知道一些其他民族的风尚，以便更加不偏不倚地判断我们自己的，而不像是那些从未到过自己本国以外的人们会鄙视和嘲讽与自己不同的任何东西；——这是有用处的。但是那些旅行得为期太久的人，结果在他们自己的本乡倒变成了外人，而那些过分好奇地研究古代行为的人，却对我们自己中间今天所做出的事情懵然无知。何况，这些著述所说的事情是不可能像它们实际所发生的那样发生的，因而也就在怂恿着我们去尝试超乎我们能力之外的东西，或者去希求超乎我们命运之外的东西。即使历史书籍是真实的，既不夸张又没有改变事物的价值，也还是略去了较猥琐和很少尊严的那类情况，以便更值得读者去注意；因此，它们描述的那些事情从来都不是恰好像它们所描述的那样，而那些想要以它们为自己榜样的人，就都倾向于浪漫的骑士狂并琢磨着铺张扬厉的业绩了。

笛卡尔在这里提出了四点是应该加以区分的：(1)历史的逃避主义：历史学家是一个远离故乡而生活着的旅客，对他自己的时代倒成了一个外人。(2)历史的怀疑主义：历史著述是对过去的不可靠的说明。(3)反功利的历史观念：不可靠的著述不能真正帮助我们了解什么是可能的事，因此也就不能真正帮助我们在目前有效地行动。(4)历史是幻想结构：历史学家——即使是在最好的时候——歪曲历史的方式就是使它显得比它的真实面目更加光彩。

(1)对“逃避主义”的历史观的一个答复就是要表明，历史学

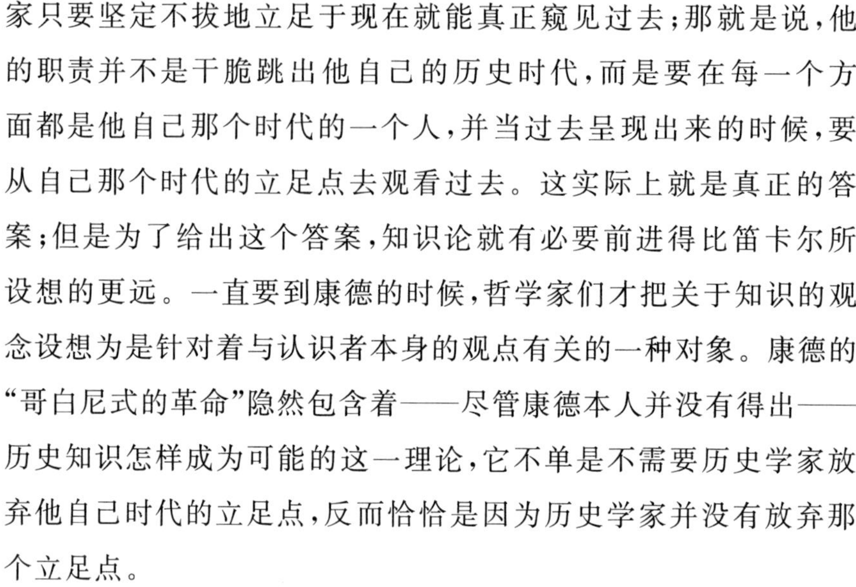

家只要坚定不拔地立足于现在就能真正窥见过去；那就是说，他的职责并不是干脆跳出他自己的历史时代，而是要在每一个方面都是他自己那个时代的一个人，并当过去呈现出来的时候，要从自己那个时代的立足点去观看过去。这实际上就是真正的答案；但是为了给出这个答案，知识论就有必要前进得比笛卡尔所设想的更远。一直要到康德的时候，哲学家们才把关于知识的观念设想为是针对着与认识者本身的观点有关的一种对象。康德的“哥白尼式的革命”隐然包含着——尽管康德本人并没有得出——历史知识怎样成为可能的这一理论，它不单是不需要历史学家放弃他自己时代的立足点，反而恰恰是因为历史学家并没有放弃那个立足点。

(2) 说历史著述所讲的事情是不可能发生过的，就等于说我们现在，除了所得到的那些叙述而外，还有着某种准则是可以借之以判断什么事是可能发生过的。笛卡尔在这里暗示了历史学中真正批判的态度，如果它得到充分发挥的话，就会成为对他自己那种反对意见的一个答案了。

(3) 文艺复兴时期的学者们在复活希腊罗马历史概念的许多要素中，曾经复活了这样一种观念：即历史的价值是一种实用的价值，是要在政治的艺术中和实际生活中教诲人们的。只要人们不能为选择另一种信仰（即它的价值是理论的并且是由真理组成的）找到理论根据的话，这种观念便是不可避免的。笛卡尔拒不接受这种观点是完全正确的；事实上他预感到了黑格尔在其《历史哲学》导言中的话，即历史的实际教训就是从来没有一个人从历史里面学到任何东西；但是他并没有看到，他自己当日的那些历史著作——像是在布坎南[①]和格老秀斯[②]这些人的手中的，还有更多的、刚刚开始的那一代其他人像是在提累蒙特和波兰狄[③]派学者手中的著作那样，——是被一种纯粹追求真理的愿望所驱使的，而他所正在批判的实用概念，到了他写作的时候，已经是死去了。

(4) 在谈到历史的著述夸大了过去的伟大和光辉时，笛卡尔实际上是在发挥一条准则，借以批判那些历史著述，并借以重新发现被那些叙述所隐蔽了的或歪曲了的真理。如果他按这条路线继续走下去的话，他很可能会为历史批判奠定一种方法或一套规则；实际上，这就是下一个世纪之初由维柯所奠定的规则之一。但是笛卡尔并没有认识到这一点，因为他的知识兴趣是如此之确切地朝着数学和物理学定向，以至于当他论述历史学时，他可能把一项面向着历史方法的改进的丰富的建议，误认为证明这类的改进乃是不可能的。

这样，笛卡尔对历史学的态度就变得出奇地含混不清。就他的意向所及而论，他的著述倾向于对历史学的价值抱有怀疑；然而那种价值却是被想到了的，因为他想要指导人们脱离它而走向严格的科学。到了19世纪，科学就独立于哲学之外而走上它自己的路，因为后康德的唯心主义者对它采取了一种日益怀疑的态度；而这个缺口只是到了我们自己这个时代才开始被修复。这种分道扬镳恰好是和17世纪历史学和哲学的分道扬镳互相平行的，这种情况是出于一种平行的原因，即笛卡尔的历史怀疑主义。

① 布坎南(George Buchanan，1506—1582)，英国教会学者。——译者

② 格老秀斯(1583—1645)，荷兰法学家。——译者

③ 波兰狄(Jean Bolland，1596—1665)，比利时耶稣会史学家。——译者

第六节　笛卡尔派的历史编纂学

从事实的观点来看，笛卡尔的怀疑主义一点也没有使得历史学家灰心丧气。倒不如说，他们的所作所为就好像是他们把怀疑主义当作一种挑战，它在请求他们离开并为他们自己研究出自己的方法来；他们使自己感到满意的是批判的历史学是可能的，随后就以他们手中掌握的知识新天地又回到哲学家这里来。在17世纪的下半叶，一个新的历史思想的学派兴起了，尽管在用词上包含着悖论，但是它可以称为笛卡尔派历史编纂学，多少有点像是同一个时期的法国古典戏剧曾被称为笛卡尔派诗歌那样。我称它为笛卡尔派历史编纂学，因为它像笛卡尔派哲学一样，是以系统的怀疑主义和彻底承认批判的原则为基础的。这个新学派的主要思想是，权威著作的验证不经历基于至少是如下三条方法的规则的批判过程，就决不能接受：1. 笛卡尔本人所隐含的规则是，没有任何权威能必然诱导我们去相信，我们所知道的事物是不可能发生过的，2. 另一条规则是，不同的权威必须彼此互相对勘并协调一致，3. 再一条规则是，权威著作必须用非文献的证据加以核定。这样所设想的历史学仍然是以权威著作为基础，或者是培根会称之为记忆的东西；但历史学家正在学习着以一种彻底批判的精神来对待他们的权威著作。

作为这一学派的例子，我已经提到过提累蒙特和波兰狄派。提累蒙特的《罗马皇帝中》是系统地注意到调和不同权威的论述来写罗马史的第一次尝试；波兰狄派是本笃派学者中的一派，他们在

批判的基础上使自己从事重写圣徒们的生平，清除了一切夸大的奇迹成分，而且比直迄当时任何人所曾做过的都更为深入地钻研了资料来源的问题和传说所经历的成长方式。正是由于这个时期，而特别是由于波兰狄派，我们才有了剖析某种传说的这一观念，同时又承认它传到我们手中是经过了媒介的歪曲的，从而就一劳永逸地消除了要么作为是真的而全盘接受它，要么作为是假的而摒弃它这两者之间的老大难题。与此同时，对钱币、铭文、文件以及其他非文献的资料的可能性也在进行细致的研究，用它们来核实和证明历史学作家们的著述和描写。举例来说，正是在这个时期，摩尔庇茨城的约翰·霍尔斯雷①在北安伯兰郡继意大利、法国和德国学者们的榜样之后，做出了第一次在不列颠的罗马铭文的系统收集。

这种运动很少为哲学家们所注意。唯一受到它影响的第一流人物是莱布尼兹，他把历史研究的新方法应用到哲学史上而获得了重大的成果。我们甚至可以把他称为近代这一研究的奠基人。他始终没有详细地论述过它，但是他的著作处处都浸透着古代的和中世纪的哲学思想的知识；而且我们正是有赖于他才把哲学概念当作一种连续不断的历史传统，其中新进展的出现并不是由于提出了全新的革命的思想，而是由于保存和发展了他所称之为 philosophia perennis〔万古的哲学〕的东西，即始终为人们所知道的那些永恒不变的真理。当然，这一概念过分强调了永久性的观

① 摩尔庇茨城的约翰·霍尔斯雷(John Horsley of Morpeth，1685—1732)，英国考古学家。——译者

念，而过分轻视了变化的观念；哲学的真理过多地被设想为是一种不变的储存，是一种外在的而又永恒为人所知的真理的储存，而过少地被设想为是需要靠超越过去之上的思想努力来经常进行再创造的某种东西。但这只不过是以某种方式在说，莱布尼兹的历史概念是典型地属于一个时期的，那时永恒的和变化的这两者间、理性的真实和事实的真实这两者间的关系，还没有清晰地被人想出来。莱布尼兹标志着哲学和历史学两个已经互相异化的领域之间的接近，但还不是二者之间的有效的接触。

尽管莱布尼兹具有这种强烈的历史倾向，而且尽管斯宾诺莎的辉煌著作使他成为圣经考据的奠基人；但笛卡尔学派的总趋势是尖锐地反历史的。而且恰恰是这一事实，导致了笛卡尔主义的整个垮台和丧尽声誉。强大的史学思想的新运动仿佛是在笛卡尔哲学的禁令之下成长起来的，它以其自身的存在而成为对该学派的一场反驳；而且当对它的原则进行一场确切的攻击的时刻到来时，领导那场攻击的人十分自然地就是那些其主要的建设性兴趣是在历史学上面的人。我将叙述一下两次这样的进攻。

第七节　反笛卡尔主义

一　维柯

第一次是维柯的进攻，他是 18 世纪初期在那不勒斯工作的。维柯的研究兴趣有赖于这样一件事实：他首先是一个训练有素而又非常出色的历史学家，他以制定史学方法的原则为己任，正像培根制定了科学方法的原则那样；并且在这一建设性工作的过程中，他发觉自己面临着笛卡尔派的哲学，那是必须与之进行论战而加以反对的某种东西。他并不抨击数学知识的有效性，但是他的确抨击了笛卡尔派的知识论以及它关于没有任何其他知识是可能的这一含义。因此他攻击了笛卡尔派的原则，即真理的标准乃是清晰明白的观念。他指出这实际上只是一种主观的或心理的标准。我认为我的一些观念是清晰而明白的这一事实，仅仅证明我相信它们，而并不证明它们就是真实的。维柯这样说时，实质上是在同意休谟的，即信仰只不过是我们知觉的活跃性而已。维柯说，任何观念，不论它是多么错误，都可以由于它似乎是自明的而使我们相信；最轻而易举的事莫过于相信我们的信念是自明的了，而事实上，它们却是通过诡辩的论证而得出的毫无根据的虚构。这又一次是休谟式的观点。维柯辩论说，我们所需要的是一种原则，借以从不能认识的东西之中区别能认识的东西；——这是一种人类的认识必然有局限的学说。这当然就使维柯和洛克走到一起，洛克的批判经验主义就为向笛卡尔主义发动另一场主要进攻提供了一个起点。

维柯在 verum et factum convertuntur〔真理和事实互相转化〕的学说里发现了这条原则：那就是，能够真正认识任何事物的条件、能够理解它而非仅仅知觉它的条件，乃是由认识者本人所应该做出来的。根据这一原则，大自然只对上帝才是可理解的，但数学则是人类可以理解的，因为数学思想的对象乃是数学家所构造出来的虚构或假说。任何一桩数学思维都由一项认定（fiat）而开始：**设定** ABC 是一个三角形，**设定** AB＝AC。这是因为由于有这一意志行为，数学家就做出了这个三角形，因为它是他的 factum〔事实〕，他便能够对它有真正的知识。这并不是在唯心主义这一名词的通常意义上的“唯心主义”。三角形的存在并不有赖于它之为人所知；认识事物并不是去创造它们；恰恰相反，没有什么事物是能够被认识的，除非它已经被创造了出来，而且某一个已知的头脑是否能够认识它，还要取决于它是如何被创造的。

根据 verum-factum[①]〔真理—事实〕的原则而来的就是，历史格外是人类头脑所创造的东西，所以是特别适于作为人类知识的一种对象。维柯把历史的过程看作是人类由以建立起语言、习俗、法律、政府等等体系的一个过程；也就是，他把历史看作是人类社会和他们的制度的发生和发展的历史。在这里，对于历史学的题材是什么，我们就第一次达到了一个完全近代的观念。这里没有像在中世纪所存在的人的孤立行为以及把它们结合在一起的神的计划这两者之间的对立；而且在另一方面，这里也并没有暗示说，原始人（维柯对他们特别感兴趣）预见到了自己正在开始着的发展将会成为什么样子。历史的计划乃是一幕纯属人类的计划，而并不是以尚未认识到其自身的逐步实现的那种意图的形式而预先存在的。人不是单纯的世界工匠，就像柏拉图的神根据一种理想的模式在塑造世界那样地在塑造人类社会；人像上帝本身一样，是一个真正的创造者，在他自身的历史发展的集体工作之中就实现了形式和质材两者一起存在。人类社会的组织是从无中而生有，而这一组织的每一个细节都因此是一件人类的 factum〔事实〕，对这

① 按，出处“事实”一词系指人自身所创造的事物。——译者

样的人类头脑也是显然可知的。

维柯在这里给了我们他那长期而丰硕的对诸如法律和语言之类事物的历史研究的成果。他发现了这类研究能够给人的知识，正有如笛卡尔所归之于数学和物理学的研究结果的知识是一样地确凿；而且事实上他表达这种知识所产生的方式是在说：历史学家能够在自己的头脑里重行构造出人们在过去所借之以创造这些事物的那个过程，在历史学家的头脑和他所着手要研究的对象二者之间存在着一种预定的和谐；但是这种预定的和谐不同于莱布尼兹的预定的和谐，它不是以一种奇迹为基础的，——它的基础是把历史学家和他正在研究他们的工作的那些人结合在一起的普通人性。

对于历史的这种新态度是深刻地反笛卡尔派的，因为笛卡尔体系的整个结构都是以在历史世界中并不发生的一个问题为其条件，即怀疑主义的问题，或观念和事物之间的关系问题。笛卡尔从当时在法国流行的怀疑观点出发，开始他对自然科学方法的研究；他必须从向他自己保证确实有着像是物质世界这样一种东西的存在而开始。而对历史学来说，就像维柯所设想的那样，这类问题是根本不可能存在的。怀疑的观点乃是不可能的。对维柯来说，历史学并不关心作为过去的那种过去。它所关心的首先是我们生活于其中的那个社会的具体结构，我们和我们周围的人所共享的那些风尚和习俗。为了研究这些，我们无需问它们是否真正存在。这个问题毫无意义。笛卡尔看到火，就问自己是否除了他本人对火的观念而外，也存在着真正的火。对维柯来说，观察他自己当时的意大利的语言这样一种东西，类似的问题是不可能发生的。在有关这样一桩历史实在的观念和实在本身这二者间进行区分，是没有意义的。意大利的语言恰好就是那些使用它的人们所认为它是的那种东西。对历史学家来说，人的观点就是最后的了。上帝怎样在想意大利语言，这是一个他既无需追问、而且他也知道他不能回答的问题。对他来说，探求事物的自身乃是同样地无的放矢而又徒劳无功。笛卡尔本人半心半意地承认这一点，他说[①]在道德问题上，他的规则是接受他所生活于其中的那个国度的法律和制度，而且要按照他发现自己周围所共同接受的最好意见来规定自己的行为；从而他就承认个人不可能为自己 a priori〔先验的〕构造出这些事物，而是必须承认它们是属于他自己生活于其中的那个社会的历史事实。笛卡尔确实是只不过暂时采用了这些观点，并希望着有朝一日他能在形而上学的基础之上建造起他自己的行为体系。但是这个时期却从未到来，并且就这一情况的性质而论，是永远也不可能真地到来的。笛卡尔的希望，只不过是他所主张的 a priori〔先验的〕思辨的可能性那种夸大的观点的一个例子罢了。历史学是一种知识，其中有关观念的问题和有关事实的问题乃是不可区分的；而笛卡尔哲学的全部要点则在于区别这两种类型的问题。

随着维柯的历史概念之作为一种哲学上可证明为正当的知识形式，就出现了一种能够更加广阔发展的历史知识的概念。一旦历史学家回答了一般历史知识如何可能这一问题，他便能够走向解决迄今尚未解决的那些历史问题了。这一点是由于形成了一种

① 《方法论》第三部分。

史学方法的明晰概念和研究出它所服从的规律而做到的。维柯特别感兴趣的是他所称之为远古和朦胧时期的历史，也就是，他感兴趣的是历史知识的扩大；而与此有关，他也就奠定了一些方法的规则。

首先，他主张历史的某些时期具有一种普遍性质，它浸染着每一个细节，并在其他的时期重行出现；因此，两个不同的时期可以具有同样的普遍性质，因而就有可能以类比的方式根据一个时期而论证另一个时期。他列举了希腊历史上的荷马时期和欧洲中世纪二者之间的普遍相似，他以英雄时期这一全称来称呼这两个时期。它们的共同特色乃是诸如此类的事：武士一贵族政体的政府、农业经济、歌谣文学、以个人的勇武和忠心的观念为基础的道德，等等。因此关于荷马时代，要想知道得比荷马所能告诉我们的更多，我们就应当研究中世纪，然后再看我们把我们从那里所学到的东西能应用于早期希腊到什么程度。

其次是，他指明这些相似的时期倾向于以同样的次序重复出现。每一个英雄时期都继之以一个古典时期，这时思想压倒了想象，散文压倒了诗歌，工业压倒了农业，以及以和平为基础的道德压倒了以战争为基础的道德。这种情况继之又转而沦为一种新的野蛮主义，但它是一种与想象的英雄野蛮主义迥然不同的野蛮主义；这是他所称为的反思的野蛮主义，这时思想依然在统治着，但它是一种已经耗尽了它的创造力的思想，是仅仅在建造着以造作和迂腐为特征的毫无意义的结构的思想。维柯有时用以下的方式说明他的周期：首先是，历史的指导原则是兽性的力量；其次是英勇的或英雄的力量；再次是英勇的正义；接着是辉煌的创造力；再接着是建设性的反思；而最后是一场大肆挥霍和奢侈浪费，它毁掉了已往所建设的一切。但是他十分觉察到任何这类的格局都不能太僵硬，以致不容许有无数的例外。

第三，这种周期性的运动并不是历史通过若干固定阶段周而复始的一种单纯的循环，它不是一个圆而是一个螺旋；因为历史决不重演它自身，而是以一种有别于已成为过去的事情的形式而出现于每个新阶段。这样，中世纪基督教的野蛮主义，就显著地由于使它成为基督教思想的表现的一切东西，而有别于荷马时代的异教的野蛮主义。因为历史总是在创造着新事物，所以周期性的规律便不容许我们预示未来，这一点就显出维科之使用它是不同于古老的希腊罗马对历史的严格的圆运动的观念的，（例如见之于柏拉图、波利比乌斯和文艺复兴的历史学家如马基雅维里和康帕内拉[①]的，）并且使得它和如下一条原则相一致，即真正的历史学家是从来不作预言的，关于这条原则的基本重要性我已经提到过了。

维柯随后就列举了历史学家一直都在防范着的某些偏见，就像培根《新工具》里的那些“偶像”那样。他区别了五种这类错误的根源：

一、有关古代辉煌的看法，也就是，偏爱夸大历史学家所研究的那个时期的富庶、威权和伟大等等。维柯在这里所表达的原则，从反面来说就是这样一条原则，那就是使过去的一段历史时期之成为值得研究的，并不是它成就了其自身的内在价值，而是它和历史的总进程的关系。这种偏见是一种很现实的东西；譬如，我发现

① 康帕内拉(1568—1639)，意大利思想家。——译者

对罗马的地区文明感兴趣的那些人，极不情愿相信（像我根据考古学的证据已经证明了的那样）罗马时代的伦敦只有大约1万至15000居民。他们宁愿它有5万至10万居民，因为他们对古代抱着一种宏伟的看法。

二、国家的自负感。每个国家在处理它自己过去的历史时总有一种偏见，喜欢以最偏爱的色彩来渲染它。由英国人为英国人所写的那些英国史，并不详谈英国军事的失败，以及诸如此类的事。

三、学者的自负感。这一点正像维柯所解释的那样，在历史学家方面采取了一种特殊的偏见形式，使得他认为他所思考的那些人也都像他自己一样是些学者和大学生以及一般都有着思辨的智力的人。有学术头脑的人幻想着，他们所感兴趣的人其本身也必然都是学术人士。维柯认为，实际上，历史上最有成绩的人都是些思想上最没有学术头脑的人。历史上的伟大与思辨的智力二者是极少结合在一起的。支配着历史学家自己生活的价值尺度，和支配着他的主要人物的生活的那种价值尺度是大不相同的。

四、史料来源的谬误，或维柯所称为的各国的经院式的继承。这种错误在于认为，当两个国家具有一种类似的观念或制度时，一个国家必定是从另一个国家学来的；而维柯则指出，那基于否定人类头脑的原始创造力，人类头脑能够为自己重新发现那些观念而不必从旁人那里学到它们。维柯提醒历史学家不要犯这种谬误，是十分正确的。事实上，即使确实是一个国家教过另一个国家，如中国教过日本、希腊教过罗马、罗马教过高卢等等，但是就在这里，学者也并不是照例不变地学另一个国家所要教的东西，而只是学它以往的历史发展为它所已经准备好了的那些课程。

五、最后，还有一种偏见是认为，古人对与他们更接近的那些时代要比我们自己知道得更清楚。试举一个不属于维柯的例子，亚勒弗烈大王时代的学者们关于盎格鲁－撒克逊的起源，就要比我们知道的少得多。维柯之提醒要反对这种偏见是非常之重要的，因为当这种偏见从积极方面加以发展时，它就变成了这样一条原则，即历史学家并不有赖于从一种连续不断的传说来取得知识，而是可以用科学方法重新构造出一幅过去时代的图画，那是他并不曾从无论哪一种传说中得来的。这就明确地否认了历史学有赖于培根所称为记忆的东西，或者换句话说，即有赖于权威著作的论述。

维柯并不满足于消极的提醒；他积极地指出了某些方法是历史学家能够借之以超越单纯依赖权威著作的论述的。他这方面的言论对今天的历史学家都是些平淡无奇的东西了，但在他当时它们却是革命性的。

1. 他指出语言学的研究怎样能够启示历史学。字源学可以表明，在一个民族的语言开始形成时，他们过的是什么样的生活。历史学家的目的在于重建他所正在研究的那个民族的精神生活和思想；他们的词汇储存表明了他们的思想储存都是些什么；还有，当他们想要表达一种新思想时，他们比喻式地以一种新的意义来使用一个旧词的那种方式，就表明了在那种新思想出现以前他们的思想储存都是些什么。这样，像 intellegere〔理解〕和 disserere〔讨论〕这样的拉丁字就表明，在罗马人需要有表示理解和讨论的词汇时，他们是怎样从农业词汇里借用了采集和播种的词汇的。

2. 他同样利用了神话学。原始宗教的诸神表现了一种以半诗歌的方式来表达创造出他们来的那个民族的社会结构。因而，在希腊罗马的神话学里，维柯就看到了古人的家庭的、经济的和政治的生活的表现。这些神话乃是一种原始的、有想象力的头脑所采用的方式，来向自己表达一个更富于思辨的头脑会以法律和道德典范所陈述的东西。

3. 他提出一种使用传说的新方法（尽管它那新颖性对我们会显得很奇怪）：办法是并不把它当作逐字逐句都是真实的，而是当作对经过一种媒介而被歪曲了的事实之杂乱无章的回忆，而它们的折射指数我们在一定程度上是可以确定的。所有的传说都是真的，但其中没有一种是意味着它们所说的事情的；为了发现它们意味着什么，我们就必须知道是什么样的人创造了它们，而这样一种人说那样一种事又意味着什么。

4. 为了找出对这种重新解释的关键，我们必须记得人类的思想在一定的发展阶段会倾向于创造出同类的产物来。野蛮人在一切时代和一切地方，心灵上都是野蛮人；借助于研究近代的野蛮人，我们就可以学到古代的野蛮人是什么样子，这样就会发现怎样能解释那些隐蔽着有最遥远古代历史事实的野蛮人的神话和传说。儿童是某种野蛮人，儿童的童话故事也可以在同一个方向上有所帮助。近代的农民是没有思考而有想象的人，他们的思想就启示了原始社会的思想，如此等等。

总起来说，维柯做了两件事。第一，他充分使用了17世纪晚期历史学家在批判方法上所做出的进步，并且把这一进程推向一个更高的阶段；指出了史学思想怎样能够既是建设性的而又是批判性的,割断了它对权威著作的依赖而使它成为真正有创造性的或依赖于其自身的,并能够对数据进行科学分析来恢复那些已经全然被忘记了的真实。第二,他发挥了一些哲学原则,——它们隐含在他的历史著作里,——达到能够对笛卡尔主义的科学的和形而上学的哲学发动反攻的程度,他要求给知识论以一种更广阔的基础并批判了当时流行的哲学信条的狭隘性和抽象性。他确实是走在他时代的前面太远了而没有产生很大的直接影响。要直到两个世代以后,才在18世纪晚期的德国出现了历史研究的繁花盛开,这时德国的思想由于它自身的缘故而达到了非常有似于维柯的地步;只是到了这时候,维柯的工作的特殊功绩才为人所承认。当这种情况出现的时候,德国学者们重新发现了维柯,给他以高度的评价,从而也就证明了他自己的这一学说,即思想并不是由于"扩散"而传播的,像是商品那样,而是靠每一个国家在其自身发展中的任何一定阶段上独立地发现它所需要的东西。

二 洛克、贝克莱和休谟

第二次——而且就其历史影响的所及而言,对笛卡尔主义是远为更加有效的攻击——是洛克学派所发动的攻击,它在休谟的身上达到登峰造极的地步。起初,这一学派的经验主义,尽管对笛卡尔已是有意识的对立,却和历史学思想的问题没有任何自觉的关系。但随着这一学派的发展,逐渐变得明显的是,这一派正在研究出来的那种观点能够用来为历史学服务,哪怕是仅仅在一种消极的意义上,——也就是为了要推翻曾经抹杀历史学在知识的地图上的地位的笛卡尔主义。洛克和贝克莱在他们的哲学著作中并没表示出对历史学思想问题的特别关怀。(尽管洛克描述他自己的方法是“历史的平易的方法”，这表明他并不是没有觉察到自己的反笛卡尔主义和历史研究二者之间的关系。在他的《人类悟性论》引言第二节中，他说他这一观点的意思是指他的目的在于提供一种有关“我们的悟性借以逐步获得我们对事物所具有的观念的那种方式的叙述”。我们对事物的观念就这样被洛克处理为恰恰像是维科在处理风尚和习俗一样；而在这两种情况中，笛卡尔派关于观念和事物之间的关系问题都是作为根本并不发生的问题而被排除在外的。)但是在法国，启蒙运动的人士伏尔泰和百科全书派的兴趣都是确定地朝向历史学的，他们渴望采纳洛克派哲学的心情表明了这派哲学在某方面特别适宜于作为历史学思想的一种武器，首先是用它来防卫，然后是用它反攻笛卡尔的传统。对笛卡尔主义的反叛，事实上是18世纪法国思想的主要的消极特色；它的主要的积极特色首先是它那不断增高的历史的调子，其次是它采纳一种洛克型的哲学；显然可见，这三种特色是彼此互相依赖的。

洛克哲学的要点是很容易列举的。在每种情况中，我认为明显的是，其要点在消极方面是反笛卡尔的，而在积极方面则是对哲学朝着历史学重新定向做出了贡献。

1. 否定天赋观念而坚持知识来自经验，——天赋观念这一概念是一种反历史的概念。如果一切知识都在于使我们的天赋观念显示明白的话，而且如果所有这类观念都作为潜在性而存在于每个人的头脑之中的话；那么在理论上一切可能的知识便都能通过每个人靠其自身不假外力的努力而为自己重新产生出来，于是也就没有共同来建立起知识体的需要了，而这一点却正是历史的特殊工作。如果全部知识是建立在经验上，那么它就是一种历史产物；正如培根所重新论断的[1]，真理乃是时间的女儿；而最好的知识则是最成熟的和最丰富的经验的果实。这样，在洛克的《人类悟性论》第一卷里面，就已经隐含了一种对于知识的历史观点。

2. 否定了有意沟通所谓的观念和事物二者间的鸿沟的任何论证。这种否定所根据的学说是：知识并不涉及与我们的观念截然不同的实在，而只涉及我们的观念自身之间的一致或不一致。——这种学说应用到物理科学上来，显然是悖论，因为在物理科学中，我们似乎把目标放在对不可能被还原为观念的某种东西的知识上；但是在应用到人类制度的历史知识上时，如道德、语言、法律和政治上时，它不但没有悖论，而且正如我们所已经看到的，它乃是观察这些事物的最自然的方式。

3. 否定抽象观念并坚持一切观念都是具体的。——这一点贝克莱指出了是隐含在洛克的思想里的，在把它应用到数学和物理学上面时，它就是悖论；然而它又一次地显然是思考历史的自然方式，在那里，知识不是由抽象的概括而是由具体的观念所组成的。

4. 人类知识的概念尽管必然缺乏绝对的真理和确实性，却能够达到（用洛克的话来说）我们的情况所需要那种确实性；或者（像休谟所说的）理性是不能驱散怀疑的乌云的，但是大自然本身（我

---

[1] 《新工具》第一卷，第 84 节，引 Aulus Gellius，Noctes Atticae〔《亚底迦之夜》〕xii，11。

们的人性)却足以达到那个目的,并在我们的实际生活中给我们以一种绝对的必要性来像其他人一样地生活、言谈和行动。这对笛卡尔派对数学和物理学问题的意图,是一种冷淡的安慰,但它对历史知识却是一种坚固的基础;那恰恰与洛克所称之为我们的条件的那种东西,即人事的实际状态,或者说人们在其中生活、言谈和行动的方式,是联系在一起的。

这时英国学派正朝着历史学的方向在给哲学重新定向,虽然大体上说,它并没有清楚地觉察到自己正在这样做。然而,休谟对这种形势却不像他的前人那样盲目。就他那样坚定而深邃的一个思想家而言,事实上他在大约35岁左右就抛弃了哲学研究而情愿进行历史研究;这就必然具有某种意义。如果我们从他后期的兴趣的角度检阅一下他的哲学著述,来探求他与历史学的联系,我们就发现有少数一些这类的联系;虽不是很多,但足以表明历史已经引起了他的兴趣,而且他是以哲学的态度在思索历史的,并且他出奇地信任他自己的哲学理论有力量解释它们所引起的问题。

在这些意见之中,我将考虑两点。首先,我们发现休谟把他的哲学原则应用于历史知识,而这些历史知识是以17世纪晚期的学者们所得出的那些方法的精神来构思的:

> 我们相信恺撒是3月15日被杀害于元老院的;而我们相信是因为这一事实是根据历史学家全体一致的证词而确立的,他们一致同意对该事件确定这一精确的时间和地点。这里有某些符号和文字呈现于我们的记忆或感官之中,那些符号我们也同样记得曾经作为某些观念的标志而使用过;那些观念或者是存在于对那次行动直接在场的人的头脑里,他们

> 从它的存在而直接接受了这些观念；或者它们是得自其他的证词，而那些证词又得自另外的证词，通过显然可见的层层辗转，直到我们最后达到真正是该事件的目击者和旁观者为止。显然，全部这一串的论证或因果关系，最初是建立在这些被看到的或被记忆的符号或文字之上的；而没有记忆或感官的权威，我们的全部的推理就会成为幻想的和毫无根据的。①

在这里，历史学家的数据是通过直接的知觉而得到的，它们就是休谟所称为印象的东西；他确实是看见了某些文件在他面前。问题是，为什么那些印象使他相信恺撒是被杀害于某个确定的时间和地点的呢？休谟的答案是很容易的：那些可见的符号和某些观念的联结是一桩由我们的记忆所验证了的事实，这种联结是经常的，所以我们就相信最初把那些话写在纸上的人所指的，也就是我们自己所应该理解的东西；于是，我们便相信（假定他们有真实性），他们是相信他们所说的一切的，也就是他们确实是看到了恺撒是在那个时间、那个地点死掉的。对18世纪初的一个历史学家所呈现的那种历史学问题，这是一种十分令人满意的解决；如果他已经表明历史知识乃是以证据为基础的合理信念的一个体系，他就能够心满意足了。但是如果哲学家能够像休谟那样继续指明，任何其他一种知识也都不过是合理信念的一个体系，那么要求历史学在知识的画面上占一席地位也就有了证据。

其次，休谟十分觉察到他当时的哲学思想已经对历史知识的有效性抱有怀疑，于是他就另辟蹊径来反驳那种陈腐的论证，特别

① 《人性论》第一卷，第三编，第四节。

是因为那种论证可能宣称(他以为是不公正的)得到他自己的原则的支持:

> 这一点是显然的:对古代史的任何一点,我们都没有任何把握,除非是经历过千百万次因果和经历过一大串长得几乎无法估计的论证过程。在有关事实的知识得以达到第一个历史学家手中之前,它必定要经过百口相传;在它被付之于写作之后,每一种新本子就都是一种新东西,它和此前的联系只是通过经验和观察而为人所知。因此根据先例来推理,或许可以得出这样的结论:随着各种原因的那条链条的加长而且长度越来越大,全部古代史的证据现在必定是都遗失了。

休谟进而论证说,这是违反常识的:古代史的证据并不会这样随着单纯的长度而毁灭。解决的办法是:

> 虽然环节是数不清的,……但它们都属于同一类,并且有赖于印刷者和抄写者的忠实性,……这在步骤上并没有什么变化。我们知道了一个,我们便知道了所有其他的;我们做出了一个之后,我们就对其余的毫不犹豫。[①]

于是,我们就看到早在他二十几岁写《人性论》时,休谟就已经思考史学思想的问题,已经认定了笛卡尔派对它的反对是无效的,并且已经达到了一个哲学体系,这个体系他以为是驳斥了那些反对意见,并把历史学置于一个和任何其他科学至少是同样坚实的立足点之上的。我不想走得太远,乃至把他的全部哲学都称为对历史学思想的一种深思熟虑的辩护,但是毫无疑问那是它隐然所

① 《人性论》第一卷,第三编,第四节,第十三章。

做的事情之一。在我看来，当他完成了他的哲学著作并问他自己在其中都完成了什么成绩时；他很可以有理由说，无论如何，成绩之一是证明了历史学是一种合法的而有效的知识，事实上比大多数其他知识都更合法，因为它的允诺并不多于它所能做到的，而且它不依赖任何可疑的形而上学的假说。在他所陷入的那种普遍的怀疑主义中。受损害最严重的几门科学乃是其论断最教条、最绝对的那几门。他那哲学批判的旋风把一切思想都摆平在自然的而又合理的信念之上，并使历史学的机体得以完整无缺地作为唯一能够满足那种条件的思想类型。然而，休谟始终没有意识到他的哲学对历史学的那种充分的冲击力，而且作为一位历史作家，他的地位和启蒙运动那些人并列，他像他们一样被一种实质主义的人性观阻拦在科学历史学的门外，这种人性观实际上确实是与他的哲学原则十分不协调的。

第八节　启蒙运动

休谟在他的历史著作里和稍长于他的同时代人伏尔泰，都站在史学思想的一个新学派的前列。他们的著作以及他们的追随者的著作，可以界定为启蒙运动的历史编纂学。启蒙运动，即Aufklärung〔启蒙运动〕，是指18世纪初所特有的那种企图，亦即要使人类生活和思想的每一个部门都世俗化。它不单是对有组织的宗教权力、而且也是对宗教本身的一种反抗。伏尔泰把自己看作是反基督教运动的领袖，在Écrasez L'infâme〔砸烂不名誉〕的口号之下战斗，在这里，L'infâme〔不名誉〕即指迷信，宗教被认为是人类生活中一切落后的和野蛮的东西的一种职能。这一运动所依据的哲学理论是，某些精神活动的形式是原始的形式，注定了要在精神达到成熟期就会灭亡的。根据维柯的意见，诗歌是野蛮人的或儿童的精神表现它自己的自然形式；他认为，最崇高的诗歌乃是野蛮的或英雄时代的诗歌，即荷马的或但丁的诗歌。随着人类在发展，理智便压倒了想象和激情，于是诗歌就被散文所代替。介乎以诗歌的或纯想象的方式向自己表现自己的经验和以散文的或纯理性的表现方式这两者之间，维柯列入了一个第三种，即神话的或半想象的表现方式。这是发展的阶段，它把宗教性的解释加之于全部的经验。因此，维柯认为艺术、宗教和哲学是人类的精神向自己表现的或概括自己全部经验的三种不同的方式。它们不能和平地在一起生存；它们彼此之间的关系乃是一种以一定的次序辩证地相继承的关系。由此可见，对生活的宗教态度是注定了要被一种理智的或哲学的态度取而代之的。

无论是伏尔泰还是休谟，都没有有意识地概括过这样的理论。但假如这样一种理论曾提起过他们的注意，他们是会接受它的，并把他们自己和他们的同事们等同于实际上是在结束人类史上的宗教时代并开创一个非宗教的理性时代的活动。然而实际上，他们对宗教的论战态度却是太激烈而又太片面了，而不能从人类历史上任何具有它那种地位的这类理论得到支持。在他们看来，它是一种没有任何积极价值的东西，它纯属谬误，出自被称作是教士的这类人的肆无忌惮和老谋深算的虚伪；他们似乎认为这些人发明出它来，是用来作为一种支配人民群众的工具。像是宗教、教士、中世纪、野蛮主义这些名词对于这些人，并不像对维柯那样是具有一种确定的科学意义的历史学的或哲学的或社会学的名词，而只不过是谩骂的名词而已；它们具有一种感情的、而不是一种概念的意义。像“宗教”或“野蛮主义”等词一旦具有了一种概念的意义，以这种名称所进行的事情便必须看作是人类历史上具有积极作用的某种东西，因而也就不是一桩单纯的坏事或错误，而是在它自己固有的地位上具有其自身固有的价值的一种东西。对人类历史的真正历史观点，是把人类历史中的每一桩事物都看作具有其本身的 raison d'être〔存在的理由〕，而且它的产生是为了以他们的精神共同创造出它来的那些人的需要而服务的。把历史的任何一个阶段都看作是全然非理性的，就不是作为一个历史学家在观察它，而是作为一个政论家、一个为当代写小册子的论战作家在观察它了。因而，启蒙运动的历史观便不是真正历史的；在它的主要动机上，它是论战性的和反历史的。

因为这个缘故，像伏尔泰和休谟这样的作家们，对改进历史学研究的方法所做的是微不足道的。他们接收了前一代像马比雍[①]、提累蒙特和波兰狄派这些人所设计出来的方法，而且就连这些方法他们也并未以真正的学术精神加以使用。他们不是为着历史本身而对历史充分感到兴趣，以便坚持重建荒昧和遥远时代的历史这一工作。伏尔泰公开宣称，早于15世纪末以前的事件都是不可能得到可靠依据的历史知识的；直到他写到那同一个时期（即都铎王朝的时代）为止，休谟的《英国史》是一部轻率的和草草勾绘的著作。这种把兴趣限于近代的真正原因，乃是他们以其对理性

① 马比雍（1652—1707），法国历史学家。——译者

的狭隘概念，对于从他们的观点看来这一切都是人类历史上非理性时代的东西没有同情，因此也就没有对它们的洞见。只是历史到了开始成为有似于他们自己的那样一种近代精神的、即一种科学精神的历史时刻，他们才开始对历史感兴趣。用经济术语来说，这就指近代工业和商业的精神。用政治的术语来说，它就指开明专制的精神。对于由一个民族的精神在其历史发展中所创造出来的制度，他们毫无概念，他们把制度设想为是有才能的思想家所设计的创造发明并把它们强加给人民群众的。他们把宗教看作是出自教士的手腕这一观念，仅仅是这同一个原则（即他们所理解的唯一原则）在它所并不适用的地方应用于历史的一个阶段而已。

启蒙运动在其较狭隘的意义上作为一种本质上是论战性的和否定性的运动、一场反宗教的十字军，从未上升到比它的起源更高，而伏尔泰则始终是它最好的和最有特色的表现。但是它向各个不同的方向发展，而并未丧失它本来的特性。既然它所根据的观念是，人生主要地是并且一直都是一桩盲目的、非理性的事业，却又有可能被转变为理性的东西；所以它在其自身之中就含有两种直接发展的萌芽：一种是回顾性的或者更严格地说是历史性的发展，这种发展会把过去的历史展示为一幕非理性力量的戏剧；一种是前瞻式的或者说更实际的或政治性的发展，在预示着并且企求着实现一个千年福王国，那时将会确立理性的统治。

(a) 作为第一种倾向的例子，我们可以引征孟德斯鸠和吉本。孟德斯鸠的功绩是了解到不同的国家和不同的文化之间的差异，但是他误解了这些差异的本质上的特性。他不是引用人类的理性来解说他们的历史，而是认为那是由于气候和地理方面的差异所致。换句话说，人类被看作是自然的一部分，而对历史事件的解释则要求之于自然世界的事实。历史这样加以设想后，就会成为一部人类的自然史或人类学，制度在这里就不是作为人类理性在其发展进程中的自由创造，而是作为自然原因的必然结果。孟德斯鸠事实上是把人类生活设想为地理和气候条件的反映，和植物的生活并无不同；而这一点就蕴涵着历史的变化只简单地是一些不同的方式，而那唯一不变的东西，即人性，就以这些不同的方式在对不同的刺激做出反应。这种对人性和人类行为的错误概念，乃是任何一种理论的真正瑕疵，它（像孟德斯鸠的那种）是企图引用地理的事实来解释一种文化的特征。可以肯定，任何一种文化和它的自然环境之间都存在着一种密切的关系；但是决定它的性质的东西并不是那种环境本身的事实，而是人能够从其中取得什么东西；而这一点又取决于他是什么样的人。作为一个历史学家，孟德斯鸠是极端非批判性的；但是他坚持人与其环境的关系（尽管他误解了那种关系的性质）以及他坚持经济因素，——在他的见解里，经济因素奠定了政治制度，——不仅就其本身而言是重要的，而且对未来历史学思想的发展也是重要的。

吉本是一位典型的启蒙运动的历史学家，他同意这一切到了这种地步，竟至于把历史设想为除了不是人类智慧的展示而外，它可以是任何东西；但是吉本并不在自然规律中去寻找它的积极原理，而那对于孟德斯鸠则仿佛竟代替了人的智慧并为人创造了人所不能为他自身创造出来的社会组织似的。反之，吉本在人类的非理性本身之中发现了历史的动力，而且他的叙述就显示出他所称之为野蛮主义和宗教的胜利的东西。但是为了有可能出现这样一场胜利，就必须首先有某种东西是能被这种非理性所战胜的；于是吉本就把他的叙述的开端置诸于一个黄金时代，那时候人类的理性在统治着一个幸福的世界，即安托尼时期①。这种有关往昔黄金时代的概念，赋予吉本在启蒙运动的历史学家中以一种颇为特殊的地位，一方面使他同化于他的前辈，即文艺复兴时期的人文主义者，而另一方面又使他同化于他的后继者，即十八世纪结束时的浪漫主义者。

(b) 在启蒙运动前瞻的那方面，这种黄金时代就被设想为处于不远的未来，它可以以孔多赛②为代表，他的《人类精神进步史表纲要》写于法国大革命期间，当时他正在狱中等待着被处决；这部书展望着一个乌托邦式的未来，在那里暴君们和他们的奴隶们、教士们以及他们的受骗者都会消失，而享受着生命、自由和追求幸福的人们则将会按理性行事。

根据所举的这些例子，显然可见启蒙运动的历史编纂学是启示性的而且达到了一种极端的程度；确实正如"启蒙"③这个名词本身所提示的那样，对这些作者来说，历史的中心点乃是近代科学精神的旭日东升。在那以前，一切都是迷信和黑暗、谬误和欺骗。对于这些东西是不可能有历史的，不仅仅因为它们不值得进行历史研究，而且因为在其中没有理性的或必然的发展；它们的故事乃是一个痴人所讲的童话，充满着叫喊和狂乱，毫无意义可言。

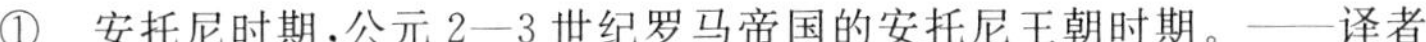

① 安托尼时期，公元2—3世纪罗马帝国的安托尼王朝时期。——译者

② 孔多赛(M，1743—1794)，法国思想家。——译者

③ 原文为 enlightenment，指照亮或启明。——译者

因此在这一关键的情况，即在近代科学精神的起源上，这些作家就不可能具有关于历史的起源或过程的概念。纯粹理性不可能从纯粹非理性之中出现。不可能有从这一个导向另一个的发展。科学精神的旭日东升，从启蒙运动的观点看来，纯粹是一场奇迹，是在以往事件的过程中毫无准备的，也不是适宜于得出这样一种结果来的任何原因所造成的。他们之无力从历史上解释或阐明被他们看作是历史上最重要的事件的那种东西，当然就是一种象征；它意味着他们总的说来并没有有关历史因果关系之令人满意的学说，他们也不能认真相信任何事物的起源和产生。因而在整个他们的历史著述中，他们关于各种原因的叙述都肤浅到了荒谬的程度。例如，就是这些历史学家们发明了这种荒诞的观念，认为欧洲的文艺复兴乃是由于君士坦丁堡的陷落和学者们随之被驱逐而另觅新居；而这种态度的一个典型表现则是帕斯卡尔的名言，假如克利奥巴特拉①的鼻子生得长了一点的话，整个的世界历史就会不同了；——这是历史学方法的典型破产，它对真正的解释感到绝望，就默认用一些最细小的原因来解释最巨大的结果。这种无力发现真正的历史原因，无疑地是和休谟派的因果关系的理论相联系着的，依照这种理论，我们永远不可能觉察到任何两桩事件之间的任何联系。

或许描述启蒙运动的历史编纂学的最好的简捷方式就是这样说：它接收了17世纪晚期教会的历史学家所设计出来的历史研究

① 克利奥巴特拉(Cleopatra，公元前69—前30)，埃及女王，以美貌著称，与罗马大将安东尼结婚。——译者

的概念，而又把它转过来反对它的作者，是以一种有意的反教会的精神而不是以一种有意的教会精神在运用它。他们并没有企图把历史学提到高出于宣传的水平之上；相反地，它的那个方面倒是被加强了，因为拥护理性的十字军运动仍然是一场圣战；而且当孟德斯鸠说到①伏尔泰在精神上是一个专为教士而写作的修道院历史学家时，孟德斯鸠正好击中了要害。同时，这一时期的历史学家又确乎是做出了某些确切的进步。尽管他们是不宽容的和不理智的，他们却正在为宽容而战斗。尽管他们不能欣赏群众精神的创造力，他们却是从这个主题的观点而不是从政府的观点在写作的，因此他们就把艺术和科学、工业、贸易和一般的文化的历史带到了一个崭新的显赫地位。虽然他们在对原因的探索上是浮浅的，他们至少确实是在探索原因，这样就隐然把历史设想为（不管休谟如何）一个过程，在这一过程中一桩事件必然导致下一桩事件。这样，在他们自己的思想中就有一股潜移默化的力量在发挥作用，它倾向于打倒他们自己的教条，并超越他们自己的局限性。在他们著作的表面之下深深含有一种历史过程的概念，它之作为一个不断发展的过程既不是由于开明专制君主的意志，也不是由于一个超越的上帝的硬性计划，而是由于其自身的必然性，即一种内在的必然性；而非理性本身在其中，则只不过是理性的一种伪装的形式罢了。

① “伏尔泰……就像是教士，他并不是为他们所处理的题材而写作，而是为他们教派的光荣而写作。伏尔泰是为他的教堂而写作的”。（见《全集》《思想篇》第二卷，巴黎，1866，第427页）

第九节　人性的科学

在本编第一节里，我指出休谟对精神实体的攻击乃是科学历史学的哲学先驱，因为它摧毁了希腊罗马思想中实质主义的最后残余。在第八节中我表明洛克及其追随者是怎样把哲学朝着历史学重行定向的，尽管对于这一点他们并不全然自觉。由于收获哲学革命的丰硕成果而阻碍了18世纪的历史学之成为科学的，乃是启蒙运动探索人性科学时所隐含着的一种未为人所注意的实质主义的残遗。正如古代历史学家们把罗马人的性格设想为（举个例来说）一种从来未曾真正成为现实存在的东西，但又是一种始终存在着的、而且始终是同一个东西；同样地，18世纪的历史学家们（他们认为一切真实的历史都是人类的历史）就假定，人性自从世界创造以来就一直存在着，恰好就像它存在于他们自己身上的那样。人性被实质主义地设想为某种稳定的和永久的东西，是一种在历史变化和一切人类活动进程之下的不变的底层。历史从来不重演其自身，但人性却始终是永恒不变的。

这种假设，正如我们已经看到的，出现在孟德斯鸠的思想里，但它也隐藏在18世纪的一切哲学著作的背后，且不提更早的时期的。笛卡尔派的内在观念，乃是人的心灵所天然具有的、随时随地莫不皆然的思想方式。洛克派的人类的悟性，乃是被假定为到处全都同样的某种东西，尽管在儿童、白痴和野蛮人的身上发展得不完善。康德派的心灵，作为直觉就是空间和时间的来源，作为悟性就是范畴的来源，而作为理性则是上帝、自由和不朽的观念的来源；康德的心灵乃是一种纯粹的人类心灵，但康德毫无疑问地假定它是现在存在着的或者一直都存在着的唯一的一种人类心灵。即使是像休谟那样怀疑主义的一位思想家，正像我已提示过的，也接受了这一假设，在他的《人性论》的引言里，他解释他著作的计划说，“所有的科学都或多或少和人性有着一种关系，而且其中任何一门不管看上去似乎离开人性多么遥远，它仍然会通过这条或那条路径走回去。甚至于数学、自然哲学以及自然宗教”，（即笛卡尔派的三种科学：数学、物理学和形而上学，）“都在某种程度上是依赖于人的科学，因为它们处于人的认知范围之内，而且是由他们的能力和才智来加以判断的”。因此，“人的科学”，——即研究“我们推理能力的原则和作用”，“我们的赏鉴和情操”，以及“结合在社会之中的人”的科学，——就是“所有其他各门科学的唯一坚实的基础”。

在所有这一切里，休谟从未表示过丝毫怀疑，他在他的哲学著作中所分析的人性乃是18世纪初西欧人的人性，而那种同样的工作如果是在大为不同的时间或地点进行的话，就可能会产生大为不同的结果。他总是假定，**我们**的推理能力、**我们**的鉴赏和情操以及诸如此类，都是全然一致的和不变的东西，是一切历史变化的基础和条件。正像我已经提示过的，他对精神实质的观念的攻击，假如成功的话，就会摧毁这种把人性当作是某种坚实、永久和一致的东西的概念了；但它一点也没有这样做，因为休谟以通过各种特殊的方式而把各种观念联合在一起的经常倾向这一观念取代了精神实质这一观念，而且这些联合的规律正像任何实质一样乃是一致的和不变的。

休谟之取消精神的实质等于是奠定了这一原则，即我们必须永远不把精神是什么和它做什么分割开来，而且因此之故心灵的性质就只不过是它所用以思想和行动的方式而已。心灵实质的概念就这样被溶解成为心灵过程的概念。但是这一点本身却不需要有对心灵的一种历史概念，因为所有的过程都不是历史的过程。一个过程只有在它创造它自己的规律时，才是历史的；而按照休谟的心灵理论，心灵过程的规律从其一开始就是现成的和不变的。他并不认为心灵是随着它的活动过程的发展在学习着、以新的方式在思想和行动着。他肯定认为他的有关人性的新科学如果大功告成，就会导致艺术和科学更前进一步；但那却并不是由于改变着人性本身，——这一点，他从未提示过是可能的，——而仅仅是由于改进着我们对它的理解。

在哲学上，这一概念是自相矛盾的。假如我们逐渐理解得更多的东西，乃是我们自身之外的东西，譬如说是物质的化学性质；那么我们改进对它的理解，就一点都不会改进这种东西的本身。另一方面，如果我们更好地加以理解的乃是我们自身的理解力，那么**那门**科学中的改进便不单是在其主体方面、而且也是在其客体方面的一种改进了。由于对人类理解力思考得更真确，我们便不断在改进我们自己的理解力。因此，人性科学的历史发展，就需要人性本身之中的一种历史发展。

这一点不曾见之于 18 世纪的哲学家们中间，因为他们把他们对心灵科学的规划奠定在与已经建立的各种自然科学的类比之上，而未能注意到这两种事例之间缺少完全的平行状态。像培根这些人曾经指出，改进了的自然知识会赋予我们改进了的力量去克服自然，这种说法是十分真确的。例如煤焦油，它的化学性质一旦被理解，便不再是垃圾而变成了颜料、树脂和其他产品的原料，但是做出了这些化学发现的事实并未以任何方式改变煤焦油或其副产品的性质。大自然始终摆在那里，而且无论我们理解它或不理解它，它都是同样的。用贝克莱的语言来说，使大自然之成其为大自然的乃是上帝的思想，而不是我们的思想；在逐渐认识自然之中，我们并不是在创造任何新事物，我们只不过是为我们自己而重行在思想上帝的思想而已。18 世纪的哲学家们认为，恰好是那些同样的原则之应用于对我们自己心灵的知识上面时，他们便称之为人性，以便表示他们对人性与确切地所谓自然[①]这二者间的相似性的概念。他们认为人性是始终摆在那里的某种东西，不管一个人对它认识得多么多或多么少，就恰好像大自然是始终摆在那里一样。毫无疑问，他们是假定了一个错误的原则，它可以纳入到一项比例计算的形式里，即，对自然的认识：自然＝对心灵的认识：心灵。这一假定就以两种方式致命地歪曲了他们的历史概念。

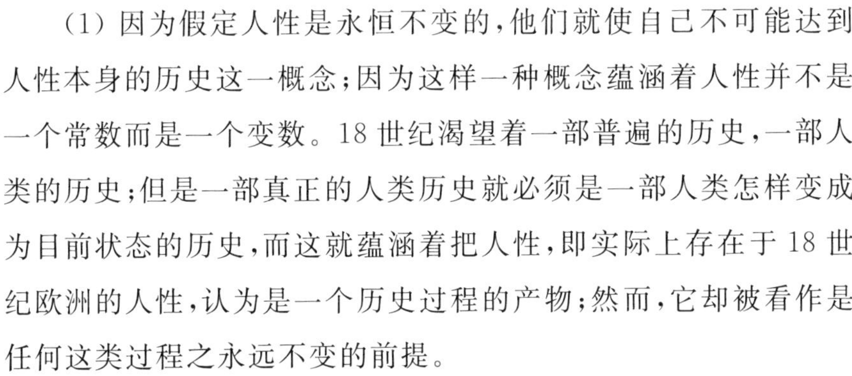

(1) 因为假定人性是永恒不变的，他们就使自己不可能达到人性本身的历史这一概念；因为这样一种概念蕴涵着人性并不是一个常数而是一个变数。18 世纪渴望着一部普遍的历史，一部人类的历史；但是一部真正的人类历史就必须是一部人类怎样变成为目前状态的历史，而这就蕴涵着把人性，即实际上存在于 18 世纪欧洲的人性，认为是一个历史过程的产物；然而，它却被看作是任何这类过程之永远不变的前提。

① 按此处“人性”之“性”与“自然”两词在原文中均为 nature。——译者

（2）这同一种错误给了他们一种不仅是对过去而且也是对未来的谬误见解，因为它使他们期望着一个乌托邦，在那里人类生活中一切问题都应该得到解决。因为如果人性当我们逐渐更多地理解它时，其本身并不经历任何改变，那么我们对它所做出的每一个新发现就会解决现在由于我们的无知而在困恼着我们的问题，而且还不会再制造出新的问题来。因此我们有关人性知识的进步，便将逐步解除我们那些现在使得我们在它们之下历尽艰苦的难题；并且人类的生活就会因而变得愈来愈美好，愈来愈幸福。而且如果人性科学的进步扩大到发现了支配着它的表现的基本规律，——这一点，那个时代的思想家们根据对 17 世纪的科学家们曾经发现了物理学的基本定律的那种方式进行类比，认为是十分可能的，——那么就会达到千年福王国。这样，18 世纪的进步概念就建立在对自然的知识和对心灵的知识二者间的同一个错误的类比之上。事实却是，如果人类的心灵逐渐理解其本身更多，它就会由此而逐渐以不同的新方式而活动。一种获得了 18 世纪的思想家们所追求的那种自我认识的目标的人们，就会以各种迄今为人所不知的方式而行动，而这些新的行动方式就会产生新的道德的、社会的以及政治的问题，但千年福王国却始终会像以往一样地遥远。

第三编　科学历史学的滥觞

第一节　浪漫主义

在历史学思想能做出更进一步的任何进展之前，有两件事是必要的：首先，历史学的视野必须放得开阔，以一种更同情的态度去研究被启蒙运动看作是未启蒙的或野蛮的并听任其默默无闻的那些过去的时代；第二，人性作为某种一致的和不变的东西这一概念，必须加以抨击。正是赫德尔首先在这两个方面做出了实质性的进步，但是就前一方面而言，他得力于卢梭的著作。

卢梭是启蒙运动的产儿，但是通过他对启蒙运动原则的重新解释，他却变成了浪漫主义运动之父。他认识到，统治者除了其人民自身所准备接受的东西而外，是不可能给他的人民以任何东西的；因而他论证说，伏尔泰概念中的开明专制的君主是软弱无力的，除非是有一种已经启蒙了的人民。对于专制君主的这一观念，——即强加给消极的人民以专制君主认为对他们是有好处的东西，——卢梭代之以人民自身方面的公意这一观念，亦即作为一个整体的人民去追求他们作为一个整体的利益的那种意志。

在实际的政治领域，这就包含着一种乐观主义或乌托邦主义，这和孔多赛那些人的差别不大，尽管它们的依据各不相同：启蒙运动把自己对乌托邦的期待建立在能有一个开明的统治者这一希望上，而浪漫主义者则把他们的期待建立在靠普及教育的方法而能有一种启蒙了的人民这一希望上。但是在历史学的领域，结果却大为不同，而且确实是革命性的。像卢梭所设想的那种公意，尽管它可以或多或少也要被启蒙，却始终是存在着并一直在发挥着作用的。与启蒙运动理论中的理性不同，它并不是到了较近的时期才在世界上出现的。因此，卢梭据之以解释历史的那个原则就是这样一个原则，即它不仅仅能够适用于文明世界的近期历史，而且也能够适用于一切民族和一切时代的历史。那些野蛮和迷信的时代，至少在原则上，就变成了可以理解的；同时也就有了可能来观看人类历史的整体，如果不是作为人类理性的历史的话，至少也是作为人类意志的历史。

再有，卢梭的教育概念依据的是这样一种学说，即儿童尽管可以没有得到发展，却有他自己的生命，有他自己的理性和概念；而教师则一定要了解和同情这种生活，以尊重的态度对待它，并以一种对其本身是适当的而又自然的方式帮助它发展。这种概念应用到历史学上就意味着，历史学家一定永远不要做启蒙运动历史学家所经常做着的事，那就是以鄙视和厌恶的态度去看待以往的时代；历史学家必须以同情的态度看待它们，并在其中发现真正的而又可贵的人类成就的表现。卢梭是如此之陶醉于这种观念，乃至（在他的《论科学与艺术》中）肯定了原始的野蛮状态要优越于文明的生活；但是那种夸张的说法，他后来又撤销了①。它那被浪漫主

① 例如在《社会契约论》第一卷第八章中所蕴涵的。

义学派保存下来作为一份永久财产的唯一部分，乃是这一习惯，即反观原始时代作为是代表着具有其自身价值的一种社会形式，具有一种已被文明的发展所丧失了的价值。例如，当我们以休谟所表现的那种对中世纪完全缺乏任何同情和在斯各特①爵士的著作里所看到的对中世纪的那种强烈的同情相比较时，我们就可以看出浪漫主义的这种倾向是怎样地丰富了它的历史观。

在它思想的这一方面，浪漫主义代表着一种新倾向，要在和它自己大为不同的各种文明中看出一种积极的价值和趣味来。这一点，就其本身说，可能发展成为一种毫无裨益的怀古之情，例如，一种要使中世纪复辟的愿望；但是实际上那种发展却被浪漫主义中所出现的另一种概念所制止了，那就是一种进步的历史观、一种人类理性的发展或人类教育的历史观。根据这种概念，过去的历史阶段必然导致现在的阶段；一定的文明形式只能存在于时间对它已告成熟的时候，而且正因为这些是它存在的条件，它才具有它的价值；因此，如果我们能够使中世纪复辟的话，我们就唯有回到导致了目前阶段的那个过程的某一阶段去，于是这一过程就会一如既往地进行下去。因而，浪漫主义者们是以双重的方式在设想像中世纪那样一种过去的历史阶段的价值的：部分地是其本身具有永久价值的某种东西，作为人类精神的一种独一无二的成就；而部分地又是在导致了那些具有更大价值的事物的那一发展过程之中而出现的。

这样，浪漫主义者就倾向于以一种类似人文主义者对于希腊

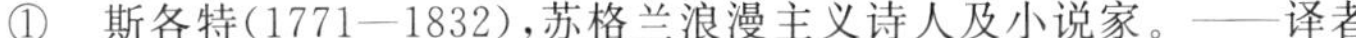

① 斯各特(1771—1832)，苏格兰浪漫主义诗人及小说家。——译者

罗马的古代所感受的那种羡慕和同情在观看过去本身；但是，尽管有这种相似之处，差别还是很大的。[①] 这一差别在原则上是，人文学者鄙视过去本身，但是却把某些过去的事实——可以这样说——看作是由于它们自己的内在的优越性而从时间-历程之中提炼出来的，这样就变成了古典作品或者被模仿的永恒模式；而浪漫主义作家则羡慕和同情这些或另一些过去的成就，因为他们在其中认出了他们自己过去的精神，那对他们是宝贵的，因为那是他们自己的。

这种浪漫主义者对于过去的同情，——可以（比如说）以帕尔西主教[②]及其所收藏的中世纪英国民谣文学为例，——并未掩饰把过去同现在分割开来的那条鸿沟，而且实际上还假定了那条鸿沟存在，同时有意识地坚持今天的生活同过去的生活两者间的巨大的歧异。因而，启蒙运动仅仅关怀着现在和最近的过去的倾向就被它抵消了，于是人们就被引向认为过去全部都是值得研究的而且是一个整体。历史学思想的范围大为开阔了，于是历史学家就开始把人类的全部历史认为是从野蛮状态开始而以一个完全理

① 由于这个缘故，就瓦尔特·佩德（1839—1894，英国作家——译者）方面来说，在他有关文艺复兴的著作里包括了有论温克尔曼（1717—1768，德国考古学家——译者）的一章，就是一大错误了。温克尔曼对希腊艺术的研究和文艺复兴学者的研究毫无相似之处。他设想出一种深邃的创造性的观念，即有着一种艺术史存在的这一观念，这决不能和艺术家们的传记混为一谈：它是艺术自身的历史，通过前后相继的艺术家们的作品在不断发展着，而他们却对任何这样的发展都没有有意识的察觉。就这种概念来说，艺术家仅只是艺术发展中某一特殊阶段的一种无意识的工具而已。类似的观念后来也被黑格尔和其他一些人应用到政治的、哲学的以及人类精神的其他成就的历史上。

② 帕尔西主教（1729—1811），英国文学家。——译者

性的和文明的社会告终的一场单一的发展过程。

第二节 赫德尔

第一次以这种新态度对待过去(而且在某些方式上还是最重要)的表现,乃是赫德尔所写的《人类历史哲学的观念》,四卷本,出版于1784—1791年。赫德尔把人类生命看作是与其在自然世界中的背景密切相联系着的。他所设想的这个世界的普遍性质,是一个有机体的性质,这个有机体被设计成要在其自身之内发展出更高的有机体来。物理的宇宙乃是一个母体,在其中的一个特别的优待区(根据这一观点可以把它看成是母体的中心)结晶出来了一种特殊的结构,即太阳系。这个太阳系又是一个母体,在其中,它自己的特殊条件就产生了地球。地球就我们所知,是行星中特别适宜于生命的一个舞台,而且在那种意义上就成为了演化中的下一阶段的场所,也就是太阳系的中心。在地球的物质结构里出现了特殊的矿物构成、特殊的地理有机组织(大陆)以及诸如此类的东西。生命,以其原始形态的植物生命,乃是一种更进一步高度复杂的精致化或结晶化。动物生命则是植物生命更进一步的特殊化,人类生命又是动物更进一步的特殊化。在每种情况,新的特殊化都存在于包括着未经特殊化的母体在内的一种环境里,特殊化过程就是从母体中出现的,而它本身只不过是这个母体的内在性质进行其完全的现实化的一个焦点而已。因此人类就是完美的或典型的动物;动物就是完美的植物,如此类推。以这种同样的方式,人性经过了两次升级以后,就成为植物性的完美化;因此赫德

尔解释说，人间的两性爱实际上和植物的开花和结果是同样的事，只不过是提升为一种较高的力量罢了。

赫德尔总的自然观是坦率的目的论的。他认为演化过程的每一个阶段都是由自然设计好了准备着下一阶段的。并没有什么东西其本身就是目的。但到了人类，这个过程就达到了顶峰，因为人的本身就是目的：人在他的理性的和道德的生活中，证明了他自身的存在就是正当的。既然自然创造人的目的就是要创造一种理性的生命，人性就作为一种精神力量的体系而在不断发展着其自身，而它的充分发展则有待于未来。这样，人类便是两个世界之间的一个连锁，一个世界是人从其中成长起来的自然世界，另一个世界则是确乎并非通过人而成为现实存在的精神世界，因为它是以精神规律的状态而永恒存在着的，但又在地球上实现着它自身。

作为自然的生命，人便分为人类各种不同的种族，每一个种族都和它的地理环境密切相联系着，并具有由那个环境所塑造的它原来的体质的和精神的特征；但是每个种族一旦形成，就成为人性的一种特殊类型，它具有它自己的永恒特征，不以它和环境的直接关系为转移，而以它自身近亲繁殖的特点为转移，（正像在一个环境里所形成的一种植物，在移植到另一个环境时仍保持相同不变一样）。不同种族的感受能力和想象能力因此就真正分化了；每个种族都有其自己的幸福观念和它自己的生活理想。但是这种在种族上分化了的人性又是一个母体，其中出现了一种更高类型的人类有机体，即历史的有机体；那就是说，一个种族的生命并不是静止不动的，而是在时间之中发展成为愈来愈高的形式。这种历史生活所出现的那个备受宠爱的中心就是欧洲，这是由于它的地理的和气候的特点所致；所以唯有在欧洲，人类的生命才是真正历史性的，而在中国或印度或美洲的土人中间，就没有真正历史的进展，而只有一种静止不变的文明，或者一系列的变化，其中旧的生活形式虽为新的形式所取代，但并没有成其为历史前进的特点的那种稳定的、积累的发展。因此，欧洲是人类生活一个得天独厚的区域，正如人在动物之中、动物在活的有机体之中和有机体在地球的存在物之中得天独厚一样。

赫德尔的书中包含着惊人之多的丰富的宝贵的思想。它是现存有关它那主题的最丰富和最发人深省的书籍之一。但是在这部书中，思想的发展往往是松散的和草率的。赫德尔不是一个谨慎的思想家：他根据类比方法不加验证就一下跳到了结论，而且他对自己的观念是不加批判的。例如，欧洲是唯一具有历史的国土这种说法，就是不真确的；尽管毫无疑问，它是赫德尔的时代欧洲人对它具有很多历史知识的唯一国土。而且他有关种族分化的学说，即他全部论证中至关重要的一步，也不应该未经细心考查就加以接受。

就我所知，赫德尔是第一个思想家，以系统的方式承认在不同人种之间存在着差别，而且承认人性并不是一致的而是分歧的。举例来说，他指出使中国文明之成为中国文明的，不可能是中国的地理和气候，而仅仅是中国人的特性。如果不同的人种被置于同样的环境中，他们就会以不同的方式开发那个环境的资源，从而就创造出不同的文明来。因此在历史中起决定作用的事实，并不是一般人的特点，而是这种人或那种人的特点。这些特点，赫德尔看作是种族的特点，亦即不同的人种所遗传下来的心理特征。因此，赫德尔就成为了人类学之父，所谓人类学是指这样一门科学，(a)它区别人类各种不同的体质类型，(b)对这些不同类型的风俗和习惯进行研究，作为是与体质的特点相并行的心理特点的表现。

这就在有关人性的概念中迈出了重要的新的一步，因为它承认人性不是一个给定的数据而是一个问题；不是到处都一致的某种东西，它的基本特征可以一劳永逸地被人发现，而是可变的某种东西，它的特征要求在特殊的事例中进行单独的调查研究。但是即使如此，这种概念也并不是一种真正的历史概念。每个种族的心理特点被看成是固定的和一致的，于是代替了启蒙运动的单一固定的人性的概念的，我们现在就有了好几种固定的人性这一概念。每一种人性都被看作并不是历史的产物，而是历史的前提。这时仍然还没有关于一个民族的性格乃是由于那个民族的历史经验所造成的这一概念；相反地，它的历史经验被看作单纯是它的固定性格的结果。

到目前为止，我们已经看到了这一理论的许多恶果，足以使我们要严加防范。文明种族的理论已经不再在科学上为人所推崇了。今天我们知道它只是民族骄傲和民族仇恨的一种诡辩的借口。认为有一个欧罗巴族，它的独特的优点使它适宜于支配世界的其他部分，或者有一个英吉利族，它的天生的品质使帝国主义成为它的一种责任，或者有一个北欧种族，它在美洲的优越地位乃是美国伟大的必要条件，而它的纯洁性在德国对于德国文化的纯洁性乃是不可缺少的；——这种观念，我们知道在科学上是毫无根据的，而且在政治上是灾难性的。我们现在知道体质人类学和文化人类学是迥然不同的两种学问，而且我们发现，很难看出任何人是怎么可能把它们混为一谈的。结果是，我们并不倾向于感激赫德尔曾经开创了如此之有害的一种学说。

或许可能为他辩护说，他的种族差异论其本身并没有给人提供任何根据，可以相信某一个种族有凌驾于另一个种族之上的优越性。我们可以论辩说，它仅仅蕴涵着每种类型的人都有其自己的生活方式、自己的幸福观念和自己的历史发展的节奏。根据这种说明，不同民族的社会制度和政治形式便可以不同，而并不内在地存在着谁优谁劣的情况；而且某种政治形式的完善从来都不是一种绝对的完善，只不过是相对于创造了它的那个民族的一种完善而已。

但这不会是对于赫德尔思想的一种合法的解释。对他整个观点最为根本的是，不同种族的社会政治制度之间的差异并不是来自每个种族的历史经验，而是来自它的天生的心理特点；而这一点对于真正理解历史却是关键性的。根据这类线索所能解释的不同文化之间的分化，就不是历史性的分化，比如说，像是中世纪的和文艺复兴的文化之间的分化那样，而是非历史性的分化，像是蜜蜂社会与蚂蚁社会之间的分化那样。人性是已经被区别了，但它仍然是人性，即仍然是天性而不是精神；用实际政治的术语来说，这意味着创造或改进一种文化的任务就被同化为创造或改良一种家畜的品种的任务。一旦赫德尔的种族理论为人采用，就逃不脱纳粹婚姻法的结局。

因此赫德尔遗留给他后继者的问题，就是要清晰地思想出来自然和人类之间的区别这个问题：自然作为一个过程或许多过程的总和，是被盲目在服从着的规律所支配的，而人类作为一个过程或许多过程的总和(像是康德所要说的)则不单纯是被规律所支配,而且是被对规律的意识所支配。必须说明的是,历史乃是这第二种类型的一个过程,那就是说,人类的生活是一种历史性的生活,因为它是一种心灵的或精神的生活。

第三节　康德

赫德尔的书第一卷出版于1784年春季,这时他40岁。他曾经是康德的学生,康德显然在这部书一问世时就读过它了;而且尽管他对书中的许多学说持有不同意见,就像他一年以后的那些略带尖辛的评论所表明的那样,但这部书确实刺激了他自己去思考它所提出的问题,并且写出了他自己的一篇论文,这篇论文成为他有关历史哲学的主要著作。康德尽管受到他的弟子的影响,他读Ideen〔《观念》〕[①]的第一编时已经60岁,他的头脑已经被启蒙运动定了型。启蒙运动是在腓德烈大王[②]和伏尔泰的庇护之下在德国扎根的,伏尔泰又是腓德烈请到普鲁士宫廷里来的。因此,康德比起赫德尔来就对反浪漫主义表现出一定程度的收敛的倾向。他以启蒙运动的真正风格,把以往的历史看作是人类之非理性的一幕并且期待着一种理性生活的乌托邦。在他的身上真正值得瞩目的是,他把启蒙运动的观点和浪漫主义的观点结合在一起的那种方式,很像是在他的认识论中他把理性主义和经验主义结合起来

① 即赫德尔的《人类历史哲学的观念》一书。——译者

② 腓德烈大王(1712—1786),普鲁士国王。——译者

那样。

我所指的那篇论文发表于1784年11月,题名为《一个世界公民观点之下的普遍历史观念》。历史研究并不是康德的一个主要兴趣,但是他挑拣出哲学探讨的线索的超人本领,即使在他所知甚少的一个题目上,也能使他发挥出来像他在伏尔泰、卢梭和赫德尔这样的作家身上所发现的那些思想路线,并写出了一些新的和有价值的东西;正有如他对包姆加登①的研究使得他写出了一部有关美学的最重要的著作,尽管他的艺术修养是极其微不足道的。

康德的论文一开始就说,尽管作为本体(noumena)或物自身,人类的行为是被道德律所决定的,但是作为现象(phenomena),从一个旁观者的观点看来,它们却是依照自然律作为原因的结果而被决定的。历史学叙述人类行动的过程时,是把它作为现象的,因此就把它看成是服从自然律的。要探测这些规律确实是很困难的,如果不是不可能的话;然而无论如何,值得思考的是,历史的总进程是不是可以在人类的身上显示出来一种发展,有似于传记在一个个人的身上所揭示出来的发展那样。这里,康德是在使用浪漫主义的人类教育的观念,但不是作为一种教条或已被接受的原则,而是作为他以他自己的专门用语所称之为“观念”(Idea)的东西,亦即一种进行解释的指导原则,我们根据它来观察事实以便看看它是否促进我们对事实的理解。作为他这种意思的一个例子,他指出,每一件婚姻的本身,就像它实际所发生的那样,就某些个人方面来说,完全是一种自由的道德行为;但婚姻统计则确实表明

① 包姆加登(1714—1762),德国哲学家。——译者

了一种惊人的一致性；因此，从历史学家的观点来看，这种统计就可以看成仿佛是有某种原因在自然律之下决定着每年将会有多少件婚事似的。正像统计学家处理这些自由行为，仿佛它们就是这样地被决定的，同样历史学家就可以把人类的历史看作仿佛是以同样的方式依照一种规律而被决定的一个过程。如果是这样的话，这会是一种什么样的规律呢？它肯定不会是出于人类的智慧；因为如果我们重温历史的话，我们就会发现它整个地说来并不是一部关于人类智慧的记录，倒更加像是一部关于人类的愚蠢、虚荣和罪恶的记录。康德说，甚至于一些哲学家们，尽管他们被人相信是有智慧的，也并不是智慧得足以规划他们自己的生活，并按照他们所曾为自己制定的准则去生活。因而，如果人类生活中有一个总的进步的话，那种进步肯定不是由于人类为了指导自己而做出的一个计划。然而，却可能有这样一种计划，那就是有一种大自然的计划，人类并不理解它却实现了它。要在人类历史中探测出这样一种计划将是一位新的开普勒的恰当的任务，而要解释它的必然性就需要有另一位牛顿了。

康德并没有说他所谓的一幕大自然的计划指的是什么。为了解释这句话，我们必须转到《判断力批判》的下半部来，其中阐述了关于自然界中的目的论的概念。在这里我们发现，根据康德的意见，自然之具有目的这一观念乃是我们确实不能用科学的探讨来证实或证伪的一种观念；但它却是这样一种观念，没有它我们就全然不能理解自然。实际上，我们并非以我们相信一种科学定律的那种方式在相信它；但是作为一种观点我们在采用它，承认它是一种主观的观点，并且根据这一观点来观察自然的事实不仅是可能的而且是有益的，不仅是有益的而且是必要的。植物或动物的品种在我们看来好像是被巧妙地设计出来，在个体方面以营养和自卫来维持其自身，而在集体方面则以繁殖来维持其自身。例如，我们看到刺猬受惊时就自己滚成一个刺球。我们并不认为这是由于这只个别的刺猬的个体聪明；所有刺猬都是这样做的，而且是根据本性①这样做的；这好像是自然赋给了刺猬以那种特殊的自卫机制，以便保卫自己抵抗肉食者的敌人。我们是在使用比喻的语言把它称为一种自卫的机制；因为一种机制意味着一种设计，而一种设计则蕴涵着有一个发明者；但是康德的论点是，不使用这种类型的比喻，我们就一点也无法谈论或者思考自然。他同样地坚持，不使用类似的目的论的比喻，我们就无法思考历史。我们使用像是地中海世界被罗马所征服这类的语句，但是实际上我们所指的罗马仅仅是这个或那个个别的罗马人，我们所指的地中海世界被征服，仅仅是这些人所进行的这场或那场战争或政府的个别事件的总和。他们之中没有一个人实际上说："我在这场大运动里，即在地中海世界被罗马征服之中，扮演了我的角色"，但是他们的行动就仿佛是他们确实说出了这一点；而且我们观察他们的行动的历史时就发现，这些行动只能被视为好像它们是被要完成那场征服的目的所左右的，因为它确实不是这个或那个个别罗马人的目的，所以我们就比喻地把它描述为一种自然的目的。

还可以进一步指出，根据康德的观点，谈到历史学家在所研究的现象中揭示出来的自然计划，正像谈到科学家在所研究的现象

① 按此处"本性"和以下"自然"在原文中均为 nature。——译者

中揭示出来自然规律一样，两者是同样合法的。自然规律之对于科学家，正有如自然计划之对于历史学家。当科学家描述他自己发现自然规律的时候，他的意思并不是指存在着一个叫做自然的立法者；他的意思是指现象表明了有一种规律性和秩序性，它不仅可以、而且必须以某种这类的比喻加以描述。同样地，当历史学家谈到在历史中有一种自然的计划在发展其自己时，他的意思并不是指有一个事实上叫做自然的精神，有意识地在使一个计划在历史中得到实现；他的意思是指，历史的前进就仿佛是有着这样一个精神似的。然而，在自然的计划和自然的规律二者之间的这种平行所具有的某些含义，却透露了康德在历史哲学中的一个严重弱点。

我们已经看到，18 世纪的哲学家们一般说来由于把精神同化于自然而错误地表现了精神。特别是他们谈论人性，就好像人性仅仅是一种特殊的自然；而这时他们所真正谈论的东西乃是精神，或某种与自然根本不同的东西。康德试图以他依据莱布尼兹而做出的现象与物自身二者之间的区分来回避这种错误。他认为，使自然之成其为自然的，赋予自然以特征使得我们借以把自然认为是自然的，乃是它成为了现象这一事实，也就是，它从一个观察者的观点可以由外部加以观察的这一事实。如果我们能够钻入现象内部，并且在我们的精神里重度它们的内在生活，他认为它们的那些自然特征便会消失；这时我们就应当把它们作为物自身来加以领会了，而这样做的时候，我们就会发现它们内在的真实乃是精神。每件事物事实上、而且就其本身而言就是精神；每件事物，从现象上或从观察者的观点来看，就是自然。因此，人类的行动，就我们自己的内在生活中所经验的而言，就是精神；那就是说，它是自由的、自我决定的道德活动；但是人类的行动从外部来看，像是历史学家所看到的那样，也正如任何事物一样乃是自然，并且是出于同样的原因，（也就是说因为它是被观察到的，）因而它也就被转为现象。

承认了这一原则，那么康德就确实有理由把历史的计划称之为自然的计划，因为科学中的自然规律和历史中的自然计划二者之间是完全平行的。但是这个原则本身却大有可怀疑的余地，因为它既歪曲了科学也歪曲了历史学。(a)它歪曲了科学，因为它蕴涵着在科学家所研究的自然现象的背后有着一种实在，即作为其自身而存在的自然，而它并不是什么别的东西，只不过是精神罢了。这就是18世纪末和19世纪初所风行的对自然的神秘观的基础，它不是把自然现象看作为了其自身的缘故而值得研究的东西，而是把它看作是被一层薄纱掩盖着的多少有似我们自身的那样一种精神实在。(b)它歪曲了历史，因为它蕴涵着历史学家是自己所描述的事件的一个单纯的旁观者。这种含义是休谟在他的《历史研究》这篇论文中所公开承认的："观看整个的人类——从时间的开始起，就仿佛是——在我们的眼前走过，……还能想象有什么景象是如此壮观、如此气象万千、如此引人入胜的呢？"[①]康德认为这种历史观是理所当然的，而且对他来说，它只能有一种意义。如果历史是一种观赏的景象，它就是一种现象；而如果它是一种现象，它就是自然，因为自然对康德来说，乃是一个认识论上的名词，

① 《哲学著作集》第四卷（爱丁堡，1826年），第531页。

意思是指作为一种景观而被看到的事物。毫无疑问，康德只是重复了他那时代的一种老生常谈；然而他却是错误的，因为历史并不是一种景观。历史的事件并不是在历史学家的“眼前走过”的。在他开始思考它们之前，它们就已经完全出现了。他必须在他自己的心灵之中重新创造它们，就他所希望了解的，尽量为他自己重演那些参与其事的人们的经验。正是因为 18 世纪不懂得这一点而错误地把历史看作是一种景观，它才把历史归结为自然，使历史过程像在孟德斯鸠的思想里那样，服从于地理学和气象学的规律，或者像在赫德尔的思想里那样，服从于人类生物学。

因此，康德的自然规律和自然计划二者间的平行论，是植根于他那个时代特征的错误的历史观之中。不过，根据他关于什么是自然计划的特殊观念，他却朝着克服这种错误迈出了重要的一步。他自称自己的伦理著作其性质是“形而上学的”（在他自己使用这个名词的意义上），那就是说，它企图讨论精神，——不是就其在现象方面作为一种自然、而是就其作为一种物自身；而且他在这里把精神的本质等同于自由（freedom），（在他自己对“自由”一词的意义上）；那不是单纯的选择的自由（liberty）而是作为自律，即为自己而制定法律的力量。这就使他能够对历史的观念提出一种新的解释，即作为人类种族的教育。在他看来，它意味着人道（humanity）充分发展成为精神的状态，那就是说充分地自由。所以，历史中的自然的计划就被康德理解为人类自由的发展的计划。在他的《道德形而上学探本》的第一节中，他问道：自然赋给人类以理性的目的是什么？接着他回答说，它不可能是要使人类幸福；它只能是给人以成为一个道德行动者的能力。因此，自然创造出人的目的就是要发展道德的自由;因此人类历史的历程就可以设想为是这一发展的实现。这样,正是康德对人性作为本质上是道德性或自由的这一分析,就给了他以通向他的历史观的最后钥匙。

我们现在可以回到总结康德的论证上来。自然创造出它的任何创造物的目的,当然就是为了那种创造物的生存、那种创造物的本质的实现。这种自然的目的论是一种内部的目的论,而不是一种外部的目的论:自然并不是制造出草来喂牛,而牛又来喂人;自然制造出草来为的是应当有草存在,如此等等。人的本质就是他的理性;因此自然创造了人就为的是他们应当成为有理性的。可是理性的一个特点就是它不可能在单独一个人的有生之年完全得到发展。例如,没有一个人能够在他自己的头脑里发明出全部的数学来。他必须利用别人所已经做出的成绩。人是一种动物,具有着特殊的能力能受益于别人的经验;而他具有这种能力乃是因为他是有理性的,因为理性就是使得这一点在其中成为了可能的一种经验。假如你要吃食,那么另一头牛已经吃掉某一片草的事实只能防止你去吃那片草;但是假如你要有知识,那么毕达哥拉斯已经发现了弦平方定理的事实所给你的那项知识,就比你能为自己去求得它更加容易。因此之故,自然关于人的理性发展的这一目的,就是一个只能在人类的历史之中而不是在一个个体的生活之中得到充分实现的目的。

康德在这里完成了一件丰功伟绩,他说明了为什么应该有像历史这样一种东西的存在;他说明,这是因为人是一种有理性的生物,因此他的潜能的充分发展就需要有一个历史过程。这是和柏拉图在《国家篇》第二卷中说明为什么必须有一个社会存在的论证

相平行的一种论证。智者派认为国家是人为的;和智者派相反对,柏拉图说明,国家是自然的,因为它根据的事实是,个人并不是自我依存的,他需要有别人的经济服务以便满足他自身的愿望。作为一个经济生物,他必须有一个可以生活于其中的国家;同样地,康德说明,作为一个有理性的生物,他必须有一个可以生活于其中的历史过程。

于是,历史就是朝着合理性的一场进步,同时它也是在合理性之中的一场进步。这当然是康德时代启蒙运动和浪漫主义思想二者都有的一种老生常谈。我们必须小心谨慎,不要把它和那种表面上相似而实际上却极为不同的19世纪末叶的历史即进步的论点混淆起来。19世纪末叶进化论的形而上学认为,一切时间—过程其本身在性质上都是进步的,而且认为历史所以是一场进步仅仅因为它是在时间中的一系列事件;因而,按照这些思想家的见解,历史的进步性就只是进化的或自然进步性的一个事例。但是18世纪把自然看作是非进步性的,而且认为历史的进步性是一种使历史区别于自然的东西。有人认为甚至可能存在着一种人类社会,其中并不存在着在合理性之中的进步;这就会是一个没有历史的社会,就像蜜蜂的和蚂蚁的非历史的或纯属自然的社会那样。然而在自然状态之外,康德认为还存在着进步,因此他问道:为什么人类社会是进步的而不是停滞不前的,而这种进步又是怎样实现的?

这个问题是一个迫切的问题,因为他认为一种非历史的或停滞不前的社会将会是最幸福的;人们在这样一种社会里是以一种友善的和悠然自得的风度和睦地生活着,就像是在洛克所描绘的

自然状态之中，在那里人们“在自然法的界限之内，按照他们所认为适宜的而在规定着他们的行动和处理他们的财产并对待别人”，“它也是一个平等的状态，其中权力和司法权是相互的，没有一个人的所有多于另一个人”，因为人人具有同等的权利来惩罚违犯自然法的行动，“从而就保全了无辜者和制止了破坏者”。[①] 正像洛克坦然承认的，在自然状态里，每个人都是他自己的利益的法官，从这一事实里就产生了种种不便；或者如康德所说的[②]，这样一种状态，一切人在其中都一任自己的才智闲置生锈，是不能被看作一种在道德上是可以愿望的（尽管它是可能的）并在许多方面是具有吸引力的状态。确实，不论是洛克还是康德，而且我也不认为他们的时代里还有任何另一个人，都不把自然状态看作仅仅是一种抽象可能性，更不是一种彻底的虚构。当这个问题被提出时，霍布斯回答说[③]，首先是“在美洲许多地方的野蛮人，除了一些小家族的治理其协调有赖于自然的欲望而外，根本就没有政府”；其次是，“在一切时代里，君王和拥有主权权威的人们”彼此之间的关系都是处于一种自然状态。洛克同样回答说，一切主权国家彼此之间都处于一种自然状态。关于这些哲学家所理解的自然状态，北欧史诗（sagas）中所描述的冰岛上的早期挪威殖民者的生活就提供了一个完美的典范。

因此康德的问题就是：既然这样一种自然状态是可能的，而且大体上是一种幸福的状态，——尽管从道德的和思想的发展的观点

① 《政府论》第二卷，第二章。

② 《康德的伦理理论》，T. K. 艾波特译（伦敦，1923），第40—41页。

③ 《利维坦》第一编，第十三章。

来看，乃是一种低级状态，——又是什么力量驱使人们把它抛在后面而登上那进步的艰辛旅程呢？对这个问题，直至那时为止曾有过两种答案供选择。按照那种曾被文艺复兴加以修改而又被启蒙运动所再度肯定的希腊一罗马的观点，促使人类历史进步的力量乃是人类的智慧、人类的美德以及一般的人类的优点。按照从罗马帝国末期直到中世纪结束时所流行的基督教观点，那是天意的智慧和上帝的眷顾在发挥作用，尽管存在着人类的愚蠢和邪恶。康德把这两种见解都远远抛在后面，以致他竟从未提到过其中的任何一种。

康德自己的回答是：这种力量不是什么别的，而只是人性中的邪恶，即傲慢、野心和贪婪这些非理性的和不道德的成分。人性中这些邪恶的成分使得一个停滞不前的而平静的社会的绵延成为了不可能。它们引起人与人之间的对抗，并支配着每个人的行为中那两种动机之间的冲突：一种是社会的动机，愿望着有一种和平友善的生活；另一种则是反社会的动机，是一种想控制和剥削他的邻人的愿望。结果形成的对他自己生活地位的不满，不论那地位可能是怎样的，就成为驱使人们要推翻自己所生活于其中的那个社会制度的根源，而这种动荡不安乃是自然要实现人类生活的前进所使用的手段。这种不满不是一种神圣的不满，即所以拒绝接受事物的现状乃是因为它不能满足善意的道德要求；它不是社会慈善家或改革家的不满；它是一种纯粹自私自利的不满，这从一种停滞生活的幸福的观点看来，甚至于并不是奠立在个人自身利益的一种开明观点之上的。用康德的话来说①："人类愿望和谐；但是

① 《一个世界公民观点之下的普遍历史观念》，命题四。

大自然更加懂得什么才是对他那物种有益的，”（不是把人作为一个个体人来观察，甚至也不是把人集体地作为一个社会或历史的总体来观察，而是把人集体地作为一个物种或生物学的抽象）；“大自然愿望着不和谐。人类要求生活得安逸满意；但是大自然却迫使他把安逸和非积极性的满足抛在后面，而使自己投身于艰辛劳苦之中，为的是这些可以驱使人使用自己的聪明去发现把他们提高上去的方法”。那就是说，自然并不关心人的幸福；她已经在人的身上注入了各种癖好，既要牺牲他自己的幸福又要毁灭别人的幸福；而在盲目地追随这些癖好时，他就使得自己成为了自然执行她的计划的工具，以达到他那物种的道德的和思想的进步，而这种计划当然不是他个人的。

康德在这里全心全意地采纳的是这样一种观点，——一种悲观的观点，假如你愿意这样称呼它的话，——即人类历史的景象大体上就是一幅人类的愚蠢、野心、贪婪和邪恶的景象。而任何一个人要从它那里面找到智慧和美德的事例，都将会失望的。这就是伏尔泰的《天真汉》（Candide）的观点，而与莱布尼兹的信念——即一切都是可能最美好的世界里的最美好的——相对立。但是康德把这种观点提到一种哲学学说的高度，他论证说，如果历史就是人在其中变成为有理性的这一过程，那么他在那个过程的开始就不可能是有理性的；因此，成为那一过程的主要来源的力量便不可能是人类的理性而必定是理性的对立面，那就是激情、思想上的愚昧和道德上的卑鄙。在这里，康德的历史理论又一次是康德伦理学的应用，根据这种伦理学，意向、欲望、激情都是理性或善意的对立面，因此其本身就是邪恶的，善意必须为反对这种力量而斗争。

这种学说无愧于它那位伟大的作者。它像赫德尔的学说一样，是鼓舞人的和激发人的，而且思想得更为明晰得多。然而它的基础却没有打好。它奠基于一种有关成其为人类以往历史的特征的愚蠢、罪恶和不幸的修辞学式的悲观主义之上。这并不是对事实的一种公正的和健全的看法。在我们有所知道的一切过去的时代里，曾经有过一些场合，那时人们是智慧得足以成功地思索他们所必须思索的一切，英明得足以有效地去做他们所必须做的一切，并且幸福得足以发现生活不仅仅是可容忍的而且是有吸引力的。而假如任何人反驳说："那些场合么，有是有的；但是太少了！"回答就是："无论如何，也要比反面的场合更多；因为不是那样的话，全人类的生命早就会消灭了。"

这种关于过去的夸大其词的阴暗，其结果就见之于康德对于未来的夸大的希望。在他的论文最后一节中，他期望着一个时代，那时人们将会变成为有理性的，一直驱使着人们走上进步道路的那种盲目的邪恶力量将会被征服。于是就会出现一种太平之治，那时候研究出一种健全的和合理的政治体系的问题已经得到解决，而且政治上的千年福王国也通过创立有关国家生活和国际关系二者的一种理性体系而得到实现。他一半认识到，在人类事务中像这样一种千年福王国在用语上就是一个矛盾；但是这种预告还不单纯是他学说的一个赘疣，它还是他学说的逻辑结果，是一种夸大的乐观主义，在这一边平衡着（并且是出于）那另一边的夸大的悲观主义。这种把历史夸大地分成为一部完全非理性的过去和一部完全理性的未来的做法，乃是康德从启蒙运动所承袭下来的遗产。对历史的更深邃的知识或许会教导他，那使得进步出现的东西并非纯属愚昧无知或者纯属恶劣不堪，而是人类的努力本身具体的现实性，夹带着它全部的好的和坏的成分都在内。

尽管有着夸大其词的成分，康德仍对历史学思想做出了伟大的贡献。在他的论文结尾，他为一种历史探讨规划了一份纲目，他说这种探讨还不曾有人从事过，而且他谦逊地补充说，它不是像他自己那样一个对于历史知道得那么少的人所能从事的：那就是以一部普遍的历史来表明人类种族是怎样逐渐变得愈来愈有理性的，因此也就是变得愈来愈自由的，即一部人类精神自我发展的历史。他说，这样一桩重任将需要两种资格，即历史的学识和哲学的头脑，单纯有学力是做不到这一点的，单纯有哲学也是做不到这一点的；这两者必须结合成一种新的思想形式，其中的某些东西是要有赖于这两者的。与此类似，维柯在18世纪初就要求过他所描述的那种语言学与哲学的结合，即对细节在学术上的注意和对原则在哲学上的注意。我想我们可以说，在其后的几百年里也曾做出过严肃认真而坚持不懈的尝试，——当然并不总是成功的，——要实现康德的纲目，并把历史当作是人类精神在其中愈来愈加充分发展它原有的潜力的过程。

康德的“观念”，像他所称它的那样，可以总结为四点：(i)普遍的历史是一种可行的理想，但却要求历史学思想和哲学思想的结合：事实必须加以叙述而同时又加以理解，要从内部而不是仅仅从外部来观看。(ii)它预先假定有一个计划，也就是它展示为一场进步，或者说表明某种事物是在前进着不断地出现的。(iii)那正在不断出现着的东西就是人类的合理性，也就是知识和道德的自由。(iv)它之得以不断出现的手段就是人类的非理性，也就是激情、愚昧和自私。

我要用简单的几句评语论述上列各点，来概括我对康德的批评。这些评论的实质就是，正像在他的哲学著作中的其他部分一样，他整个地是过分僵硬地勾画了他的反题。

i(a)普遍的历史和特殊的历史。这一反题是太僵硬了。如果普遍的历史意味着一部已经发生的一切事物的历史，那就是不可能的。如果特殊的历史意味着一种特殊的研究，而并不包含一种确定的自然观和整个历史的意义，那也是不可能的。特殊的历史仅仅是历史本身在其细节中的一个名称；普遍的历史则仅仅是历史学家的如此这般的历史观的一个名称。

i(b)历史学思想和哲学思想。这一反题又是过分僵硬的。康德所认为需要二者的结合的，恰好就是历史学思想本身，即观看它所描写的事件不是单纯作为被观察的现象，而是要从内部来观看。

ii(a)整个的历史确实是表明了进步，也就是说，它是某种事物的发展；但是要把这种进步像康德那样称之为一项大自然的计划，那就是在使用神话学的语言了。

ii(b)这种进步的目标并不像康德所认为的那样在于未来。历史不是结束于未来而是结束于现在。历史学家的任务就是要表明现在是怎样出现的；他不能表明未来将怎样出现，因为他不知道未来将是什么。

iii 正在要出现的，当然是人类的合理性；但这并不意味着人类的非理性的消失。这一反题又一次是过分僵硬的。

iv 激情和愚昧在过去的历史上确实是做过它们的工作，而且是重要的工作，但它们从来都不是单纯的激情和单纯的愚昧；倒不如说，它们一直是一种盲目的和犯了错误的求善的意志和一种朦胧的和误入歧途的智慧。

第四节　席勒

在历史理论方面正如在艺术理论方面一样，康德最直接的追随者是诗人席勒。他是一个敏锐而有才华的思想家，在哲学方面是个出色的爱好者，而不像康德那样是个坚忍不拔的研究者；但他比康德高明的是，他自己是一个声名显赫的诗人，而且在耶拿大学担任历史讲座时又曾有一个时期是专业的历史学家。结果便是，正像他由于把诗人工作的经验带入了康德的艺术哲学而重新解释了康德的艺术哲学那样，同样地他也由于把历史学家工作的经验带入了康德的历史哲学而重新解释了康德的历史哲学。非常有趣的是看看1789年他在耶拿大学所做的就职演说中，这种经验是怎样使他能克服康德理论中的某些错误的。

这篇演说题名为《普遍的历史的性质和价值》〔Was heiβt und zu welchem Ende studiert man Universalgeschichte?（什么是普遍历史，人们研究它是为了什么目的?）〕。席勒追随着康德，提倡研究普遍的历史，并且承认要做到这一点就需要有哲学的头脑以及历史学的学识。他描绘了一幅两种历史学家对比的生动画面：一种是Brotgelehrte即混饭吃的学者（职业的研究者以其干枯如土的态度来对待那些成其为历史学的枯骨的赤裸裸的事实，这样一个人的雄心就只是要成为一名尽可能狭隘的专家而对越来越少的东西知道得越来越多)，一种是哲学的历史学家，他们以全部的历史为其领域，并且把观察事实之间的联系和探测历史过程的大规模节奏作为自己的事业。哲学的历史学家获得这些成果，是由于以同情的态度进入了他所描述的行动之中；与研究自然界的科学家不同，他不是面对着那些仅仅是作为认识对象的事实；恰恰相反，他使自己投身于其中，并以想象去感觉它们，就像是他自己的经验一样。这真正是浪漫主义学派的历史学方法；而且席勒所做的，事实上就是同意康德所要求的以一种与纯学究态度相反的哲学态度来对待历史，并主张这种哲学态度并不是别的，只不过是浪漫主义的态度而已；对此，同情便成为历史知识中的一个组成部分，它使历史学家能够进入他所研究的那些事实的内部。

这样所设想的普遍历史，就是从野蛮开始而进步到近代文明的历史。尽管席勒同意康德，但却有两点重要的区别：(i)康德把进步的目标置于一个未来的千年福王国，而席勒则把它置于现在，并且声称普遍历史的最终目的就是要表明现在，包括像近代的语言、近代的法律、近代的社会制度、近代的服装以及诸如此类东西，是怎样成为它现在这样的。在这里，席勒就确切地改进了康德，这无疑地是由于他在历史工作方面有实际经验的缘故，它向他表明了历史并没有照亮未来，而且历史的系列也不能被投射到现在之外去。(ii)康德把历史学的任务只限于政治演变的研究，而席勒却把艺术史、宗教史、经济史等等都包括在历史学之内，在这里他又改进了他的先行者。

第五节　费希特

康德的另一个学生费希特以一种丰富的方式发展了康德的历史观念，1806 年他发表了他的柏林讲稿《当代的特征》(Grundzüge des gegenwärtigen Zeitalters)。费希特在把现在设想为历史发展的各条线索所汇聚的焦点时，是同意席勒而不同意康德的；因此对他来说，历史学家的基本任务就是要了解他自己所生活于其中的那个历史时期。历史的每个时期各有其自己的特点渗透到它的生活的每个细节里面去；而在这些讲稿里费希特为自己所规定的任务就是要分析他自己的时代的特点，表明它的主要特征是什么，以及其他特点是怎样从它们里面得出来的。他提出这一点时说，每个时代都是一个单一的观念或概念的具体体现；而且在他确乎接受了康德的学说时，——即历史作为一个整体乃是一项计划的展开，是某种类似于戏剧情节的东西的发展，——他却主张各个相续的时代的一些基本观念或概念构成为一个序列，这个序列因为是观念的序列，所以就是一个逻辑的序列，一个概念必然要导致下一个概念。这样，费希特关于概念的逻辑结构理论，便提供给他一个历史分期的线索。

他认为每个概念都具有一个逻辑结构，包括三种形态在内：正题、反题、合题。概念最初体现为一种纯粹的或抽象的形式；然后它产生出它自己的对立面，并以一种在它自己和这个对立面二者之间的一组反题的形式而实现它自己；然后这个反题又被对对立面之否定所克服。而历史的基本概念(在这里，费希特又在追随着康德)乃是理性的自由;并且自由也像任何概念一样,一定要通过这几个必然的阶段而发展。因此历史的开端就是这样一个时代,理性的自由在其中示范为一种绝对单纯或直接的形式而没有任何对立;在这里,自由以盲目的本能形式而存在,亦即是为所欲为的自由,而且具体体现这种概念的社会便是自然状态、原始的社会,这里没有政府,没有权威,只要条件许可,似乎一切对人们都是友好的。然而根据费希特哲学的一般原理,一种这样粗糙的或直接的自由,只有产生出它自己的对立面来才能发展成为一种更真正的自由;于是根据逻辑的必然性,就有了第二个阶段的出现,在这个阶段里,个人的自由由于创造出来了一种凌驾于其自身之上的权力而自由地限制了它自己,即一个统治者的权威所强加给他的、而并非由他自己所制定的法律。这就是权威性政府的时期,在这里,自由本身似乎已经消失了;但是它并没有真正消失,它已经发展为一个新的阶段,在这个新阶段中它创造了它自己的对立面,(就像霍布斯指出的,统治者是由人民的共同行动所自由创造出来的,人们就这样自愿地成为了他的臣民,)以便成为一种新的更美好的类型的自由,也就是成为卢梭所称为的有别于天然的自由的公民的自由。但是霍布斯认为,自由成长的过程就此结束的想法却是错误的。那种对立一定要被一个第三阶段所取消,它是一个革命的阶段,这时权力被否定并被摧毁了,并不是因为它是一种被滥用了的权威,而仅只是因为它是一种权威;臣民已经感觉到自己可以不要权威,并把政府的工作掌握在自己手里,从而自己就同时既是臣民又是君主。因此,被摧毁的就并不是权威;被摧毁的东西仅只是权威和被权威所驾驭的东西这两者之间的外部关系。革命

不是无政府，它是由臣民接管政府。自此而后，统治和被统治之间的区别作为一种实际的区别依然存在着，但它是一种没有差异的区别；同样是那些人既在统治着又在被统治着。

但是费希特并没有到此止步。他并没有把他自己的时代等同为革命的时代。他认为他的同时代人已经超越了那一点。个人这一概念作为在他自己本身之内具有着一种凌驾于其本身之上的权威，在其最初的和最粗糙的形式上，就是革命的观念。但是这一概念也必须产生它自己的对立面，即一种客观实在的观念，一个成其为思想的准则和行动的指南的真理的自在体。这一发展阶段就是科学，这时客观的真理就是与思想相对立的东西，而行为正当也就意味着是符合科学知识的行为。精神的科学结构(就仿佛)是反革命的：我们可以摧毁人类的暴君，但是我们却摧毁不了事实；事物是什么样子就是什么样子，而它们的后果将是什么样子，就将是什么样子；如果我们能嘲弄人类的法律的话，我们却嘲弄不了自然的法则。但是精神与自然之间的对抗又一次是能够并且一定要克服的，而它的克服便是一种新的理性自由(即艺术的自由)的兴起；这时精神和自然重新统一了，精神在自然中认识了它自己的对手，并且不是以服从的方式而是以同情和爱的方式和它联合在一起的。行动者把自己等同于自己为之而行动的那个对象，并且这样就达到了最高程度的自由。费希特把这一点看作是他自己时代的典型特征：即个人为了一个目的而自由地自我献身，这个目的尽管是客观的，他却把它看成是他自己的目的。

一个读者在研究费希特的历史观时所发现的主要困难就是，要耐心对待看来显得是那么糊涂的那些东西。特别是他的头脑里

似乎有两种格外显眼的错误在起作用:(1)是这一观念:世界的现状是尽善尽美的,是全部历史所努力在实现的完全的和最终的成就,(2)是这一观念:历史各个时代的相续能够借助于抽象的逻辑思考而 a priori〔先验的〕加以确定。我认为这可以表明,尽管它们貌似糊涂,但是在这两种观念里面还是有某些真理的。

(1)历史学家(在这个问题上也还有哲学家)并不是上帝,高高在上或者是从外界来观看世界的。他是一个人,而且是一个他自己当时当地的人。他从现在的观点观看过去,他从他自己的观点观看其他的国家和文明。这种观点仅只对他以及处境和他类似的人们才是有效的,但是对他来说,它确是有效的。他必须坚持这一观点,因为这是他可以接受的唯一观点,而且除非他有着一种观点,否则他就什么都不能明白。举一个例子,对于中世纪的成就所下的判断,按照这位历史学家或是 18 世纪的、或是 19 世纪的、或是 20 世纪的人而必然会有所不同。我们在 20 世纪知道 18 世纪和 19 世纪是怎样看待这些事物的,而且我们知道他们的观点不是我们所能分享的观点。我们把它们称之为历史的错误,而且我们能够指出要摒弃它们的理由。我们能够很容易设想,有关中世纪历史的著作写得要比它在 18 世纪里所写的更好;但是我们却不能设想它写得比它在我们自己的时代里所写的更好,因为如果我们对于它怎样才能写得更好具有一种明晰的观念的话,我们就应该处于一个能把它写得更好的地位,而这种能把它写得更好的办法就会是一桩既成的事实了。所谓现在,就是我们自己的活动;我们在进行这些活动,同时也知道怎样活动;因而,从现在的观点看来,在实然和当然、实际和理想二者之间必然有一种吻合。希腊人在

努力要成其为希腊人；中世纪在努力要成其为中世纪；每个时代的目的都是要成其为它自己；因而，现在在它总是成功地成为了它在努力要成为的那种东西的意义上，便总是完美的。这并不蕴涵着历史的过程再也没有更多的事情可做了；它只是蕴涵着到目前为止，它已经做了它所想要做的事，而我们却无法说出它下一步要做什么。

(2)先验地构造历史，这一观念似乎是很愚蠢的；但是费希特在这里是在追随着康德的发现，即在一切知识里，不论是哪种知识，都有 a priori〔先验的〕成分。在知识的每一个领域里，都有某些基本概念或范畴，和与它们相应的某些基本原理或公理；它们都属于那种知识类型的形式或结构，而且(按照康德的哲学)并非得自经验的题材而是得自认知者的观点。所以在历史学中，知识的一般条件就是得自认知者被置于现在这个地位上这一基本原则，而且是正在以现在的观点观察过去。对历史的直觉的第一条公理(用康德的术语来说)就是，每一桩历史事件都被定位于过去时代的某个地方的。这并不是历史学家在他的研究过程中从经验里面所发现的一种普遍作用，它是历史知识的 a priori〔先验的〕条件。但是按照康德有关范畴格局的学说，时间—关系就是格局或概念关系的事实表象：因此，前后的时间—关系就是逻辑的前件与逻辑的后件的概念关系中的一种格局。在时间之中各种事件的整个世界，就是这样的逻辑关系或概念关系的世界的一种格局化的表象。费希特所试图探测作为各个历史时期在时间上相续的基础的概念格局，因此就是康德关于范畴格局的学说完全合法地应用到历史学上来。

毫无疑问，这是对费希特多少有点软弱无力的辩护。这等于说，如果他对历史学犯了一个愚蠢的错误的话，他也只不过是遵循康德所犯的一种更广泛的愚蠢的错误而已。但是把这些见解称之为愚蠢的错误的任何人，都自命对逻辑的序列和时间的序列二者之间的关系要比康德或费希特懂得更多。自从柏拉图在《蒂迈欧》篇中说过，时间就是永恒在移动着的形象，哲学家们大多同意在这两种东西之间有着某种关系，而一个事件借以在时间中导致另外一个事件的那种必然的序列，则是以某种方式在性质上与一种事物在一个非时间的逻辑系列中借以导致另一种事物的必然序列是同样的。假如这一点被否定了，又假如认为时间的序列和逻辑的内涵彼此之间毫无联系，那么历史的知识就成为不可能的了；因为随之而来就是，我们永远无法谈到任何事件“一定已经发生过”；过去是永远不能作为一种逻辑推论的结论而出现的。如果时间的系列只是一堆毫不衔接的事件，我们就永远也不能从现在回过头去论证过去。但历史的思维恰恰在于是以这种方式回过头去论证；因此它根据的就是这一假定（或者，像康德和费希特所会说的，根据一个 a priori〔先验的〕原则），即在一个时间系列的各种事件之间有着一种内在的和必然的联系，从而一个事件便必然导致另一个事件，于是我们就能够从第二个事件回过头去论证第一个事件。根据这一原则，事物的现状就只能以唯一的一种方式产生，而历史学就是分析现在以便看出这个过程必然曾经是怎样的。我不是在为费希特用以重建他自己时代的过去历史的那种特殊方式而辩护；我认为它是非常错误的，而且它那些错误（就其是原则的错误而论）则是由于他遵循着康德，过分尖锐地划分了知识中 a priori

〔先验的〕成分和经验的成分。这就使得他认为，历史根据一种纯粹先验的基础而不依靠文献的经验证据就可以重建起来。但是就他坚持一切历史知识都包含着先验的概念和原则而言，则他是正确的；而且他对历史的性质理解得要比那些嘲笑他的人们更好，因为他们认为历史纯粹是经验的。

有一个方面，费希特的历史哲学对康德的历史哲学做出了一个重要的进步。在康德的历史哲学中有两个概念是被历史本身所预先假定的：(1)自然的计划，它被设想为是在它的执行之前就已事先形成了的某种东西；(2)人性及其激情，它被设想为是这种形式在其中得以实现的材料。历史本身就是把这种预先存在的形式加之于这种预先存在的材料之上的结果。这样，历史的过程就不被设想为是真正创造性的，它仅仅是把两种抽象加在一起而已，而且也没有试图表明何以这两者就要合在一起，或者确实这二者中的任何一个(且不说两个)就应当存在。康德的理论，事实上是基于许多不相联系的假定的，而它却一个也不想要证明其为正当。费希特的理论则在逻辑上要简单得多，而且它受到不必要地在增加各种实体的这种责难也要少得多。在历史开始以前，它所预先假定为必须的唯一东西，就是概念本身及其本身的适当逻辑结构和该结构中各种成分间的动力关系。历史的推动力恰恰就是概念的这种动力运动，因此在费希特这里并不是有两种东西：即一种计划和一种推动力，而是只有一种：计划既是一种动力计划(概念的逻辑结构)，它就提供了它本身的推动力。这种费希特式的发现的成果，是在黑格尔的身上成熟的。

第六节　谢林

谢林比黑格尔年轻，黑格尔和谢林所共有的那些学说究竟是通过独立思考、抑或是在谢林的影响之下而达到的，这一点是可以争论的。但是早在黑格尔在海德堡《大百科全书》上写出他的历史哲学的初步轮廓之前，谢林就发表过一套哲学体系（也许不只一套），包括他对历史的见解，所以先谈一下谢林的见解将是适当的。

谢林对康德和费希特的观念做出了更为体系化的发展，他的思想转移到了两条原则上：首先是，任何存在都是可知的这一观念，它就是合理性的体现，或者用他自己的语言来说，也就是"绝对"的表现；其次是，两项之间的关系这一观念，尽管两者是对立的，但在这方面却都是"绝对"的体现。因为"绝对"本身是一种同一性，两者的差别在其中也就消失了。这种两项的模式，反复出现在他的全部哲学里。

根据谢林的说法①，可知的事物有两大领域："自然"和"历史"。每一种作为可理解的事物，都是"绝对"的一种表现，但是它们是以对立的方式体现它。自然包括分布在空间中的事物，它们的可理解性仅仅存在于它们被分布的方式之中，或者说存在于它们之间的有规则的和确定的关系之中。历史则包括精神的思想和活动，它们不仅是可理解的而且是有理解能力的，亦即能理解它们

① 《先验唯心主义的体系》，1800 年。《全集》（斯图加特和奥格斯堡，1858 年版）第三卷，第一编，第 587—604 页。

自身而不仅仅是它们自身之外的事物：因此它们就是“绝对”的一种更恰当的体现，因为它们在其自身之中就包含知识一关系的两方面，它们既是主体又是客体。作为客观上可理解的，历史中的精神活动就是必然的；作为主观上有理解能力的，它又是自由的。历史发展的过程因此就是精神的自我认知的全部创造过程，它同时既是自由的而又是服从法律的，也就是说在道德上和政治上是自律的（在这里，谢林追随着康德）。这一发展所经历的各个阶段是被概念本身的逻辑结构所决定的（在这里，他追随着费希特）。因此，它在它最大的特点上是一分为二的：首先的一个阶段是人类把“绝对”想象为自然，在这里实在是被设想分裂为各个单独的实在（多神论），而且在这里政治形式就像自然有机体那样地产生和消灭，没有留下来任何东西。其次的一个阶段是，“绝对”被设想为历史，也就是作为一种连续不断的发展，在这里人们自由地在实现着“绝对”的目的，与天意合作进行着它那发展人类合理性的计划。这就是近代，人类的生活在这里是被科学的、历史的和哲学的思想所支配的。

谢林在这里试图研究出来的最重要的概念就是这一概念：“绝对”本身要在历史中实现它充分的和完美的存在。就连费希特也认为，概念的逻辑结构在历史开始以前就是完美的，而且为那个过程提供了一个前提；但在谢林则“绝对”的动力结构并不是历史中动力成分的根据，它就是那种成分本身。物质的宇宙就其始终是“绝对”的一种表现而言，始终是可理解的，但是“绝对”却不能等同于仅仅是可理解的事物；因为单纯的可理解性只是一种纯粹的潜在性，它必须变得实际上被理解了才能被现实化。自然作为可理解的而言，就需要有一个认知者来理解它，并且只有在有一个精神认识它的时候，它才充分显示它的本质。于是才第一次有了一个实际的认知者和一个实际被认知的事物，而合理性——它就是“绝对”——也就前进到了它自身的一种更高的和更完备的表现。但是这时出现了一种新的可理解性：精神本身不单是一个认知者而且还是一个可知的东西；因而“绝对”就不能满足于精神认识自然的这种局面，而必须有一个更进一步地精神认识其自身的阶段。随着自我认识过程的前进，自我认识的新阶段便丰富了在认识着的精神，因而就创造出来了新事物给它去认识。历史是一个时间过程，在其中认识和可以认识的事物两者都在前进中出现；这就叫做历史是“绝对”的自我实现。在这里“绝对”既是指作为可认知的事物的理性，又是指作为认知者的理性。

第七节　黑格尔

由赫德尔于1784年所开始的历史学运动，到黑格尔而达到了高峰；黑格尔论历史哲学的那些讲演最初是在1822—1823年发表的。任何只读过他这部《历史哲学》本身的人，都不能不认为它是一部深刻的独创性和革命性的著作，在书中历史学第一次充分成熟地走上了哲学思想的舞台。但是当考虑到他的前人的著作时，他这部书就变得远远不是那么动人，也远远不是那么有独创性了。

他提出了一种新历史学，叫做历史哲学（这个提议和这个术语是早在伏尔泰就有了的）；但是历史哲学对他来说并不是对历史的一种哲学的反思，而是历史把自身提升为一种更高的势力并使之变成为哲学的而有别于单纯经验的，也就是说，历史不仅仅是作为如此这般的事实而加以肯定，并且还由于领会那些事实何以是那样地发生的原因而加以了解。这种哲学性的历史将是一部人类的普遍的历史（这里黑格尔在追随着赫德尔），而且将显示出从原始时代直到今天的文明的进步。这一故事的情节就是自由的发展，它和显示在社会关系的外部体系中的人类道德理性是同一回事；所以哲学的历史所必须回答的问题就是国家是怎样成为现实存在的（这一切都来自康德）。但是历史学家对于未来却一无所知；历史的顶峰并不在一个未来的乌托邦里，而是就在现实的目前之中（这是席勒的思想）。人的自由和他对自己自由的意识乃是同一回事，所以自由的发展就是意识的发展，即思想或逻辑发展的一个过程，在这个过程中，概念之各种必然的形态或契机都一一相继地完成（这是费希特的思想）。最后，哲学的历史展示为不仅是人类的进程，而且是宇宙的过程，是世界在作为精神的自我意识之中逐步实现它自己的过程（这是谢林的思想）。这样，黑格尔的历史哲学特点中的每一种观点都是他从他的前人那里汲取来的；但是他以卓越的技巧把他们的观点结合成那么一贯而又那么统一的一种理论，以至于作为一个整体，它配得上称为是独立的思考。因此我要提醒人们注意它的某些突出的特点。

首先，黑格尔拒绝通过自然来研究历史。他坚持认为自然和历史是不同的东西。它们每一个都是一个过程或一群进程，但是自然的过程并不是历史性的；自然并没有历史。自然的各种过程都是循环的；自然是循环往复、周而复始的；没有什么东西是通过这种循环的重复而构造出来或建立起来的。每次日出、每个春季、每回潮涨都和上一次一样；因为循环在重复着它自身，所以支配着循环的规律就没有改变。自然是一个有着较高的和较低的有机体的体系。较高的有赖于较低的；在逻辑上，较高的有机体后于较低的有机体，但不是在时间上。黑格尔直截了当地否定了较高的在时间上是从较低的发展出来的那种进化理论，断言相信这种理论的人是错把逻辑上的继续当作了时间上的继续。反之，历史决不重演它自己；它的运动不是在循环中而是在螺旋中进行的，表面上的重复总是由于获得了某些新东西而有不同。因而战争在历史上时时重复出现，但是每次新战争在某种方式上都是一种新的类型的战争，这是由于人们在上一次的战争中学到了教训的缘故。

黑格尔说出了一个重要的区别，这一点是要归功于他的；但是他对它的说明却是错误的。他区别了自然的非历史过程和人类生活的历史过程，这是正确的；但是用否定进化的学说来强调这种区别，却是错误的。自从达尔文以来，我们已经发觉我们自己不得不接受那种学说，并把自然的过程设想为在某种方式上类似于历史的过程，——亦即随着它的继续前进，它就不断地在增进其自身，——而黑格尔却认为二者并不类似。但是这一点却仍然是真确的，即自然的过程是不同于历史的过程的，——例如，地质学各个时期的继续就并不是一种真正历史的继续，——因为历史学的特点是，历史学家在他自己的心灵里重演他所叙述的那些行动者的所作所为的思想和动机；而任何事件的继续却不是历史的继续，除非它所包括的行动其动机，至少在原则上，是能够这样加以重演的。地质学提供给我们一系列的**事件**，但是历史并不成为历史，除非它提供给我们一系列的**行为**。因此，黑格尔的结论就是正确的，即除了人类生活的历史而外，就不存在什么历史，——而且还不仅仅是作为生活，并且是作为理性的生活，是有思想的人们的生活。

其次，紧紧随着这一点而来的便是，一切历史都是思想的历史。就人类的行为仅仅是事件而言，历史学家并不能理解它们；严格地说，他甚至于不能肯定说它们曾经发生过。它们仅只是作为思想的外部表现对他才是可知的。举例来说，要重新构造出像是公元1世纪罗马皇帝和元老院反对派之间那样的政治斗争的历史，历史学家所必须做的就是要看出双方是怎样设想当时所存在的政治局势的，以及他们在怎样筹划去发展那种局势：他必须掌握他们有关目前实际的以及有关可能的未来的种种政治思想。在这里，黑格尔无疑地又一次是正确的；不是要知道人们都做了些什么，而是要了解他们都想了些什么，这才是对历史学家的任务所做的确切的规定。

第三，成为历史过程的泉源的那种力量（用康德的词句来说）乃是理性。这是一个很重要而又很困难的学说。黑格尔使用它的意思是指，在历史中所发生的每一件事都是由于人的意志而发生的，因为历史过程就是由人类的行为构成的；而人的意志并不是什么别的，只不过是人的思想把它自己向外表现为行为而已。如果有人说，人类的思想常常是、或一般是远离理性的，黑格尔将会回答说，这是一个错误，它是由于未能领会造成了某种特定思想的那种历史局势。思想永远不是 in vacuo〔在真空中〕进行的；它总是由一个固定的人在一种固定的局势中进行的；而且每一个历史人物在每一种历史局势中的思想和行为，都正如那个人在那种局势中所能够思想和行动那样地合于理性，没有人能够做得更多。这是一条非常丰富可贵的原则，黑格尔研究出它来，有着重要的影响。他认为，启蒙运动所设想的那种抽象的理性人并不是真实的东西；真实的情况总是一个人既有理性又有热情，永远不是纯粹理性的或纯粹热情的，他的热情是一个有理性的人的热情，而他的思想则是一个有热情的人的思想；而且进一步说，没有热情就没有理性，也就没有行为。因此，证明某个人是以某种方式根据热情而行动的，——例如一个法官在一阵盛怒之下判处了一个罪犯，或者一个政治家出自野心勃勃的动机制服了对手，——并不就证明他没有合理地行动；因为那个法官的判决或那个政治家的政策可能是公正的或明智的，尽管在执行中有着热情的成分。因此黑格尔坚持说，人类的历史展示出其自身为一幕热情的表演这一公认的事实，并不证明它不受理性所控制。可以这样说，他把热情认为是材料，历史就是由这些材料做成的；从一种观点看来，历史就是一幕热情的表演，而且仅此而已；但是同样地历史也是一幕理性的表演，因为理性在利用热情本身作为实现它的目的的工具。

这种理性的狡猾的概念、这种理性诱使热情沦为它的代理人的概念，乃是黑格尔理论中的一个有名的难题。他似乎是要把理性人格化成为外在于人类生活的某种东西；它通过人们的盲目而热情的代理作用而实现的目的，乃是它自己的目的而不是他们的目的。有时候，或许黑格尔陷入了类似中世纪神学观点的一种观点，在那里历史所实行的计划乃是上帝的计划，而在任何意义上都不是人的计划；或者说（如果可能区别这两者的话），它是启蒙运动的历史学家的和康德的那种隐蔽的神学观点，在那里历史所实行的计划并不是人的而是大自然的计划。整个说来，无论如何这一点是清楚的，黑格尔所要做的是要摆脱这种观点。在历史中实现它的计划的那个理性，对黑格尔来说，既不是一种抽象的自然理性，也不是一种超越的神明理性，而是人的理性、是有限的人的理性。而且他所说的理性和热情之间的关系，并不是作为有理性的上帝或自然和作为有热情的人之间的关系，而是人类的理性和人类的热情之间的关系。当我们说黑格尔的历史观点是一种理性主义的观点时，我们必须记得这一点，即他的理性主义是非常之奇怪的一种，因为它设想非理性的成分对于理性本身乃是带根本性的。关于这样的人类生活和精神中的理性和非理性之间的密切关系这一概念，的确在预示着一种有关人类的新概念、一种动态的而非静态的概念，并表明黑格尔正在摆脱18世纪所流行的那种抽象和静态的人性论。

第四，既然一切历史都是思想的历史而且展现为理性的自我发展，所以历史过程在根本上便是一个逻辑过程。可以说，历史的转化就是逻辑的转化被置之于一个时间的标尺上。历史只不过是一种逻辑，在这里逻辑的先后关系并不是被变成为一种时间的先后关系所取代，反而是被它所丰富和加强了。因此历史中所出现的那些发展从来都不是偶然的，它们都是必然的；而且我们对一个历史过程的知识不仅仅是经验的，它也是先验的，我们能够看出它的必然性。

在黑格尔的哲学中，最引起人们强烈的反对和敌视的，莫过于他把历史当作是一种在时间中发展的逻辑过程以及把我们对历史的知识当作是 a priori〔先验的〕这一观念了；但我在谈到费希特时曾经论证过，这种观念并不像它第一眼看上去所显得的那么荒谬，而且确实是大部分对它的反对意见纯属误解。费希特的错误，像我在第五节指出的，乃是认为历史可以不依赖经验的证据而在一种纯粹 a priori〔先验的〕基础之上重建起来。另一方面，黑格尔的批判者却常常陷入相反的错误，相信历史的知识是纯粹经验的；这一点是一个错误，我也在第五节中论证过了。黑格尔本人却避免了这两种错误。像康德一样，黑格尔把纯粹 a priori〔先验的〕知识和包含 a priori〔先验的〕成分的知识区别开来，而且他把历史学看作不是属于前者而是属于后者的一个例子。在他看来，历史包括经验的事件，这些事件是思想外在的表现，事件背后的那些思想——而不是事件的本身——就形成了逻辑上相联系着的概念的一条锁链。当你只观察事件而不观察它们背后的思想时，你就一点也看不见必然的联系。那些谴责黑格尔之认为在历史中存在着必然联系的人们，是从经验方面观看历史的，把它当作是单纯外在的事实，并且十分正当地向我们保证说，他们以那种方式观看历史时，他们看不到有任何逻辑的联系。黑格尔会这样回答说，十分正确，在单纯的事件之间确实是没有任何联系的。但是历史包括着行为，而行为则有内在的一面和外在的一面。在外在的一面，它们只是单纯的事件，是在空间和时间上相关的，而不是其他方面；在内在的一面，它们就是思想，是由逻辑的联系而互相结合在一起的。黑格尔所做的就是要坚持历史学家必须首先研究文献和其他证据，从经验方面进行工作；只有以这种方式，他才能确定事实都是什么。但是然后他必须从内在方面去观察那些事实，并告诉我们从那种观点来看的事实都是什么样子。如果说它们看上去与从外在的方面不同，那对黑格尔就不成其为答案。

我认为这种反驳甚至适用于所有的黑格尔批判者之中最为严肃和最为系统的那个人，即克罗齐。克罗齐坚持，黑格尔全部的历史哲学是一种极大的错误，产生于混淆了两种十分不同的事物：即对立与差别。克罗齐说，概念是由对立而发生关系的：好和坏、真和假、自由和必然，以及诸如此类的关系；他承认有关它们的关系的理论，黑格尔在他的辩证法理论中已经做了很好的阐明，它描述了任何概念都与其自身的对立面处于一种必然的关系之中的那种方式，那首先是产生它，然后是否定它，因而概念所存在的方式也就是创造对立和克服对立。但是成其为概念的实例的那些个别事物，却永远都不是以对立的方式而仅仅是以差别的方式而在彼此联系着的；因此之故，它们之间的关系就不是辩证的，而且因此之故在历史中——历史就是各个行动和人物和文明的历史——就不存在着辩证法。而黑格尔的全部历史哲学却有赖于这一原则，即每个历史过程都是一个辩证的过程，其中一种生活形式，例如希腊，产生了它自己的对立面，在这一情形之下就是罗马，从这个正题和反题之中就产生出一个合题，在这一情形之下就是基督教世界。

尽管克罗齐的观点很值得称道，但它并没有真正触及问题的核心。它蕴涵着，我们在谈论历史时，永远不应当使用像对立或对抗以及合题或调和之类的字样；例如，我们不应该说专制主义和自由主义是对立的政治学说，我们只应该说它们是不同的；我们不应谈辉格党和保守党之间或天主教徒与新教徒之间的对立，而只应该谈是一种差别。确实，当我们在仅仅谈论历史的外表事件时，我们不需要使用像对立之类的名词（我姑且称它们为辩证法的名词)；但是当我们谈论到这些事件之下的内心思想的时候，在我看来，我们就不能回避它们了。譬如说，我们可以描述新英格兰殖民化的那些纯属外表的事件而不使用任何辩证法的语言；但是当我们试图把这些事件看成是朝香的父老们[①]这方面有意企图在实践的形式上实现一种新教生活的观念时，我们就是在谈论着思想了，而且我们必须用辩证法的词句来描述它们。例如，我们必须谈到关于宗教机构的公会(congregational)观念和长老(episcopal)观念之间的对立，而且必须承认基于使徒继承的圣职观念和不基于使徒继承的圣职观念两者间的关系乃是一种辩证的关系。根据这一种观点，希腊的文明就是在实现希腊对人生的观念，也就是，希腊的人生观；罗马的文明就是在实现罗马的人生观；而这两种观念之间的关系，根据克罗齐自己的说明，乃是一种辩证的关系。但这正是黑格尔所一直坚持的全部内容。

第五点，也是黑格尔一直遭到猛烈批判的另一点，就是他的历史并不是结束于未来而是结束于现在的这一学说。例如，那位很能干又很同情的瑞士作家爱德华·傅特尔[②]就说，一部历史哲学探索着人类生活的历程，从它的开始直到世界的末日和最后的审判，就像中世纪的思想家们所做的那样，这是一件可敬的而又庄严的事[③]；但是黑格尔的历史哲学使得历史不是以最后的审判而是以今天而告结束，则只不过是以对现在的光荣化和理想化而告结束，否认了任何进一步的前进是可能的，并为一种僵硬的和不明智

① 指17世纪移居北美新英格兰的英国清教徒。——译者

② 傅特尔(1876—1928)，瑞士历史学家。——译者

③ 《近代史学史》(慕尼黑和柏林，1911年)第433页。

的保守主义的政策提供一种伪哲学的辩解而已。

但是在这里黑格尔又一次，像费希特一样，确实是正确的。根据他对历史哲学的观念，历史哲学乃是从哲学上加以考虑的历史本身，也就是说在从内部加以观察。但是历史学家并没有有关未来的知识；他有什么文献、什么证据能肯定尚未发生的事实呢？他愈是哲学地观察历史，就愈清楚地认识到，未来对于他是、而且必定永远是一部没有打开的书。历史必须以现在而告结束，因为此外再没有发生过其他的事。但这并不意味着在美化现在或认为将来的进步是不可能的。它仅仅意味着应该承认，现在乃是一件事实，并应该认识到我们并不知道将来的进步将是怎样的。就像黑格尔所说的，未来不是知识的对象，而是希望和恐惧的对象；而希望和恐惧并不是历史。如果黑格尔在他一生晚年的实际政治中是一个不明智的保守派，那乃是作为一个人的黑格尔的错误，并没有理由把它看作是他的历史哲学的错误。

但是尽管在这几点上黑格尔面对着他的批判者似乎是站在正确的方面，但是读他的《历史哲学》一书却不可能不感到，它虽然是一部辉煌的巨著，却有着重大的错误。我不是仅仅指黑格尔对自从他那时代以来所曾发现的许多的历史事实无知，我指的是他的著作的方法和结构本身中的某种更深层的东西。这是一件引人注目的事实，而且是许多读者都已注意到了的一件事实，即作为一位历史学家，黑格尔在他的哲学史讲演中表现得最好，那是历史方法的一场真正的胜利，而且成了以后一切思想史的典范。这意味着，由于他的方法是基于所有的历史都是思想史这一原则，所以当他所处理的题材是最纯粹状态的思想时，也就是哲学的思想时，他的方法就不仅是合法的而且取得了出色的成功;但是这却不是他的《历史哲学》一书的题材。

黑格尔本人坚持认为有许多种思想存在着,而且它们作为合理性的或多或少的完美的事例,在程度上是各不相同的。在底层出现的,他就称之为主观精神,即心理学所研究的那种思想;在这里,思想几乎不超出活的有机体对它自己感觉作用的意识。然后更高一层就出现了黑格尔所称为的客观精神,在这里,思想是通过在社会的和政治的体系中创造出其自身的外在显现而表现它自己的。然后在最顶层,绝对的精神就以其艺术、宗教和哲学的三种形式而出现。这些全都超越了社会的和政治的生活范围并且克服了主体和客体之间的对立,克服了思想者和他所发现存在着的、而又必须服从的那种制度或法律之间的对立:一件艺术品、一种宗教信仰或一个哲学体系,乃是设想出它来的那种精神之完全自由的而同时又完全客观的表现。

在《历史哲学》一书里,黑格尔把他的研究范围限于政治历史。这里他是在追随着康德;但是康德有着一个很好的理由这样做,而黑格尔却没有。根据他对现象和物自身之间的区别,我们已经看到康德把历史事件看作是现象,是时间系列中的事件,而历史学家则是它的旁观者。人类的行为作为物自身,在他看来,乃是道德的行为;而且他认为,同样那些行为作为物自身成其为道德行为的,作为现象就成其为政治行为。因此,历史就必定是而且只能是政治的历史。当黑格尔摒弃康德的现象和物自身之间的区别时,他就蕴涵地摒弃了康德的一切历史都是政治史以及历史乃是一种景观这些学说。因此国家之在他的《历史哲学》里占据一个中心的地位，就是犯了时代的乖舛；而要自圆其说，他就应该坚持，历史学家的任务倒不是要大事研究客观精神的过程，反而是要研究绝对精神的历史，亦即艺术、宗教和哲学。而且事实上，黑格尔全部著作中大约将近半数是专门研究这三种东西的。《历史哲学》是黑格尔著作整体上的一个不合逻辑的赘疣。他在历史方法上的革命的合法成果，——就那种成果见之于他自己的著述中的而论，——乃是题名为《美学》、《宗教哲学》和《哲学史》的那八卷书。

因此，普通对黑格尔的批判都是错误的。从承认他的历史哲学多少是有点不能令人满意而开始（这一点也是每个人一定会承认的），这些批评就论证说："这就是要把历史当作是合理的来加以对待的结果。那教训便是，历史并不是人类思想在不断发展其自身，它只是赤裸裸的事实。"但正确的批判则会这样说："这就是把政治史本身作为仿佛它就是历史的全部来加以看待的结果。那教训便是，政治的发展应当被历史学家设想为是和经济的、艺术的、宗教的以及哲学的发展结合在一起的，而且历史学家不应该满足于一部人类的历史而缺少其任何具体的现实。"就事实来说，这第二种批评才似乎是有意或无意影响了某些19世纪历史学家们的那种批评。

第八节　黑格尔和马克思

19世纪的历史编纂学并没有放弃黑格尔的这一信念：历史是有理性的，——放弃这种信念就会是放弃历史本身了，——但是它那目标倒更加在于完成一部具体精神的历史，坚持黑格尔在他正式的《历史哲学》中所忽视的那些成分，并把它们组成一个坚固的整体。在他较直接的弟子里面，鲍尔专治基督教学说史，马克思专治经济活动史，而兰克①在后来则系统地应用他的历史运动概念或分期的概念作为是新教主义之类的概念或观念的实现。马克思的资本主义或兰克的新教主义乃是真正黑格尔意义上的一种“观念”：即一种思想、一种由人类自身所掌握的人生观，因而就类似于一种康德的范畴，但它是一种受历史制约的范畴；它是一种人们到了某一个时期就会用以思想的方式，而且他们就按照这种方式组织他们的全部生活，但只不过是发现了观念由于它自己的辩证法而变为另一种不同的观念，而表现它的那种生活方式并不会结合在一起反而会分裂，并使自己转化为那取代了第一种观念的第二种观念的表现形式。

马克思的历史观点兼有黑格尔的强点和弱点：它的强点在于深入到事实背后的那些基础概念的逻辑结构里去；它的弱点在于选择了人类生活中的一个方面（在黑格尔是政治，在马克思是经济）作为其自身在这种意义上是充分合理的。马克思像黑格尔一样坚持说，人类的历史并不是若干不同而平行的历史，经济的、政治的、艺术的、宗教的等等的历史，而只是一部单一的历史。但又像黑格尔一样，他把这种统一不是设想为一种有机的统一体，其中发展过程的每一条线索都保持着它自己的连续性以及它和其他线索的密切联系，而是作为一种其中只存在着唯一一条连续线索的统一体（在黑格尔就是政治史的线索，在马克思就是经济史的线

① 兰克（1795—1886），德国历史学家。——译者

索)，其他的因素都没有它们自身的连续性，而是(对马克思来说)在它们发展中的每一点上都仅仅是基本经济事实的反映。这就使马克思陷于一个悖论：如果某些人(譬如说)主张某些哲学观点，那么他们也并没有哲学上的理由要主张它们，而只有经济上的理由。建筑在这一原则上的有关政治的、艺术的、宗教的、哲学的那些历史研究，都不可能具有真正的历史价值；它们都仅只是在卖弄聪明，例如，要发现贵格派教义(Quakerism)和银行业之间的联系这一真正重要的问题，在这里就受到了压制而实际上被说成贵格教义是银行家们对于银行业的唯一思想方式。然而，马克思的悖论只是象征着一种反历史的自然主义，那感染了他大部分的思想，并且从他对黑格尔的辩证法的态度最能得到说明。

马克思有过一句有名的自诩，说他接受了黑格尔的辩证法并“把它的头倒置过来”；但是他并没有完全意味着他所说的话。黑格尔的辩证法从思想开始，进而至于自然，并以精神而告结束。马克思并没有颠倒过来这种次序。他只提到了第一项和第二项，没有提到第三项；他的意思是，黑格尔的辩证法从思想开始，进而至于自然，而他自己的辩证法则从自然开始，进而至于思想。

马克思并不是一个哲学上的无知者，他一刻也没有假设过，在黑格尔那里思想对自然的第一性就意味着黑格尔把自然看作是精神的一种产物。他知道黑格尔像他自己一样，把精神看作是自然的一种产物(一种辩证的产物)。他知道“思想”一词，在黑格尔把逻辑学叫做“思想的科学”那种意义上，所指的并非是什么在思想，而是它所思想的是什么。对黑格尔来说，逻辑学并不是一门“我们如何思想”的科学，它是一门有关柏拉图式的形式的，即有关抽象的实体或“理念”的科学；——假如我们还记得要认真看待黑格尔本人的警告，即我们一定不要假设观念仅只存在于人们的头脑里。那会是“主观唯心主义”，是黑格尔所厌恶的东西。按照他的说法，它们进入人的头脑里，只是因为人是能够思想的；而且如果“观念”并不曾独立于人们对它们的思想之外的话，那么就不会有任何人、也确实不会有任何自然世界存在了；因为这些“观念”就是逻辑的架子，唯有在那里面，一个自然的和人的世界、不能思想的生物和能思想的生物的世界，才是可能的。

这些“观念”不仅为自然制定了一个架子，它们也为历史制定了一个架子。历史，作为人在其中表现了自己思想的行为，便由一些条件预先为它奠定了它那结构的一般轮廓，唯有在那些条件之下思维活动、精神才能够存在。在这些条件之中包括以下两条：首先，精神应该出现在一个自然世界之内，而且继续停留在其中；第二，它应当通过领会处于自然背后的那些必然性而工作。因而人类的历史活动，作为发生着的或进行着的活动，就是在一个自然的环境里发生着的或进行着的，而不能以其他的方式进行。但是它们的“内容”，亦即人们具体所想的和人们所借以表现这种思想具体所做的，却不是被自然、而是被“观念”即逻辑学所研究的必然性所决定的。因此，逻辑学在如下的意义上就是历史学的钥匙，即历史学所研究的那些人们的思想和行为都在遵循着一个模式，那个模式就是由逻辑学已经以黑白勾好了模式的一个彩色套版。

这就是当马克思说他已经把黑格尔的辩证法颠倒过来时，所想的东西。他在做出这一声明时，他心目之中的那种东西就是历史，也许历史是马克思所极感兴趣的唯一事物。他的话的要点就是：对于黑格尔来说，因为逻辑先于自然，所以就要由逻辑来决定历史所据以工作的那种模式，而自然则仅仅是决定历史在其中工作着的环境；而对于马克思本人来说，自然就不止于是历史环境而已，它是得出历史模式来的根源。他认为从逻辑中为历史抽出模式来是无用的，如像著名的黑格尔关于自由的三个阶段的模式："对东方世界来说，一个人是自由的；对希腊罗马世界来说，有些人是自由的；对近代世界来说，人人都是自由的。"更好的办法是从自然世界中抽出模式来，就像马克思所做的同样有名的模式："原始共产主义、资本主义、社会主义"；在这里，名词的意义据说不是来自"观念"，而是来自自然的事实。

马克思所做的事乃是要重申 18 世纪历史自然主义的基本原则，即历史事件都有自然的原因这一原则。他无疑地是以一种不同的态度重申了这一原则的。他的思想谱系中那黑格尔的一面，使它有权在自己的怀抱里拥有"辩证"这个名词。他如此强烈地坚持的那种唯物主义并不是通常 18 世纪的唯物主义，它是"辩证唯物主义"。这种差别并非是不关重要的；但是它也一定不能加以夸大。辩证唯物主义仍然是唯物主义。因而马克思就是在变黑格尔辩证法的魔术，其全部的要点是这样的：黑格尔已经和 18 世纪的历史自然主义宣告决裂了，而且确乎是除了以部分的方式而外并不曾成就过，但是无论如何却曾要求过有一部自律的历史（因为一部除了逻辑必然性的权威而外不承认有任何权威的历史，便可以无愧于要求自律这一称号）；而马克思却又回到这种要求上来，并且把黑格尔已经宣布从自然科学的管辖之下解放出来了的历史学，又一次隶属于自然科学的管辖之下。

马克思采取的步骤是一种倒退的步骤。但是也像其他许多的倒退步骤一样，它在表面上的倒退更甚于它在实际上的倒退；因为他所撤出的那个领域，乃是从未曾有效地加以占领过的领域。黑格尔曾经要求一部自律的历史，但事实上他并没有完成它。他已经看到，——仿佛是预言般的，——历史学在原则上应当从它对自然科学的学徒地位中解放出来；但是在他自己实际的历史学思想中，却从未充分达到那种解放。那就是说，就他通常所称之为历史的那种东西而言，亦即就政治史和经济史而言，它还没有达到；黑格尔在这方面并不是一位大师，而且在这方面他主要地是使自己满足于剪贴方法。然而在他的哲学史中，而且也只是在这里，他的确是对于一个历史的领域进行了有效的占领；而且正是在这里，他一定曾使他自己确信，正如他曾使许许多多的读者所确信的那样，他对于历史学思想的自律性这一要求在原则上是有道理的。那也就是何以辩证唯物主义一直总是在政治史和经济史方面得到它最大的成功、而在哲学史方面却得到它最大的失败的一个原因。

如果说马克思颠倒了黑格尔的辩证法是一个后退的步骤，那末它也是前进的一个序幕。这种前进奠基于黑格尔所留下来给他的弟子们的那种实际情况，特别是它导致在处理那种特殊的历史即经济史上的一场巨大的前进；在这方面黑格尔是软弱无力的，而在这方面马克思则是分外地强而有力的。如果说一切近代有关哲学史的研究都得回到黑格尔这位这一专题的近代大师那里去，那么一切近代有关经济史的研究在同样的意义上就都得回到马克思那里去。然而，今天的研究实践却不能再停留在黑格尔为哲学史所留下来的地方，或者是马克思为经济史所留下来的地方了；正如历史理论不能停留在黑格尔的《历史哲学》所留下来的地方，或马克思的“辩证唯物主义”所留下来的地方一样。这些都是权宜的手段，从而使尚未超出剪贴阶段的那种类型的历史学可以试图采用非历史的方法来掩饰那种阶段所固有的缺点。它们属于历史学思想的胚胎学。证明它们是有道理的、而且确乎是必不可少的条件，现在已经不复存在了。

第九节　实证主义

马克思和他的同事们的历史唯物主义，对于历史学的实践并没有起什么直接的影响，历史学的实践在19世纪里变得愈来愈加怀疑所有的历史哲学都是些毫无根据的臆测。这一点和那个世纪之普遍倾向于实证主义有关。实证主义可以定义为是为自然科学而服务的哲学，正如在中世纪，哲学是为神学而服务的一样。但是实证主义者有着他们自己的有关自然科学是什么的见解（是一种颇为浅薄的见解）。他们认为它包括两件事：首先是确定事实；其次是构成规律。事实是被感官知觉所直接确定的。规律是根据归纳法来概括这些事实而构成的。在这一影响之下就出现了一种新的历史编纂学，它可以称为实证主义的历史编纂学。

历史学家们满怀热情地投身于实证主义纲领的第一部分，从事研究他们所能确定的一切事实。结果是详尽的历史知识大量地增加起来，根据对证据的精确的和批判的考订而达到一种史无前例的程度。这是由于编纂大量精心筛选的材料而使得历史学丰富了起来的时代，诸如密封存档的年历、拉丁文铭刻集成、各种各样历史文件和资料的新版本以及考古研究的成套设备，等等。像蒙森或梅特兰①这些最优秀的历史学家们，成为了最著名的考据精详的大师。历史学的良心把自己认同于对每一桩孤立的事实都出之以一种无限谨慎的态度。普遍的历史这一理想被当作是一种空幻的梦想而被扫到一边去了，于是历史文献的理想就成为了专题论文。

但是在整个这段时期里，对于这种绵密研究的最终目的却始终有着一种不安的心情。它是服从着实证主义的精神而在进行的；根据实证主义的精神，确定事实仅仅是全过程的第一阶段，它的第二阶段便是发现规律。历史学家们自己大多数都非常高兴去进行确定新的事实；可供发现的领域是无穷无尽的，而且他们所要求的，最多也无非就是去挖掘它们而已。但是了解实证主义纲领的哲学家们却怀着疑虑的心情在观察这种热情。他们问道，什么时候历史学家才踏上第二个阶段呢？同时，并非是历史学专家的普通人却变得厌烦了；他们看不出这桩或那桩事实究竟发现与否，到底有什么关系；于是历史学家和普通知识界人士之间的鸿沟就逐渐加宽了。实证主义哲学家抱怨说，只要历史学死抱住单纯的事实不放，它就不是科学的；普通人则抱怨说，它所揭明的那些事实引不起兴趣来。这两种抱怨大致是同一回事。每一种都蕴涵着，单纯为了事实而确定事实是无法令人满意的，它的合理性的证明是远在它自身以外的某种东西之中，那是这些已经被确定的事实所能够做到或者是应该做到的。

① 梅特兰(1850—1906)，英国历史学家。——译者

正是在这种情况下,孔德就要求历史事实应当作为比它们本身更为重要和更为真正有趣的某种东西的原材料而加以使用。实证主义者说,每种自然科学都从确定事实而开始,然后就进而发现它们的因果关系;孔德接受了这种说法,他提出应该有一门新科学,叫做社会学的,从发现有关人类生活的事实(这是历史学家的工作)而开始,然后进而发现这些事实之间的因果关系。社会学家因此就是一种超级历史学家,他们由于科学地思考历史学家仅仅经验地加以考虑的那些同样的事实,便把历史学提高到一种科学的地位。

这一纲领很像是康德的和后康德学派的纲领之把大量储存的事实重新解释成一套庄严的历史哲学。唯一的区别是,对唯心主义者来说,这种被规划的超级历史要基于作为某种特殊的而有别于自然的东西的精神概念;而对实证主义来说,则它是基于与自然并没有根本不同的精神概念。历史的过程对于实证主义者来说,在性质上与自然的过程是一样的,而这就是为什么自然科学的方法可以应用于解释历史。

这个纲领,乍看上去好像是以一种简单草率的姿态,抛弃了18世纪在理解历史方面那样辛辛苦苦所做出的一切进步。但这实际上却不是实情。实证主义者对于自然和历史之间的基本区别的这一新否定,实际蕴涵的倒不是对18世纪历史观的摒弃,反而是对18世纪自然观的批评。这一点的标志就是,大体上19世纪的思想尽管对大部分黑格尔的历史哲学是敌视的,但对他的自然哲学基本上却远为更加敌视。我们已经看到,黑格尔把高级的和低级的有机体之间的区别看作是逻辑上的而非时间上的,这样他就摒弃了进化观念。但是在他死后的那个世代里，自然界的生活开始被认为是一种进步性的生活，而且就这方面而言，乃是有似于历史生活的一种生活。1859 年，当达尔文出版《物种起源》一书时，这种观念并不是新观念。在科学界，把自然界作为一种静态体系的概念，——即一切物种在其中（用旧话来说）都是特殊的创造物，——早已经被把物种看作是在时间的过程之中产生的这一概念所取代了。达尔文的观念的新颖性并不是他相信进化，而是他坚持进化乃是由他所称为的自然选择而实现的，这一过程类似于人们采用人工选择来改进家畜的育种。但是在一般人的心目中，这一点并没有清楚地被认识到，于是达尔文便作为进化这一观念的战士、而且还确实是以它的发明人而出场了。在《物种起源》对思想的普遍影响方面，它就这样成为象征着第一次使人人都知道作为一种静态体系的旧自然观念已经被人们所放弃了的一部书。

这一发现的影响，势必大大增进历史学思想的声誉。直到这时，历史学思想和科学思想二者间的关系，也就是说对于历史的思想和对于自然的思想二者间的关系，一直是对抗的。历史为它自己所要求的题材在本质上是进步的；而科学则要求一种题材在本质上是静态的。到了达尔文，科学的观点就有条件地向历史的观点投降了，于是这时两者都同意把它们的题材设想为进步的。进化论这时就可以用来作为包括历史的进步和自然的进步两者都在内的一个普遍的术语了。进化论在科学界的胜利意味着，由于把自然部分地归结为历史，实证主义就有了资格把历史归结为自然。

这种友好关系却有它的危险。它由于导致如下的假设而倾向于伤害自然科学，即自然的进化由于它自己能创造愈来愈好的生命形式，乃是自动进步的；它也可以由于如下的假设而伤害历史学，即历史的进步有赖于同样的所谓自然法则，而自然科学的方法则以其进化论的新形式是适宜于研究历史过程的。防止了对于历史学的这种伤害的却是这一事实，即历史学方法这时已经发现了它自己，并且比起半个世纪以前来，它已经变成为一种更加确定得多、系统得多和自觉得多的东西了。

19 世纪初期和中期的历史学家已经研究出一种掌握材料的新方法，即语言学的考据方法。这种方法主要地包括两项操作：首先是把出处（这仍然是指文字的或记述的出处）分析为它们的各个组成部分，区别出它们当中早晚不同的成分，从而使历史学家能鉴别出其可靠性或多或少不同的各个部分；其次是，对于那些更可靠的部分进行内部考据，指明作者的观点是怎样影响了他对事实的陈述的，从而使历史学家能够对于由此而产生的歪曲加以考虑。这种方法的经典范例就是尼布尔[①]对李维的处理，他在处理时论证说，大部分通常被认为是早期罗马史的，都是更晚得多的时期的爱国热情所虚构的故事；而且就连那最早时期的老底层也不是严肃的历史事实，而是类似于民谣文学的一种东西，是一部远古罗马人民的民族史诗（他这样称它）。在那部史诗的背后，尼布尔发掘出早期罗马的历史现实乃是一个雇农—农民的社会。我无须在这里通过赫德尔直到维柯来追溯这种方法的历史；值得注意的要点是，到了 19 世纪的中叶，它已经变成了一切有才干的历史学家们的可靠财富，至少在德国是这样。

① 尼布尔（1776—1831），德国历史学家。——译者

这时，掌握了这种方法的结果便是，历史学家懂得了怎样以他们自己的方式来进行他们自己的工作，而不必再冒由于企图把历史学方法同化为科学方法而被引入歧途的风险。这种新方法从德国逐步传播到法国和英国；凡是它传播所及的地方，它都教导历史学家们说，他们必须要实现一项十分特殊的任务，而有关这项任务实证主义并没有教给他们任何有用的东西。他们看出了他们的工作就是要使用这种考据方法来确定事实，并且还要拒绝实证主义送给他们的那份邀请书，那催促他们要面向假设中的第二个阶段，即发现普遍的规律。因此之故，孔德的社会学的主张就被更有才能的和更诚恳的历史学家们悄悄地抛弃到一旁；他们终于认为，发现和陈述事实本身对于他们来说就够了，用兰克的名言来说就是"wie es eigentlich gewesen"〔正像它本来的面貌那样〕①。历史学作为若干个别事实的知识，就逐渐作为一项独立自主的研究而使自己脱离了作为普遍规律的知识的科学。

但是，尽管历史学思想的这种日益增长的独立自主性，使它能够在某种程度上抗拒实证主义精神的较极端的形式，然而它仍然深深受到那种精神的影响。像我已经说明过的，19世纪的历史编纂学接受了实证主义纲领的第一部分，即收集事实，尽管它排斥了第二部分，即发现规律。但是它依然以一种实证主义的方式来设想它的那些事实，亦即把它们当作是分别独立的或者说原子式的。这一点便导致历史学家在他们处理事实时采用了两条方法上的准

---

① 《罗马与日耳曼民族史》第一版序言(《全集》第三十四至三十五卷，莱比锡，1874年版，第vii页)。

则:(i)每桩事实都被看作是可以通过一项单独的认识行为或研究过程而被确定的事物;于是,历史可知的整个领域便被分割成无数细微的事实,每件事实都要单独予以考虑。(ii)每件事实都要被思考为不仅独立于其他一切事实之外,而且也独立于认知者之外,因此历史学家观点中的一切主观成分(像是它们被人称为的)就必须一概删除。历史学家一定不要对事实作任何判断,他只应该说事实是什么。

这两条方法上的准则都有一定价值:第一条训练了历史学家们要精确地注意细节问题,第二条则训练了他们避免把他们的题材涂上他们自己感情反应的色彩。但是这两条在原则上却都是有害的。第一条导致的推论是,没有什么对于历史学来说是一个合法的问题,除非它要么是一个微观的问题,要么就是可以当作一组微观的问题。因此,蒙森这位实证主义时代遥遥领先的最伟大的历史学家,才能以几乎难于置信的精确性编纂出一部铭文大全或者一部罗马宪法手册,并且才能指明怎样使用这部集成,例如,以统计的方法处理军人的墓志铭,从而发现罗马军团在不同的时期里都是从哪里征集来的;但是他想写一部罗马史的企图,恰恰就在他自己对罗马史的贡献开始变得重要的那个时刻却破灭了。他终生致力于罗马帝国的研究,他的《罗马史》却结束于阿克提姆之役①。因此,实证主义在它那工作的这一方面所留给近代历史编纂学的遗产,就是空前的掌握小型问题和空前的无力处理大型问

① 阿克提姆(Actium)之役,公元前 31 年,屋大维击败安东尼和克利奥巴特拉。事在罗马帝国成立之前。——译者

题这二者的一种结合。

第二条规则，反对对事实进行判断，具有同样的损害作用。它不仅阻碍了历史学家们以一种恰当的和有条理的方式去讨论诸如下列的问题：这种或那种政策是一种明智的政策吗？这种或那种经济体系是健全的吗？科学或艺术或宗教的这种或那种运动是一种进步吗？如果是的，又是为什么呢？它还阻碍了他们去分享或批评已往的人们对自己同时代的事件或制度所做的判断。举例来说，他们能够重述有关罗马世界的皇帝崇拜的全部事实，但是因为他们不容许自己对于它作为一种宗教的和精神的力量的价值和意义形成判断，所以他们就不能理解那些实行这种皇帝崇拜的人真正对它有什么感受。古人对奴隶制是怎么想的？中世纪时的普通人对于教会及其教律和教义的体系是什么态度？在一场像民族主义的兴起这样的运动中，有多大成分是由于群众的感情，有多大成分是由于经济的力量，有多大成分是由于深思熟虑的政策？像这些问题一直都是浪漫主义历史学家系统研究的对象，却被实证主义的方法当作是不合法的而一笔勾销了。拒绝判断事实也就意味着，历史只能是外界事件的历史，而不是产生这些事件的思想的历史。这就是何以实证主义历史编纂学使自己又陷入了老错误，把历史等同于政治史（例如在兰克那里，而尤其是在弗里曼那里）而忽视了艺术、宗教、科学等等的历史，因为这些都是它所无力处理的课题。例如，哲学史在那个时期从未被人研究得像是黑格尔那么成功。于是，实际上就产生了一种理论（它对于一个浪漫主义历史学家或者对我们今天来说，会显得简直是滑稽可笑），认为哲学或艺术严格地说根本就没有历史。

所有这些后果都源出于历史理论中的某种错误。把历史学当作是处理事实而且仅仅是事实的这一观念，看来似乎是全然无伤的；但是什么是事实呢？按照实证主义的知识论，事实就是某种在知觉中直接被给定的东西。当我们说科学在于首先是确定事实，然后是发现规律时，这里的事实便是科学家所直接观察到的事实：例如，这只豚鼠在注射了这样一种培养基之后就得了强直性的痉挛这一事实。如果任何人怀疑这一事实，他可以用另一只豚鼠重做这一实验，它将会照样如此，因此之故，对于科学家来说，事实是否真正像人们所说它们的那样，这一问题永远都不是一个至关重要的问题，因为他总是能够在他自己的眼前重行制造那些事实。因此在科学里，事实乃是经验的事实，是在它们发生时被知觉到的事实。

在历史学中，“事实”一词就赋有非常之不同的意义了。公元2世纪罗马军团开始完全从意大利以外征集的这一事实，并不是直接给定的。它是由于按照一种复杂的准则和假设的体系来解释资料的过程而推论出来的。历史知识的理论就会发现这些准则和假设都是什么，并且会问它们之成为必要的和合法的都到什么程度。所有这一切都被实证主义的历史学家们所全然忽略了，因此他们从不向他们自己问一下这个难题：历史知识是怎样成为可能的？历史学家怎样而且在什么条件之下才能够知道，现在已超出回忆或复述之外，所以对他就不能成其为知觉对象的那些事实呢？他们以他们对科学事实和历史事实之间的错误类比，就排除了提出这个问题。由于这一错误的类比，他们就认为这样一个问题可以无须回答。但是，由于这同一个错误的类比，他们便总是在误解历史事实的性质，从而就以我已经描述过的那些方式在歪曲历史研究的实际工作。

第四编　科学历史学

第一节　英国

一　布莱德雷

欧洲的哲学到了19世纪末叶，继黑格尔死后而到来的那个严冬之后，又出现了一个新的生长的春天。在它的消极方面，这场新的思想运动表明它自己主要地是对实证主义的反抗 。但是实证主义，尽管它实际上是一个哲学体系，却拒绝承认这个称号。它只是声称要成为科学的。实际上，它只不过是把自然科学的方法论提高到一种普遍的方法论的水平之上而已，即自然科学把自己等同于知识。因而对实证主义的攻击就必然除了表现为对科学的反抗而外，同时也表现为对理智本身的反抗。但确切地加以理解，它却并不是这二者。它并不反抗科学，它只反抗那种声称科学是已经存在着的或者曾经可能存在着的唯一的一种知识的哲学。它并不反抗理智，它只是反对把理智限于自然科学所特有的那种思想的理论。但是对某一件事物的每一次反抗，都是有利于另一件事物的一次反抗。而在它的积极方面，这场新思想运动(随着它走向成熟而变得越来越清楚)也是一种尝试，证明历史学作为一种知识

形式是不同于自然科学的，而且它本身有权成为有效的。

然而，这些新观念的早期倡议者是在实证主义的阴影之下工作着的，他们要使自己摆脱实证主义的观点有着很大的困难。如果他们在他们思想的某些点上成功地克服了这种困难，他们又会在其他方面重新陷入实证主义。所以当我们现在回顾这场运动时，我们就看到它是实证主义与各种反实证主义动机的一种杂糅的混合物；而当我们试图批判它的种种结果并整理出它们的秩序的时候，我们很快就会认识到，做到这一点的最容易的方法就是剔除其反实证主义的成分并把它当作是实证主义的一种不能自圆其说的陈述。当然，这会是一种错误的解释；它会包括着把新的成长的激荡误认为是一种虚弱的和不连贯的思想摇摆，并且在恰好是错误的方向上发展了这些新哲学家们的观念，取消了他们所提出的困难，而不是面向着并且克服着这些困难。在分析一个哲学家的思想时，正像在分析——比如说——一种政治形势时一样，我们总会发现有不连贯和矛盾之处；这些矛盾总是出现在后退的和前进的成分之间；假如我们要做任何分析工作的话，那么最重要的就是要正确地区分哪些是前进的成分和哪些是后退的成分。对我们的题目历史地进行研究的重大优点，就是它能使我们确切做出这种区别。

在英国，我们所谈到的这一新运动的领导者是 F. H. 布莱德雷[①]，他出版的第一部著作特别涉及历史学的问题。这就是写于 1874 年的《批判历史学的前提》一书。这篇论文所由以出现的形

① 布莱德雷(1846—1924)，英国哲学家。——译者

势，就是由图宾根学派、特别是由 F. C. 鲍尔[①]和 D. 斯特劳斯[②]所发展起来的《圣经》批评的这一情况。这些德国的神学家们已经使用新的历史考据的方法来叙述《新约全书》，其结果对于信仰那些叙述的可靠性乃是毁灭性的。然而，这种结果的毁灭性却不是简单地由于使用考据方法，而是由于使用这种方法的实证主义精神。考据的历史学家是这样一个人，他不再满足于说："权威材料是说发生过如此这般的一件事，所以我相信它发生过。"他说："权威材料说它发生过，现在就要由我来决定究竟它们所谈的是否真实。"因此，考据的历史学家就必然要问，《新约全书》的叙述在这一点或那一点上是否报导了历史事实，还只是作为一个新宗教派别的传说的组成部分而产生的虚构。然而二者中的任何一种在理论上都是可能的。例如，我们以耶稣复活的故事为例。曾任牛津大学历史学教授和腊格比（Rugby）校长的托马斯·阿诺尔德[③]就说，这件事是历史上验证得最好的事实。但是，考据家回答说，它验证得很好只是证明了有很多人相信它，而不是它曾经发生过。尽管他们的论证有着健全的根据，但是当他们声称能够证明：(a)它不可能发生过；(b)相信它的那些人很有理由相信它，哪怕它并没有发生过；这时候他们的实证主义的假设就开始变得明显了。他们论证说，它不可能已经发生过，因为它是一桩奇迹，而奇迹是违反自然法则的；自然法则是由科学发现的，因此科学的全部威望和权威就都被投到天平上的否定耶稣复活确实发生过的那一边。但是早

① 鲍尔（1792—1860），德国神学家。——译者

② 斯特劳斯（1808—1874），德国神学家、著作家。——译者

③ 阿诺尔德（1795—1842），英国历史学家。——译者

期基督教会的成员并不是有科学头脑的人;他们生活在区别什么可能发生和什么不可能发生乃是毫无意义的事那样一种气氛里;在那种岁月里每个人都相信奇迹;因此十分自然地他们的想象力就应当创造这样的奇迹,那对他们自己的教会是如此之可信并且反映出它的创立者是如此之光荣。

结果便是,这些考据家们并没有最小的一点点反宗教或反基督教的偏见,而是相反地希望把他们自己的基督教信仰仅仅建立在经过考据所确定的历史事实的坚固的基石之上;于是他们就从事重写《新约全书》的叙述,而撇开了奇迹的成分。起初他们并没有认识到,这一点在多大程度上使得他们对基督教的起源产生怀疑主义,但是不久问题就出现了。如果奇迹以及用同样的画笔所涂绘的其他一切一起都被勾销的话,那么还有什么剩了下来呢?按照这种考据的理论,早期的基督教徒渗入了奇迹,只是因为他们是些不科学的、富于想象力的、轻信的人;但是这一事实却不仅使得他们对奇迹的见证无效,而且也使得他们对所有其他的见证一律无效了。那么,我们为什么应该相信耶稣竟然活过呢?更极端的考据家们就论证说:的确,《新约全书》所能够确实告诉给我们的一切就是,写它的人们是活过的而且他们是他们自己著作中所表明的那种人,他们是具有奇怪的信仰的一个犹太教派,各种情况的结合逐渐地把他们培养成为罗马世界的宗教主宰。于是一种激进的历史怀疑主义便不是从运用考据方法之中,而是从把那些方法与未经考据的和未为人注意的实证主义的假设相结合之中产生出来了。

这就是布莱德雷论文的背景。他不是在围绕着他们的结论的激烈论战中拥护或者反对批评家们的哪一方,他为自己所规定的任务是从哲学上调查研究他们的方法以及他们所依据的原则。他从这样一个事实出发:考据历史学是存在的,而且一切历史学在某种程度上都是考据的,因为没有一个历史学家抄录他那权威出处的陈述恰如他所发现它们的那样。于是,“考据的历史学就必定有一个标准”;而且很清楚,这个标准只能是历史学家本人。他处理他的权威的那种方式,将要而且必定要取决于他所带给对它们的研究的都是什么。既然历史学家是一个具有他自身经验的人,他经历了他所生活于其中的世界;所以他自己带来用以解释历史证据的就正是这种经验。他不可能简单地是反映那个证据都告诉了他什么事的一面平静的镜子;在他自己努力去解释它之前,它什么也没有告诉他,因为它本身只不过“是一群争吵着的见证人,是一堆支离破碎的混乱叙述”而已。他从这种杂乱无章的材料中得出来什么,要取决于他本人是什么:也就是说,取决于他所带给这项工作的那种经验整体。但是他所必须据之以进行工作的那种证据其本身已经是由见证所构成的,也就是说是由各个不同的人所做的陈述所构成的;并且因为它们想要成为客观事实的陈述,而不是单纯主观感觉的记录,所以它们就包含着有判断和推论,而且还很容易有错误。考据的历史学家所必须做的事就是要决定,他正在使用其证据的那些人在这种或那种场合究竟是在做出正确的还是错误的判断。这种决定必须建立在他自身经验的基础之上。这种经验告诉他哪种事物可能发生,而这就是他用以评判证词的准则。

当我们的见证人肯定了一件事实,而在我们的经验中又完全缺乏类比时,难题就出现了。我们能够相信他吗,还是我们必须拒绝他的那部分证词呢?布莱德雷的回答是:如果在我们自己的经验中我们遇到了一个事实,不像我们以前所遇到的任何事物时,我

们就只有在通过“经常重复最仔细的核实工作”验证了它的时候，才可以认为我们自己有权相信它的真实性。因而这些就是我们能够相信这样一桩事实或证词的唯一条件：我必须有保证，见证人是一个像我自己一样诚恳的观察者，而且他也已经用同样的方式证实了他的观察，在这种情况下“他的判断对于我来说就恰恰像我自己的判断一样”。换句话说，他必须不是这样一种人，竟让自己对于已经发生的事情的信念受到我所并未分享的那种宗教的或者其他的世界观所影响；因为如果那样的话，他的判断在我看来就不可能和我自己的一样了。他必须正像我自己一样不辞辛苦地确定事实。但是在历史学中，这些条件却是不可能实现的；因为见证人总是他那时代的一个产儿，单单人类知识的进步就使得他的观点和准确性的标准与我自己的一样成为了不可能的事。因而，就没有任何历史见证能确定那些与我们当前的经验无从类比的事实的真实性。在它试图做到、而并未能做到这一点的情况下，我们所能做的一切就是结论说，见证人已经犯了错误，并且把这个错误本身当作是一桩不得不加以说明的历史事实。有时候我们能推论出他所如此错误地加以报导的那个事实是什么，有时候却不可能做到这一点；于是我们只好说，见证是存在的，但是我们却没有重建事实的资料。

布莱德雷的论点大体上就是这样。它是如此丰富而又如此深入到它的主题中去，以至于一个简短的评论是不可能对它做到公正的。但是我将努力分辨出其中似乎令人满意的观点和那些不大令人满意的观点。

在这一论述的积极方面，布莱德雷是绝对正确地主张着，历史知识决不是单纯消极地接受证词，而是对证词的一种批判的解释；这种批判就蕴涵着一种标准，而这个标准就是历史学家带到他的解释工作中来的某种东西，也就是说，这个标准就是历史学家自身。他很正确地主张，接受证词就意味着使见证人的思想成为历史学家自己本人的思想，亦即在历史学家自己的心灵里重演那种思想。例如，如果有一个见证人说恺撒是被谋杀的，而我接受了他的陈述；那么我自己关于“这个人说恺撒是被谋杀的，他是正确的”这一陈述，就蕴涵着我自己的陈述“恺撒是被谋杀的”，而这也就是见证人原来的陈述。可是，布莱德雷却突然中止去采取下一个步骤，并承认历史学家在自己的心灵中所重演的不仅是见证人的思想，而且还有见证人在报导其行动的那个行动者的思想。

我认为，他错误的地方就在于他关于历史学家的标准和他所运用那个标准的对象二者之间的关系的概念。他的观点是，历史学家把一个现成的经验整体带入了他的工作之中，他以此来判断他那权威出处中所包含的陈述。因为这套经验整体被设想为是现成的，所以它不可能由历史学家自己**作为**一位历史学家的工作来加以更改；在他开始他的历史学工作之前，它必须是就在那里了，而且还是完整的。所以这种经验就被看作不是由历史知识而是由其他某种知识所构成的，而实际上布莱德雷则把它设想为科学的知识，即关于自然规律的知识。这就是他那个时代的实证主义开始感染了他的思想之所在。他把历史学家的科学知识看作是给了他用以区别可能发生的事和不可能发生的事的一种手段。他以实证主义者的方式在设想这种科学知识是建立在对被观察到的事实的归纳法的基础之上的，所根据的原则是，将来会类似于过去以及未知类似于已知。

约翰·斯图亚特·穆勒的归纳逻辑是笼罩着布莱德雷论文的整个这一部分的阴影。但是在这种逻辑本身之中有着一种内在的不一致。一方面,它声称科学思想向我们揭示了不可能有任何例外的自然规律;另一方面,它又主张这种揭示是建立在来自经验的归纳法的基础之上的,所以就决不可能给我们以比或然性更多的普遍性知识。于是,企图把历史学建立在科学基础之上的最后一着就破灭了;因为虽然也许有些事实与我们所设想它们的那些自然规律不一致(也就是说,奇迹可能发生);但是这些事实的出现却是如此之未必或然,以至于没有任何可能的见证会使我们相信它。这种绝境确实是破坏了这一整个的理论;因为在奇迹的极端例子中是真确的,原则上就无论在什么事件中也都是真确的。而且无疑地,正是布莱德雷意识到了这一点,使他在写作了这篇论文之后就致力于仔细研究穆勒的《逻辑学》,结果就是九年之后他出版了他的《逻辑原理》。

布莱德雷正确地看出了,历史学家的标准是他自己带给研究证据的某种东西,同时这个某种东西就仅只是他自己;但是那却不是作为科学家的他自己,像是布莱德雷所认为的,而是作为历史学家的他自己。只是由于实际运用着历史思想,他才学会了历史地去思想。所以,他的标准决不是现成的;它来自经验,而那经验就是他进行历史思想的经验,它随着他的历史知识的增长而在增长。历史乃是它自身的标准;它并不为了它的有效性而有赖于它自身以外的某种东西,它是思想的一种自律形式,它有着它自身的原则和它自身的方法。它的原则就是历史精神的规律,而不是别的;而历史精神则在历史探讨的工作中创造其自身。在自然科学成为了知识界的绝对统治者的一个时代，任何人要为历史学提出这样一种要求，都是太大胆了；但它是布莱德雷的思想在逻辑上所蕴涵的要求，而且总有一天可以看到它是一种必然的而又正当的要求。

虽然这一要求并不是由布莱德雷本人所明确提出来的，虽然在他后期的哲学事业里他并没有明显地再回到历史学的问题上来；但事实上他确实首先是着手建立一种面向历史学认识论的逻辑学（尽管读者很少认识到这一点），其次是建立一种形而上学，在那里面实在是以一种彻底的历史观点来构思的。我不能在这里详细地论证这一点，但我将简略地说明它。在《逻辑原理》一书中，布莱德雷对实证主义逻辑学的持续论战、在它持续诉之于历史知识并分析历史知识之中，有着一个建设性的方面。例如，在论述判断的量时，他主张并不存在抽象的一般和抽象的特殊："具体的特殊和具体的一般都具有实在性，而它们都是个体的不同名称[①]。凡是实在的都是个体；而这种个体，虽然是同一个样，却有着内部的不同。因此你可以以两种对立的方式去看待它。只要它是一个与其他个体不同的个体，它就是特殊的。只要它透过它的全部差异性仍是同一个，它就是一般的。"布莱德雷在这里陈述的是一般判断和个别判断的同一性，它——正如克罗齐在二十年后所要解说的那样——就是对历史知识的定义。为了表明历史就是他在思考着的东西，布莱德雷继续阐明他的论点说："因此一个人由于他对所有其他现象的限定的和排他的关系的缘故，就是特殊的。他是

① 《逻辑原理》，第一卷，第二版，牛津，1922年，第188页。

一般的，因为他在他全部不同的属性中都是同一个。你可以称他为特殊，或者也可以称他为一般，因为他既是个别的，就实际上两者都是的……。个体既是一个具体的特殊，又是一个具体的一般。”

没有什么能够更清晰地叙述这一学说了：实在所包括的既不是孤立的特殊也不是抽象的一般，而是个别的事实，这些个别事实的存在乃是历史性的。而这一学说就是布莱德雷《逻辑原理》的基本论纲。当我们转到《现象与实在》一书时，我们就发现同样的思想被推到了一个更远的阶段。这里基本的论纲是，实在并不是在它的现象之外的、隐藏在现象背后的某种东西，而就是这些现象本身在形成着一个整体；关于这个整体我们可以说它形成为一个由经验组成的单一体系，而且我们所有的经验都构成它的一部分。这样被规定的实在，就只能是精神生活本身，也就是历史。甚至于布莱德雷留下来没有解决的最终问题，也同时暴露了历史乃是他所力图加以理解的东西这一事实以及他突然中止去理解它的确切方式。这个问题的提法如下。实在不仅仅是经验，它还是直接经验，它具有感觉的直接性。但是思想却在进行分化、区别和传达；因此恰好只要是在我们思考实在时，我们就由于损坏了它的直接性而歪曲了它，因此思想就决不可能把握住实在。在我们心灵生活的直接流动中我们享受着实在，但当我们思想时，我们就不再享受它了，因为它就不再是直接的了；我们把它破碎成支离零散的各个部分，而这种分崩离析就破坏了它的直接性，因而也就破坏了它自身。布莱德雷就这样留下给他的后继者一个二难推论。要么实在就是主观生命的直接流动，在这种情况下它就是主观的而不是

客观的，它被人享受但不能被人认识；要么它就是我们所知道的那种东西，在那种情况下它就是客观的而不是主观的，它就是一个在我们精神的主观生活之外的（而且是彼此相外的）各种现实事物的世界。布莱德雷本人钻进了这个二难推论的第一个牛角尖；但是钻进哪一个牛角尖都必定要犯这一根本性的错误，即把精神生活设想为单纯是感受和感觉的直接流动，缺乏一切反思和自我知识。这样加以设想，精神就是它自身，但它并不了解它自身；这样的精神存在就使得自我知识成为了不可能。

二　布莱德雷的后继者

布莱德雷的著作对以后英国哲学的影响，大体上是引导着它把这种错误当作是公理式的真理来接受，而且钻进了形成这一二难推论结局的第二个牛角尖。在牛津，其结果就是 C. 威尔逊和牛津的实在主义；在剑桥，它就是 B. 罗素和剑桥的实在主义。实在主义在这两种情况下都指的是这样一种学说，即精神所认识的东西是它自身之外的某种东西，而精神本身、认识的活动则是直接经验，因此是不可知的。当亚历山大提出[①]知识是两种事物——精神及其客体——之间的关系，所以精神并不认识它自身，它仅仅是享受它自身；这时亚历山大就以可赞美的明晰性表达了布莱德雷的二难推论。我们所认识的每件事物因而都是处于精神之外的，它们构成为许多事物的一个整体，其恰当的集体名字就叫做自然；而成其为精神对其自身的知识的历史，则被排除在外作为是不可

① 《空间、时间和神性》，第一卷，（伦敦，1920 年）第 11—13 页。

能的事。这一论据事实上无疑地是得自英国思想的经验主义传统,但并非直接地。它不是根据洛克和休谟而来的,因为他们的主要目的是要丰富和发展精神对它自身的知识;它是建立在十九世纪自然主义的经验主义基础之上的,在这里(忠于实证主义的原则)知识就指的是自然科学。对布莱德雷的反对意见,——它归根到底要归咎于布莱德雷自己的错误,——则加强了并巩固了这一传统,从而英国最后一代的哲学便有意地使自己朝着自然科学定向,并以一种本能的反感回避了历史学的问题。它的中心问题一直都是我们有关在知觉中被给定的、而且是由科学思想所构思的那个外在世界的知识。当人们为了对历史问题进行任何讨论(不管是多么细微)而研究它那文献时,其结果的贫乏性都是惊人的。在这个题目上,似乎大体上有着一种保持缄默的阴谋。

为解决历史哲学问题,罗伯特·弗林特①在 1874 和 1893 年之间的多卷本著作里做出了认真的努力;但是这些却只限于搜集和讨论别的作家们所提出的观点。尽管它们是博学的和用功的著作,但是它们并没有对这个题目投出什么光亮;因为弗林特从来没有好好地想出来他自己的观点,因而他对其他人的批判都是肤浅的和缺乏同情的。

从布莱德雷以来少数几个论述过历史学问题的其他英国哲学家,一直到前几年,都没有做出什么有价值的贡献。鲍桑葵②是和布莱德雷本人有密切联系的,他带着公开的蔑视把历史学看成是

① 弗林特(1838—1910),苏格兰神学家和历史哲学家。——译者

② 鲍桑葵(1848—1923),英国哲学家。——译者

一种虚假的思想形式，是“各种连续事件的可疑的故事”[1]。这就是说，他假定实证主义把历史题材看作是由在时间上彼此独立的孤立事实所组成的这一观点是正确的；而且他看到，如果这是它们的本性，那么历史知识就是不可能的。在他的《逻辑学》中，极大的注意力是放在科学研究的方法上的，而关于历史学的方法却什么也没有说。在其他地方，他把历史学描写为是“一种经验的混血形式，不可能有任何可观程度的‘存在性或真实性’”，[2]在这里实在就由于被看作是偶然而被想错了。

这种对历史的完全误解，到了后来又被印泽博士[3]所复述和强调过，他追随着鲍桑葵把知识的确切对象柏拉图式地设想为是一个无时间性的纯粹普遍性的世界。它也反映在像是库克·威尔逊和约瑟夫等人的逻辑学论文中，在那里面历史思想的特殊问题都在缄默之中被忽略过去了。更近的时期，那类号称是最新的逻辑学都是受了斯台宾小姐的一本教科书(《近代逻辑学入门》，第二版，伦敦，1933 年)的鼓舞。这本书有一章论历史学方法的(第十九章，特别是第 382—388 页)。它的主旨完全来自一本众所周知的朗格路瓦[4]和瑟诺博司[5]所写的法文本手册(《历史研究法导论》，巴黎，1898 年)，它阐述了历史学的前科学形式，即我称之为的“剪刀加浆糊的历史学”；所以它对近代读者的用处大致就像是

① 《个性原理和价值》(伦敦，1912 年版)，第 79 页。
② 同上，第 78—79 页。
③ 印泽(1860—1954)，英国牧师和作家。——译者
④ 朗格路瓦(1863—1929)，法国历史学家。——译者
⑤ 瑟诺博司(1854—1942)，法国历史学家。——译者

一次物理学的讨论会而其中并没有提到相对论一样。

三 19 世纪晚期的历史编纂学

在 19 世纪晚期从事历史研究的那些人,对于他们所做的研究的理论很少有什么兴趣。成为实证主义时代特点的是,历史学家们或多或少地由于职业的传统所使然而一般地公开蔑视哲学问题,特殊地则蔑视历史哲学。他们对哲学的轻蔑态度部分地是重复着通常对实证主义的鹦鹉学舌,说是自然科学已经最终把哲学思想推翻了;但是他们却部分地也在反抗着实证主义,因为实证主义本身就是一种哲学,它在主张着自然科学就是知识的完美类型这样一种学说。甚至于最不爱思索的历史学家都能看出,盲目崇拜自然科学就必定会对历史研究抱有敌意。他们对历史哲学的轻蔑态度与黑格尔的或任何其他真正的历史哲学无关,他们对于这些一无所知;那针对着的是实证主义的各种伪造,诸如巴克尔[①]之试图发现历史规律或赫伯特·斯宾塞之以历史等同自然界的进化,等等。大体上,19 世纪晚期的英国历史学家就是这样继续走着他们自己的路,而不大停留下来对他们的工作表现出什么一般的反思;在罕见的场合,当他们这样做的时候,例如像在弗里曼的《历史研究的方法》(伦敦,1886 年版)一书中的,或者零星见之于他就职演说中的,也并没有出现什么值得注意的东西。

尽管英国历史学家有着脱离哲学思想的总趋势,但他们还是确切地受到了他们的思想环境的影响。19 世纪的后期,进步的观

① 巴克尔(1821—1862),英国历史学家。——译者

念几乎变成了一种信条。这一概念是一种十足的形而上学，它得自进化的自然主义，并被时代的倾向所强加给了历史学。它无疑地在18世纪把历史作为人类在合理性之中前进并朝着合理性前进的这一概念之中有着它的根源；但是在19世纪，理论的理性已经是指掌握自然（认为知识就等于自然科学，而自然科学按流行的观点则等于技术），而实践的理性则已经是指追求快乐（认为道德等于促进最大多数的最大幸福，而幸福则等于快乐的数量）。从19世纪的观点看来，人道的进步就意味着变得越来越富足和享受越来越美好。而且斯宾赛的进化哲学似乎是在证明这样一个过程必然会要继续下去，而且无限地继续下去；而当时的英国经济状况似乎也证实了那种学说，至少是在一个极其有趣的事例中。

为了认识这一进步教条被推进到什么限度，就有必要看一下第二流历史学著作中最乏味的一些残余。有一个叫做罗伯特·麦肯齐的人，在1880年出版了一本书叫做《十九世纪史》[①]，把那个世纪描绘成一个进步的时代，一个从一种几乎无法再加以夸张的野蛮、无知和兽性的状态进步到科学、启蒙和民主统治的时代。大革命以前的法国是一个自由已经完全熄灭了的国家，国王是人类之中最庸俗、最卑鄙的一个人，贵族有无限压迫的权力并无情地在运用他们的权力。不列颠（不是英格兰，因为作者是一个苏格兰人）除了那种野蛮的刑法以及残暴的工业状况起着较大的作用而外，也呈现出一幅以同样色彩所绘出的画面。随着议会选举改革法案的通过，一道阳光就悄悄射到了舞台上，这是英国历史上最仁

① 麦肯齐，旧译马垦西，《十九世纪史》旧译《泰西新史揽要》。——译者

慈的事件，它迎来了一个新时代，这时立法的目的就不一律是自私的，而是一律针对着要废除不公正的特权了。当所有的错误都尽可能快地得到纠正时，一个光辉的时代就随之而到来了；每个人都很快地变得越来越幸福，直到在克里米亚战争的光彩夺目的胜利中达到了欢乐的顶点。但是和平的胜利也同样地是令人眼花缭乱；它们包括着棉织品贸易的繁荣、蒸汽动力的宏伟概念，它唤醒了沉睡之中的旅游爱好并教导在地球各个遥远地方的人们彼此相爱而不是像从前那样彼此为敌；在大西洋底铺设电缆的大胆想法给予每个村庄与有人居住的地球各部分间能瞬息通讯这一不可估计的好处；报纸每天早晨把同一个题目呈现给所有的心灵，他们一般都是有智力的和有节制的人并往往有熟练的技能；后膛来复枪、装甲舰、重炮和鱼雷（这些也都属于和平的赐福）；茶、糖和酒的大量增加；安全火柴以及其他等等。我免掉了向读者叙述有关法国、普鲁士、奥地利、意大利、俄罗斯、土耳其、美国和教廷的那些章节，而直接过渡到作者的结论：

> 人类历史是一部进步的记录，——是积累知识和增长智慧的记录，是智力和福祉从低级到高级阶段不断前进的记录。每一代都把它所继承的财富传给下一代，那是它以自己的经验进行了有益的修改并通过它本身所赢得的一切胜利而加以扩大的。这种进步的速度……是不规则的，甚至于是间歇性的，……但停滞仅仅是在表面上。19世纪已经证明了的迅速进步超过了一切先例，它证明阻碍进步的屏障已经被推翻了。……专制政治挫败了和阻挠了天意为人类的进步所提供的力量；而自由却保障了这些力量的天然范围和运用。……从恣意肆

虐的君主们之下被解救出来以后，人类福祉的增长，现在就留待伟大的天意法则的仁慈来驾驭了。

这些狂想曲，如果不是在它们第一次出版就过了时，那么十年之后在仍然被重印的时候也必定是陈腐了。斯宾塞的进化主义及其对于后天获得性的遗传和自然规律的仁慈性的信仰，到这时已经被一种新的、色调更阴暗的自然主义所代替了。1893 年赫胥黎发表了他的《进化与伦理》[①]的罗曼尼斯讲演，讲演中他主张社会的进步只有是在自然规律的面前翱翔时，才是可能的：亦即它要在“每一步都核对宇宙的过程并且用可以叫做伦理过程的另一种过程来代替它”。人的生活，只要它遵循着自然的规律，就是一种兽性的生活；与其他兽性不同的只在于它有着更多的智力而已。他结论说，进化的理论并没有为千年福王国的希望提供任何基础。这种反思的结果，就使得历史学家能以一种新的超然精神研究过去。他们开始把它认为是一个不带感情的、因而是真正的科学研究的固有的领域，党派精神无论是褒是贬，都应该从其中驱除出去。他们开始批判吉本，不是因为他特别站在反基督教的一边，而是因为他完全是站在了一边；他们批判麦考莱，不是因为他是个辉格党的历史学家，而是因为他是一个有党派的历史学家。这是斯塔布斯和梅特兰的时代，是英国历史学家第一次掌握了伟大的德国人的客观科学的批判方法并学会了以适当的学术装备就其全部的细节来研究事实的时代。

① 赫胥黎(1825—1895)，英国生物学家；《进化与伦理》旧译《天演论》(严复译)。——译者

四　伯里

这个时期里有一位历史学家突出地与其他的人都不同，而且配备有十分不平凡的哲学训练。J. B. 伯里不是一个有很强的哲学智力的人，但他读过一定数量的哲学著作，而且他认识到有许多哲学问题是与历史研究有关的。因此，他的著作带有某种自我意识的气味。在他的《希腊史》的序言中，他很不平凡地承认这部书是根据他自己的观点写成的；在他编订的吉本著作的序言中，他解释了他编订吉本所依据的原则，而且他在许多散篇论文中讨论了历史理论的要点。他也从事于这类半哲学性的著作，像是《进步的观念》这样一部历史书以及一部短一些的书叫做《思想自由史》。

这些写作表明，伯里在历史理论上是一个实证主义者，但他是一个感到惶惑的和前后不一的实证主义者。历史在他看来，在真正实证主义的意义上，就是由一大堆孤立的事实所组成的，每桩事实都可以不要其他的事实就被确定或者被查明。这样他就能够完成非常之奇妙的功绩，——即用脚注的办法把吉本带到了现代，同时对已经包含在吉本书中的知识积累补充了许多已经被确定的事实；他毫不担心这些事实的真正发现是根据一种与吉本本人如此之不同的历史心理状态，以至于结果就有点像是给一曲伊丽莎白时代的小调加上了一只萨克斯管伴奏的样子。他从来也没有看出，一项新事实加入了一堆旧事实之内就包括着旧事实的完全改变。这种把历史看作是由各个分别独立的部分所组成的观点，对英国的公众来说，就在剑桥近代、中世纪和古代史中达到了它的经典表现形式；它们是大部头的编纂合集，其中各个章节，有时候甚至是一章中的各个分节，都是由不同的人写成的，编者则赋有把这种大规模生产的成果集合成一个单一的整体的任务。伯里就是编辑之一，虽说最初的方案是出于更早一代的阿克顿勋爵。

如果我们探索伯里关于历史学的原则和方法的思想①的发展，我们就会发现他在1900年仍然满足于按照严格的实证主义的公式来处理东罗马帝国的残存问题：即对一个事件的处理不是作为独一无二的、而是作为某种类型的一个例子，是靠发现一种不仅适用于它、而且也适用于同样一般类型的每一桩事件的原因来解释它。这里的方法恰恰就是被实证主义的逻辑所分析过的那种经验自然科学的方法。到1903年，当他发表他的剑桥就职演说时，伯里开始反对这种方法。在那次讲演中，他宣布像我们现在所理解的历史学思想，乃是世界上的一项新事物，还只不过一个世纪之久；它一点也不是和自然科学一样的东西，而是有着它自己的独特性，向人类提供着一种新的世界观和一座新的思想武器库。他问道：当我们认识到以这种新的思想态度对待它的可能性的时候，对于这个我们所生活于其中的人类世界，我们还有什么做不到的事呢？在这里，他清楚地看到了历史学思想的独特性并且做了动人的叙述；但是当伯里继续问这种新东西是什么时，他却回答说："历史学不过是科学而已，不多也不少。"这次讲演显示了一颗心灵在两种概念之间被撕裂了：一种是历史学和科学之间的不同概念，它

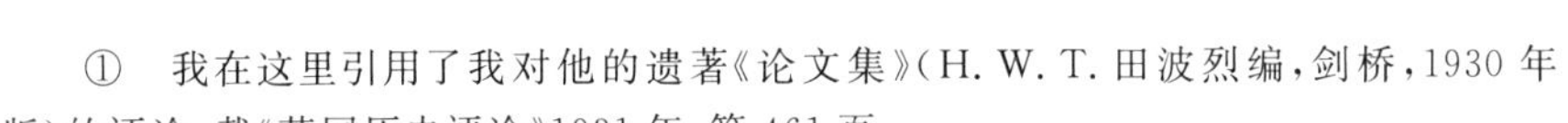

① 我在这里引用了我对他的遗著《论文集》（H. W. T. 田波烈编，剑桥，1930年版）的评论，载《英国历史评论》1931年，第461页。

是模糊的然而是有力的；另一种是两者之间无法分辨的同一性的概念，它是清晰的然而是无力的。伯里做了巨大的努力来使自己摆脱这后一种概念，但是失败了。

第二年，意识到他的失败，在一次论《从知识的角度看近代史的地位》的讲演中，他又回到了进攻方面来。他问道，历史仅仅是供社会学家和人类学家使用的一个堆积事实的贮藏所呢？还是，它是为了它自己的缘故而要加以研究的一门独立的学科呢？他不能回答这个问题，因为他看出这是一个哲学问题，他认识到它因此而超出了他的能力范围之外。但是他要在假设的范围之内回答它。如果我们采取一种自然主义的哲学，

> 那么我认为我们就必须做出结论说，在这样一种体系的结构之内，历史学的地位就是附属于社会学或人类学的。……但是根据理想主义的知识解说，它就不同了。……如果思想并不是自然过程的结果，而是自然过程的前提，那么就可以推论说，历史——思想就是它的特有的指导力量——是属于与自然的王国不同的另一个思想层次的，因此就要求有另一种不同的解释。

他把问题留在了这里。这个时刻是他思想发展的一个戏剧性的时刻。他对历史学思想的尊严和价值的信念已经和他自己的实证主义的训练和原则发生了公开冲突。既然他投身于为历史学而服务，他就接受了它的后果。

1909 年他发表了一篇论《达尔文主义和历史学》的论文，蓄意攻击了历史事件可以用一般规律来加以解说的这一观念。说一致性，是对的；说规律，则根本不对。真正决定了它们的，乃是“机缘

的偶合”。例子是“一个领袖的突然死亡，结婚而无后嗣”，以及一般说来，个人的决定作用；社会学虚假地勾销了这些，为的是好促进它那把历史学融化于科学的一致性之中的任务。“偶然事件的篇章”处处都作为一种干扰性的因素而进入到历史的过程里面来。在一篇题名为《克利奥巴特拉的鼻子》[①]（1916 年）的论文中，他重复了同样的观念。历史并不是由像成其为科学主题的那种因果序列所决定的，而是由偶然的“两个或更多的原因的独立链索的冲突”所决定的。在这里伯里论证的用语本身，似乎是重复库尔诺[②]在他的《近代思想与事件进程论》（巴黎，1872 年）一书中的话，在这本书中库尔诺根据“一般原因”和“特殊原因”的区别阐明了一种偶然概念：偶然被规定为“l'indépendance mutuelle de plusieurs séries de causes et d'effets qui concourent accidentellement”〔互相独立的许多因果系列偶然会合在一起〕（着重点是原有的；前引书 i，I）。把伯里的《进步的观念》（伦敦，1920 年版，第 368 页）中的一条注释和《达尔文主义和历史学》中的一个脚注合起来读，就会提示我们，他可能是从库尔诺那里得出他自己的学说的；然而他却发展了这个学说，指出了只要任何事物纯粹是偶然的，就不可能有它的历史。他认为，历史学的真正职能就是把必然的和纯属偶然的区别开来。伯里一直在发展着或者不如说在拆散着这个理论，为它补充了这样一个学说，即只要历史是个别的，那么其中的每一件事就都是偶然的，而没有任何事物是必然的；但是在说明了他的意

① 克利奥巴特拉见前第二编第八节译者注。帕斯卡尔《思想录》，第 162 节：“假如克利奥巴特拉的鼻子生得短了一些，全世界的历史都要为之改观。”——译者

② 库尔诺（1801—1877），法国哲学家。——译者

思之后，他结束他的文章时却提示说："随着时间的进步，偶然性在人类进化中将会越来越不重要，而机缘对于事件过程的力量也就越来越小。"

这篇文章的最后一段给读者留下的印象，是一种痛苦的印象。伯里在此前的十二年里以极大的艰辛达到了历史就是有关个体的知识这一概念。在这个过程的初期，他就认识到这个概念对于历史学思想的尊严和价值乃是本质性的。但是到了 1916 年他对他所发现的东西却是如此之不满，竟至准备放弃它了；他在这种个体性的本身之中看出了在世界上有一种无理的（因为它是偶然的）成分，并且希望它随着科学的进展而终有一天可以被消除。如果他坚定地掌握了他自己的观念，他就会认识到这种希望是徒劳的（因为他在前几页中确实已经证明，偶然在他的用语的意义上是必然要发生的），也会认识到由于接受了它，他就变成了他自己那历史天职的背叛者。

这一灾难性的结论后来他就从没有背离过，这是由于这一事实，即他不是把个体性设想为历史过程的真正本质，所以他从来都认为它只不过是对在其总的结构上乃是因果序列的那个序列之一种局部的和偶然的干扰而已。个体性在他看来不过是意味着非常的、例外的东西，意味着事件的通常过程的中断，在这里事件的通常过程是指一种由因果所决定的、并在科学上可以理解的事件过程。但是伯里自己知道，或者早在 1904 年就已知道，历史并不是由因果所决定的和在科学上可以理解的事件所组成的；这些观念适合于解释自然，而历史学则正像他当时正确地指出的，"需要有另一种不同的解释"。如果他能逻辑地发展他的早期论文中的观念，那么他就会得出结论说，个体性并不只是时而在历史中以偶然和意外的形式而出现的，它恰恰就是历史所由之以形成的东西。妨碍了他前进到这一结论的则是他的实证主义的偏见，即认为这样的一种个体性是不可理解的，因此科学的一般化就是知识唯一可能的形式。

这样，在认识到“唯心主义的”哲学是唯一能说明历史知识的可能性的哲学之后，伯里就又回到他曾经试图否定的那种“自然主义的”哲学上去。“历史的偶然性”这一用语，表明他思想的最后崩溃。偶然性意味着不可理解性；而历史的偶然性则只不过是通过实证主义的眼镜所看到的“个人作用”的别名，对于实证主义来说除了是一般的而外就都是不可理解的。伯里的继承人、作为我们有关罗马晚期和拜占庭历史的大师贝恩斯教授曾经悲痛地谈到过，“历史偶然性这一灾难的学说”在伯里的生命行将结束时把他的历史眼光弄模糊了。这个批评是恰当的。伯里在信仰历史学思想的自律和尊严的鼓舞下，做出了他最优越的工作；但他的精神在其中成型的那种实证主义的气氛却破坏了这种信仰，而且把历史知识的固有对象降低到某种事物的水平，这种事物恰恰因为它不是科学思想的对象，所以是不可理解的。

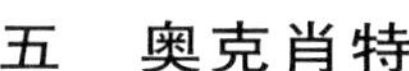

五　奥克肖特

无论如何，伯里确实为历史学家们树立了力图思索自己工作的哲学含义的一个榜样，而这个榜样并没有被抛弃。在剑桥，至少有一位下一代的历史学家在追随它，这位历史学家在哲学研究方面是以一种比伯里高明得多的配备所武装起来的。我指的是该乌斯(Caius)学院的奥克肖特①;他出版了一本书,题名为《经验和它的模式》(剑桥,1933年)。在书中他详细地并且熟练地论述了历史学的哲学问题。这本书总的论点是,经验是一个"具体的整体,分析则把它分成为经验着的和被经验的";而且经验并不是(像它对布莱德雷那样)直接的意识,不是单纯的感觉和感情之流,它也是并且总是对于实在的思想、判断、陈述。不存在没有思想的感觉,也不存在没有判断的直觉和没有认识的意志。这些区别,正如主体和客体之间的区别一样,在任何意义上都不是任意的和不真实的;它们并不表示对经验本身的虚假的剖析,它们就是经验的组成部分;但它们是区别而不是划分,而且首先它们是经验内部的区别,而不是经验中的要素和它以外的某种东西之间的区别。因此思想本身就不是,像在布莱德雷那里那样,伪造经验从而破坏了它的直接性。思想就是经验本身;而且思想,作为"没有保留或阻碍、没有前提或公设、没有界限或范畴的经验",就是哲学。

这里就超越了布莱德雷的二难推论。因为经验不再被设想为直接的,而被设想为在其本身之中就包含着传递或思想;现实的不再被分成为"认知"的但又不可能被认知(说"认知",是因为认知者永远不能说"我认知"的那种知识根本就不是知识)和"被认知"的但又不可能认知。精神认识它自己的权利,就又重新被建立了起来。

现在问题就出现了:像历史学和科学这类思想形式之间的不同是什么?它们各自都试图从一种特殊的观点、以一种特殊的范

① 奥克肖特(1901—?),英国政治史学家。——译者

畴来想象实在(即经验)。历史学就是我们 sub specie praeteritorum〔以过去的观点〕构思世界的方式;它的特性就是企图以过去事件的形式组织起整个经验的世界。科学则是我们 sub specie quantitatis〔以量的观点〕构思世界;它的特点就是企图把经验世界组织成一个计量的体系。这类企图与哲学的企图根本不同,因为哲学里面并没有这类原始的和不可违反的公设。如果我们要求有一种适用于哲学的类似公式,并问道:"那么哲学又以什么方式力求构思经验的世界呢?"对这个问题并没有答案。哲学就是企图不以任何特殊的方式来构想实在,而仅只是在构想它。

奥克肖特陈述这种观念说,哲学就是经验本身,而历史学和科学等等则是经验的"型式"(modes)。经验之被"定型"(这个概念当然是来自笛卡尔和斯宾诺莎)是靠在某一点上捕捉住了它,就在这里用这个捕捉点作为一个固定的公设或范畴,并以那种公设来构造出一个"观念的世界"。这样一种观念的世界并不是经验本身的组成成分,而且也不是(像看起来那样)它那河流的一段流程,而是一股逆流,是它那直泄奔流的一种泛滥。然而,它却不是一个"纯观念的世界"。它不仅仅本身是一贯的,而且还把经验表现为一个整体的方式。它不是一个世界、一个单纯的经验领域,在其中某一类特殊的事物是以一种特殊方式来加以认识的;它就是从那个经验中的固定点所见(所以就要服从那种制约,当所见是正确的话)的这个世界。

于是,历史就是经验作为一个整体,被设想为是过去事件的一个体系。奥克肖特从这种观点出发,对历史学思想的目标及其对象的特点发挥出一套光辉而深刻的论述。他从表明历史是一个整体或者说是一个世界而开始。它并不是由孤立的事件组成的。这使他卷入了一场对实证主义的历史理论的猛烈的和胜利的抨击，实证主义把历史看作是一系列彼此相外的事件，每个事件都要孤立于其余的事件之外而被领会(如果确实有什么事物可以这样被领会的话)。他结论说(同上书，第 92 页)，“历史的系列是一个怪物。”历史并不是一个系列而是一个世界；这就是说，它的各个部分是互相关联的、互相批判的、使互相成为可以理解的。其次，他又表明，它不仅仅是一个世界，而且是一个观念的世界。它不是一个客观事件的世界，而历史学家多少总可以把它从过去里面挖掘出来并使之成为目前认识的对象。它是历史学家的观念世界。“作为已经发生(即事件的过程)的历史和作为被思考的历史二者之间的区别、历史本身和纯属被经验到的历史二者之间的区别，必须退位；那不仅纯粹是虚假的，而且是毫无意义的”(同上书，第 93 页)。当历史学家幻想着他只是认识到过去的事件，有如它们实际上所发生的那样，这时候他所正在做着的事情实际上乃是在组织他现在的意识；当我们想到不可能把“我们所遇到的事”和“我们对它的解释”分开来的时候，就可以看出这一点了(同上书，第 94 页)。这并不意味着它是一个纯观念的世界；纯观念乃是抽象，在经验中是哪里都找不到的。历史学家的观念同所有真实的观念一样，乃是批判的观念，是真正的观念，是思想。

此外，历史也像经验的每一种形式一样，是从一个给定的观念世界开始的，并以把那个世界融为一贯而告结束。历史学家所由以出发的数据和材料不能独立于他的经验之外，它们就是他的历史经验本身处于其最初的形式；它们是已经按照他自己的历史公设所构想的观念，而且对于历史知识的批判主要地并不在于发现迄今尚未知的材料，而在于对这些最初公设的修正。因而，历史知识的增长并不是得自对那些已知的事实补充了新事实，而是得自以新的观念来改造旧的观念。“历史思维的过程从来都不是一个兼容并蓄的过程；它总是一个把某种给定的观念世界改造成为一个远比一个世界更多的世界的过程”（同上书，第 99 页）。

关于一般性已经谈得很多了。但是特殊地说，使历史的经验之所以成其为历史学而不是笼统的其他某种特殊形式的经验的那些公设又都是什么呢？第一条公设就是对过去的观念。但是历史并不是过去本身。历史的过去乃是一种特殊的过去；它不是仅仅回忆过去，也不是仅仅幻想过去；它不是仅仅可能存在过的或者仅仅必定存在过的过去；它不是全部的过去，因为虽然历史的过去和非历史的过去之间的区别常常被错误地和任意地加以划分，但这一区别却是一个真实的区别；它不是实际的过去，即我们亲身所依附的那个过去，如像对我们国家的过去成就的那种爱国热情或者我们对我们自己的信条是诞生于其中的那种环境所赋予的宗教价值。历史的过去乃是“为了它自己的那种过去”（同上书，第 106 页），是正好由于它是过去而与现在不同并独立于现在之外的那种过去，它是一种固定的和完结了的过去，是一种死去的过去。或者不如说，这便是历史学家怎样在想到的过去。但是这样来想它，就要忘掉历史是经验；一种固定的和完结了的过去乃是一种脱离了现在经验的过去，因而也就脱离了证据（因为证据总是现在的）并且因而就是不可知的。“确实发生了的事”仅仅是“证据迫使我们相信的事”（同上书，第 107 页）。因此，历史学的事实就是现在的

事实。历史的过去就是现在的证据在现在所创造的那个观念世界。在历史的推论中，我们并没有从我们现在的世界转移到一个过去的世界里去；经验中的运动总是在现在的观念世界之内的运动。

这一悖论式的结果就是，历史的过去根本就不是过去；它是现在。它不是存留在现在之中的过去；它必须就是现在。但它不是现在本身，不是单纯的当代。它是现在，因为一切经验——无论是什么经验——都是现在的；但又不单纯是现在的。它也是过去，而这种过去性就包含着对它作为经验的特征的一种改定。历史的过去并不与现在的经验世界相对立而作为某种与它不同的东西；它就是那个世界 sub specie praeteritorum〔在过去的观点之下〕的一种特殊组织。“历史，因为它是经验，所以是现在的……；但因为它是历史，是 sub specie praeteritorum〔在过去的观点之下〕把经验作为一个整体来总结，所以它是对不是过去的过去和不是现在的现在的一种连续不断的论述”（同上书，第 111 页）。我想，这意思是说，历史学家的思想是一种完全真正的经验，但是他所正在经验着的东西却是现在在他的心灵里正在进行着的东西；而且好像是只要他把它放到离他一尺远的过去，他就会在错误地设想它了；他安排在想象中的过去时代的鸽子笼里的，实际上全都是现在的而一点也不是过去的东西。而且这并不蕴涵着他对于过去犯了历史错误。这里并没有过去，除了有一个人卷入了经验的历史模式之中；而对他来说，过去就是他仔细地和批判地把它想成的那种东西。他作为一个历史学家并没有犯错误；他所犯的唯一错误是哲学上的错误，即把实际上完全是现在经验的东西安置到过去里面。

我不想分析奥克肖特的全部论点。我已经说过了很多，指出它的一般方向和特点了。对此要说的第一件事就是，它完全维护历史学思想的自律性。历史学家是他自己家里的主人；他并没有任何东西是有负于科学家或其他什么人的。而这栋房屋并不是由他自己的纯观念而建造和布置起来的。这些观念与其他历史学家的观念或者与他们大家都同样在力图知道的那种真实的过去，也许符合也许不符合；它是一栋由所有的历史学家们都来居住的房屋，它不是由对于历史的观念、而是由历史本身所组成的。根据这种双重观点，——即历史学思想的自律性和客观性，而它们只不过是它的合理性的两个名称或者它作为一种真正形式的经验的特点，——奥克肖特就能够毫无困难地批评历史实证主义的每一种形式；无论是像他经常而深入地提到的伯里所教导的那种，还是像自然主义的人类学家及其领袖J.弗雷泽爵士①所实践的那种。况且，虽说他实际上并没有做到这一点，但他却有能力写出短篇哲学的著作来反驳像是鲍桑葵和印泽博士等作家所提供的那类的历史观念本身。

这构成对英国思想的一种新的而有价值的成就。但是还有另一个问题，就我所了解的而言，奥克肖特却未能解决。在他看来，在经验本身之中，历史并不是一种必要的形态或成分；相反地，由于在某一点上捕捉住了经验的缘故，它却成为思想的一个逆流。如果我们要问为什么会有这样一种捕捉，那是没有答案的。如果我们要问是否已经证明这种捕捉是正当的，亦即经验本身是否被

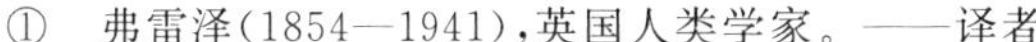

①　弗雷泽（1854—1941），英国人类学家。——译者

它所丰富了，那么回答就是否定的。唯有不曾被任何这类捕捉所歪曲的真正经验，才能成为哲学。历史学家乃是脱离了哲学思想的道路转而去玩一种游戏的哲学家，然而这种游戏由于只是潜在着有无数的这类游戏之中的一种，所以就不过是一种随意的，而其他的则是科学的和实际生活的游戏。奥克肖特所没有能解决的那个问题就是，为什么居然有、或者是应该有像是历史这样一种东西。毫无疑问，他会用另一种不同的方式来陈述这个问题：我所称为未能回答这个问题的，他会说成是发现了这个问题是没有答案的。在他看来，经验在那一点上被捕捉住，只是一个单纯的事实。但是我认为，这种信仰和他自己的哲学原则是不一致的。一件脱离了其他事实的单纯事实，对他来说（正像对我自己来说一样）是一件怪事；用他自己的话来说，那不是真实的东西，而只是抽象。如果哲学是具体的经验，它就不能容忍这样的东西；它不能把是什么与为什么分开来。因此，下面这一双重的问题就是合法的和不可避免的：第一，在经验中它在那上面捕捉住自己而变成为历史的那一点究竟是什么，而这一点在经验本身的发展中是怎样达到的？第二，当达到这一点时，常常就会在那里出现一次捕捉；这又是怎样和为什么发生的？这些问题奥克肖特都没有回答；他只能是以他所没有做的事来回答它们，换言之，即对经验本身给予这样一种叙述，给予经验的河流这样一张地图，从而可以表明捕捉得以出现的这一点和另外之点的位置。

我不得不认为，他之所以没有做到这一点的原因是由于，尽管他坚持经验的概念不是单纯的直接性而是其本身包括着对实在的思想、判断、论述，但是他却没有得出这一概念的含义。它蕴涵着，经验并不是观念的单纯而又毫无特色的流动，而是在了解着它自身，也就是，经验具有其特点并且能把握住这些特点。它蕴涵着，经验的形式是由这些特点之中产生的，因此就多少不是偶然的而是必然的，不是脱离主流的逆流，而是主流本身的支流、潮流或涡流，是它那川流的组成部分。它蕴涵着，像是历史这类的经验特殊形式，必须是以某种方式被设想为组成在经验的总体之中。

无法解释历史怎样而又为什么在经验之中作为它的结果的一种必然方式而发生，——除非是我错了，——就无法澄清历史本身的一个特点。我们已经看到奥克肖特陈述了一个二难推论：历史学思想的对象不是现在就是过去，历史学家认为它是过去，但那正是他错误的所在；事实上正是这种哲学的错误使他成为了一位历史学家；历史学思想的对象实际上乃是现在。而这一点与他在他的全部论证的开头所陈述的另一个二难推论有关：即，要么我们必须从内部来思考历史经验，像是它呈现于历史学家面前的那样，要么就从外部，像是它呈现于哲学家面前的那样；但显然我们的探讨是一种哲学的探讨，所以我们就必须完全摒弃历史学家的观点。到后来，在我看来，他并没有坚持这个纲领，而是通过阐明呈现在同时既是历史学家又是哲学家的那样一个人的面前的那种历史经验的性质，而逃避到这第二个二难推论的两个牛角尖中间去了。我说这一点是因为他对历史性质的阐述，随着它的进展就澄清了一些原则观点，而那些方面的混乱和错误则会阻碍、而且确实已经阻碍了历史学家本身的工作。除非是我错了，奥克肖特自己在澄清这些观点方面乃是一位更有威力的历史学家。他的哲学已经进

入了他的历史学。结果并不是造成一种局势，使历史的经验（仍然简单地保持着它原来的样子）成功地被完全不同的某种东西——即被哲学思想——所研究；而是历史经验的本身已经被那种思想复活了并且照亮了。

现在让我们再回到第一个二难推论：不是过去就是现在，但并不是这两者。按照奥克肖特的说法，历史学家之所以是一个历史学家，正因为他犯了哲学错误，认为现在是过去。但是他自己已经驳倒了那种错误。一种被驳倒了的错误，如果对它的反驳真正被人掌握的话，就不再对思想有威力了。所以，破除这种错误就会使得历史作为一种经验形式简单地消失。但是它并没有消失；对于奥克肖特，历史仍然是思想的真正而合法的活动。这是为什么呢？我只能假设它是因为那所谓的错误根本就不是错误。这再一次是逃避于这一二难推论的两个牛角尖之间。历史学家如果认为他的过去是死去了的过去，就一定会犯错误；但奥克肖特却假定对于这一选言判断并没有第三种选择：要么过去是死去了的过去，要么就完全不是过去而仅只是现在。而第三种选择却是：它应当是一种活着的过去，这种过去因为它是思想而不是单纯的自然事件，所以现在可以被重演而且在那种重演之中可以作为过去而被认知。如果这第三种选择能够被接受，那么我们就会得到一个结果，即历史并不是建立在一种哲学的错误的基础之上，因此就不是在他那种意义上的一种经验的形式，而是经验本身的一个组成部分。

奥克肖特之所以排除了这第三种选择的原因（他没有做任何讨论，甚至也没有提到它），我认为与他未能掌握承认经验本身之

中就包含有对实在的传递、思想、或陈述的成分在内的这种后果有关。一种纯属直接的经验，如像纯然的感觉经验（如果有这种东西的话），确实是凡在它的内部的就不可能也在它的外部。主观的就仅仅是主观的，而不可能同时又是客观的。但是在成其为传递或思想的一种经验中，凡是被经验的都是真实的，并且是作为真实的而被经验的。所以，只要历史的经验是思想，它所作为过去而加以经验的或思考的东西就真正是过去。它同时又是现在这一事实，并不会阻碍它也是过去，正如同当我发觉有一个遥远的目标时，这时的发觉不仅是感觉而且还是思想，我在这里发觉它这一事实，并不会阻碍它在那里。如果我看太阳眩眼，我感到眩眼仅仅是在这里，是在我而不在太阳；但只要是我发觉了太阳，想着“眩我眼的东西是在天上那里”，我就发觉它是在那里的，是远离我之外的。同样地，历史学家认为他的对象是在那里，或者不如说是在那时，在时间上是远离他之外的；而且，因为历史是知识而不是单纯的直接经验，所以他可以既作为那时又作为现在而经验它：现在是在历史经验的直接性之中，而那时则是在它的传递性之中。

尽管有这种局限，奥克肖特的工作不仅代表英国有关历史学思想的高水平，而且它也表明完全超越了至少是半个世纪以来历史学思想陷入其中并且枉然努力要使自己从其中摆脱出来的那种实证主义。因此它就对英国历史编纂学的未来充满着希望。确实，它未能表明历史是经验的一种必然形式；它只是说明了人有自由可以成为历史学家，而不是他们有任何义务要成为历史学家；但是假定他们选择了要成为历史学家，它就证明了：他们不容取消的权利和他们绝对的义务就是要按照它自己的规则来进行

他们的游戏，即不容许任何外界的干涉，不听从任何来自外界的类比。

六　汤因比

奥克肖特的著作，代表着历史学思想通过从内部来对它的原则进行哲学批判而由实证主义阶段转变到一个新的阶段，我也许可以称之为理想主义的阶段；与奥克肖特著作相对照，我在这里可以提到阿诺尔德·汤因比教授的巨著《历史研究》，它代表着重申实证主义的观点本身。汤因比已经给了我们一部规划更大的著作的头三卷；无论以后各卷中可能出现什么，这三卷无疑地给出了他的方法的充分样板并表明了他的目的。他的著作在细节方面给人以极深刻的印象，这是由于其中包含着几乎难以置信的博学；但是这里我要涉及的并不是细节而是原则。主要的原则看来似乎是：历史的主题乃是人类某些单元（汤因比称之为社会）的划分。其中之一就是我们自己的社会，汤因比称之为西方基督教世界。另一个是东方的或拜占庭的基督教世界。第三个是伊斯兰教社会；第四个是印度社会；第五个是远东社会。所有这些在今天都还作为文明而存在，但是我们也可以探测那些现在已经灭绝了的社会并已成为化石的遗迹；这些遗迹有一组包括东方的一性论者[①]和聂斯托里[②]派基督徒以及犹太教和印度祆教徒，另一组包括印度的佛教和耆那教的各个分支。这些社会之间的区别与关系，他称之

① 一性论者（Monophysite）认为基督为神人同体。——译者

② 聂斯托里（Nestorius，约死于451年），君士坦丁堡大主教，聂斯托里派即景教。——译者

为普世的;而一个单一社会内部的区别和关系,诸如雅典和斯巴达或法国和德国之间,他认为那在性质上是全然不同的,他就称之为局部的。历史学家研究的范围向他提出了无限之多的任务,但其中最重要的则是涉及识别和区分这些叫做社会的实体并研究它们之间的关系。

进行这种研究要借助于某些一般的概念和范畴。其中一个范畴就是渊源(affiliation)以及与之相关的显扬(apparentation),例如体现于我们自己的社会和它在历史上所导源的希腊社会之间的那种关系。有些社会——可以这样说——是麦基洗德(Melchizedek)[①]社会,即和任何其他社会毫无渊源;有些则没有其他社会和它们自己的有渊源:有些则通过和同一母体社会的渊源而相互联系,如此等等。于是就可能按照渊源的概念而把社会分为各类,它们各以不同方式展示着这一概念。另一个范畴是有别于原始社会的文明这一范畴。每个社会不是原始的就是文明化了的。绝大多数是原始的,一般说来这些社会在地理范围和人口数量上都较小并较为短命,通常是遇到暴力——或者是在一个文明化了的社会的手下,或者是通过另一个没有文明化的社会的摧残——而告消灭。各个文明在数量上较少,而每一个在规模上则都较大;重要之点是要记得,它们所形成的统一性不是个体的而是品种的统一性。除了在属于许多种不同文明的"文明化了"的共同特点这种意义上而外,并没有一种东西叫做文明。文明的统一性乃是由于我们自己的文明已经把所有其他文明都卷入它自己的经济体系的网络之中的那

① 见《创世记》。——译者

种特殊方式而培育出来的一种错觉；而且如果我们不是查阅世界的经济地图而是观看它的文化地图，文明的统一性立刻就会消失了。另一个范畴是间歇期(interregnum)或动乱时代的范畴，即一个社会衰亡和另一个渊源于它的社会兴起之间的混乱时期，如像希腊文明的灭亡和西方基督教世界兴起之间的欧洲黑暗时代。另一个范畴是内部无产者的范畴，内部无产者是一个社会内部的一群人，他们除了自己的肉体生命而外对那个社会毫无依恃，虽然他们很可能在渊源于它的那个社会里变成为占统治地位的分子，例如到了希腊化社会结束时的基督教徒。再一个范畴是外部无产者这一范畴，或者说是包围着某个社会的野蛮人世界；他们同内部无产者携起手来，在这个社会的创造力衰竭的时候就把它砸烂。其他范畴是普遍国家和普遍教会，这种组织分别地把它们从其中兴起的那个社会的全部政治生活和宗教生活都集中于自己身上。根据这些范畴来研究历史记录，我们就能够探测许多现在已经消失了的社会，而在当时它们都是文明化了的：叙利亚的，米诺的，苏美尔的，赫梯的，巴比伦的，安第斯的，尤卡坦的，墨西哥的，玛雅的和埃及的，这最后一个是所有这些之中生存得最悠久的一个，因为它从公元前四千年持续到公元1世纪。

汤因比用这些导论来从事他的主要工作，那就是对各种文明的比较研究。他的第一个主要问题是，各种文明是怎样和为什么兴起的；第二个是，它们是怎样和为什么生长的；第三个是，它们是怎样和为什么破灭的。按照他第一卷前面的总计划，他然后还要研究普遍国家和普遍教会的性质、英雄时代，以及各种文明在空间和时间上的接触；整个著作将以论述西方文明的前景和“历史学家的灵感”的章节而告结束。

我要从说明汤因比的著作代表着重申历史的实证主义而开始讨论他的著作。我的意思是说，构成它那种个性的原则是从自然科学方法论里得来的原则。这些原则根据的是外部关系的概念。自然科学家发现自己面对着一些分离的、毫无联系的事实，它们是可数的，或者换句话说，他把他所面临的现象割裂成为这类可数的、毫无联系的事实。然后他着手确定它们之间的关系，这些关系总是把一个事实同另一个在它外部的事实联结起来的链索。一组这样连结起来的事实就又形成为一个单一的事实，它与同一层次的其他事实之间的关系也是属于同样的外部性质。如果科学家的方法终究能发挥作用，那么第一件必要的事情就是在一个事实和另一个事实之间划清一条界线。这里一定不能有重叠。

这些就是汤因比据之以处理历史的原则。他所做的第一件事就是把历史研究的领域分割为许多可列举的而又各不相同的部分，每一部分就叫做社会。每个社会完全是自我包蕴的。究竟西方基督教世界是希腊社会的一个继续，还是通过渊源的方式而与之有关系的另一个不同的社会，这对于汤因比是一个非常重要的问题。按照汤因比的说法，正确的答案是后者。任何做出第一种回答的人，或者混淆了两种回答之间的绝对差别的人，都是不可宽恕地破坏了他所设想的历史研究方法的第一条教诫。我们不许说，希腊文明是通过一个发展过程转变为西方基督教世界的，这一过程包括着强调它的某些成分，其余成分的消失，在它内部出现了某些新的成分，并且从外部的来源中借取了另外的成分，等等。这样说时所包含的哲学原则应当是这一原则，即一个文明可以发展成为新的形式而同时仍然是它自己；但汤因比的原则却是，如果一种文明改变了的话，那么它就不再是它自己而另一种新文明就产生了。这一有关时间中的发展的二难推论，对于有关空间上的接触也同样地有效。这种接触是一个社会与另一个社会之间的外部接触；因此它们预先假设在一个社会和它相邻社会之间有一条清晰的界线。我们必须能够精确说出是在什么地方一个社会停止了而另一个社会开始了。我们不许说一个社会隐没到了另一个里面去。

这就是实证主义的个性概念，按照这种概念，个体之所以构成为这样的个体，乃是由于它被一道鲜明的界线把它自身之内的和它自身以外的清楚地区别开来而与其他一切事物相割裂的缘故。内和外是互相排斥的。然而这是一块石头或任何其他的物体所具有的那种个性。它是自然世界的主要特性，并把自然世界和精神世界区别开来；但在精神世界里，个性并不是由与环境的分离性所组成的，而是由把环境吸收到它自身之中来的能力所组成的。所以它就不是历史学中所指的那种个性，——就历史世界是一个精神世界而言。研究与自己的文明不同的另一种文明的历史学家，只能是通过为自己重演它那经验而领会那种文明的精神生活。如果今天的西欧人历史地研究希腊文明，他就能掌握那种文明的精神财富并使之成为他自己文明的一个组成部分。事实上，西方文明正是由于这样做而形成了其自身的，是由于在它自己的精神里重建希腊世界的精神，并且朝着新的方向发展那种精神财富而形成了其自身的。因此西方文明就不是以任何单纯的外部方式而与希腊文明相联系的。它们的关系是一种内部的关系。西方文明表

现了并且确实成就了其个性，但并不是由于把自己与希腊文明区别开来，而是由于使自己与它合一。

汤因比没有能看到这一点，因为他的总的历史观归根到底乃是自然主义的；他把一个社会生命看作是一种自然生命而不是一种精神生命，根本上是某种纯属生物学的东西并且最好是根据生物学的类比来加以理解。而这一点则与他从来没有达到过把历史知识看作是过去在历史学家心灵中的重演的概念这一事实有关。他把历史看成是一幕纯粹的景象，是由历史学家所观察和记录的事实而组成的某种东西，是在外部呈现于他视野之前的现象，而不是他必须入乎其内并必须使之转化为属于他自身的那些经验。这只不过是以一种方式在说明，他对他所用以获得历史知识的方式并没有进行任何哲学分析。他拥有大量的历史知识，但是他对待它们就仿佛它们是某种他在书本里所找到的现成的东西，而他所感兴趣的问题就只是搜集到了以后如何加以安排的问题而已。他的整个规划实际上是一个精心安排并贴上标签的鸽子笼规划，好把现成的历史事实纳入其中。这些规划其本身并非是有害的；但是它们总包括着某种危险，突出的危险是忘记了这样被纳入鸽子笼的事实必须用一种分割的办法使它们和它们的脉络结构相脱离。这种办法变得习以为常之后，就造成一种固执观念；人们忘记了历史事实（正如它实际所存在的那样，并且正如历史学家实际所了解的那样）始终是一个过程，在这个过程中某些东西不断地变成为其他的某些东西。过程这一要素乃是历史的生命。为了要把历史事实纳入鸽子笼，就必须首先扼杀活生生的历史机体（也就是必须否定其作为过程的基本特征），从而才可能加以分割。

因此，对汤因比的原则必须进行的批判是双重的。第一，他把历史本身，即历史过程，看作被明显的界线分割成互相排斥的各个部分，并且否认各个部分借以互相重叠和互相渗透的那个过程的连续性。他对各个社会或各个文明的区别，实际上乃是过程中各种焦点之间的区别；他却把它误解为是过程所分成为各堆或各群事实之间的区别。第二，他错误地设想了历史过程和认识历史过程的历史学家二者之间的关系。他认为历史学家乃是历史的明智的旁观者，正有如科学家是自然界的明智的旁观者；他没有能看到历史学家是历史过程本身的一个组成分子，在他自身里面复活着他对之获得历史知识的那些经验。正如这个过程的各个部分被错误地设想成为彼此相外的，同样地作为一个整体的过程和历史学家也是彼此相外的。这两种批判最后都汇合到同一点：即历史被转化成为了自然，而过去并不是活在现在之中，像是它在历史中那样，而是被想象成为一种死掉的过去，就像它在自然界中那样。但同时我必须补充说，这种批判仅仅涉及基本原则。在他著作的细节方面，汤因比显示出一种非常良好的历史感，只是在很少的地方才让他在原则上的错误伪造出了他实际的历史判断。发生这种情况的一个地方，就是他关于罗马帝国的判断，他认为这仅仅是希腊化衰落的一种形态。那就是说，因为它和希腊的关系太密切了，所以不能把它看作是另一个不同的文明；而且因为这是他可以承认它是它自身的一场真正成就的唯一条件，所以他的二难推论就迫使他忽视了它所确实成就的一切，而把它看作只是一种单纯的衰颓现象。但是正像实际上所发生的那样，历史上是没有单纯的衰颓现象的：每次的衰落也是一次兴起；只是历史学家个人的缺乏知识或同情心，——部分地是由于纯粹的无知，部分地则是由于他自己实际生活中的成见，——才阻碍了他看到无论任何历史过程都有的这一双重特征，即它同时既是创造性的而又是破坏性的。

第二节　德国

一　文德尔班

在历史批判的故乡德国，到了19世纪末，对历史理论而特别是对历史学与科学之间的区别的性质，产生了浓厚的兴趣并且此后日益增长。"自然"和"历史"在某种意义上是各有其自己的特征的两个截然不同的世界，这一观念是属于德国从她伟大的哲学时代、康德和黑格尔的时代，继承下来的传家宝。19世纪的哲学家们常常重复这种区别作为是一种老生常谈，它从手到口流传得太多了，以至于它的重要性在这个过程之中竟致被磨平了。例如，洛采[①]在他1856年出版的《微观世界》中论断，"自然"是必然的王国，而"历史"是自由的王国；这是后康德派唯心主义的回声，它在洛采那里意味着没有什么东西是确定的，就像他那部书中关于历史学的含糊而空洞的章节所太清楚地证明了的那样。洛采从德国唯心主义者那里、特别是从康德那里，继承了人具有两重性的观念；他的早期训练是一位生理学家，他坚持说人体只不过是一堆机械结构，但同时他又认为人的精神是自由的；因此，人作为一个躯

① 洛采(1817—1881)，德国哲学家。——译者

体就栖居于自然世界，但作为精神就栖居于历史世界。然而洛采并没有解决这两者之间的关系，就像是伟大的唯心主义者所做过的那样，他留下了整个的问题悬而未决，而且他从来一点也没有试图去思考它。他的著作反映了模糊而感情含混的特征，这在德国是随着唯心主义学派的解体而来的。

其他德国作家们使用了其他的公式来表示这种同样为人熟知的对立项的特点。著名的历史学家德罗伊曾[1]在他的《史学大纲》(1858 年，耶拿)中曾把自然定义为“有”(being)的共存(Das Nebeneinander des Seienden)，把历史定义为“变”的相续(Das Nacheinander des Gewordenen)；这纯粹是修辞学上的对立，它所可能具有的任何可取之处都是由于忽视了如下的这一事实，即在自然世界中也有以确定的顺序一一相续的事件和过程，而在历史世界中也有些事物，如自由主义和资本主义，是共存的，而它们的共存乃是历史学思想的问题。这些公式之浅薄，表明了人们只是预先假设了自然和历史之间的差别，而并不想要理解它。

第一次真正想要理解它的尝试，是随着 19 世纪末新康德学派的出现而到来的。它出自这一学派的普遍原则，即要理解自然和历史之间的不同，人们就必须从主观方面探讨这种区别；那就是，我们必须区别科学家和历史学家进行思考的方式。有名的哲学史家文德尔班于 1894 年在斯特拉斯堡发表的校长就职演说[2]中，就是从这一观点来探讨这个课题的，因此它马上就出了名。

---

① 德罗伊曾(1808—1884)，德国历史学家。——译者

② 《历史学与自然科学》Präludien 重印本，第二卷(第五版，图宾根，1913 年)，第 136—160 页。

在这里，他提出历史学和科学是两种不同的东西，各有其自己的方法。他解释说，科学以总结普遍规律为其目的，而历史学则以描述个别事实为其目的。他夸张地为这种差别取了个名字，说是有两种科学（Wissenschaft）：即规范（nomothetic）科学，那就是通常意义上的科学这个名词，和描述（idiographic）科学，那就是历史学。作为对一般事物的知识的科学和作为对个别事物的知识的历史学之间的这种差别，其本身并没有很大价值。它作为对表面不同的一种陈述，甚至于是不精确的；因为“这是一个伤寒病例”这一判断并不是历史学而是科学，虽说它是对个别事实的描述，而“所有3世纪的罗马银币都贬了值”这一陈述却不是科学而是历史学，虽说它是一种概括。当然，还有一种意义是可以辩护文德尔班的区分而反对这种批评的：有关3世纪铸币的概括确实是关于一件个别事实的叙述，即罗马帝国后期的金融政策；而这种病是伤寒的诊断，倒不那么是一个个别判断，而更加是把某一事实归之于一个一般的公式之下。这样的科学家的职务并不是诊断一个特殊病案的伤寒，（虽然这种附带的方式也是他的业务），除非是以其一般性质在规定它；而这样的历史学家的职务则是要探索个别历史事件的个别特征，而不是要构造各种概括，虽然那也作为一种从属的特征而属于他的工作之内。但是在谈到这一点的时候必须承认，总结规律和描述个体并不是两种相互排斥的思想形式，在这二者之间整个实在的领域可以被一项友好的协定所瓜分，正像文德尔班所认为的那样。

文德尔班在他讨论科学和历史学之间的关系时，实际上所做的一切就是向历史学家们提出一种主张，要他们以他们自己的方

式去做他们自己的工作而不要受到干扰；这代表着历史学家们要脱离在自然科学束缚之下的文明总体的那种分裂主义运动。但是文德尔班却不能告诉我们，这种工作是什么，能够或者应该做这种工作的方式又是什么。他也没有意识到这是办不到的。当他谈到“描述科学”时，他就在蕴涵着有关个体的科学的(即理性的或非经验的)知识是可能存在的；尽管在如此一位博学的思想史家的身上看来似乎奇怪，但是他竟没有认识到欧洲哲学从早期希腊到他自己当时的整个传统都异口同声宣称这种知识是不可能的；个体，作为一种流驶的和转瞬即逝的存在，只能是在它出现时被知觉或被经验，而决不可能成为稳定的并按逻辑构造的那种叫做科学知识的东西的对象。这一点叔本华已经提得非常清楚了①：

> 历史学缺少科学的基本特征，亦即对意识对象进行从属作用；它所能做的一切只是对它所记录的事实进行简单的协调作用。因此，历史学中就没有像在其他科学中所有的那种体系。……科学是认识作用的体系，所以总是谈论着种类；而历史学则总是谈论个体。因此，历史学就是一门关于个体的科学，这就蕴涵着一种自相矛盾。

对于这种自相矛盾，文德尔班表现得出奇地盲目，尤其是当他向他现代的同胞们推荐用新的和更好的 Kulturwissenschaft 即文化科学一词来代替旧式的“历史”Geschichte 一词时。实际上，使用这个名词所带来的唯一变化就在于它与自然科学的名称在言语上是

---

① 《作为意志与表象的世界》第二卷，1859 年；第 3 版，第 499—509 页。《论历史》。

相似的这一事实，也就是说，采用它的唯一理由就是它使人们忘记历史学和自然科学之间有多么深的不同，并由于把历史学同化于科学的一般类型而以实证主义的态度忽略了其间的差别。

就文德尔班毕竟论述了如何可能有一种关于个体的科学这个问题而言，他的回答是说，历史学家对历史事件的知识是由价值判断——也就是，对它所研究的那些行动的精神价值的看法——组成的。因此，历史学家的思想乃是伦理的思想，而历史学则是伦理学的一个分支。但这却是以说它不是一门科学，来回答历史学如何可能成为一门科学的这个问题。在他的《哲学概论》[①]一书中，文德尔班把全部的题材分成为两部分：知识理论和价值理论，而历史学则归入第二部分。这样，历史学就以全盘被驱逐出知识的领域而告结束，而留下给我们的结论便是，历史学家对个体所做的工作并不是要了解它或思考它，而是以某种方式来直观它的价值；这种活动大体上有似于一个艺术家的活动。但是，历史学与艺术之间的关系却又一次并没有被系统地加以思考。

二　李凯尔特

和文德尔班的思想紧密相联系着但更加有系统得多的是李凯尔特[②]的思想，他的第一部论述这个题目的著作于1896年在弗赖堡出版。李凯尔特实际上坚持认为文德尔班确实是陈述了科学与历史学之间的两种区别而不是一种。第一种是一般化与个体化思

① 英译本，伦敦，1921年。

② 李凯尔特(1863—1936)，德国哲学家。——译者

想之间的区别；第二种是价值判断与非价值判断思想之间的区别。他组合这两种而得出科学的四种类型：1）非价值判断的和一般化的，或纯粹自然科学；2）非价值判断的和个体化的，或半历史性的自然科学，如地质学、进化生物学等等；3）价值判断的和一般化的，或半科学性的历史科学，如社会学、经济学、理论法理学，等等；4）价值判断的和个体化的，或严格的历史学。此外，他看出了文德尔班企图把实在分成为自然和历史两个互相排斥的领域是无法辩解的。自然如它实际上所存在的那样，并不包括规律在内；它正像历史一样，只包括个体的事实。因而李凯尔特达到了一个公式：实在作为一个整体，实际上就是历史。自然科学是一个由人类的理智所建立起来的概括和公式的网络：归根到底是一个随意的理智构造而并不符合任何的实在。这就是在他题名为《自然科学概念构成的界限》一书中所表示的观念。于是，他的四种类型的科学就一起形成了一个天秤，在一端是随意的和抽象的思想的极端状况，是单纯对人为概念的处理；而在另一端则是具体的和真正的知识的极端状况，是对在其个体存在之中的实在的知识。

乍看起来，这似乎是对实证主义的一次决定性的反击。自然科学已经从被高举为唯一类型的真正知识被贬低到随意玩弄抽象作用的地位，它是空中楼阁，并且只有在它脱离具体事实的实际真相时才达到它的尽善尽美；历史学则被看作不仅是知识的一种可能的和合法的形式，而且还是现存的或可能存在的唯一的真正知识。但是这种 revanche〔报复〕不仅没有能对自然科学做到公正，它也误解了历史。李凯尔特追随着实证主义的办法，把自然看作是分割成各个独立的事实的；他接着以同样的方式歪曲了历史，把历史看作是个体事实的堆集，它们被假设为与自然事实之不同仅仅在于它们是价值的载体。但历史的本质并不在于它是由个体事实所组成的，不管这些事实可能是多么有价值，而是在于从一个事实导致另一个事实的那种过程或发展。李凯尔特没有能看到，历史思想的独特性乃是历史学家的心灵作为今天的心灵，在领会这个心灵本身是怎样通过过去的精神发展而得以产生的过程的那种方式。他没有能看到，赋予过去事实以价值的乃是这一事实，即它们不是单纯的过去事实，它们不是死去的过去而是活着的过去，是历史学家对于通过自己的历史意识的工作而使之成为自己的思想的那种过去的思想的继承。与现在相割裂的过去被转化为一种单纯的景观之后，就可能一点价值也没有了；它就成了被转化为自然的历史。这样，实证主义就终究向李凯尔特也进行了报复；历史事实就变成了不相关联的偶然事件，而如此这般的历史事实就像自然的事实一样，可以是彼此间仅处于同样的时间和空间、偶然性、相似性和因果作用的那种外部关系之中。

三　齐美尔

在同一个时期形成着的历史哲学上的第三种尝试，是齐美尔[①]的历史哲学；他第一篇论述这个题目的论文[②]的时间是1892年。齐美尔的心灵是一颗活跃的和多才多艺的心灵，赋有大量的独创性和洞察力，但在严谨的思想方面有缺陷；他的历史学著作充

① 齐美尔(1858—1918)，德国社会学家。——译者

② 《历史哲学问题》(莱比锡)。

满着很好的观察，但作为对于问题的系统研究则价值不大。他鲜明地认识到，对历史学家来说，在"知道"这个名词的经验主义的意义上，是不可能有知道事实这个问题的；历史学家永远对它的对象是不得而知的，正因为这个对象乃是过去，它所包括的事件已经终止出现，而并不再在那里被我们所观察到了。因此就并不发生像文德尔班和李凯尔特所陈述的那种要把历史学和科学区别开来的问题。自然的事实和历史的事实二者并不是在事实这个名词的同一个意义上的事实。自然的事实是科学家在实验室里在自己的眼前所能知觉或产生出来的事实；历史的事实却根本不在"这里"；历史学家面前所有的一切只是文献和遗迹，他必须想方设法从其中重行构造出事实来。此外，他还看出历史是一种精神的东西，是一种人的个性的东西，而且使历史学家能以重行构造它的唯一东西就只有这一事实，即历史学家本人就是一种精神和一种个性。所有这些都是十分出色的。但现在却出现了齐美尔的问题。历史学家从文献着手，在自己的心灵中构造出号称是过去的写照的东西。这幅写照只是在他的心灵里，而不在任何其他地方；它是一种主观的精神构造。但是他却声称这种主观的构造具有着客观的真理。这是怎样可能的呢？在历史学家心灵中所构造出来的纯属主观的写照，怎么可能投射到过去，并被说成就是实际上所发生过的某种事物呢？

齐美尔看出了这个问题，这再一次是他的一大功绩。但是他没有能解决它。他只能说，历史学家觉得自己在信服他主观构造的客观实在性；他认为它们是某种真实的东西，而与他当时对它们的思考无关。但是显然地，这并不是什么解答。问题并不是历史学家究竟是否感到了这种信念，而是他有什么权利感到它。它是一种错觉呢，还是它有什么坚实的根据呢？齐美尔不能回答这个问题。原因似乎是，他对历史事实这一概念的批评走得还不够远。他正确地看出了，过去的事实作为过去，并不呈现于历史学家的知觉之中；但因为他没有充分把握住历史过程的性质，所以他没有能认识到历史学家自己的心灵就是过去的继承人，它通过由过去到现在的发展而变成了它现在的样子，从而在他身上过去就活在现在之中。他认为历史的过去是死掉的过去，于是当他询问历史学家怎样能在自己的心灵中复活它时，他就自然不能做出答案了。他混淆了历史的过程（在那里面，过去继续活在现在之中）与自然的过程（在那里面，当现在诞生时，过去就死掉了）。这种把历史过程之归结为自然过程，乃是实证主义遗产的一部分，从而在这里齐美尔想构造历史哲学的失败，就再一次是由于他没能完全避免实证主义的观点。

四　狄尔泰

这个时期在这一题材方面的最好的著作是那位孤独的、被人忽视了的天才狄尔泰[①]的著作，他的第一部而且是唯一一部论述这个题材的书早在1883年就出版了，叫做《精神科学导言》。可是直到1910年，他陆续发表过一些零散的论文，都是有趣的而又重要的，部分地是论思想史的，特别是关于文艺复兴和宗教改革以来近代精神形成方面的一系列才华出众的研究，部分地是论历史理

① 狄尔泰（1833—1911），德国哲学家。——译者

论的。他的意图是根据康德批判的模式来写一部《历史理性批判》的巨著，但这个意图一直没有实现。

在《精神科学导言》中，早在文德尔班以前十一年，他所采取的立场就是，历史学论述具体的个体，而自然科学则论述抽象的一般。但是这从来也没有引导他达到一种满意的历史哲学，因为他一直在思考着的个体被设想为是孤立的过去事实，而没有被组成一个历史发展的真正过程。我们已经看到（第三编，第九节），这种构思历史的方式乃是那个时期历史学思想本身所特有的弱点；我们也看到，在文德尔班和李凯尔特那里，同样的概念堵塞了通往真正理解历史的哲学问题之路。

但是狄尔泰并不满足于这种见解。在后来的论文里[①]，他提出了历史学家实际上是在怎样完成理解过去的这一工作的问题，因为历史学家只是简单地从文献和资料出发，而这些本身并不显示过去。他回答道，这些资料只是为他在自己的心灵中复活原来所产生出它们来的那些精神活动提供机缘。正是由于他自己的精神生命，并且与那种生命的内在丰富性成比例，他才能从而赋予他所发现自己所面临的死材料以生命。因此，真正的历史知识乃是对其自己的对象的一种内在体验（Erlebnis），而科学知识则是试图理解（begreifen）在他面前出现的现象作为一种外部的景观。历史学家就活在他的对象之中，或者不如说，是使他的对象活在他的心中；这一概念对狄尔泰同时代的任何德国人所成就的任何事物来说，都是一个巨大的前进。但是问题却仍然存在，因为生活对狄

① 《全集》第七卷。

尔泰意味着与反思或知识不同的直接经验；而且历史学家就是成为了尤里乌斯·恺撒或拿破仑也还是不够的，因为那并不构成一种有关尤里乌斯·恺撒或拿破仑的知识，正有如他是他自己并不就构成一种有关他自己的知识这一明显的事实一样。

狄尔泰试图求助于心理学来解决这个问题。由于我毕竟是存在着，所以我就是我自己；但是却只有靠心理学的分析我才逐渐地认识我自己，也就是说，才逐渐理解我自己个性的结构。同样地，在自己的心灵之中复活着过去的历史学家，如果要成为一个历史学家的话，就必须理解他所正在复活着的过去。单单是复活过去，他就同时是把过去其他人的经验归并到他自己的经验之中，而在发展着和扩大着他自己的个性了。但是这样被归并的无论什么东西，就都变成了他个性结构的一部分；于是这项规则，即这一结构只有用心理学的方式才能加以理解，就仍然有效。这一点在实践上意味着什么，可以从狄尔泰最后的著作之一里面看出来；在那里他按照自己的公式论述了哲学史，他根据心灵结构有着某些基本类型而每一种类型对世界都有某种必然的态度和概念这一原则，把哲学史归结为对哲学家的心理的研究。于是不同的哲学之间的不同，也就被归结为单纯是心理结构造成了心理倾向方面不同的结果。但是这种处理主题的方式，却使得它没有任何意义了。与哲学有关的唯一问题就是，它究竟是正确的还是错误的。如果某一个哲学家之所以像他思想的那样在思想，只因为他是那样的一种人，所以就不得不那样地在思想，那么这个问题也就不会发生了。从这种心理学的观点加以处理的哲学，就根本不再是哲学了。

这表明狄尔泰的论证有某种东西是错了，并且不难看出那种

东西是什么。心理学不是历史学，而是科学，是一门根据自然主义的原则建立起来的科学。说历史只有在以心理学的方式来构思时才成为可理解的，也就是说历史知识是不可能的，而唯一的一种知识就只是科学的知识；历史本身仅只是生活、是直接的经验，所以如此的历史学家就仅仅经验着一种只有如此的心理学家才理解的生活。狄尔泰触及了文德尔班和其他人所没有透彻认识到的那个问题：即怎样才可能有一种与直接经验不同的、有关个体的知识的问题。他回答这个问题是承认不可能有这样的一种知识，并又回到了实证主义的观点上去，他认为"一般"（知识的固有对象）能被认识的唯一方法就是要靠自然科学或建立在自然主义原则之上的科学。这样，他就终于像他那一代的其他人一样，也向实证主义投降了。

狄尔泰的论证所犯错误之点也并不更容易认出。正如我已经解说过的，狄尔泰论证说，要成为自己是一回事，那是直接经验；要了解自己却是另一回事。那是心理科学。他假定心灵的自我知识和心理学是一回事。但是根据他自己的说明，历史学却也有很好的理由要求享有这种资格。我现在可能正经验着一种直接的不安感情，我可以问我自己，为什么我有这种感情。我可以回想到今天早晨我收到一封信批评我的行为，那态度在我看来似乎是有效的而又无法回答的；于是我就回答了这个问题。在这里我并没有使用心理学的概括；我在它的细节中认识到某种个别事件或一系列的事件，它们已经作为我对自己的一种不安或不满的感情而呈现于我的意识。要理解那种感情，也就是要承认它是某种历史过程的结果。这里，我的心灵的自我理解无非就是历史知识而已。把这种情况再推进一步。作为一个历史学家，当我在我自己的心灵中复活尤里乌斯·恺撒的某种经验时，我并不是简单地成为了尤里乌斯·恺撒；相反地，我是我自己，并且知道我是我自己；我把尤里乌斯·恺撒的经验归并到我自己的个性中来的那种方式并不是靠把我自己和他混为一谈，而是靠把我自己和他区别开来，同时把他的经验变成为我自己的。历史的那种活着的过去就活在现在之中；但它不是活在现在的直接经验之中，而仅只是活在现在的自我知识之中。这一点狄尔泰却忽略了；他认为它活在现在对它本身的直接经验之中，但是那种直接经验却不是历史思想。

狄尔泰和齐美尔事实上是选择了同一个虚假的二难推论中的两个相反的牛角尖。他们两人每一个都认识到，历史的过去——也就是历史学家正在研究其行为的那些行为者的经验和思想，——必须成为历史学家自己个人经验的一部分。他们每一个人都论证说，这种经验因为是他自己的，所以纯粹是他私人的和个人的，是他自己心灵之中一种直接的经验而不是什么客观的东西。他们每一个人都看出，如果它要成为历史知识的对象，它就必须是某种客观的东西。但是当它是纯粹主观的东西的时候，它又怎么能成为客观的呢？而如果它仅仅是他自己心灵的一种状态，它又怎么能是某种可知的东西呢？齐美尔说，那就要靠把它投射到过去里去；结果是历史就纯粹变成了我们自己的心灵状态在不可知的过去的空白屏幕之上的虚幻投影。狄尔泰说，那就要靠它变成为心理分析的对象；结果是历史学就完全消失了，而被心理学所取而代之。对这两种学说的回答都是，因为过去并不是死去的过去而是活在现在之中，所以历史学家的知识就根本没有面临着这种

二难推论;它既不是有关过去的知识,因而也就不是有关现在的知识,又不是有关现在的知识,因而也就不是有关过去的知识;它是有关在现在之中的过去的知识,是历史学家自己心灵的自我知识之作为过去的经验而在现在的复活和再生。

这四个人在他们中间,在德国发动了一场研究历史哲学的朝气蓬勃的运动。鲍威尔在其《历史研究绪论》[①]一书中甚至说,在他自己那个时代从事历史哲学研究要比从事历史本身研究更活跃得多。但是虽然论述这个题材的书籍和小册子源源不断地出版,但真正的新观念却是罕见的。我已经分析过的这些作家所留给后代的总问题可以表述为:它涉及的是历史学与自然科学之间的区别,或者说历史过程与自然过程之间的区别。从实证主义的原则出发,自然科学是唯一真确的知识形式,它蕴涵着一切过程都是自然过程;问题是怎样摆脱这个原则。我们已经看到,这个原则曾经一再地被否定,但是否定它的人们却从来没有能使自己的头脑完全摆脱它的影响。不管他们如何强烈地坚持说,历史是一种发展并且是一种精神的发展;他们都未能实现这些词句的含义,并且到头来都一致又陷入了把历史认为仿佛就是自然。一种历史过程或精神过程的特点是,既然心灵是认识它自身的那种东西,所以成为心灵生命的历史过程也就是一个自我认知的过程,是一个理解它自身、批判它自身、评价它自身等等的过程。Geschichtsphilosophie〔历史哲学〕的德国学派从来没有把握住这一点。它总是把历史看作历史学家是以科学家面对着自然界的那种同样方式所面对

① Einführung in das Stadium der Geschichte(杜平根,1921)。

着的一种对象;理解、评价或批判它的任务并不是由它自己为它自己来做出的,而是由站在它外边的历史学家来对它做出的。这样做的结果就是,本来是属于心灵本身历史生活的精神性和主观性,就从它那里被取走转而赋给了历史学家。这就把历史过程转化为一个自然过程,——即对一个明智的旁观者可以理解、而对它自身却不可理解的一个过程。这样被设想的心灵生活仍然是一种生活,但却不再成其为一种心灵的生活;它变成了一种纯粹生理的生活,或者充其量也只不过是一种无理性的本能的生活:一种无论怎样被强调称为一种精神生活、却仍被设想为是一种自然生活的生活。因此我正在谈论的这场德国的运动,就决不会成功地避免自然主义,也就是避免把心灵转化为自然。

五 迈耶

19 世纪结束时,这种自然主义的极端形式可以在实证主义的历史学家们,如 K. 兰普雷喜特①、P. 巴尔特②、E. 伯伦汉③,一本著名的史学方法论手册的作者 K. 布莱齐希④以及其他作家的身上看到;他们都把历史学的真正的或最高的任务设想为在于发现连结着历史现象的某些永恒类型的因果律。在这些方面,历史学上的颠倒混乱都具有着一个共同的特征,即对两种历史学的区别:经验的历史学和哲学的或科学的历史学,前者执行的仅只是要确定

① 兰普雷喜特(1856—1915),德国历史学家。——译者

② 巴尔特(1858—1922),德国哲学家。——译者

③ 伯伦汉(1850—1942),德国历史学家。——译者

④ 布莱齐希(1866—1940),德国历史哲学家。——译者

事实这一卑微的任务，而后者则负有要发现连结着各种事实的规律这一更崇高的事业。无论什么地方只要发觉有这种区分，自然主义的马脚就会暴露出来。像经验的历史学这样的一种东西是没有的，因为各种事实并不是经验地呈现在历史学家的心灵之中的；它们是过去的事件，不能靠经验，而是要按照理性原则、靠通过一个推理的过程、根据所给定的资料（或者不如说是用这些原则所发现的资料）而加以领会。像是假设中的更进一步的哲学的或科学的历史学阶段这样一种东西，也是没有的，——这种历史学要发现它们的原因或规律或者一般地解释它们；——因为一桩历史事实一旦真正加以确定，被历史学家在他自己的心灵中重演行动者的思想而加以掌握之后，它就已经被解释了。对于历史学家，在发现发生了什么和发现它为什么会发生，这二者之间是并没有不同的。

最好的历史学家们无论是哪个国度的，都在他们自己的实际工作中意识到了这一点；在德国则许多历史学家，部分地通过他们实际研究的经验，部分地通过上面已经讨论过的哲学家们的影响，现在已经有足够的认识能够抵制实证主义的主张了，至少是它那更为极端的形式。但是他们对它的认识，一般说来直到现在为止，充其量也只是片面的；因此就连实证主义最强的对手也都大受其影响，而且在理论和方法问题上都采取了有些混乱的立场。

这一点 E. 迈耶[①]提供了一个很好的例子，迈耶是近代德国最杰出的历史学家之一，他的论文《历史学的理论和方法论》1902 年

① 迈耶（1855—1930），德国历史学家。——译者

在哈勒出版，后来修订再版[1]，表明了一位有着长期经验的第一流历史学家在本世纪初对他自己工作的原则是怎样在思想的。在这里，正像在伯里那里一样但却思想得更加清楚，我们发现有一种要把历史学从自然科学的影响所造成的错误和谬见之下清理出来的努力，但它那工作的反实证主义观点却终于未能决定性地超出实证主义的气氛。

迈耶从详尽而透彻地批评实证主义的倾向而开始，这一倾向流行于90年代，我刚刚已经谈到过了。如果历史学的任务被设想为在于确定支配着历史事件进程的一般规律，那么它就要删除三个实际上是非常之重要的因素：机遇或偶然，自由意志，以及对人的观念或要求和概念。于是在历史上具有重要性的东西就被等同于典型的或反复出现的东西；因而历史就变成了种群的或社会的历史，个体就从历史中消失了，除非是在普遍规律的一个单纯实例的借口之下。这样加以设想的历史学的任务，乃是要建立某些社会的和心理的生活类型，它们以固定的顺序一一相续。迈耶引用兰普雷喜特[2]作为这种观念的领袖代言人。兰普雷喜特把德意志民族生活中的这种类型区别为六种形态[3]，并且把这一结果加以概括而应用到各个民族的历史。但是迈耶说，由于这样的分析，历史中活的形象就被破坏了，他们的地位就被一些模糊的概括性和不真实的幻影所代替。结果就成为一种空洞口号的统治。迈耶反对这一切并且争辩说，历史学思想的固有对象乃是存在于个体性

① 《短篇著作集》(哈勒，1910年)第3—67页。

② 载《未来》(Zukunft)，1897年1月2日。

③ 《德意志史》，柏林，1892年。

之中的历史事实,机遇和自由意志都是决定性的原因,从历史中加以删除之后就不能不破坏历史的真正本质。不仅是历史学家本人对于这种伪科学所谓的规律不感兴趣,而且根本就不存在什么历史的规律。布莱齐希[①]曾试图陈述过二十四条规律,但是每一条不是错误的就是空洞的,以至于历史学在其中并没有发现有任何价值。它们可以充当研究历史事实的线索,但它们全都没有必然性。历史学家之未能建立规律,不是由于资料的贫乏和智力的弱点,而是由于历史知识本身的性质所造成的;历史知识的职责是在它们的个体性之中发现和解释各种事件。

当迈耶脱离论战而进行阐明历史学思想的积极原则时,他首先提出的它的第一原则是,它的对象乃是过去的事件,或者不如说是过去的变化。所以在理论上它就要论述每一桩变化,但是在习惯上它却只论述人类事务中的变化。然而,他并没有说明或辩护这种局限性。但这一点却是至关重要的,他之未能解释它,成了他的理论中的一个严重弱点。它那真正的理由则是,历史学家所关心的并不是事件本身而是行动,亦即由意志所实现的、并表现着一个自由的和明智的行动者的思想的那些事件,而历史学家则由于在自己的心灵中重行思想它而发现了这种思想;但是这一点迈耶却未能看到,他从来也没有进一步去回答这个问题:“什么是历史事实?”他的答案从来也没有超出过这种说法:“历史事实就是过去的事件。”

这种失败的第一个结果便是,在实际上所已经发生的各种事

① 《世界历史的阶段和规律》,柏林,1905 年。

件无限繁多和历史学家所能够或渴望进行研究的事件为数甚少这二者之间的区别上感到为难。迈耶把这种区别的基础放在这一事实上，即历史学家只能认识他所掌握有证据的那些事件；但是即使如此，可知事件的数目也远远超过了在历史学上有趣味的那些事件的数目。许多事件都是可知的而且是已知的，但是没有一个历史学家认为它们都是历史事件。那么构成为一个事件的历史性的又是什么呢？在迈耶看来，只有那些曾经是起作用的（wirksam）、即已经产生了后果的事件，才是历史性的。例如，斯宾诺莎的哲学很长一个时期是没有影响的，但是后来人们对它变得有兴趣了，于是它就开始影响他们的思想。因此，它就从一桩非历史性的事实变成了一桩历史性的事实；它对于17世纪的历史学家是非历史性的，但对于18世纪的历史学家则变成了历史性的。这当然是一种十分武断的而又反常的区别。对于17世纪的历史学家，斯宾诺莎是一个非常有趣的现象，无论他是否作为一位思想的领袖而被人阅读和接受；因为斯宾诺莎哲学的形成其本身就是17世纪精神的一种值得注意的成就。使得这种哲学成为我们历史研究的对象的，并不是诺瓦利斯[①]或黑格尔研究了它这一事实，而是**我们**能够研究它，能够在我们自己的心灵中重建它，因而能够欣赏它的哲学价值这一事实。

迈耶在这里的错误立场，乃是由于在他自己思想里有着他所一直在反对的实证主义精神的残余。他看出了，孤立地加以引用的单纯过去的事件是不可能成为历史知识的对象的，但是他认为

① 诺瓦利斯（1772—1801），德国作家。——译者

它借助于它与其他事件的联系就成为了历史知识的对象，而这些联系则被他以实证主义的方式设想为是外部的因果联系。然而，这却是在以未经证明的假定进行辩论。如果一桩事件的历史重要性被规定为它产生的对其他事件的作用，那么构成为其他事件的历史重要性的又是什么呢？因为他恐怕很难于主张，一个事件在历史上之变得重要，乃是由于它产生了那些其本身并没有历史重要性的结果。可是，如果斯宾诺莎的历史重要性在于他影响了德国的浪漫主义，那么德国浪漫主义的历史重要性又在哪里呢？追循着这条探讨线索，我们就终将到达今天并得出结论说，斯宾诺莎的历史重要性就是他对于我们此时此地的重要性。我们无法再进一步了；正如迈耶所指出的，要判断现在的任何事情的历史重要性都是不可能的，因为我们还不能说它将要得出什么结果。

这种思考就剥夺了迈耶的大量有关历史学方法的积极理论的价值。那种理论的根本之点就在于，把历史上的过去看作是在一个因果系列之中被联系在一起的事件这一整个概念。迈耶有关历史研究乃是对原因的探究这一概念就有赖于此；还有他那有关历史必然性乃是被这些原因所决定的事件这一概念；他那有关历史的偶然性或机遇作为两个或更多的因果系列的交叉点这一概念；他那有关历史重要性作为系列中的其他事件的成因这一概念，等等。所有这些概念都受到实证主义的感染，因而都是谬误的。

迈耶理论的有价值的方面在于他关于历史兴趣的学说。唯有在这里，他表明真正掌握了关于原则的真理。由于他已经认识到，即使我们把自己限于上述规定意义上的重要事件时，我们仍然要遇到令人为难的大量事件，于是他就以诉之于一种新的选择原则来减少这个数目；选择就建立在历史学家的兴趣以及以历史学家为其代表的当代生活的兴趣的基础之上。正是历史学家作为一个活着的行动者，才由他自己提出了种种问题，他渴望找到它们的解答并从而构造出他用以处理他的材料的线索。这种主观的成分，乃是一切历史知识的一个根本性的因素。然而即使在这里，迈耶也没有掌握他自己学说的全部含义。他仍然为这一事实所困惑，即我们关于一个特定的时期无论取得多少情报，我们仍可以获得更多的情报，而这种更多的部分就可以修改已经被认为是可靠的种种结果。因此，他论证说，一切历史知识都是不确定的。他没有能看出，历史学家的问题是一个现在的问题，而不是一个未来的问题：它是要解说现在可以获得的材料，而不是预期将来的发现。再引一次奥克肖特的话，"真理"这个词对于历史学家并没有意义，除非它意味着"证据迫使我们要相信的东西"。

迈耶伟大的功绩在于，他对当时流行的实证主义社会学的公开的伪历史进行了有效的批判。在细节上，他的文章也经常显示出对历史现实的生活感。但是他的理论的失败之处在于他未能把他对实证主义的攻击推向它的逻辑结论。他满足于默认一种天真的实在主义，把历史事实当作是一种东西而把历史学家对它的知识当作是另一种东西。于是归根到底，他就把历史设想为一种从外部所看到的纯粹景象，而不是一种过程，——即，历史学家本人既是其中的一个组成部分同时又是对它的自我意识。历史学家与他的题材之间的密切无间的全部关系就消失了，历史重要性的概念就变得没有意义了；因此迈耶的有赖于选择重要事件的历史学方法这一原则，也就消逝为一缕轻烟。

六　斯宾格勒

和迈耶的著作以及20世纪较好的德国历史学家的著作形成了鲜明对照的是，奥斯瓦尔德·斯宾格勒[①]又沉没到实证主义的自然主义里去。《西方的没落》[②]一书在英国和美国也像在德国一样，是那么地风行，所以也许在这里值得再次指出我有理由认为它根本是不健全的。

按照斯宾格勒的观点，历史是他称之为文化的各个自给自足的个体单位之一一相继。每个文化各有其自己的特性；每个文化的存在都是为了把这种特性表现在它的生命和发展的每个细节之中。每个文化都和所有其他的文化类似，具有着相同的生命周期，类似于有机体的生命。它以原始社会的野蛮状态开始；接着发展出来政治组织、艺术和科学，等等，起先是一种生硬的古代形式，然后怒放为古典时期，再后冷凝为衰落，最后沦入一种新型的野蛮状态，这时一切事物都被商品化了和庸俗化了，而它的生命便就此结束。从这种衰落的状况中，再没有任何新事物诞生出来；那种文化是死去了，它的创造力是耗竭了。此外，不仅形态的循环是固定的，而且它所需的时间也是固定的；因此，如果我们现在，比如说，能够测出我们在我们自己的文化周期上是站在哪一点，我们就能准确地预告它的将来形态将会是什么。

这种概念是公开的实证主义。因为历史本身被一种历史形态

---

① 斯宾格勒(1880—1936)，德国历史学家。——译者

② 英译本《西方的没落》两卷，伦敦，1926—1928年。关于本书更详尽的评论，请参阅我在《古代》上的论文，第1卷，1927年，第311—325页。

学所代替了，那是一种自然主义的科学，它的价值就在于外部的分析、建立一般规律以及（非历史性思想的决定性的标志）自称根据科学的原则预言未来。各种事实被实证主义地设想为彼此孤立的，而不是彼此有机地相互成长的；但是事实在这里就成为了大块头的事实——更大更好的事实，每一个都具有一种固定的内部结构，而且每一个都非历史性地与其他相联系着。它们唯一的相互关系只是：a）时间上的和空间上的，b）形态学上的，即结构上的相似关系。这种反历史的和单纯自然主义的历史观点，甚至感染了斯宾格勒关于每种文化本身所采取的内部细节的概念；因为一个文化内部各个形态的相续，像他所设想的那样，并不比一个昆虫的生命中的各个不同形态，如卵、幼虫、蛹和成虫的相续更有历史性。因此在每一点上，历史过程之作为一种精神过程的观念——在这里，过去是被保存在现在之中的，——就都被刻意地否定了。一个文化中的每一个形态在它的时间成熟时，都自动地转入下一个，不管生活于其中的个别的人可能做什么。此外，标志着一种文化与其他文化有别，并且渗透着它的全部细节的唯一特征（希腊文化的希腊性，西欧文化的西欧性，等等），并不是被设想为由那种文化的人们通过精神的努力，无论是有意的或无意的，所创造和成就的一种生活理想；它是作为一种自然的财富而属于他们的，正好是以黑色的皮肤色素之属于黑人或蓝色的眼睛之属于斯堪的纳维亚人那种同样的方式。因此，这种理论的全部基础都是以要把一切使历史成其为历史性的东西从历史之中排斥出去的一种有意的和艰苦的努力为其根据的，而且是要在每一点上都用一种自然主义的原则概念来代替相应的历史概念。

斯宾格勒的书装满了一大堆历史知识，但就连这些也不断地受到歪曲和颠倒以适应他的论点。从许多论点里面可以举这样一个例子，他坚持说，作为其基本特性的一部分，古典的或希腊一罗马的文化是缺乏一切时间感的，一点都不关心过去或未来，所以他们（不像具有敏锐的时间感的埃及人那样）就没有为他们的死者修建坟墓。他似乎已经忘记了罗马管弦乐演奏会是每个星期都要在奥古斯都①的陵前举行的；哈德良②的墓多少世纪以来都是教皇的堡垒；而且在罗马城外多少里的古代道路上布满了全世界最大量的墓群。甚至于19世纪的实证主义思想家们，在他们错误地试图把历史转化为一门科学时，也没有更进一步不顾一切地和肆无忌惮地篡改事实。

在斯宾格勒和汤因比之间有着明显的类似之处。主要的不同则是，在斯宾格勒这里各个文化的孤立性完整得就像莱布尼兹的单子一样。它们之间的时间、地点和类似性的关系，只有从历史学家的超然观点来看，才是可知觉的。而对于汤因比，则这些关系虽然是外部的，却形成了文明本身经验的一部分。某些社会之应当渊源于其他的社会，这对汤因比的观点是本质性的；因此历史的连续性就被保住了，尽管只是在一种剥夺了它的充分意义的形式之中；而在斯宾格勒的观点则像渊源之类的东西是不可能有的。一种文化和另一种文化之间没有任何积极的关系。因此，自然主义的凯歌，在汤因比那里只是影响到了一般原则，而在斯宾格勒这里

① 奥古斯都（公元前27—公元14），罗马皇帝。——译者

② 哈德良（117—138），罗马皇帝。——译者

则贯穿到一切细节之中。

第三节　法国

一　拉韦松①的精神主义

说法国这个实证主义的发源地也是实证主义受到最坚强和最出色的批判的国家，那是太正确了。在19世纪末和20世纪初，法国思想把它最好的精力都用之于对实证主义进行攻击；它正像在这个国家里那么多的批判的和革命的运动一样，事实上只是法兰西精神不屈不挠的一贯性的另一个证据。18世纪对已经确立的宗教堡垒进行攻击的启蒙运动，本质上是人的理性和人的自由之反对教义和迷信的一次自我肯定。实证主义则把自然科学又转化为教义和迷信的一种新体系；法国哲学的复苏并对这个新堡垒进行攻击，可以再一次地把古老的口号 Écrasez l'infâme〔砸烂不名誉〕②写在它的旗帜上。

法兰西思想的这场新运动不像德国的新运动，它不是有意识地和公然地朝着历史学定向的。但是对它主要特征的详细检验却表明，历史的观念仍是它的指导概念之一。如果我们把历史的观念等同于精神生活或精神过程的观念，那么联系的紧密性就变得十分明显了；因为关于精神过程的观念，一直突出地成为近代法国

① 拉韦松(1813—1900)，法国哲学家。——译者

② “不名誉”指宗教迷信。——译者

哲学的指导观念。尽管它在某种方式上看来仿佛是自相矛盾，但法国思想的这场运动却比德国的类似运动在历史学的问题上有着更坚强的据点。因为德国的运动，不管大肆谈论了多少历史学，却总是从认识论的角度来思考它：它的真正兴趣在于历史学家主观的心灵过程；并且由于它对形而上学的普遍偏见（部分地是新康德主义的偏见，部分地是实证主义的偏见），它回避了钻研历史过程本身的客观性质这一任务。结果就像我们已经看到的，它把这个过程设想为历史学家心灵的一种单纯的景观，因而就把它转化为一种自然的过程。但是法国的心灵在其思想传统中却坚定地是形而上学的，它集中精力于把握精神过程本身的特点，结果是它从来没有提及历史这个名词，却对解决历史哲学问题有了长足的进步。

我这里所要做的一切只不过是在这一异常之丰富和多变的运动中挑选出少数几点，并指明它们对我们的主要问题有什么影响。有两个主题经常反复出现于它的全部结构中：一个是消极的，即对自然科学的批判；另一个是积极的，即对精神生活或精神过程的概念的阐述。它们是一个单一观念的正反两个方面。被实证主义提到形而上学高度的自然科学，把实在设想为是一个处处都被因果律所支配的各种过程的一个体系。一切事物之所以如此，都是因为它是由另外的某种事物所决定的。精神生活乃是一个它那实在就是它的自由或者自发性的世界；它不是一个无规律的或混乱的世界，而是这样一个世界，它那规律是由自由地在服从着这种规律的那同一个精神所自由地造成的。如果这样一个世界毕竟是存在的话，实证主义的形而上学就必定是错误的。因此之故，就必须证明这种形而上学是不健全的，并且就必须从它自身的基础上攻击它，就在这里驳倒它。换言之，必须证明，不管自然科学的方法在它们自己的领域里可能证明是多么有道理，这个领域却缺少着作为一个整体的实在的某些东西；它是一种有限的和依赖性的实在，它那存在的本身依赖于被实证主义所否定的自由和自发性。

拉韦松[①]在 19 世纪 60 年代对这样一种论证所采取的第一个步骤，就是提出了实在作为机械的或由有效因所支配的那种概念，作为一种形而上学的学说是不能成立的，因为它对这些原因在其中活动着的那个整体没有能做出任何阐述。为了使这个整体得以存在并且维持它自身，其中就必须不仅有连结各个部分的有效因的原则，而且还有把各个部分组织成一个整体的目的论的或最终因的原则。这是莱布尼兹的有效因和最终因的综合概念，以及也是源出于莱布尼兹的更进一步的学说，即我们关于目的论的原则的知识来源于我们关于它作为我们自己心灵的工作原则的意识。我们关于我们自身作为精神、作为一种自我创造和自我调节的生命的知识，就能使我们窥测在自然界中有一种类似的生命；而且（尽管实证主义未能看到这一点）它的各部分之间有因果关系仅只是因为大自然在目的论上是一个活着的有机体。我们在这里看到了通过把自然的实在其本身溶解为精神、从而确立精神的实在这一企图；但是从我们对后来德国思想的分析中已经知道，这样一种解决，由于否认有任何事物是真正自然的，不仅没有能公正地对待自然科学，而且由于把它等同于自然界中某种有待发现的东西还危害了关于精神的概念。危险就在于有一个既不是单纯的自然也

① 《19 世纪法国哲学年报》（巴黎，1867）。

不是真正的精神的第三者，它倾向于代替这两者。这第三者就是生命，它被设想为不是精神生活或心灵的过程，而是生物的或生理的生命，这是柏格森著作里的一个基本概念。

二　拉希利埃的唯心主义

为了避免这种危险，就有必要坚持说精神的生命不是单纯的生命而是合理性，也就是思维的活动。看出了这一点的是拉希利埃[①]，他是现代法国最伟大的哲学家之一。在他长期的教师生活期间，法国思想之受惠于他的那种身份是无可估量的；拉希利埃出版的著作很少，但是他所出版的确实是思想深刻和表达清晰的典范。他那篇《心理学和形而上学》[②]的简短论文就是这一论题的匠心表述：心理学作为一种自然主义的科学不可能如实地把握心灵；它只能研究意识、我们的感觉和情感的直接资料；但心灵的本质乃是它能够知道，也就是说，它不是以它本身的单纯状态而是以一个真实的世界作为它的对象。使得它能够知道的，乃是它在进行思想这一事实；而思想的活动乃是一种自由的或自我创造的过程，它之得以存在除了它本身而外并不有赖于任何别的东西。那么如果我们问思想为什么存在，唯一可能的回答就是，存在本身（无论它还可能是别的什么）就是思维的活动。这里拉希利埃的论证的中心之点乃是知识本身就是自由的一种功能这一观念；知识是可能的，只是因为精神的活动是绝对自发的。因此，自然科学并不由于

① 拉希利埃（1832—1918），法国哲学家。——译者

② 《全集》第一卷（巴黎，1933），第169—219页。

未能在自然界中发现精神的实在就对它表示怀疑，或者是由于发现它在那里（这是永远做不到的）就证实它；而是以一种完全不同的方式，由于它本身就是科学家精神活动的产物，而证实了它。把精神生命作为既是自由又是知识（并且也是关于它自己的自由的知识）的一种生命，乃是一种没有任何科学思想能够以心理学的术语加以窥测或分析的生命，——这种明晰的概念恰恰是我们发现在德国学派那里所缺乏的。它还不是一种历史理论，但它是这样一种理论的基础。

如果其他法国思想家们曾经把握住了拉希利埃的概念的话，他们就不需要追求在19世纪末和20世纪初的法国哲学中占有那么大的地位的对于自然科学的批评了。拉希利埃的论证，实际上已经砍掉了他们一直在攻击其代表性的著作的那座结构的基础：那并不是科学本身，而是企图证明科学乃是知识唯一可能的形式，因而也就蕴涵着要把心灵归结为自然的那种哲学。所以我不需要描述布特鲁[①]和他的学派所做的工作，他们企图以怀疑科学知识的坚实性来证实精神生命的实在性。但是为了表明当这些批评被推进到底，并且被树立为一种建设性的哲学时，它们会变成什么样子，我就必须谈谈柏格森的著作。

三　柏格森的演化主义

柏格森头脑中最本质的建设性的特征表现为这一事实，即他的第一部书强调了我所描述的近代法国思想特征的双重主题的积

① 布特鲁（1845—1921），法国哲学家。——译者

极的那方面。他的《论意识的直接资料》(1913 年译成英文，题名为《时间与自由意志》)，是对呈现于实际经验中的我们自己心灵生活的特征的一篇阐述。这种生活是各种心灵状态的一一相续，但它是在相续这一名词的一种非常特殊意义上的相续。一种状态并不是跟随着另一种状态而来，因为当下一个状态开始时这种状态并非就不再存在了；它们是互相渗透的，过去继续活在现在之中，和现在熔合在一起，并且在它赋予现在以一种从这一熔合的事实所得到的特殊性质那种意义上而呈现出来。例如，在听一首曲调时，我们并不是分别地经验着不同的音调；我们在听每个音调的方式以及成其为聆听那种音调的精神状态，都是受到我们在听最后一个(以及确实所有此前的)音调的那种方式所影响的。听一首曲调的整个经验，因此就是一系列前进着的和不可逆转的经验，它们彼此渗透；所以那并不是许多的经验，而只是一个以一种特殊方式组织起来的经验。组织起它来的方式就是时间，而事实上这就恰好是时间之所以为时间；它们和空间不一样，乃是互相渗透的许多部分，现在就包含着过去。这种时间性的组织是意识所特有的，并且是自由的基础：因为现在在它自身之中就包含着过去，所以现在就不是被过去作为它外部的某种东西(即成为某种结果的原因)所决定的；现在是一种自由的和活着的活动，它由于它自己的行动而包括着和继续着它自己的过去。

就此而言，柏格森对意识的分析就为历史理论提供了一种有价值的贡献，尽管他没有以这种方式运用过它。我们已经看到，在任何这种理论中的一个本质的成分都必定是心灵生活作为过程的这一概念，在这个过程中过去并不是现在的一个单纯的景观，而是实际上就活在现在之中。但是柏格森所描述的过程，虽则是一个心灵的过程，却不是一个理性的过程。它不是各种思想的相续，它只是直接的感觉和感知的相续。这些感觉和感知并不是知识，我们对它们的感受纯粹是主观的而不是客观的；我们在经验它们的时候并不知道任何独立于经验之外的东西。要获得知识，我们就必须观察到我们自己以外；而当我们这样做的时候，我们就发现我们自己是在观察着一个各种事物在空间之中彼此互相分离的世界，甚至在它们的时间方面也并不互相渗透，因为它们在其中发生着变化的那种时间与内部意识之互相渗透的那种时间二者是全然不同的；它是外部世界的钟表时间(clock-time)，是一种空间化了的时间，不同的时间在其中互相排斥着，正像是空间的各个部分一样。因此，科学乃是我们对于外部世界的知识，是智力的产物，它与我们的内部经验形成一幅完全的对照；智力是一项把各种事物分割成个别的和自足的单元的能力。为什么我们会具有做出一种如此之奇妙的事情来的能力呢？柏格森所做的回答是，我们为了行动的缘故而需要它。因此，自然科学并不是认识真实世界的一种方式；它的价值并不在于它的真实性而在于它的实用性；靠着科学思想我们并没有认识自然界，我们是在肢解它，为的是掌握它。

柏格森在他全部晚期的著作中从没有超出过这种最初的二元论，尽管它不断地采取新的形式。意识的生活对于他始终是一种直接经验的生活，而没有任何思想、任何反思、任何合理性。它的意识仅仅是对它自身状态的直觉。所以它的过程，虽然就其在它的现在之中保存着它的过去而言有似于一个历史过程，却并没有能成为一种真正的历史过程，因为被保存在现在之中的过去并不是一种已知的过去；它只是这样的一种过去，它那在现在的回响是随着现在本身之被直接经验到而被直接经验到的。这些回响终于要消逝的；而当它们恰恰因为它们不再直接被经验到而且也不可能以其他的方法被经验到而消逝了的时候，它们就不可能复活。因此就不可能有历史学；因为历史学并不是直接的自我享受，它是反思，是传递，是思想。它是一种智力的劳动，其目的在于去思想心灵的生活而不是单纯地享受它而已。但是按照柏格森的哲学，这却是不可能的：凡是内部的东西都只能被享受而不能被思想；凡是思想的东西总是外部的，而外部的东西都是不真实的，都是为了行动的缘故而编造出来的。

四　近代法国的历史编纂学

因为柏格森已经享有、并且仍然享有表现出他对他那民族的心灵的分析本质上是正确的那种声誉，所以沿着这条路线进行的近代法国思想，对它本身之作为一种活着的和积极的过程就具有特别鲜明的意识，而且有着一种奇异的能力可以复活凡是吸收到那个过程之中的任何东西。凡是没有被这样吸收进来的东西，法国的心灵就把它设想为某种全然不同类型的东西，即一种单纯的机械作用，要看它是一种易于驾驭的和有用的机械作用还是一种难于驾驭的和敌对的机械作用而在行动中加以估计，但却永远都不能作为一种与它自身相似的精神生活而加以钻研或感受。这就是法国怎样在国际政治中也是以一种十足的柏格森式的方式在表明它自己的态度的。而近代法国的历史编纂学的精神也以同样的方式在工作着。法国的历史学家遵循着柏格森那条著名的法则，

s'installer dans le mouvement〔立足于运动中〕，极力使自己要钻进他正在研究着的历史运动里面去，而且要感受那种运动之作为是在他自身之内所进行着的某种东西。他以一种想象的同情重行捕获这一运动的节奏之后，又能以特殊的光彩和忠实来表现它。例如，我只消提到一两部晚近法国历史著作的杰作，如迦米意·于利昂[①]的《高卢史》或者艾利·阿累维[②]先生的《哲学激进主义》或《英国人民史》等著作。一旦达到了这种同情的洞见，就很容易用短短的几页来表述这个过程的基本线索了；这就是何以法国的历史学家在写言简意赅的著作方面要胜过所有其他的人，在受人欢迎(popular)这个词汇的最好意义上，向一般读者传达了对一个时期或一场运动的特征的鲜明感受；这一点恰好是在其与事实进行斗争中肌肉紧张的德国历史学家们所做不到的事。但是法国人所做不到的事，德国人却做得如此之好；亦即以科学的精确性和超然态度来处理孤立的事实。最近法国学术界的大丑闻，即格罗泽(Glozel)的伪造事件为人广泛接受，即表明了近代法国学者们在科学技术方面的弱点，又表明了本来应该是一个纯粹技术问题的问题在他们的心目中变成了一个民族荣誉的问题的那种方式。格罗泽论战是十分荒唐的，它导致成立了一个国际委员会来解决它；当然这个委员会的调查结果并没有被人接受。

这样，近代法国的运动就发现它自己归根到底也陷入了和德国人一样的错误。他们各自最后都把心灵和自然混为一谈，而且

① 于利昂(1859—1933)，法国历史学家。——译者

② 阿累维(1870—1937)，法国历史学家。——译者

未能区分历史的过程与自然的过程。但是当德国的运动试图发现历史过程是客观地存在于思想家的心灵之外时，却正因为它不在其外而未能在那里发现它；这时法国的运动则试图发现它是主观地存在于思想家的心灵之内，但也未能发现它，因为它被这样地封闭在思想家的主观性之内，就不再成为一种知识的过程而变成了一种直接经验的过程：它变成了一种纯心理的过程，一种感觉、情感和情绪的过程。在两种情况中，错误的根源是相同的。主观的和客观的被看作是两种不同的东西，它们在本质上是相异的，不管是多么密切相关。这种概念对自然科学的情况是正确的，在那里科学思想的过程就是以自然过程为其对象的一种精神的或历史的过程；但是对历史学的情况则它是错误的，在这里历史思想的过程与历史过程本身乃是相同的，两者都是思想的过程。紧紧掌握住历史思想的这种特性并把它作为一种系统的原理而加以应用的唯一的哲学运动，是由克罗齐在意大利创始的。

第四节　意大利

一　克罗齐 1893 年的论文

近代意大利哲学在富于才干的作家和观点的多样化方面，比起法国哲学和德国哲学都要相形见绌；而具体到历史理论本身方面的著作，虽然比法国更为可观，但比起德国来就显得很少了。但是就历史学这个主题而言，它比法国哲学更加重要，因为它直接探讨了这个主题并把这个主题放在它的问题的中心。在德国，历史著作的传统很难上溯到18世纪以前，而在意大利则可以上溯到马基雅维里甚至于佩特拉克①；这个事实是它的出发点优于德国的地方。从19世纪以来，意大利思想的领袖们已经建立起一种严肃而持久的历史研究的传统；而这一传统的悠久、多样化和丰富性给予了近代意大利关于这个题目的言论以一种特殊的分量，它使自己成为渗入到意大利文明的骨髓深处的一个题目。

1893年，贝尼狄托·克罗齐27岁的时候写出了他的第一篇关于历史理论的论文，这时不仅他个人已成为一位颇有名望的历史学家，而且他的背后还有着一定数量的论述这同一个题目的近期的意大利的哲学思想。然而他把这种思想那么完整地吸收到他自己的著作里面来，以至于就我们的目的而言竟可以把它略过不谈。

这篇论文题名为《纳入艺术普遍概念之下的历史学》②。历史学是一种科学还是一种艺术这个问题，不久刚被讨论过，特别是在德国，而大部分答案都认为它是一种科学。我们还记得，直到1894年文德尔班还没有对这个答案发动攻击。所以拿克罗齐的论文和文德尔班的论文加以比较是有益的；他们在很多方面都是相同的，可是即使是在他事业的这一早期阶段里，克罗齐的哲学智慧就显然高出于文德尔班，并对当前的真正问题看得更深。

他从清理艺术的概念开始。他指出，艺术既不是给予和接受感官愉悦的一种手段，也不是自然事实的一种表象，又不是对纯形

① 佩特拉克(1304—1374)，意大利诗人。——译者

② 《纳入艺术普遍概念之下的历史学》重刊于Primi Saggi(巴里，1919年)。

式关系的体系的一种构造和享受(这三种艺术理论是当时最流行的),而是个性的直观洞见。艺术家看到了并表现出这种个性;他的观众是按他所表现它那样子来观看它的。因此艺术并不是一种情绪的活动,而是一种认识活动;它是有关个体的知识。相反地,科学则是有关一般的知识;科学的工作是要构造一般概念并解决它们之间的关系。而历史学则只涉及具体的个别事实。克罗齐说:"历史学只有一个责任,即叙述事实。"所谓寻求这些事实的原因,只不过是更仔细地观察各种事实本身并领会它们之间的个别关系而已。把历史学称为"描述性的科学"是无用的,因为那是没有意义的,它是描述性的这一事实就使得它不再是一门科学了。在这里,克罗齐事先就对文德尔班做出了正确的答案。"描述"一词无疑地可以用来作为经验科学所给予它的对象的那种分析的和概括化的叙述的一个名字;但是如果它在历史学中也意味着它所意味的东西,那么"描述性的科学"这个词句就是一种 contradictio in adjecto〔形容词上的自相矛盾〕。科学家的目的是在识别各种事实作为一般规律的事例那种意义上来理解各种事实的;但是在这种意义上,历史学却并不理解它的对象。历史学在观赏它,而这就是全部。这就正好是艺术家所做的事;因而已经由狄尔泰在 1883 年和齐美尔在 1892 年所做过的历史学与艺术之间的比较(克罗齐对他们两人都引用过),就是完全正当的。但是对于他,这种关系却比单纯的比较走得更远;那乃是一种同一。它们每一种都恰好是同一回事,即对个体的直觉和表象。

显然,问题不能就停留在这里。如果历史学是艺术,它至少是一种很特殊的艺术。艺术家所做的一切就是陈述他所看到的;历史学家则必须既做到这一点，而又向自己保证他所看到的是真相。克罗齐之处理这一点是说，艺术一般地在广义上是表现或叙述可能的事；而历史学则是表现或叙述实际上已经发生的事。已经发生的事当然不是不可能的；如果它是不可能的，它就不会发生了；于是真实的事物就落在了可能的事物的范围之内，而不是在它之外，于是历史学作为对现实的叙述就落在了艺术作为对可能的叙述之内。

这就是克罗齐这篇论文的论证。它引起了极大的注意并在许多方面受到批判，但是今天重读这些批判时，我们却看到克罗齐的答复大体上证明了是正确的；他比他的任何一个批评者都更能深入到这个主题里面去。他的论证的真正弱点是，他在二十六年以后重印它时他自己在序言里所注意到的那个弱点。他写道：

> 我没有察觉，由于把历史学作为是对实在的艺术表象这一概念所引起的新问题。我没有看出，把实在的与可能的辩证地区别开来的那种表象，是某种不止于是单纯的艺术表现或直觉的东西；它要借助于概念而产生；那确实并不是经验的或抽象的科学概念，而是成其为哲学的、并且因此也就既是表象又是判断的那种概念，是普遍与个别合而为一的概念。

换句话说：这样的艺术乃是纯粹的直觉而并不包含思想；但是为了区别实在和单纯的可能，人们却必须思想；所以把历史学规定为对实在的直觉，同时也就是在说它是艺术但又不止于是艺术。如果“描述性的科学”这一词句是一种 contradictio in adjecto〔形容词上的自相矛盾〕，那么“对实在的直觉”也同样是如此；因为直觉恰恰因为它是直觉而不是思想，就对于实在和想象之间的任何区别

一无所知。

即使有这个弱点，克罗齐早期的理论已经标志着对德国观点（那和它是那么地相似）的一大进步。它们都抓住个别与普遍之间的区别，作为是解开历史学和科学之间的区别的一把钥匙。它们都把它本身以及许多未解决的问题留在了它的手中。但不同的是，德国人满足于继续把历史学称为科学，而并不回答关于个体的科学是如何可能的问题；而结果就是他们把历史科学和自然科学设想为两种科学，这一概念就向自然主义敞开了大门，并使它自己沿着“科学”一词的传统联系而重行钻入到历史学的观念里面来。克罗齐由于根本否定了历史学是一门科学，就一举而使他自己割断了自然主义，使自己面对着一种把历史作为是某种与自然根本不同的东西的观念。我们已经看到，哲学问题在19世纪末到处都是要使它自己从自然科学的暴政之下解放出来的问题；所以克罗齐的勇敢行动正是这种局势所需要的。正是他1893年在历史的观念和科学的观念之间所做的这一廓清，使得他能够比他那一代的任何哲学家都更加大大地发展了历史的概念。

他经历了相当的时间之后，才看到他早期理论的缺陷何在。在他的第一部哲学巨作1902年的《美学》中，他仍然重复了他早先的历史观，他说，它并不寻求规律，也不制定概念，它并不使用归纳法或演绎法，它并不证明，它只是叙述。就它的任务是要呈现一幅完全确定的个体的景观而言，它和艺术是同一的。而当他继续提出历史学是怎样与艺术的纯粹想象不同的问题时，他就以一种旧的方式来回答它说，历史学区别真实与不真实，而艺术并不区别它们。

二　克罗齐的第二立场:《逻辑学》

只是到了1909年出版的《逻辑学》一书中,他才面临着这一区别是如何可能的这个问题。逻辑学是关于思想的理论,而只有思想才能区别真理和谬误,这就在严格的(和唯一真正的,像克罗齐这时所承认的)意义上把历史学和艺术分别开来。思想就是做出判断,逻辑学在传统上区别了两种判断:普遍的和个别的。普遍的判断规定了一个概念的内容,像是我们说任何一个三角形的三个角之和等于两个直角。个别判断则陈述一桩个别的事实,像是我们说这个三角形包括有如此等等的性质。这是两种认识,曾被人称之为先验的和经验的(康德),vérités de raison〔理性的真理〕和vérités de fait〔事实的真理〕(莱布尼兹),观念与事实之间的关系(休谟),等等。

克罗齐论证说,传统上把真理分为这两类是错误的。要区别出个体的存在作为一项纯粹的事实,作为一种vérité de fait〔事实的真理〕而与vérités de raison〔理性的真理〕不同,就蕴涵着个体的存在是非理性的。但这是荒谬的。如果没有理由,一件个别的事实就不会是它那样子了。而另一方面,要区别出一个普遍的真理作为一种vérité de raison〔理性的真理〕而与vérites de fait〔事实的真理〕不同,就蕴涵着普遍的真理并没有在事实之中得到实现。但除非它对它所适用的各种事实都是普遍真确的,否则什么是普遍的真理呢?

他结论说,必然的或普遍的真理与偶然的或个别的真理并不是两种不同的认识,而是每一种真正的认识中的不可分割的成分。

普遍的真理只有在特殊的例子中被实现时才是真的;普遍——用他的话来说——就必须体现于个别之中。他继续说明,甚至于乍看上去好像是在全然抽象的普遍的、纯粹的定义的那些判断中,也确实有着他所称之为历史成分的东西在内,即一种此一、此时、此地的成分在内;这是由于这个定义是由要解决思想史上的一个特殊的时间里以一种特殊的方式而出现的问题的一位个别历史思想家所做出的。另一方面,个别的或历史的判断并不是对一个给定事实的单纯直觉或对一种感觉材料的领会;它是一个有谓语的判断;这个谓语就是一个概念;而这个概念就呈现在做出这个判断的人的心灵之中作为一种普遍的观念,对于这一观念他如果理解他自己的思想的话,就必定能够下一个定义。因此,就只有一种判断,它既是个别的而又是普遍的:个别的是就其描述事物的个别状态而言,而普遍的则是就其以各种普遍的概念来思考它、从而描述了它而言。

现在就来说明这一双重的论证。首先,普遍的判断实际上乃是个别的。约翰·斯图亚特·穆勒把正确的行动定义为获致最大多数的最大幸福的行动。这乍看起来好像是一个完全非历史性的判断,在一切时间和一切地点都是真确的,——假如它确实终究是真确的。但是当穆勒做出这种判断的时候,他所做的乃是在描述当我们称一种行动为“正确”时,我们的意思是指什么;在这里,我们一词的意思并不随处总是在指全人类,而是指具有他那时代的道德和政治观念的19世纪的英国人。穆勒描写的,不管是好是坏,乃是人类道德史上的一种特殊形态。他或许不知道他是在这样做,但这就是他所做的。

第二，对历史的个别判断在下述意义上是普遍的，即它的谓语是一个概念而这个概念的定义可以是、而且应当是现成的。我随手翻开一本历史书，就读到如下的句子："一定不要忘记，路易十一[①]和天主教徒斐迪南[②]这样的君主，尽管他们有罪恶，但还是完成了使法国和西班牙成为两个强大国家的民族大业的。"这个句子蕴涵着作者和读者都要理解"罪恶"、"国家"、"强大"等等术语，并且是以同样的意义在理解它们的；它蕴涵着作者和读者共同具有某种伦理和政治观念的体系。这个语句作为一个历史判断，就假定了这些观念是一贯的，在逻辑上是可辩护的；那就是说，它是以一种伦理的和政治的哲学为前提的。正是借助于这一伦理的和政治的哲学，我们才掌握了有关路易十一的历史现实；并且反过来，正因为我们发现在路易十一身上实现了这种哲学的概念，我们才掌握了这些概念都是什么。

这就是克罗齐关于普遍的、或规定性的判断与个别的、或历史性的判断相互蕴涵的学说，也是他关于哲学（即普遍判断）如何与历史学相联系这一问题的解答。他不是试图把哲学和历史学放在彼此相外的两个互不相容的领域里，因而使得恰当的历史学理论成为了不可能；而是把它们合成为一个单一的整体，成为一个判断，——这一判断的主语就是个体，而它那谓语就是普遍。因此历史学就不再被设想为对于个体的单纯直觉；它并不是单单在领会个体，——在那种情况，它就会是艺术了。它是在对个体做出判

① 路易十一（1423—61—83），法国国王。——译者

② 天主教徒斐迪南（1452—1516），西班牙的卡斯提与阿拉贡国王。——译者

断;因此无可辩驳地是属于一切思想的那种普遍性,亦即先天的特性,就以历史判断的谓语的形式而呈现在历史学之中。使得历史学家成为一个思想家的事实是,他思索出这些谓语的意义,并且发现这些意义就体现在他所思考的个体之中。但是这种思索出来一个概念的意义也就是哲学;因此哲学就是历史思维本身的一个组成部分;对历史的个别判断之所以是判断,就只因为它自身中包含有哲学思维作为它的成分之一。

三　历史学与哲学

这里面包含有对哲学和历史学之间的关系的一种值得注意的而又有创造性的观点。人们迄今通常都假定哲学是科学的女王,而历史学则在她的臣属中占有某一个微不足道的地位,或者说是在她的领域的荒外。但是对于克罗齐,在他思想的这一项峰状态时,哲学的任务就限于思索各种概念的意义,这些概念作为思想的实际功能,就仅只是作为历史判断的谓语而存在。仅只有一种判断,那就是对历史的个别判断。换言之,一切实在都是历史,而一切知识都是历史的知识。哲学仅仅是历史学之内的一个组成成分;它是那种思想——那种思想的具体的存在乃是个别的存在——之中的普遍的成分。

这可以和一切实在都是历史这一德国观点加以比较,例如在李凯尔特那里所看到的。但李凯尔特达到他的学说是通过唯名论的原则,即一切概念都只不过是智力的虚构;这就蕴涵着,“路易十一犯了罪”这个判断是一个纯粹语词上的命题,意思是指“罪这个字是我用到路易十一的行为上的一个字”。对于克罗齐,“罪”并不是一个字而是一个概念，因此路易十一犯了罪这一陈述并不是关于历史学家随意使用的文字的一个陈述，而是关于路易十一的行为的一个陈述。李凯尔特和克罗齐可以都同意历史的事实是唯一的实在；但是他们所赋予这些文字的意义却完全不同。李凯尔特的意思会说，实在是由孤立的、独一无二的事件所构成的，它们被设想为赤裸裸的个体，正如（例如）穆勒的逻辑学所设想的个体那样；这些个体中没有普遍性的成分；按照这种观点，普遍乃是由心灵的随意行动所加之于个体之上的。克罗齐的意思则会说，实在乃是由体现在个别的事实之中的概念或共相所组成的，个体只不过是共相的化身而已。

四　历史与自然

但是在这段时期里，自然科学又变成了什么样子呢？并且自然过程对克罗齐的历史过程的观点又是怎样联系着的呢？回答是，对于克罗齐，自然科学根本就不是知识，而是行动。他在科学的概念和哲学的概念之间划出了一道鲜明的界线。哲学的概念是思想的功能，是普遍的和必然的；要确定它们，思想只消思考它自己。例如，我们不可能思想而没有想到我们的思想是真的；因此确定着思想本身的这一思想行动，也就确定了真理与谬误之间的区别。相反地，科学的概念乃是随意的构造；它们中间没有任何一个是需要被思想的。它们有两种：即经验的（像猫或玫瑰这样的概念）和抽象的（像三角形或等速运动这样的概念）。在前一种情况中，概念只是一种选来对某些事实进行归类的一种方式，我们也可以用别的方式同样真实地进行归类。在后一种情况中，概念根本就没有实例；它不可能是真的，因为它并不对任何事物成其为真；我们所能做的一切就是从假设方面来论断它并推论它的含义。因此，这些随意的构造实际上并不是概念，而是(我们可以称它们为)概念的虚构。克罗齐也把它们称为伪概念。而整个的自然科学就是由关于伪概念的思想所组成的。但是构造伪概念的论点是什么呢？这些伪概念是什么呢？他坚持说，它们并不是错误，正有如它们并不是真理。它们的价值是一种实践的价值。由于制造了它们，我们就以对我们有用的各种方式在播弄现实；我们并没有因之就更好地理解现实，但现实却因之而变得更能顺从我们的目的。我们在这里发现克罗齐是在采用实用主义的自然科学理论，而这种理论我们在柏格森那里已经发现过了。但是这里却有着这样一个重要的不同：对于柏格森，我们这样在加以摆布的实在其本身只不过是直接的内在经验，这就使得我们的或任何别人的任何行动怎样能把它转变为客观的空间中的事实，成了不可理解的；而对于克罗齐，则我们通过把伪概念应用在它身上而使之转化为自然的那种实在，其本身就是历史，是确实发生的事实序列，它们能像是它们实际的真相那样地为我们的历史思想所知。我们观察到一只猫扑杀一只鸟，这是一个历史事实；像所有的历史事实一样，这是一个概念在一个特殊地点和时间里的体现；认识它的真正的和唯一可能的方式，就是把它作为一件历史事实来认识它。这样加以认识之后，它就出现在历史知识的整体之中。但是我们也可以不像它实际的那样来认识它，而是为了我们自己的目的而虚构猫和鸟的伪概念，于是就会得出不要把猫和金丝雀放在一起的一般规律。

因此，对于克罗齐，自然就在一种意义上是真实的，而在另一种意义上又是不真实的。如果自然是指个别事件，像它们所发生的而且被人观察到是在发生的那样，那么它就是真实的；但是在上述意义上，自然就仅仅是历史的一部分。如果自然是指抽象的一般规律的体系，那么它就是不真实的；因为这些规律仅仅是我们用以整理我们所观察和记忆和期待的那些历史事实的伪概念。

根据这种观点，我在以前各篇里所划出的自然过程与历史过程之间的那种区别就不见了。历史学在任何特殊的意义上，都不再是有关与自然世界相对立的人类世界的知识了。它只是有关在其具体的个体性之中确实发生的那些事实和事件的知识。区别仍然存在，但那并不是人或精神与自然之间的区别。它是由于把自己想入事物之中、使事物的生命成为自己的生命而领会事物的个体性，与从外部的观点来分析它或进行分类之间的区别。要做到前一点，就要把它作为一件历史事实来掌握；要做到第二点，就要使它成为科学的题材。很容易看出，对待人类及其活动应该在这两种态度之中采取哪一种。例如，以这样一种方式研究一位过去哲学家的思想，使之成为研究者自己的思想，像他所活过的那样来复活它，作为是从某种特定的问题和情况而产生的思想，并且探索就到此为止而不再进一步；这便是在历史地对待它。如果一个思想家不能做到这一点，而只能分析它的各个部分并把它分为属于这种或那种类型（像狄尔泰在其思想的最后阶段在处理哲学史那样），那么他就是在把它当作科学的题材并使它变成了单纯的自

然。用克罗齐自己的话来说[①]：

> 你想要理解新石器时代的利古里亚人或西西里人的真实历史吗？那你就试着(如果你能够的话)在你的心灵里变成一个新石器时代的利古里人或西西里人吧。如果你不能做到或者不肯做到这一点，那么你就使自己满足于描述和编排已经发现属于这些新石器时代的人的头盖骨、工具和绘画吧。你想要理解一根草的真实历史吗？那你就试着变成一根草吧；而如果你不能做到这一点，那么你就使自己满足于分析它的各个部分，甚至于把它们整理成一种理想的或幻想的历史吧。

关于新石器时期的人，这种劝告显然是很好的。如果你能钻进他的心灵里去并把他的思想变成你自己的思想，那么你就能写他的历史，否则就不能；如果你不能，那么你所能做的一切就是把他的遗迹整理得井然有序，而那结果便是人种学或考古学，但并不是历史学。然而，新石器时代的人这一实在乃是一种历史的实在。当他制造某种工具时，他的心中就有一个目的；产生了工具乃是他的精神的一种表现，而如果你把它当作是非精神的，那只是由于你缺乏历史的洞察力。但是这一点对于一根草也是真确的吗？一根草的成形和生长也是它本身精神生活的一种表现吗？我并不那么很肯定。而当我们接触到一块水晶或者一块钟乳石的时候，我的怀疑就达到反抗的地步了。这些东西自身形成的过程在我看来就是一个过程，但我们要在这个过程中——并非是由于我们自己缺乏

① Teoria e Storia della Storiografia (巴里，1917 年)第 119 页；英译本，《历史编纂学的理论和历史》(伦敦，1921)，第 134—135 页。

历史同情心——寻找出任何的思想表现来都是枉然的。它是一桩事件；它有个性；但是它似乎缺少那种内在性，按照克罗齐上面的那段话，那种内在性是被当成（而且我认为是正确地被当成）历史性的标准的。自然之溶解于精神，在我看来似乎是不完备的，而且一点也没有被相反的事实——即精神被科学地、而不是历史地加以掌握时，也能溶解于自然——所证明。

但是这就提出了一个超出我目前的题目之外的问题。因此我将不去探讨它，除非是试图把自然溶解于精神会影响到精神的（也就是历史的）概念本身。而我在克罗齐的著作中并没有发现有任何这样的特性。这是因为，不管有没有像自然这样一种与精神截然不同的东西，至少它不能够作为一种因素而进入精神世界。当人们认为它确实是能够，并且谈到（例如，我们看到孟德斯鸠就谈过）地理和气候对历史的影响时，他们是把某个人的或者人们的自然概念对他们行动的影响，误认为是自然本身的影响了。例如，某种人是生活在海岛上的这一事实，对于他们的历史并没有影响；有影响的乃是他们在设想着那种岛国地位的方式；例如他们是把海看作一道屏障呢，还是一条交通大道呢？如果情形是另一样的话，那么他们的岛国地位作为一桩永恒的事实，就会对于他们的历史生活产生永恒的影响了；如果他们不曾掌握航海的艺术，就会产生一种影响；如果他们比他们的邻居掌握得更好，就会产生另一种不同的影响；如果他们比他们的邻居掌握得更坏，就会有第三种影响；如果人人都使用飞机，就会有第四种影响。它本身无非是历史活动的一种原材料，而历史生活的特点则有赖于如何运用这种原材料。

五　克罗齐的最后立场:历史学的自律

克罗齐就是这样地在为历史学的自律而辩护,辩护它以自己的方式来进行自己事业的权利,既反对哲学又反对科学。哲学是不能按照黑格尔把一种哲学的历史学强加在通常历史学的头上的公式来干预历史学的,因为那种区别是毫无意义的。通常的历史学已经就是哲学的历史学了;它以对它的判断的谓语的形式而把哲学包括在它本身之中。哲学的历史学是历史学的一个同义词。在成其为历史知识的具体总体之中,哲学知识乃是一个组成部分;它是各种谓语一概念之在进行思索。克罗齐指出这一点,是由于把哲学规定为历史学的方法论。

与科学相对照,这种辩护是沿着相反的路线在进行的。历史学所以能不受科学的侵犯,并不是因为它已经包括科学作为它自身之内的一个因素,而是因为它必须是在科学开始之前就是完成了的。科学是对从一开始就必须给定的各种材料在进行剪裁和重新安排;而这些材料就是各种历史事实。当科学家告诉我们他的各种理论是建立在事实——即观察和实验——的基础之上时,他的意思是说它们是建立在历史的基础之上的,因为事实的观念和历史的观念乃是同义语。某一只豚鼠以某种方式加以注射,然后就发展出某种症状,这是一个历史问题。病理学家则是一个收集这一或某些类似的事实,并以一定的方式对它们进行整理的人。因此,历史学就必须不受科学方面的任何干扰,因为除非它首先由于它自己的独立工作而建立起来各种事实,否则科学家就不会有任何材料可以处理。

这些思想是在克罗齐1912年和1913年[①]的著作中充分形成的。在这部著作中，我们发现不仅有对历史学的自律的完整表述，而且还有关于它的必然性的双重证明：相对于哲学而言是它作为具体思想的必然性，而哲学仅仅是那种具体思想的方法论上的契机；相对于科学而言则是它作为一切“科学的事实”的来源的必然性，——“科学的事实”这一用语仅仅意味着科学家整理成为各个类别的那些历史事实。

现在让我们更仔细地看一下从这种观点[②]所产生的历史概念。一切历史都是当代史；但并非是在这个词的通常意义上，即当代史意味着为期较近的过去的历史，而是在严格的意义上，即人们实际上在完成某种活动时对自己的活动的意识。因此，历史就是活着的心灵的自我认识。因为即使历史学家所研究的事件是发生在遥远的过去的事件，但对它们历史地加以认识的条件也还是它们应该在“历史学家的心灵中荡漾”，那就是说，它们的证据应该是此时此地就在他的面前而且对他是可理解的。因为历史并不是包含在书本或文献之中；当历史学家批评和解释这些文献时，历史仅仅是作为一种现在的兴趣和研究而活在历史学家的心灵之中，并且由于这样做便为他自己复活了他所探讨的那些心灵的状态。

由此可见，历史学的题材并不是过去本身，而是我们对它掌

① 这是那些论文发表的日期；它们于1915年形成《历史编纂学的理论与历史》一书（杜平根），1917年以Teoria e storia della Storiografia〔《历史编纂学的理论与历史》〕的书名出版于巴里。

② 关于克罗齐的这一节写于1936年，并没有考虑到他随后的《作为思想与作为行动的历史学》（巴里，1938），英译本《作为自由的故事的历史》（伦敦，1941）再加以发挥。——编者

握着历史证据的那种过去。在我们没有文献可以重建它的那种意义上，大部分的过去是已经湮灭了。例如，根据单纯证词的力量，我们相信在古希腊人中间有过伟大的画家；但是这一信念却不是历史知识，因为他们的作品既然已经泯灭了，所以我们就没有在我们的心灵中复活他们的艺术经验的办法。他们也还有伟大的雕刻家，但是这一点我们却不是单单相信，我们还知道它；因为我们掌握有他们的作品，并能使它们成为我们自己现在审美生活的一部分。我们的希腊雕刻史就是我们现在对于这些作品的审美经验。

这个区别足以划分两种非常之不同的东西：即历史与编年。流传下来给我们的伟大的希腊画家们的名字，并不构成一部希腊绘画史；它们只构成一部希腊绘画的编年。因而，编年史乃是仅仅根据证词而被相信的过去，但不是历史地被认识到的过去。这种信念是一种纯属意志的行为，它是那种要保存我们所并不理解的某些陈述的意志。如果我们确实理解它们，它们就会是历史了。任何一部历史，当它由不能复活它那些人物的经验的人来叙述时，就变成了编年史：例如，由不理解所谈论的哲学家的思想的人来写出或者阅读的哲学史。要有编年史，首先就必须有历史；因为编年史就是精神已经从其中消逝了的历史躯体，它是历史的残骸。

因此，历史学远非依赖于证词，它和证词毫无关系。证词只不过是编年而已。就人们在谈论权威的根据或接受各种陈述等等而言，他们都是在谈编年而不是在谈历史。历史以两种东西的综合为基础，这两种东西只存在于那种综合之中，——即证据和批评。证据只有在它作为证据来使用，换言之，根据批判的原则来解释时，才是证据；而原则也只有在它解释证据的工作中付诸实践时，才是原则。

但是过去留下来了它自己的遗迹，哪怕这些遗迹并没有被任何人当作它的历史材料而加以使用；而这些遗迹是各种各样的，也包括历史思想本身的遗迹，即编年。我们保存着这些遗迹，希望将来它们可以变成为它们现在还不是的那种东西，即历史的证据。我们现在通过历史思想所回忆的是过去的哪些个别部分和方面，取决于我们现在对生活的兴趣和态度；可是我们总是觉察到，还有其他的部分和方面是我们现在不需要回忆的；但是只要我们承认总有一天它们将使我们感到兴趣，那么我们的任务就应该是不要丢失或毁坏它们的记录。为了它们将来会变成历史资料而保存起来这些遗迹的工作，乃是纯学者、档案学家和古物学家的工作。正像古物学家在他的博物馆里保存着各种工具和罐子而并不必然根据它们来重建历史，正像档案学家也以同样的方式在保存公共文献，同样地纯学者们就在编纂、校订和重印（例如）古代哲学的本文而并不必然理解它们所表达的哲学思想，因此也就不能够重建哲学史。

这种学术工作常常被当作是历史学本身；这样一来，它就变成了一种特殊类型的伪历史，即克罗齐所称为的语言学的历史。这样加以误解之后，历史学就在于接受并保存证词，而历史学著作就在于抄录、翻译和编辑了。这类工作是有用的，但它却不是历史学；这里在人们自己的心灵之中并没有批判，并没有解释，并没有复活过去的经验。它是单纯的学问或动力。但是反对把学问视为和历史学是同一回事的这种反弹加以夸大之后，就有可能走向另一个极端。单纯的学者所缺少的是活经验。这种活经验的本身仅仅是感情或热情；而片面地坚持感情或热情就产生了第二种类型的伪历史，即浪漫的或诗意的历史，它的真正的目的并不是要发现有关过去的真理，而是要表现作者对它的感情：如爱国的历史、党派的历史、为自由主义的或人道主义的或社会主义的理想所激发的历史；总之，包括一切其作用不是表现历史学家对他的主题的热爱和赞美，就是表现他对它的憎恨和轻蔑的历史：对它不是"捧场"就是"揭穿"。关于这一点，克罗齐指出：只要是历史学家沉湎于猜测或者允许自己肯定纯粹的可能性，事实上他们就是屈服于诗意化的或浪漫化的历史学的诱惑了；他们超出了证据所证明的之外，并且由于允许他们自己相信他们所愿意相信的东西而表达了他们自己个人的感情。真正的历史对纯属或然的、或者纯属可能的东西是不留余地的；它允许历史学家所肯定的一切，就只是他面前的证据所责成他去肯定的东西。

第五编　后论

第一节　人性和人类历史

一　人性的科学

人希望认识一切，也希望认识他自己。而且他并不是在他所希望认识的事物之中唯一的一种（哪怕那对他自己来说，也许是最有兴趣的）。没有关于他自己的某种知识，他关于其他事物的知识就是不完备的；因为要认识某种事物而并不认识自己在认识，就仅仅是半一认识，而要认识自己在认识也就是要认识自己。自我一认识对于人类是可愿望的而又是重要的，这不仅仅是为了他自己的缘故，而且是作为一种条件，没有这个条件就没有其他的知识能够批判地被证明是正确的并且牢固地被建立起来。

在这里，自我-认识不是指关于人的身体的性质的，即关于他的解剖学和生理学的知识；甚至也不是关于他的心灵的知识（就其包括感觉、知觉和情绪而言）；而是指关于他的认识能力、他的思想或理解力或理性的知识。这样的知识怎样才能获得呢？在我们没有认真地加以思考之前，它似乎是一件很容易的事；然而等到我们认真思考之后,它却似乎是如此之困难,以至于要引得我们认为它是不可能的。有人甚至于用论证来加强这种引诱,他们强调说心灵的任务是要认识其它的事物;而正是由于那个原因,心灵就没有认识它自身的能力。但这是赤裸裸的诡辩:你首先说心灵的性质如何如何,然后你又说正因为它有这种性质,所以就没有一个人能知道它有这种性质。实际上,这种论证是一种绝望的议论,所根据的是承认某种试图研究心灵的方法已告失败,而又看不出有任何其他的可能性来。

在着手理解我们自己心灵的性质时,我们应当用我们试图理解我们周围世界的同样方式来进行;——这看来似乎是个很好的建议。在理解自然世界时,我们是从认知现在存在的和继续存在的特殊事物和特殊事件而开始的;然后我们通过看出它们是怎样属于一般典型以及这些一般典型是怎样相互联系的,进而理解它们。这些相互联系我们称之为自然规律;正是由于确定了这样的规律,我们就理解了它们所适用的各种事物和事件。同样的方法看来似乎也适用于理解心灵的问题。让我们从尽可能仔细地观察我们自己的心灵和别人的心灵在特定环境之下的行为方式来开始,然后在熟悉了精神世界的这些事实之后,就让我们来试图确立支配它们的规律。

这里就提出了一种"人性的科学"的建议,它的原则和方法是根据与自然科学所使用的原则和方法的类比而构思的。这是一个古老的建议,特别是在17世纪和18世纪当自然科学的原则和方法刚刚被完善并正在成功地应用于研究物理世界的时候提了出来的。当洛克从事研究那种理解能力时,——那种理解力"把人类置于其他有知觉的生物之上，而且赋给他以统治其他一切的便利和权力”，——他那计划的新颖性并不在于他希望获得有关人类心灵的知识，而在于企图靠类似于自然科学方法的方法来获得它：收集被观察到的各种事实，并按分类的规划整理它们。他自己把他的方法之描述为一种“历史的、朴素的方法”，也许是含混不清的；但是他的继承者休谟则努力要想说清楚，人性科学所遵循的方法与他所理解的物理科学的方法是同一的。他写道，它的“唯一的坚实基础，必须置诸于经验和观察的基础之上”。里德①在其《人类心灵研究》一书中，（如有可能的话）甚至于更加明确。“我们所知道的有关人体的一切都是由于解剖学的分析和观察，而且必定也须通过对心灵的解剖我们才能发现心灵的能力和原则”。从这些先驱者那里便得出了全部英格兰和苏格兰的关于“人类心灵哲学”的传统。

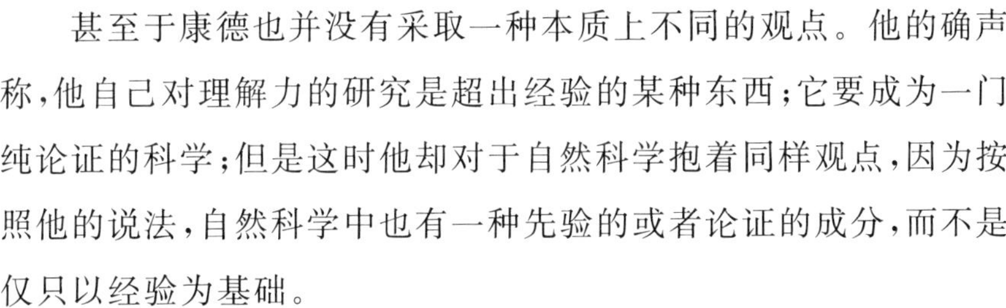

甚至于康德也并没有采取一种本质上不同的观点。他的确声称，他自己对理解力的研究是超出经验的某种东西；它要成为一门纯论证的科学；但是这时他却对于自然科学抱着同样观点，因为按照他的说法，自然科学中也有一种先验的或者论证的成分，而不是仅只以经验为基础。

显然，这样的一种人性科学，如果它可能达到哪怕是说得过去的接近真理的程度，就可以有希望得出极其重要的结果来。例如，当运用于道德生活和政治生活的问题时，它那结果的壮观就一定会不亚于17世纪的物理学的成果之运用于18世纪的机械技术那

① 里德（1710—1796），苏格兰哲学家。——译者

样。这一点就充分地由它的促进者们实现了。洛克认为,靠这种手段他就能“说服人类繁忙的心灵在干预超出其理解能力之外的那些事物时会更加谨慎,在达到它的限度时会停止;而对那些经过考察后被发现是我们的能力所达不到的事情,就会安于默默的无知”。同时他也确信,我们的理解能力“在这种状态中”足以满足我们的需要,并且能够给我们一切我们所必需的知识,使“今生的供应舒适并导向一条更美好的生命的道路”。他结论说“如果我们能够找出那些办法,从而使一个被置之于人类在这个世界之中的那种状态的有理性的被创造物可以、而且应该支配他有赖于这种状态的见解和行动;那末我们就无须担心会有某些别的事物能逃过我们的知识了”。

休谟甚至于更加大胆。他写道,“显然的是,一切科学都或多或少与人性有关,……因为它们属于人们的认识之内,并且是由他们的能力和才能来做判断的。如果我们充分知道了人类理解力的范围和力量的话,简直无法说我们能在这些科学中做出来什么样的改变和改进”。在直接与人性有关的科学中,如在道德和政治中,他对一场仁慈的革命的希望也就成比例地提得更高了。“所以想要解释人性的原则的话,我们实际上就得提出一种建立在几乎是全新的基础之上的完整的科学体系,而且那是他们以任何的可靠性所能依持的唯一基础”。康德尽管一向总是谨慎的,但是当他说他的新科学应当结束各种哲学流派的一切争论,并且使得一劳永逸地解决所有的形而上学问题成为了可能的时候,他也是在这样主张的。

如果说我们承认这些希望大体上并没有实现,而且从洛克到今天的人性科学都没有能解决对理解力是什么的理解问题，从而给予人类的心灵以它对自身的知识；这并不就必然蕴涵着低估这些人的实际成就。像J.格罗特那样一个有见识的批评家就发觉自己不得不把“关于人类心灵的哲学”当作一条死胡同，而思想的责任就是要从其中逃脱出来；这并不是出于对它的对象缺少任何同情的缘故。

这个失败的理由是什么呢？有人可能说，那是因为这项工作在原则上就是一个错误：心灵并不能认识它自己。这种反对意见我们已经考虑过了。另外一些人、特别是心理学的代表们会说，这些思想家们的科学还不够科学，心理学当时仍然处于它的襁褓状态。而如果我们要求这些人在此时此地就得出来那些早期学者们所希望的实际结果，那么他们就会说心理学目前仍然处于襁褓状态来原谅他们自己。我认为他们在这里冤枉了他们自己和他们的科学。由于为它要求一个它所不可能有效加以占有的领域，他们就忽视了在它固有的领域里所已经做的和正在做着的工作。这个领域是什么，我在后面将要提到。

这里还有第三种解释：“人性科学”失败了是因为它的方法被自然科学的类比所歪曲。我相信这才是正确的解释。

毫无疑问这一点是不可避免的：到了17、18世纪，由于自然科学是被新生的物理科学所支配，所以自我-认识这个永恒的问题就应该采取新形式而成为建立一种人性科学的问题。对任何一个检阅人类研究领域的人来说，显然的是，物理学突出地成为已经发现了研究其固有对象的正确方法的一种探讨类型了；于是应当把这种方法扩展到每一种问题上来进行实验，就是完全正确的。但是自从那时以来，一场巨大的变化已经改变了我们文明的思想气氛。这场变化中占统治地位的因素，并不是其他自然科学如化学和生物学的发展，或自从电开始更多地为人所了解以来物理学本身的变化，或把所有这些新观念逐步应用到制造业和工业上，尽管这些都是重要的；因为它们在原则上并没有做出任何事情是17世纪物理学本身所不曾隐然预见到的。与三个世纪以前的思想相比较，今天思想中真正的新要素乃是历史学的兴起。的确是在17世纪结束以前，曾经为物理学做出了那么多的工作的同一个笛卡尔精神已经奠定了历史学批判方法的基础。① 但是作为既是批判性的又是建设性的一种研究的这一近代历史学概念，——它的领域是人类过去的整体，它的方法是根据已写出来的和未写出来的文献批判地进行分析和解释而重建人类的过去，——却直到19世纪还没有建立起来，甚至于它的全部含义也还没充分展开。因此，历史学在今天世界中就占有一个位置，类似于物理学在洛克时代所占有的位置：它被人承认是思想的一种特殊的和自律的形式，它刚刚被确立，它的可能性还不曾完全加以探索。正像17世纪和18世纪有些唯物主义者根据物理学在它自己领域的成功而论证了一切实在都是物理的一样；在我们自己当中，历史学的成功也引得某些人提示说，它的方法适用于一切知识问题，也就是说，一切实在都是历史的。

我相信这是一个错误。我认为，那些断言这一点的人正犯了

① “历史批评主义和笛卡尔的哲学都是从17世纪同一个思想运动中诞生的”。E. 布勒伊埃，《哲学和历史：纪念E. 卡西勒论文集》（牛津，1936年），第160页。

唯物主义者在17世纪所犯的同样错误。但是我相信，而且在本文中我将试图证明，他们所说的至少有着一种重要的真理成分。我将坚持的论题是，人性科学乃是想要理解心灵本身的一种虚假的企图，——是被与自然科学的类比所伪造出来的，——并且研究自然的正确道路是要靠那些叫做科学的方法，而研究心灵的正确道路则是要靠历史学的方法。我将争辩说，要由人性科学来做的工作，实际上是要由、而且只能由历史学来做的；历史学就是人性科学所自命的那种东西，而当洛克说(不管他是多么不理解他所说的话)这样一种探讨的正确方法是历史的、朴素的方法时，他的话是对的。

二　历史思想的范围[①]

那些主张一切事物都有历史性的人，会把一切知识都溶解为历史知识；与他们相反，我必须从试图划定历史知识的固有范围而开始。他们的论证，其方式大致如下。

历史学研究的方法，无疑地是在应用到人类事务的历史上而得到发展的；但那就是它们应用性的极限了吗？在现在以前，它们已经经历了重要的扩展：例如，有一个时期历史学家们曾经研究出来了他们那仅仅应用于(包括着叙述材料的)书面材料的考据解释

① 在本节的论证中，我大大有负于亚历山大先生那篇可钦佩的论文：《事物的历史性》，刊载于我已引用过的《哲学与历史》那一卷中。如果我仿佛是在争论他的主要论点，那不是因为我不同意他的论证或其中的任何一部分，而只是因为我用“历史性”一词比他的意思更多。在他看来，说这个世界是“一个各种事件的世界”也就是说“这个世界和其中的一切事物都是历史的”。在我看来，这两种东西根本不一样。

的方法，而当他们学会把它们应用到考古学所提供的非书面的材料时，那就是一桩新事物了。难道一场类似的、而且甚至于是更革命的扩展，就不能把整个的自然界都纳入到历史学家的网络里面来吗？换句话说，难道自然的过程不确实就是历史的过程，而自然的存在不就是历史的存在吗？

自从赫拉克利特和柏拉图的时代以来，自然的事物也和人类的事物一样，是处于经常的变化之中的，整个自然世界就是一个“过程”或者“变”的世界，——这一点已经成为了老生常谈。但是这并不是事物的历史性的意义所在；因为变化和历史完全不是一回事。按照这一古老的既定概念，自然事物的特殊形式就构成各种固定类型的一座永不变化的储存库，而自然过程就是这些形式的各个例证（或者是它们的准一例证，即近似于是它们所体现的那些事物）在其中产生、又从其中消逝的一个过程。可是在人类事务中，正如18世纪的历史研究清楚地证明了的，并没有这种特殊形式的固定储存库。在这里，变的过程到了那个时代已经被承认包含着不仅是那些形式的事例或准-事例，而且也还有形式本身。柏拉图和亚里士多德的政治哲学事实上讲的是城市-国家的兴亡，但是城市-国家的观念却永远是人类的智力（就其真正是明智的而言）在力求实现的一种社会的和政治的形式。按照近代的观念，城市-国家本身也是像米利都或息巴利斯①一样短暂的东西。它并不是一种永恒的理想，它仅仅是古希腊人的一种政治理想。在他们以前，其他的文明已经有过其他的政治理想，而人类历史则表明

① 米利都、息巴利斯为古希腊的两个城市国家。——译者

了不仅是这些理想在其中实现或部分实现的个别情况有变化，而且这些理想本身也有变化。人类组织的特殊类型：城市一国家、封建制度、代议政府、资本主义工业，都是表现一定历史时代的特征。

首先，特殊形式的短暂性被想象为人类生活的一种特色。当黑格尔说自然界没有历史时，他的意思是说当人类组织的特殊形式随着时间的前进在变化时，自然界的组织形式却不变化。他承认，自然界的特定形式有高低之别，而较高形式是较低形式的一种发展；但这种发展仅仅是逻辑的发展而不是时间的发展，而自然界的一切“层次”在时间中都是同时存在的①。但是这种自然观已经为进化论的学说所推翻了。生物学已经认定，活着的有机体并不是分成为每一种都永远与其他不同的品种，而是通过在时间中的进化过程发展成为它们现有的特殊形式的。这种概念也并不限于生物领域。它也出现于地质学中，这两种应用是通过对化石的研究而紧密联系在一起的。今天甚至于星体也被分为各个种类，它们可以被描述为较老的和更年轻的；而物质的各种特定形式也不再在道尔顿的意义上被设想为永远与前达尔文生物学的活物种迥然有别的各种元素，而被认为是服从同样的变化的，从而我们今天世界的化学构成仅仅是从一种非常不同的过去引向一种非常不同的将来的过程之中的一种形态而已。

这种自然进化观的含义已经被柏格森先生、亚历山大先生和怀特海先生等哲学家们提了出来，给人留下了深刻的印象；这一概

① 《自然哲学》序言“哲学的体系”第249节附录（格罗克纳编《全集》第九卷，第59页）。

念乍看起来似乎已经消除了自然过程和历史过程之间的不同，并且已经把自然溶化于历史。如果这种溶化还需要更进一步，则它似乎可以由怀特海的学说——即自然事物之真正享有它的属性是需要时间的——来提供。正像亚里士多德论证说，一个人不可能只在一瞬间幸福，而是享有幸福需要终生的时间；同样地怀特海先生就主张，要成为一个氢原子也需要时间，——即为了建立把它和其他原子区分开来的那种特殊的运动节奏所必需的时间；——所以就没有像“瞬间的自然”这样的东西。

毫无疑问，这些近代的自然观点都是在“认真地对待时间的”。但是正如历史与变化并不是同一个东西，它与“充满时间性”也不是同一个东西，无论那是指进化还是指一种需要时间的存在。这些观点肯定地缩小了19世纪初期的思想家们所意识到的那种自然与历史之间的鸿沟；它们使得以黑格尔所陈述它的方式来陈述那种区别，已经不再成为可能了；但是为了断定鸿沟是否确实已经合拢、区别已经消除，我们就必须转向历史的概念，并且看看它是否在根本之点上与这种近代的自然观相吻合。

如果我们向通常的历史学家提出这个问题，他的回答将是否定的。根据他的观点，一切确切说来所谓的历史，都是人事的历史。他的特殊技巧确实是有赖于对过去的人类所已经表达了或暴露了他们的思想的那些文献的解释，所以就不能正好像是它对于自然过程的研究那样加以运用；这种技巧在其细节上被弄得越精确，它就越不能这样加以应用。在考古学家对分层遗址的解释和地质学家以与他们有关的化石对岩石层的解释之间，有着某种类比；但是不同之点并不比相同之点更不明确。考古学家对其分层遗迹的运用，有赖于他把它们设想为是为了人类的目的而服务的制成品，因而表达了人类思考他们自己生活的一种特殊方式；而古生物学家从他的观点出发，则把他的化石整理成一个时间的系列，所以他并不像历史学家那样在工作，而仅仅是像一个科学家（至多只可以说是用一种半历史的方式在思考）那样在工作。

我们所考察的这一学说的拥护者将会说，历史学家在这里是在确实相同的事物之间做出了随心所欲的区别，他的历史观是一种非哲学的狭隘的历史观，是受着他的技巧发展得不完备的限制的；很像是有些历史学家们，因为他们的配备不适于研究艺术史或者科学史或者经济生活史，就错误地把历史思想的领域仅限于政治史。因此就必须提出一个问题，为什么历史学家习惯于把历史等同于人事的历史？为了回答这个问题，仅仅考虑实际存在的历史方法的特点是不够的，因为争论的问题乃是它（像它实际上所存在的那样）究竟是否包括那确切说来是归属于它的全部领域都在内。我们必须问，这种方法所打算解决的那些问题的一般性质是什么？当我们这样做时，看来历史学家的特殊问题就似乎是在自然科学中所没有出现的问题。

研究过去任何事件的历史学家，就在可以称之为一个事件的外部和内部之间划出了一条界线。所谓事件的外部，我是指属于可以用身体和它们的运动来加以描述的一切事物；如恺撒带着某些人在某个时刻渡过了一条叫做卢比康的河流[①]，或者恺撒的血

① 恺撒于公元前49年率军渡卢比康河，回军罗马。——译者

在另一个时刻流在了元老院的地面上[①]。所谓事件的内部,我是指其中只能用思想来加以描述的东西:如恺撒对共和国法律的蔑视,或者他本人和他的谋杀者之间有关宪法政策的冲突。历史学家决不会只关心这两个之中的任何一个,而把另一个排除在外。他进行研究的不是单纯的事件(在这里所谓单纯的事件,我是指一个事件仅只有外部而没有内部),而是行动;而一个行动则是一个事件的外部和内部的统一体。他对渡过卢比康河感兴趣仅仅在于这件事和共和国法律的关系,他对恺撒的流血感兴趣仅仅在于这件事与一场宪法冲突的关系。他的工作可以由发现一个事件的外部而开始,但决不能在那里结束;他必须经常牢记事件就是行动,而他的主要任务就是要把自己放到这个行动中去思想,去辨识出其行动者的思想。

就自然界来说,一个事件并不发生内部和外部之间的区别。自然界的事件都是单纯的事件,而不是科学家们努力要探索其思想的那些行动者们的行动。的确,科学家也像历史学家一样,必须要超越于单纯地发现事件之外;但是他所前进的方向却是大不相同的。科学家决不把一个事件设想为一种行动,并试图重新发现它那行动者的思想,从事件的外部钻入它的内部去;而是要超出事件之外,观察它与另外事件的关系,从而把它纳入一般的公式或自然规律。对科学家来说,自然界总是、并且仅仅是"现象",——并不是在它的实在性方面有什么缺陷的那种意义上,而只是在它呈现于他的智力观察面前成为一种景观的那种意义上。但历史事

① 恺撒于公元前 44 年被刺于罗马元老院。——译者

件却决不是单纯的现象，决不是单纯被人观赏的景观，而是这样的事物：历史学家不是在看着它们而是要看透它们，以便识别其中的思想。

在这样渗透到事件内部并探测着它们所表达的思想时，历史学家就在做着科学家所不需要做、而且也不可能做的事。在这方面，历史学家的任务就比科学家的任务更为复杂。在另一方面，它却又更简单：历史学家不需要也不可能（除非他不再是一位历史学家）在寻找事件的原因和规律方面与科学家竞赛。对科学来说，事件是由于知觉到了它而被发现的，而进一步研究其原因则是通过把它加以归类并决定这一类与其他类之间的关系来进行的。对历史学来说，所要发现的对象并不是单纯的事件，而是其中所表现的思想。发现了那种思想就已经是理解它了。在历史学家已经确定了事实之后，并不存在再进一步去探讨它们的原因的这一过程。当他知道发生了什么的时候，他就已经知道它何以要发生了。

这并不意味着，像“原因”之类的字样对于历史学必然派不上用场；它仅仅意味着它们在这里是在一种特殊的意义上加以使用的。当一个科学家问道：“为什么那张石蕊试纸变成了粉红色？”他的意思是指“石蕊试纸在什么样的情况下变成了粉红色？”当一位历史学家问道：“为什么布鲁图斯①刺死了恺撒？”他的意思是指“布鲁图斯在想着什么，使得他决心要去刺死恺撒？”这个事件的原因，在他看来，指的是其行动产生了这一事件的那个人的心灵中的思想；而这并不是这一事件之外的某种东西，它就是事件的

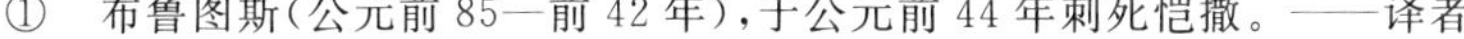

① 布鲁图斯（公元前85—前42年），于公元前44年刺死恺撒。——译者

内部本身。

因此，自然的过程可以确切地被描述为单纯事件的序列，而历史的过程则不能。历史的过程不是单纯事件的过程而是行动的过程，它有一个由思想的过程所构成的内在方面；而历史学家所要寻求的正是这些思想过程。一切历史都是思想史。

但是历史学家怎样识别他所努力要去发现的那些思想呢？只有一种方法可以做到，那就是在他自己的心灵中重行思想它们。一个阅读柏拉图的哲学史家是在试图了解，当柏拉图用某些字句来表达他自己时，柏拉图想的是什么。他能做到这一点的唯一方法就是由他自己来思想它。事实上，这就是当我们说"理解"了这些字句时，我们的意思之所在。因此，面前呈现着有关尤里乌斯·恺撒所采取的某些行动的叙述的政治史家和战争史家，乃是在试图理解这些行动，那就是说，在试图发现在恺撒的心中是什么思想决定了他要做出这些行动的。这就蕴涵着他要为自己想象恺撒所处的局势，要为自己思想恺撒是怎样思想那种局势和对付它的可能办法的。思想史、并且因此一切的历史，都是在历史学家自己的心灵中重演过去的思想。

只有在历史学家以他自己心灵的全部能力和他全部的哲学和政治的知识都用之于——就柏拉图和恺撒的情况分别来说——这个问题时，这种重演才告完成。它并不是消极屈服于别人心灵的魅力之下；它是积极的，因而也就是批判的思维的一种努力。历史学家不仅是重演过去的思想，而且是在他自己的知识结构之中重演它；因此在重演它时，也就批判了它，并形成了他自己对它的价值的判断，纠正了他在其中所能识别的任何错误。这种对他正在探索其历史的那种思想的批判，对于探索它的历史来说决不是某种次要的东西。它是历史知识本身所必不可少的一种条件。对于思想史来说，最完全的错误莫过于假定，历史家之作为历史家仅只是确定“某某人思想着什么”，而把决定“它是否真确”留给另外的人。一切思维都是批判的思维；因此那种在重演过去思想的思想，也就是在重演它们之中批判了它们。

现在就很清楚，为什么历史学家习惯于把历史知识的领域限于人事了。一个自然过程是各种事件的过程，一个历史过程则是各种思想的过程。人被认为是历史过程的唯一主体，因为人被认为是在想（或者说充分地在想、而且是充分明确地在想）使自己的行动成为自己思想的表现的唯一动物。人类是唯一终究能思想的动物这一信仰，无疑地是一种迷信；但是，人比任何其他的动物思想得更多、更连续而更有效，而且他的行为在任何较大的程度上都是由思想而不是由单纯的冲动和嗜欲所决定的唯一动物，——这一信仰或许是很有根据的，足以证明历史学家的这条单凭经验行事的办法是正当的。

不能由此推论说，一切人类的行动都是历史学的题材；而且历史学家们也确实同意它们并不都是。但是，当他们被问到，历史的和非历史的人类行动之间的区别是怎样加以划分时，他们就有点茫然无措不知怎样来回答了。从我们现在的观点看来，我们可以提出一个答案：只要人的行为是由可以称之为他的动物本性、他的冲动和嗜欲所决定的，它就是非历史的；这些活动的过程就是一种自然过程。因此，历史学家对于人们的吃和睡、恋爱，因而也就是满足他们的自然嗜欲的事实并不感兴趣；但是他感兴趣的是人们用自己的思想所创立的社会习惯，作为使这些嗜欲在其中以习俗和道德所认可的方式而得到满足的一种结构。

所以，虽然进化的概念已经由于以一种新的自然过程的概念代替了旧的自然过程的概念——即，在各种特殊形式的一个固定不变的体系限度之内的那种变化，被一种包括着这些形式本身在内的变化所代替，——而彻底变革了我们的自然观，它也决没有使自然过程的观念与历史过程的观念合而为一。不久前还流行着的在历史的结构中使用“进化”一词、并大谈其国会之类的东西的进化的那种风尚，尽管在自然科学被看作是知识唯一真确的形式、而知识的其他形式为了要证明它们自身存在的理由就必须使自己同化于那个模式的那样一个时代里，乃是十分自然的；但它却是思维混乱的结果和更加混乱的根源。

把自然过程看作最终是历史的，只有一种可能根据的假说，那就是这些自然过程实际上乃是由成其为它们自身内部的一种思想所决定的行动过程。这就蕴涵着，自然事件乃是思想的表现，无论是上帝的思想，还是天使的或魔鬼的有限智力的思想，或者是栖居于自然界——就像我们的心灵栖居于我们的身体之内那样——的有机体或无机体身上的(多少有点像我们自己的)思想。撇开纯属驰骋形而上学的幻想不谈，这样一种假说唯有在如果它能导致更好地理解自然时，才能要求我们认真注意。可是，事实上科学家却可以很有道理地说它“je n'ai pas eu besoin de cette hypothèse”〔我不需要那种假说〕①，而神学家则会在任何暗示着上帝在自然

① 按为法国科学家拉普拉斯(1749—1827)语。——译者

世界中的活动竟然有似于有限的人类心灵在历史生活条件下的行动的那种意见面前退缩下来。至少这一点是无疑的：就我们的科学知识和历史知识而言，组成自然世界的事件的过程在性质上和组成历史世界的思想的过程是不同的。

三　作为心灵的知识的历史学

因此，历史学就并不像它常常被错误地描写成的那样，是连续事件的一篇故事或是对变化的一种说明。与自然科学家不同，历史学家一点也不关心各种事件本身。他仅仅关心成其为思想的外部表现的那些事件，而且是仅仅就它们表现思想而言才关心着那些事件。归根到底，他仅只关心着思想；仅仅是就这些事件向他展示了他所正在研究的思想而言，他才顺便关心着思想的外部之表现为事件。

在某种意义上，这些思想无疑地其本身就是在时间中发生着的事件；但是既然历史学家用以辨别它们的唯一方式就是为他自己来重行思想它们，于是这里就有了另外一种意义，并且对于历史学家是一种非常重要的意义，而在这种意义上它们却根本就不在时间之中。如果说毕达哥拉斯关于斜边平方的发现，是我们今天可以为自己而加以思想的一种思想，是一种构成为永远增长了我们数学知识的思想；那么奥古斯都的发现，即一个君主政体可以通过发展 proconsulare imperium〔执政官管辖权〕和 tribunicia potestas〔护民官权力〕的含义而被嫁接到罗马共和国的宪法上，同样地也是罗马史的学者可以为自己而加以思想的一种思想，是永远增长了我们的政治观念。如果怀特海先生完全有理由把直角三角形叫做永恒的对象，那么同样的用语也适用于罗马的宪法和奥古斯都对它的修改。这是一种永恒的对象，因为它在任何时候都可以被历史的思想所领会；在这方面，时间对它并没有不同，正像对三角形并没有不同一样。使它成为了历史的那种特性，并不是它是在时间之中发生的这一事实，而是由于这一事实，——即我们只是重新思想创造出了我们正在研究的那种局势的那个思想，因而它才为我们所知，所以我们就能理解那种局势。

历史的知识是关于心灵在过去曾经做过什么事的知识，同时它也是在重做这件事；过去的永存性就活动在现在之中。因此，它的对象就不是一种单纯的对象，不是在认识它的那个心灵之外的某种东西；它是思想的一种活动，这种活动只有在认识者的心灵重演它并且在这样做之中认识它的时候，才能被人认识。对于历史学家来说，他所正在研究其历史的那些活动并不是要加以观看的景象，而是要通过他自己的心灵去生活的那些经验；它们是客观的，或者说是为他所认识的，仅仅因为它们也是主观的，或者说也是他自己的活动。

可以这样说，历史的探讨向历史学家展示了他自己心灵的力量。既然他能够历史地加以认识的一切，都是他能为他自己重行思想的那些思想，所以他之得以认识它们这一事实就向他表明了，他的心灵是能够（或者说是由于研究它们的这种努力本身，才变得能够）以这些方式进行思想的。反之，只要他一发现某些历史问题难以理解时，他也就发现了他自己心灵的局限性；他也就发现了有某些他所不能、或不再能、或尚未能进行思想的方式。某些历史学家，有时候是整代的历史学家，发现某些时期竟然没有东西是可以理解的,便称之为黑暗时代;但是这样的用语并没有告诉我们关于这些时代本身的任何事,尽管它们告诉了我们很多有关使用它们的人的情况,即他们不能够重行思想成为他们生活的基础的那些思想。有人说过,die Weltgeschichte ist das Weltgericht〔世界历史就是世界法庭〕[①];这是真确的,但这种意义并不总是为人所认识。它是历史学家自己站在审判台上,在这里展示出他自己心灵的强或弱、善或恶来。

但是历史知识不仅仅与遥远的过去有关。如果说我们重行思想并且从而重新发现了汉谟拉比[②]或者梭伦[③]的思想,是通过历史的思维;那么我们发现一个朋友给我们写信的思想,或者是一个穿行街道的陌生人的思想,也是通过同样的方式。而且也没有必要历史学家是一个人,而他所探讨的主体又是另一个人。都是由于历史的思维,我才能够靠阅读我当时所写的东西而发现十年前我在想什么,靠回想我当时所进行的活动而发现在五分钟前我在想什么;——而当我认识到我已经做了什么,那会使得我感到惊奇的。在这种意义上,一切关于心灵的知识都是历史的。我能够认识我自己心灵的唯一方式就是通过完成这样的或那样的一些心灵活动,然后考虑我已经完成的是什么行动。如果我想认识关于某个问题我是怎么想的,我就要整理出我对它的观念,或用书面或用其他形式;这样对它们加以编排和总结之后,我就可以作为一个历史文献来研究那个结果了,并且可以看出我在进行那项思维时我

① 见本书第95页注①。——译者

② 汉谟拉比(公元前1728—前1686),古巴比伦国王。——译者

③ 梭伦,公元前594年任雅典执政官。——译者

的观念都是什么。如果我对它们不满意，我可以重新进行。如果我想知道我的心灵还具有什么不曾挖掘出来的力量，例如，我能不能写诗；我就必须努力写几首诗，看看它们是否能作为真正的诗篇而打动我或其他人。如果我想知道我是不是像我所希望的那样一个好人，或者像我所担心的那样一个坏人，我就必须检查我所做出的行动，并且理解它们确实都是什么；或则是去进行某些新活动，然后检查这些活动。所有这些探讨都是历史的。它们都是通过研究已完成的事实、我已经思想过并表达出来了的那些观念、我已经做过的那些活动来进行的。对于我刚刚开始和正在做着的事，还不能下任何判断。

同样的历史方法是我能用以认识别人的心灵或者一个团体或者一个时代的集体心灵（不管这个用语确切的意思是什么）的唯一方法。研究维多利亚时代的心灵或英国的政治精神，无非就是在研究维多利亚时代的思想或英国政治活动的历史而已。在这里，我们就回到了洛克及其“历史的、朴素的方法”。心灵不仅在宣示而且在享受或享有既作为一般的心灵的、又作为具有这些特殊意向和能力的这种特殊心灵的性质，这都是以思维和行动在做出来表现个别思想的个别行动。如果历史思维是一种可以探测表现于这些行动之中的这些思想的方式，那么看来洛克的话就击中了真理，历史知识就是人类心灵关于它自己所能有的唯一知识。所谓人性科学或人类心灵的科学，就把它自己溶解在历史学里面了。

肯定会有人认为（如果这样想的人已经耐心地一直跟着我走到这么远的话），在谈到这一点时我对历史学的要求超出了它所能给予的。把历史看作是连续事件的一篇故事或各种变化的一种景观这一谬误的观点，近年来是如此经常地而又如此权威地被人教导着，特别是在我们这个国家里；以至于这个词的真正意义已经由于历史过程之同化于自然过程而被败坏了。我一定要反对由于这种原因所引起的种种误解，哪怕我的反对是枉然的。但是在有一种意义上，我却应该同意心灵科学之溶解为历史学就意味着放弃了心灵科学通常所要求的一部分，并且我认为这种要求是错误的。心灵科学家相信他的结论是普遍的、因而是不可更改的真理，所以就认为他关于心灵的阐述适用于心灵历史的一切未来阶段；他认为他的科学表明了心灵将总是会怎样的，而不仅它在过去和现在是怎样的。历史学家却没有能做预言的天赋，而且他了解这一点；所以对心灵的历史研究既不能预言人类思想的未来发展，也不能为它立法，除了他们必须是以现在作为他们的出发点而开始前进，——尽管我们无法说是在什么方向上。人性科学之要求建立起一个一切未来的历史都必须与之相符合的框架，之要求关闭通向未来的大门并把后世封锁在不是由于事物的性质所形成的界限(这种界限是真实的，而且是很容易被接受的)、而是由于人们假设心灵本身的规律所形成的界限之内；——这里面就包含着很不小的错误。

另一种类型的反驳就值得更多的考虑了。我们可以假定心灵是历史知识所固有的和唯一的对象，但是仍然可以争辩说，历史知识并不是用以认识心灵的唯一方式。也许存在着有两种认识心灵的方式之间的区别。历史思想把心灵作为是在某些特定局势下的某些特定方式的行动来研究。难道就没有另一种研究心灵的方式，是从特殊的局势或特殊的行动抽象地来研究它的一般特点了吗？果真有的话，这将是与历史知识相反的一种有关心灵的科学知识；它不是历史学，而是心灵科学、心理学或心灵哲学。

如果把这种心灵科学与历史学区分开来，那么应该怎样来设想两者之间的关系呢？在我看来，对这种关系可能有两种供选择的观点。

有一种设想它的方式，是区别开心灵是什么和它做什么；把研究它在做什么，即它的特殊的行动，交给历史学，而把研究它是什么留给心灵科学。用一种为人所熟悉的区别来说，它的功能有赖于它的结构，而在它那显现于历史中的功能或特殊行动的背后的，则是决定着这些功能的一种结构；它必须不是由历史学而是由另外的一种思想来进行研究。

然而，这个概念却是非常之混乱的。就一架机器来说，我们区别开结构和功能，而且我们认为后者是依赖于前者的。但我们能做到这一点，只是因为机器在运动中或在静止时都是同样为我们所能察觉的，因此无论在哪一种情况下我们都能不偏不倚地研究它。但是对心灵的任何研究都是对它的活动的研究；如果我们试图认为一个心灵是绝对静止的，那么我们就不得不承认，要是这种情况确实存在的话（这一点远远不止于是可疑的而已），我们至少是完全不可能研究它。心理学家们谈到心灵的机制；但是他们所谈的不是结构而是功能。当它们的功能不起作用时，他们并不自命有能力来观察这些所谓的机制。而且如果我们更加仔细地审视一下原来的差别，我们就会看到它所指的并不是它似乎要指的东西。就一架机器而言，我们所称之为功能的，实际上只是那架机器整个功能中为它的制造者或使用者的目的而服务的那一部分。自

行车被制造出来，不是为了要有自行车，而是为了人们可以以某种方式旅行。相对于这个目的而言，一辆自行车之发挥功能只是在有人骑它的时候。但是一辆自行车放在车库里静止不动，也并没有停止它的功能；它的各个部分并不是不活动的，它们把自己结合在一种特殊的秩序之中；而我们称为掌握了它的结构的，无非就是这样把它自己结合在一起的这一功能。在这种意义上，凡是被称为结构的，实际上都是功能的一种方式。在任何另外的意义上，心灵都根本没有功能；除非是成为一个心灵来完成构成其为心灵的那些活动，否则无论对它自身或对别的什么，它都没有价值。所以休谟之主张并没有“精神实体”这样一种东西，就是正确的；一种与它在做什么不同、而又成为它在做什么的基础的心灵，是没有的。

这种关于心灵科学的观念，借用孔德著名的区分来说，就是“形而上学的”，它有赖于以神秘的实体来构成历史活动各种事实的基础这一概念；而另一种观念则会是“实证的”，它有赖于那些事实本身之间的类似性或一致性的这一概念。按照这种观念，心灵科学的任务就是探测在历史本身之中反复重演的各种活动的类型或模式。

这样一种科学是可能的，这是不成问题的，但是对它必须提到两点。

第一，根据自然科学的类比而对这种科学的价值所做的任何评价，都完全会引入歧途。自然科学中的概括化的价值，取决于物理科学的数据乃是由知觉所给定的这一事实，而知觉并不就是理解。所以自然科学的被观察到的、而不是被理解了的(并且就其被知觉的个体性而言是不可理解的)原料，就是“单纯的个体”。所以在它们的一般类型之间的关系中能发现某些可以理解的东西，便是知识的一种真正的进步。它们本身是什么，就像科学家们从不疲倦地在提醒我们的那样，仍然是未知的；但是我们至少能够知道有关它们被纳入其中的那种事实模式的某些东西。

根据历史事实进行概括的那种科学，则是处于一种非常之不同的地位。在这里，各种事实为了作为数据之用，就必须首先是历史上已知的；而且历史的知识却不是知觉，它乃是辨析成其为事件的内在方面的那种思想。当历史学家准备把这样一桩事实交给心灵科学家作为进行概括化的数据时，他已经是以这种方式从内部在理解它了。如果他还没有这样做的话，那么事实就是在还没有被恰当地加以“确定”之前就被用来作为进行概括化的数据的。但是如果他已经这样做了的话，那么就没有有价值的东西是要留给概括化来做的了。如果我们通过历史思维已经理解了拿破仑怎样和为什么在革命的法国建立他的威势，那么我们靠对其他地方已经发生过类似事情的陈述（不管是多么真实），对于我们之理解那个过程就不会增加任何东西。只有在特殊的事实不能就其本身加以理解时，这样的陈述才是有价值的。

因此，这样一种科学是有价值的这一观念，就有赖于一种默契的、而又错误的假定，即它所依据的那些“历史数据”、“意识的现象”之类，都仅仅是被知觉到的、而不是历史地已知的。认为它们仅仅能这样地被知觉，就是认为它们并不是心灵而是自然；因此这种类型的科学就系统地倾向于把心灵非心灵化而使之转化为自然。近代的例子便是斯宾格勒的伪史学，在他那里他所称之为“文化”的那些个别历史事实，都被径直设想为是自然的产物，“是以田野里的花朵那种同样超级的毫无目的性"在生长和死亡;还有现在风行的许多种心理学理论,也都是以同样的方式在设想善与恶、知识与幻觉的。

第二,如果我们问一下这样一种科学的概括化适用到什么程度,我们将会看到,它之要求超出历史的范围之外乃是毫无根据的。无疑地,只要把同类的心灵放在同样的境况之下,各种类型的行为就会重复出现。具有封建男爵特征的行为模式,只要有封建男爵生活在封建社会里,无疑地就会是相当常见的。但是在一个其社会结构是属于另一种类型的世界里,要寻找它们就会是徒然的了(除非是一个探讨者满足于最松散的和最离奇的类比)。为了使行为-模式可以成为经常的,就必须有一种社会秩序存在,它经常反复地产生着某种特定的境况。但是各种社会秩序都是历史事实,都服从着或快或慢的不可避免的变化。一种有关心灵的实证哲学无疑地将能建立起一致性和重复性,但是它却不能保证它所建立的规律超出了它从其中抽出它的事实来的那个历史时期之外仍将有效。这样一种科学(像是我们近来被教导的有关被称为古典经济学的那种东西)所能够做的,只不过是以一般的方式描述它在其中得以被创立的那个历史时代所具有的某些特征而已。如果它试图凭借古代史、近代人类学等等而引入一个更广泛的领域来克服这种局限性的话,那么纵使有更广泛的事实基础,它仍然始终不外是对人类历史中的某些形态的一般描述。它永远不会成为一门非历史性的心灵科学。

因此,把这样一种实证的心灵科学看作是超出于历史学的范围之上并且建立了永恒不变的人性规律,就只有对于把某一特定

历史时代的暂时状况误认为是人类生活的永恒状况的人才是有可能的。对18世纪的人来说，犯这种错误是很容易的，因为他们的历史目光是如此之短浅，他们对与他们自己不同的文化的知识又是如此之有限，以至于他们可以欣然把他们自己那个时代一个西欧人的智力习惯地等同于上帝所赐给亚当及其一切后裔的智力才能。休谟在他阐述人性时，从来没有试图超出于说在事实问题上“我们”是以某些方式在思想的，而他用“我们”这个词意思是指什么这一问题，则留了下来未加讨论。甚至于康德在他企图超出“事实问题”而解决“当然问题”时，也只表明如果我们要具有我们实际上所具有的那种科学，我们就必须以这些方式来思想。当他问经验是怎样才可能的时候，他所说的经验乃是指他自己那个时代文明的人们所享有的那种经验。当然他并没有觉察到这一点。在他那时代，还没有一个人在思想史方面做过足够的工作可以使人认识到，18世纪欧洲人的科学和经验都是有高度特殊性的历史事实，而与其他民族和其他时代的科学和经验是大为不同的。而且人们也还没有认识到，即使撇开历史的证据不谈，人在几乎还没有脱离类人猿时，就必定是以非常之不同的方式在思想了。像18世纪所持有的那样一种人性科学的观念，乃是属于那样一个时代的，当时人们相信人类像所有其他的物种一样，乃是一种具有不变特征的特殊创造物。

人性，像每一种自然现象一样，必须按照近代思想的原则被设想为是服从于进化论的；但是指出这一点并未能排除人性科学观念本身中固有的谬误。的确，对这一观念的这样一种修改只会导致更坏的结果。进化毕竟是一种自然的过程，是一种变化的过程；

并且作为这样一种过程，它就在创造另一种特殊形式时消灭了某一种特殊形式。志留纪的三叶虫可以是今天哺乳动物(包括我们自己)的祖先；但是人类并不是一种土鳖。在自然过程中，过去乃是一种被取代的和死去了的过去。让我们假设，人类思想的历史过程就是一个在这种意义上的进化的过程。由此而来的就是，任何一个给定的历史时期所特有的思想方式就是当时人们所必须用以进行思想的方式，但是其他在不同的时代以不同的心灵模型而铸就的人，就完全不可能用它来思想了。如果情况是这样，那么就不会有真理这种东西了。按照赫伯特·斯宾塞所正确引出的推论，我们当成是知识的，仅只是今天思想的风尚；它并不是真确的，但在我们的生存竞争中却是最有用的。桑塔亚纳[①]先生也蕴涵有同样的对思想史的进化观点，他把历史学贬斥为培养“重新过死人生活的那种学究气的幻觉”，是只适合于“根本没有忠诚可言而且不能或者害怕认识自己的那些心灵”的一门学科；人们并不是对“再发现以前所发现的或所珍视的那种本质”感兴趣，而仅仅是对“从前人们曾一度抱有过某种这样的观念这一事实”感兴趣[②]。

这些观点的共同谬误就在于混淆了自然过程和历史过程；在自然过程中，过去在它被现在所替代时就消逝了，而在历史过程之中，过去只要它在历史上是已知的，就存活在现在之中。奥斯瓦尔德·斯宾格勒鲜明地认识到近代数学和古希腊人的数学之间的区别，并了解它们每一种都是自己的历史时代的功能；他根据错误地

① 桑塔亚纳(1863—1952)，美国哲学家。——译者

② 《本质的领域》第69页。

把历史过程认同为自然过程，却正确地论证说，希腊数学对我们必定不仅是奇怪的，而且是不可理解的。但事实上，非但我们很容易理解希腊数学，而且实际上它还是我们自己的数学的基础。它并不是我们能够指出他们的名字和年代来的那些人所曾一度具有的数学思想的死去了的过去，它是我们现在数学研究的活着的过去，是一种（只要我们对数学有兴趣的话）我们仍然作为一种实际的财富而在享受着的过去。因为历史的过去并不像是自然的过去，它是一种活着的过去，是历史思维活动的本身使之活着的过去；从一种思想方式到另一种的历史变化并不是前一种的死亡，而是它的存活被结合到一种新的、包括它自己的观念的发展和批评也在内的脉络之中。像那么多的其他人一样，桑塔亚纳先生首先是错误地把历史过程等同于自然过程，然后又谴责历史学乃是被他所错误地认为就是历史学的那种东西。斯宾塞关于人类观念进化的理论，把这一错误体现为其最粗糙的形式。

人类曾被定义为能够利用别人经验的动物。在他的肉体生活方面，这一点完全是不真确的：他并不因为别人吃过饭就得到了营养，或者因为别人睡过觉了就得到了恢复。但就其心灵的生命而言，则这一点是真确的；获得这种效益的办法就是靠历史知识。人类思想或心灵活动的整体乃是一种集体的财富，几乎我们心灵所完成的一切行动都是我们从已经完成过它们的其他人那里学着完成的。既然心灵就是心灵所做的事，而人性（如果它是任何真实事物的一个名字的话）就只是人类活动的一个名字；所以获得完成特定行动的能力也就是获得特定的人性。因此历史过程也就是人类由于在自己的思想里重行创造他是其继承人的那种过去，而在为自己创造着这种或那种人性的过程。

这种继承性不是由任何自然过程所传递下来的。要能占有它，就必须由占有它的那个心灵来掌握它；而历史知识就是我们进行占有它的那种方式。首先，并没有一种特殊的过程叫做历史过程，然后也没有认识这一点的一种特殊的方式叫做历史思想。历史过程本身就是一种思想过程，而且它只是作为各种心灵而存在，——这些心灵是它的组成部分，并且认识自己是它的组成部分。由于历史思维，心灵——它的自我认识就是历史，——不仅在它自身之内发现了历史思想所显示其拥有的那些力量，并且实际上把这些力量从一种潜在的状态发展成一种现实的状态，使它们成为有效的存在。

因此，如果论证说，既然历史过程就是一个思想过程，所以在它一开始时就必须已经存在有思想作为它的先决条件；而且一种关于思想是什么的阐述，其本身原来就必定是一种非历史的阐述；——这种论证就是一种诡辩了。历史并不以心灵为先决条件；它就是心灵生活的本身，心灵除非是生活在历史过程之中而又认识它自己是这样生活着的，否则它就不是心灵。

人脱离了他的自我-意识的历史生活，仍然是一种理性动物而与其他的生物不同，——这种观念纯粹是一种迷信。人终究是理性的，但这只不过是阵发性地而且是以一种闪烁不定的、模糊的姿态。在质上和量上，他们的合理性都是一个程度的问题：有的人比其他人更经常有理性，有的人有理性是以一种更强烈的方式。但是的确不能否认，人类以外的其他动物也有闪烁不定的和模糊的理性。动物的心灵在范围和能力上，可能比最低级的野蛮人的心灵还要低下;但是用同一个标准来衡量,最低级的野蛮人就比文明人低下,而我们称之为文明化了的那些人本身之间的差别也很难说就更小。甚至于在非人类的动物中间也有历史生活的端倪:例如,猫科动物就不是由本能而是由它们的母亲教着洗脸的。这种初步的教育与一种历史文化在本质上并没有什么不同。

历史性也是一个程度问题。非常原始的社会的历史性,与合理性在其中濒临灭绝的那些社会的单纯本能生活是不容易加以区别的。当进行思维的场合和被思维的各种事物对社会生活变得更常见和更必要的时候,对思想的历史继承——那种思想是历史知识所保存下来的、以前曾被人思想过的东西,——就变得更为重要了,于是随着它的发展便开始了一种特殊的理性生活的发展。

所以,思想并不是历史过程的前提而它又反过来成为历史知识的前提。只有在历史过程、亦即思想过程之中,思想本身才存在;并且只有在这个过程被认识到是一个思想的过程时,它才是思想。理性的自我-知识并不是一种偶然;那就属于它的本质。这就是为什么历史知识并不是奢侈,也不是心灵在紧张的工作之余的一种单纯享乐;它是一项首要的任务,履行这种任务不仅对于维护理性的任何特殊形式或类型而且对于维护理性本身,都是至关重要的。

四　结论

从我所试图维护的论题中,仍然有待得出少数几条结论来。

第一,有关历史学本身的。近代历史学的各种研究方法是在它们的长姊自然科学的方法的荫蔽之下成长起来的;在某些方面得到了自然科学范例的帮助，而在别的方面又受到了妨碍。本文始终有必要对于可以称之为实证主义的历史概念，或者不如说是错误的概念，进行不断的斗争。这种概念把历史学当作是对于埋在死掉了的过去里面的各种连续事件的研究，要理解这些事件就应该像是科学家理解自然事件那样，把它们加以分类并确立这样加以规定的各个类别之间的关系。这种误解在近代有关历史的哲学思想中不仅是一种瘟疫性的错误，而且对历史思想本身也是一种经常的危险。只要历史学家屈服于它，他们就会忽视他们的本职工作乃是要深入到他们正在研究其行动的那些行动者们的思想里面去，而使自己只满足于决定这些行动的外部情况，——即它们那些能够从统计学上加以研究的事物。统计学研究对于历史学家来说是一个好仆人，但却是一个坏主人。进行统计学上的概括对于他并没有好处，除非他能由此而探测他所进行概括的那些事实背后的思想。在今天，历史思想几乎到处都在使自己挣脱实证主义的谬误的罗网，并且认识到历史学本身只不过是在历史学家的心灵之中重演过去的思想而已；但是如果要收获这种认识的全部成果，却仍需要做更多的工作。各种各样的历史学谬误现在还在流行着，这都是由于混淆了历史过程和自然过程这两者的缘故；不仅有较粗糙的谬误把文化上的和传统上的各种历史事实误认为像是种族和血统那样的生物学事实，而且还有更精致的谬误影响了历史探讨的研究和组织的方法，这里要一一列举它们就会太冗长了。但只有到了这些谬误被根除时，我们才能看到历史思想是怎样终于能达到其固有的形式和高度，并能使长期以来为人性科学所提出的那些主张成为有效。

第二，有关过去曾企图建立这样一门科学的努力。

所谓有关人类心灵的各种科学的积极功能，无论是整体的还是部分的，(我指的是这样一些研究，诸如对知识、道德、政治学、经济学等等理论的研究)总是倾向于被人误解的。从理想上说，它们被规划为是对一种不变的题材的阐述，这一题材即人类的心灵，就像它过去一直是而且将来会永远是的那样。根本用不着熟悉它们就可以看出，它们决不是那么一回事，而只是人类心灵在其历史的一定阶段上所获得的财富的一份清单。柏拉图的《国家篇》不是对政治生活中不变的理想的一种阐述，而是对柏拉图所接受并重行加以解释的希腊理想的一种阐述。亚里士多德的《伦理学》所描述的并不是一种永恒的道德而是希腊绅士的道德。霍布斯的《利维坦》发挥了17世纪英国形式的专制主义的政治观念。康德的伦理学理论表达了德国虔诚主义的道德信念；他的《纯粹理性批判》则就其对当时哲学问题的关系分析了牛顿科学的概念和原理。这些局限性常常被人认为是缺点，仿佛一位比柏拉图更强的思想家就会把自己提高到能清除希腊政治学的气氛，或者仿佛亚里士多德应该预料到基督教或近代世界的道德概念。但它们远远不是一种缺点，反而是优点的标志；它们可以从质量最优秀的那些作品中最清楚地看出来。原因就是，作者们当努力在建立一种关于人类心灵的科学时，他们是在这些作品中尽力做着所能做的唯一事情。他们是在阐述人类心灵在其历史的发展中直迄他们自己的时代所达到的那种境地。

当他们试图证明这种境地正确时，他们所能做的一切就是展示它是逻辑的，是各种观念的一个一贯的整体。如果他们认识到

任何这类的证明都是循环的，并试图使那个整体有赖于它本身之外的某种东西，那么他们就失败了，正如他们确实一定要失败那样；因为既然历史的现在其本身之中就包括着它自己的过去，所以那个整体所依靠的真实基础，亦即它由其中所成长出来的那个过去，就不是在它之外、而是被包含在它之内的。

如果这些体系对后代仍然有价值，那并不是不顾、反而正是由于它们的严格的历史特点。对我们来说，在它们身上所表现的各种观念乃是属于过去的观念；但是那不是死掉了的过去；通过历史地理解它，我们就把它合并到我们现在的思想里面来，并且使我们自己能够通过发展它和批判它而用这种遗产来促进我们自己的进步。

但是单单是我们今天智力财富的一张清单，决不能表明我们有什么权利来享有它们。要做到这一点只有一种办法，那就是靠分析它们而不是单纯描述它们，并表明它们在思想的历史发展中是怎样建立起来的。例如，当康德着手证明我们使用一个范畴，例如因果关系，是正当的时候，他所要做的在某种意义上是能够做到的；但是它不能按照康德的方法做到，康德的方法会造成一种纯循环式的论证，它证明如果我们要有牛顿的科学，这样一种范畴就是能够使用的而且是必须使用的；它可以通过研究科学思想的历史而做到。康德所能表明的一切只是，18 世纪的科学家们确实是以那种范畴在思想的；至于他们为什么那样思想这一问题，就可以由研究因果观念的历史来加以回答。如果所需要的比这一点更多；如果所需要的证明是，那种观念是真确的，并且人们以那种方式思想也是正确的；那么这就是提出了就事物的性质而言是永远不可能被满足的一个要求。我们又怎么能使自己满足于我们进行思想所依据的原则是真确的呢?——除非是靠继续按照这些原则来思想,并且看看在我们工作时,那些有关它们的无法解答的批评究竟是否出现。对科学的概念进行批评乃是科学本身在进展中的工作;而要求这样的批评应当由知识的理论来加以预告,也就是要求这样一种理论应当预告思想的历史了。

最后,还有一个应该派给心理学科学以什么样的功能的问题。乍看起来,它的地位似乎是模棱两可的。一方面,它自称是一门心灵的科学;但是果真如此,它那科学方法的装备就只不过是一种错误的类比的结果,而且它必定要过渡到历史学里面去,并且因此之故而告消失。只要心理学自命要处理理性本身的功能,这一点就肯定是要发生的。侈谈推理的心理学或道德自我的心理学(这里引用两本为人熟知的书名),乃是误用了这些名词并且混淆了问题,把一种它那存在和发展并不是自然的而是历史的题材归之于一种准-自然主义的科学。但是如果心理学避免了这个危险并放弃干预严格说来是历史学的题材的那种东西,它就很可能退回到纯粹自然科学里面去,而变成为研究肌肉运动和神经运动的生理学的一个单纯的分支。

但是还有第三种选择。在认识到它自身的合理性时,心灵也就认识到它本身之中有着各种不是理性的成分。它们不是肉体;它们是心灵,但不是理性的心灵或思想。借用一种古老的区分,它们乃是与精神不同的心灵(psyche)或灵魂。这些非理性的成分都是心理学的题材。它们是在我们身中的盲目力量和活动,而它们是人生的一部分,因为人生是在有意识地经历着它自己的;但它们却不是历史过程的一部分，而是与思想不同的感知、与概念不同的感受、与意志不同的嗜欲。它们对我们的重要性在于，它们形成了我们的理性生活于其中的那个最贴近的环境这一事实，正如我们的生理有机体乃是它们生活于其中的那个最贴近的环境一样。它们是我们的理性生活的基础，尽管并不是它的一部分。我们的理性发现了它们，但在研究它们时，理性却不是在研究它自己。在学会认识它们时，它就发现它能怎样地帮助它们生活得健康；从而在它追求它自己所固有的任务（即对它自己的历史生活的自觉的创造）时，它们就可以馈养它和支持它。

第二节　历史的想象

对历史思维性质的探讨，是属于哲学可以合法从事的任务之一；而在我看来，现在[①]有理由认为，对这种探讨进行思维不仅是合法的而且是必要的。因为它的意义就在于，在历史的特别时期，某些特殊的哲学问题仿佛是最合时宜的，并且仿佛在要求着一个渴望为自己的时代服务的哲学家的特别注意。哲学问题部分地是不变的；部分地则随当时人类生活和思想的特点而从一个时代到一个时代在变更着。在每个时代最优秀的哲学家的身上，这两部分都是如此之相互交织着，以至于永久性的问题呈现 sub specie saeculi〔在一代的观点之下〕，而当代的特殊问题则呈现 sub specie aeternitatis〔在永恒的观点之下〕。每当人类的思想受到某种

① 指1935年。——编者

特殊的兴趣所支配时，那个时代最富有成果的哲学就反映出来这种支配；——不是消极地通过单纯服从于它的影响，而是积极地通过特殊的努力来理解它并且把它置于哲学探讨的焦点上。

在中世纪，以这种方式成为聚集了哲学思辨的焦点的兴趣的就是神学；在17世纪，则是物理科学。今天，当我们习惯上确定近代哲学的开端是17世纪时，我认为我们的意思是指，当时开始支配人类生活的那种科学兴趣，现在仍然在支配着它。但是如果我们把17世纪的心灵在其总的定向上和今天的心灵加以比较，比较一下它们的文献中所处理的题材，我们就很难不为一种重要的不同所触动。自从笛卡尔的时代，哪怕自从康德的时代以来，人类就获得了一种历史地进行思想的新习惯。我并不是说，直到一个半世纪以前，并没有名副其实的历史学家；那样说是不真确的。我甚至也不是说，自从那时以来历史知识的总量和历史书籍的问世已经极大地增多了；虽则那样说是真确的，但相对地却不重要。我的意思是说，在这段时期里历史思想研制出了它自己的一种技术，它那特点之明确和它那结果之确凿，决不亚于它的长姊自然科学的方法；而且在这样进入了 sichere Gang einer Wissenschaft〔科学的可靠进程〕时，它在人类生活中就取得了一席地位，它的影响从人类的生活已经渗入到，并且在某种程度上已经改变了思想和行动的每一个部门。

其中，它也深深地影响了哲学；但是从整体上说，哲学对这种影响的态度却是被动更甚于主动。有的哲学家倾向于欢迎它，有的埋怨它；而比较少数的则已经从哲学上思考它。主要是在德国和意大利，人们曾试图回答这些问题：什么是历史的思维？它对传统的哲学问题有什么启发？由于回答这些问题，他们就对今天的历史意识的问题，做出了康德的先验分析对18世纪的科学意识所做过的事。但是就大部分情况说，特别是在我们这个国家里，通常都是忽视所有这些问题的，并且通常都是似乎并没有察觉到有历史学这样一种东西的存在而在讨论着知识问题的。当然，这种习惯是可以加以辩护的。可以论证说，历史学根本就不是知识而只是见解，是配不上哲学研究的。或者可以论证说，只要它是知识，它的问题就是一般的知识问题，并不要求有什么特殊的处理办法。就我自己来说，我不能接受这两种辩解中的任何一种。如果历史学是意见，哲学为什么因此就应当忽视它呢？如果历史学是知识，为什么哲学家就应该不以他们对科学的那些非常之不同方法所给予的同样注意，来研究历史学的方法呢？而甚至当我阅读同代的人和最近的最伟大的英国哲学家们的著作时，我都深深敬仰他们，从他们那里学到了比我所能期望承认的更多的东西；但是我发现我自己却经常为一种思想所纠缠着，即他们对知识的阐述（看来他们根据的似乎主要是对知觉和对科学思维的研究）不仅忽视了历史的思维，而且实际上是和有这样一种东西的存在相抵牾的。

无疑地，历史的思想在某种方式上很像知觉。两者都以某种个体事物作为自己的固有对象。我所知觉的是这间房屋、这张桌子、这张纸。历史学家所思考着的是伊丽莎白[①]或马尔堡罗[②]和伯

① 伊丽莎白（1533—58—1603），英国女王。——译者

② 马尔堡罗（1650—1722），英国将领。——译者

罗奔尼撒战争[1]或斐迪南和伊萨贝拉[2]的政策。但是我们所知觉的，总是这个、此地、此时。甚至当我们听到远方的爆炸，或是在一颗恒星爆发很久之后才看它时；就在这个新星、这个爆炸时，仍然有一瞬间它是在此地此时可知觉的。而与历史思想有关的某种东西，却决不是一个“这个”，因为它决不是一种此时、此地。它的对象乃是已经结束其出现的事件和已经不复存在的条件。只有在它们不再是可知觉的时候，它们才真正变成了历史思想的对象。因此把它设想为主客体两者都实际存在而且相互对立和共存的一种事情或关系的一切知识理论，即把认识作为是知识的本质的一切理论，就使得历史学成为了不可能。

历史学又以另一种方式而有似于科学：因为在二者之中，知识都是推论的或推理的。但是科学是生存在一个抽象的共相世界里，它在某种意义上是无所不在的，而在另一种意义上又不在任何地方，在某种意义上是始终存在的，而在另一种意义上又不存在于任何时间之中；而历史学家所进行推理的事物却不是抽象的而是具体的，不是一般的而是个别的，对空间和时间并不是漠然无关的而是有它自己的地点和时间，虽则那地点并不必须是此处，而那时间也不可能是此时。所以，我们就不可能使历史学和这些理论相一致了；按照这些理论，知识的对象是抽象的、没有变化的，是心灵可以采取各种不同的态度来对待的一个逻辑实体。

把这两种类型的理论结合起来用以阐明知识，也还是不可能

① 伯罗奔尼撒战争，公元前460—前446希腊各邦间的战争。——译者

② 斐迪南(1452—1516)，伊萨贝拉(1451—1504)，西班牙国王。——译者

的。目前的哲学就充满了这类的结合。认知的知识和描述的知识；永恒的对象和构成其组成部分的那种短暂的情况；本质的领域和物质的领域；——在这些和其他这类的二分法中，也像事实的问题和各种观念之间的关系、或事实的真理和理性的真理那种较老的二分法一样，就提供了不仅有掌握着此时此地的那种知觉的特性，而且还有领会着无处不在和无时不在的那种抽象思想的特性，亦即传统哲学上的 αἴσθησις〔知觉〕和 νόησις〔思想〕。但是正像历史学既不是 αἴσθησις〔知觉〕又不是 νόησις〔思想〕，同样地它也不是两者的结合。它是第三种东西，具有着这两种每一种的某种特征，但是以一种这两者都不可能做到的方式，而把它们两者结合起来。它并不是部分是对暂时情况的认知，部分是对抽象实体的推理知识。它完全是对暂时的、具体的事物的推理知识。

我这里的目的是对那第三种东西提出一种简短的阐述，那第三种东西就是历史学；我将从叙述可以叫做它的常识性的理论的而开始，大多数人最初思索这个问题时，都是相信或者想象他们自己是相信这种理论的。

按照这种理论，历史学中最本质的东西就是记忆和权威。如果一个事件或一种事物状态要历史地成为已知，首先就必须有某个人是知道它的；其次他必须记得它；然后他必须以别人所能理解的词句来陈述他对它的回忆；最后别人必须接受那种陈述当作是真确的。因此，历史学也就是相信某一个别人，——当这个人说到他记起了某件事的时候。那个相信的人就是历史学家；而这个被相信的人就被称之为他的权威。

这个学说就蕴涵着，历史真理只要它终究能为历史学家所接受，就仅仅因为它是以现成的方式存在于他的权威的现成陈述之中而被历史学家所接受的。这些陈述对于他乃是一种神圣的条文，它那价值完全有赖于它们所描述的那个传说的颠扑不破性。因此，他决不能以任何借口窜改它们。他决不能删改它们；他决不能对它们有所增添；而最重要的是，他决不能与它们相矛盾。因为如果他要自己着手来采撷和挑选，来决定他的权威的陈述中哪些是重要的、哪些是不重要的；那么他就要到他的权威背后去求助于某种其他的标准了。而按照这种理论，这一点恰恰是他所不能做的。如果他对它们有所增添，在其中插入了他自己所设计的构造，并承认这些构造是对他的知识的补充；那么他就是根据他的权威所说的事实之外的理由在相信某些东西了；然而他却无权这样做。最坏的是，如果他与它们相矛盾，并擅自断定是他的权威歪曲了事实，他把权威的陈述当作是不能置信的而加以驳斥，那么他就是在相信自己所被告知的那些东西的反面，并且可能是最坏地违反了自己的职业准则。权威也许是喋喋不休的、东拉西扯的，是一个喜欢流言蜚语和造谣中伤的人；他可能忽略了或忘记了或隐蔽了一些事实；他也可能无知地或故意地在错误地陈述它们；但是对这些缺陷，历史学家却没有补救的办法。按照那种理论，对于他来说他的权威所告诉他的就是真理，是全部可以接受的真理，而且全都是真理。

这种常识性理论的后果只要一经陈述，就可以加以否定了。每个历史学家都知道，有时候他确实是在使用所有这三种方法来窜改他在他的权威那里所找到的东西的。他从其中挑选出来他认为是重要的，而抹掉其余的；他在其中插入了一些他们确实是没有明确说过的东西;他由于抛弃或者修订他认为是出自讹传或谎言的东西而批评了它们。但是我不能肯定,我们历史学家们是不是总能认识到我们正在做着的事情的后果。一般说来,当我们在思索我们自己的工作时,我们似乎是接受我所称之为常识性的理论的东西,同时又声称我们自己有选择、构造和批评的权利。无疑地,这些权利与那种理论是不一致的;然而我们却试图把它们的运用范围缩到最小来缓和这种矛盾,同时又认为它们是应急的措施,是由于他的权威们格外无能而使得历史学家有时候也可能被迫反抗;但是这却基本上并没有扰乱正常的和平的体制,他在这种体制之中心安理得地相信人们告诉他的话,因为人们告诉他要相信它。然而这些东西(无论做得多么少),不是成为历史的罪过就是成为对那种理论的致命事实;因为根据这种理论它们应该不是做得很少,而是从来都不能做。而事实上,它们却既没有犯罪,也不是例外。历史学家贯穿在他的工作过程之中的,一直都是选择、构造和批评;只有这样做他才能维护他的思想在一个 sichere Gang einer Wissenschaft〔科学的可靠进程〕的基础上。由于明确地认识到这一事实,才有可能实现(再次借用康德的用语)我们可以称之为史学理论中的哥白尼式的革命:那就是发现历史学家远不是依赖自身以外的权威,使他的思想必须符合于权威的陈述,而是历史学家就是他自身的权威;并且他的思想是自律的、自我-授权的,享有一种他所谓的权威们必须与之相符的并且据之而受到批判的标准。

在进行选择的工作中,可以看到历史思想的自律性最简单的形式。历史学家试图按着照常识性的理论进行工作,并精确地重现他在他的权威那里所找到的东西,正有似于一个风景画家试图

按照那种要求艺术家要模仿自然的艺术理论在进行工作一样。他可以幻想他正在用他自己的手段重现自然事物的真实形象和颜色;但是不管他多么努力在做这个工作,他总是在选择、简化、系统化,撇开他认为是不重要的东西而把他以为是精华的放进去。对进入画面的东西要负责的,乃是艺术家而不是自然界。同样地,也没有哪一个历史学家,哪怕是最坏的,仅仅是在抄袭他的权威而已;即使他没有把自己的任何东西加进去(这实际上是决不可能的),他也总是撇掉了一些东西,这些东西由于这种或那种理由,是他决定自己的工作所不需要的或者是不能采用的。所以对于加入什么东西要负责的就是他自己而不是他的权威。在这个问题上,他是他自己的主人;他的思想在这种限度上乃是自律的。

比这种自律甚至更为清楚的表现,就见之于我所称为的历史构造之中。历史学家的权威们告诉了他一个过程的这种或那种形态,却留下了中间的形态没有加以描述;于是他就为他自己插进了这些形态。他关于他的主题的图画,虽则可能部分地是直接由他的权威们那里所引证的陈述组成的,但也是从(并且随着他作为历史学家的能力的每一度增长而日益由)那些按照他自己的标准、他自己方法的准则和他自己对于相关性的信条里面推论出来的陈述所组成的。在他工作的这一部分里面,在重复着权威向他所说的话的这种意义上,他从来也不是依赖他的权威的;他一直是依靠他自己的能力并以自己为自己的权威的;这时他所谓的权威一点也不是权威,而仅仅是证据。

然而,历史学家自律性的最清楚的证明,则是由历史批判所提供的。正如自然科学找到了它的适当方法,是在科学家(用培根的比喻来说）质向大自然，用实验来折磨她，以便向她索取他自己的问题的答案的时候；同样地，历史学找到了它的适当方法，也是在历史学家把他的权威放在证人席上的时候，他通过反复盘问而从他们那里榨取出来了在他们的原始陈述中所隐瞒了的情报，——或是因为他们不愿拿出它来，或是因为他们并没有掌握它。因此，一个司令官的公报或许会声称是一场胜利；而一个历史学家以批评的精神来阅读它时，却要问："如果它真是一场胜利，为什么它不以这种或那种方式继续下去？"这样就可以判定作者有隐瞒真相之罪。或者使用同样的方法，他也可以判定一个缺少批判精神的前人——此人接受了同样那个公报所给他的有关那场战役的文字——犯有无知之罪。

历史学家的自律性在这里表现为其最极端的形式；因为在这里显然的是，他以一个历史学家的活动的资格，多少是有力量拒绝他的权威所明白告诉过他的某些东西，而代之以另外的一些东西。如果这是可能的，那么历史真理的标准就不是一个权威做出了一种陈述的这一事实了。这就是我们所讨论的所谓权威的真理性和报导了；这个问题是历史学家必须独自根据他自己的权威来回答的。所以，哪怕他接受了他的权威们所告诉他的话，他也不是根据他们的权威而是根据他自己的权威来接受它的；不是因为他们说过它，而是因为它满足了他那历史真理的标准。

把历史学建立在记忆和权威依据的基础之上的这种常识性的理论，不需要再进一步的驳斥了。它的破产是明显的。对于历史学家是永远不可能有权威的，因为所谓的权威们也要接受只有历史学家才能做出来的定谳。然而常识性的理论却可以自称是一种有条件的和相对的真理。一般说来，历史学家从事的是别人在他以前已经研究过的题目。他越是一个新手，——无论是在这个特殊的题目上，还是在整个历史学上，——则他的先行者们，相对于他的不能胜任而言，也就成比例地越发具有权威性；而在他的不能胜任和无知到了绝对地步的极端情况下，他们就可以毫无保留地被称为是权威。但随着他越来越变成为他的职业和他的题目的主人，他们也就变得越来越不是他的权威，而越来越是他的同行学者，对待他们是尊敬还是蔑视要视他们的功过而定。

正如历史学并不依赖权威一样，它也不依赖记忆。在没有有关的陈述是得自目击者的始终未中断的传说那种意义上，历史学家是能够重新发现已经被完全忘记的东西的。他甚至于能够发现直到他发现以前根本就没有一个人知道是曾经发生过的事。他做到这一点，部分地是靠批判地对待包含在他的来源中的陈述，部分地是靠利用被称为是未成文的来源的那些东西，——当历史学越来越确信它自己的固有方法和它自己的固有标准的时候，这后一点也就越来越被采用。

我已经谈到历史真理的标准。这个标准是什么呢？按照常识性的理论，它就是历史学家所做的陈述和他在他的权威们那里所找到的陈述二者的一致性。这个回答我们现在知道是错误的，所以我们必须另找答案。我们不能够放弃这一研究。必须有对这个问题的某种答案，因为没有一个标准就不可能有任何批判。对这个问题的一种回答，是由我们当代最伟大的英国哲学家在他的一本小册子《批判历史学的前提》里提了出来的。布莱德雷的这篇论文是一篇早期的著作，到了他的成熟期他对它感到不满意；尽管它必定是不能令人满意的，但它还是带有他那天才的标志。其中布莱德雷面临的问题是，历史学家怎么可能蔑视常识性的理论而扭转局势，向他的所谓权威说："这就是我的权威所记载的，但真正发生的事却必定不是这样而是另一样。"

他对这个问题的回答是，我们关于这个世界的经验教导我们说某些种类的事情会发生，而其他的则不会发生；于是这种经验就成为历史学家所用于对待他的权威们的陈述的标准。如果他们告诉他说，有一种按照他的经验是并不会发生的事却发生了，那么他就只好不相信他们；如果他们报导的事是那类按照他的经验是确实会发生的，那么他就可以自由地接受他们的陈述。

对这种观念有许多明显的反驳，我并不坚持这种观念。它带有布莱德雷不久就极力反抗的那种经验主义哲学的浓郁气息。但是除了这一点之外，还有某些特殊论点据我看来是有缺陷的。

第一，被提出来的标准，不是确实产生了什么这一标准而是可能产生出什么这一标准。实际上，它只不过是亚里士多德有关什么是诗歌中可以允许的这一标准；因此它就不能用来分辨历史学与虚构。它无疑地会被历史学家的陈述所满足，但是它也会同样恰当地被历史小说家的陈述所满足。所以它就不可能成为批评历史学的标准。

第二，因为它永远不能告诉我们确实发生了什么事，所以我们对此就只好单纯指望着我们的报告者的权威了。当我们运用它时，我们就得同意相信我们的报告者所告诉我们的每一件事情，只要它能满足有此可能这一纯属消极的标准。这并不是要使我们的权威们反败为胜；它乃是盲目地在接受他们所告诉我们的东西。

这里还没有达到批判的态度。

第三，历史学家有关自己生活于其中的世界的经验，只能帮助他检验、甚至只是消极地检验他的权威们的陈述，看看这些陈述是否并不是与历史、而只是与其本身并无历史可言的自然有关。自然的规律总是同样的，现在与自然对立的东西两千年以前也是与自然对立的；但是作为与人类生活的自然条件有别的历史条件，在不同的时代却是如此之不同，以至于根据类比而得到的任何论证都是不能成立的。希腊人和罗马人之遗弃他们的新生婴儿以便控制他们的人口数目，并不由于它和在《剑桥古代史》的撰稿人的经验中所发生的任何事情不同而减少其真实性。事实上，布莱德雷对这个题目的论述，并不是由通常历史研究的过程而产生的，而是由他对于《新约全书》叙述的可信性、特别是对于它们的超自然的成分的兴趣而产生的；但是一个只是在发生了奇迹时才适用的标准，对于正规的历史学家的用途就少得可怜了。

布莱德雷的论文尽管不是定论，却由于这一事实而始终是值得纪念的，即在它那里历史知识的理论中的哥白尼式的革命在原则上已经完成了。就常识性的理论来说，历史的真理就在于历史学家的信仰符合他的权威们的陈述；布莱德雷却看出了，历史学家对于研究他的权威们带进来了他自己的标准，权威们本身是要参照这个标准来加以判断的。这个标准是什么，布莱德雷并没能发现。六十年之后，仍然要有待于看他的问题——我相信在此期间没有一个说英语的哲学家在出版物中讨论过它，——是否能被推进到他所留下来的那一点之外。

我已经说过，除了从他的权威们的陈述中选择他所认为是重要的东西而外，历史学家必须在两个方面超过他的权威们所告诉给他的。一个是在批判的方面，而这是布莱德雷已经试图分析过的。另一个是在构造的方面。关于这一方面他没有说什么，而我现在就建议回到这上面来。我把构造性的历史学描述作在我们从权威们那里所引用来的陈述之间插入了另一些为它们所蕴涵着的陈述。这样，我们的权威们告诉我们说，有一天恺撒在罗马，后来又有一天在高卢，而关于他从一个地方到另一个地方的旅行，他们却什么也没告诉我们；但是我们却以完美的良知而插入了这一点。

这种插入的办法有两个意义深远的特征。首先，它决不是任意的或纯属幻想的；它是必然的，或用康德的话来说，是先验的。如果我们是用幻想出来的细节（例如，他在路上遇到那些人的名字以及他对他们所说过的话，）来填补对恺撒的行动的叙述，那么这种构造就是任意的；事实上它就会是一种由历史小说家所完成的构造了。但是如果我们的构造并不包含有任何不为证据所必需的东西，那么它就是一种合法的历史结构，没有它就根本不可能有历史学。

其次，以这种方式推论出来的东西，本质上是某种想象出来的东西。如果我们眺望大海，看见有一艘船，五分钟之后再望过去，又看见它在另一个不同的地方；那么当我们不曾眺望的时候，我们就会发觉自己不得不想象它曾经占据过各个中间的位置。这已经是历史思维的一个例子了；而当我们被告知恺撒在这些连续的时间里是在这些不同的地方时，我们就发现自己不得不想象恺撒曾经从罗马旅行到高卢；——这情形并无不同。

这种具有这一双重特点的活动，我将称之为 a priori〔先验的〕想象。后面我还必须更多地谈到它，但是目前我将满足于说明，不管我们可以是多么没有意识到它的作用，但却正是这种活动沟通了我们的权威们所告诉我们的东西之间的裂隙，赋给了历史的叙述或描写以它的连续性。历史学家必须运用他的想象，这是常谈；用麦考莱《论历史》的话来说："一个完美的历史学家必须具有一种充分有力的想象力，使他的叙述动人而又形象化"；但这却是低估了历史想象力所起的作用，而历史想象力严格说来并不是装饰性的而是结构性的。没有它，历史学家也就没有什么叙述要装饰了。想象力这种"盲目的但不可缺少的能力"，没有了它（就像康德所表明的）我们就永远不可能知觉我们周围的世界，它也同样是历史学所不可缺少的；这就是历史的构造的全部工作所进行的活动，它不是作为幻想在随心所欲地活动着，而是以其先验的形式在活动着。

有两种误解在这里可以预先加以防止。第一，有人可以认为，我们通过想象所能够向自己呈现的，只有在成其为虚构的或不真实的那种意义上才是想象的。这种偏见只要一提到就可以消除了。如果我想象一个朋友刚离开我的房子不久，现在正走进他自己的房子，我在想象这个事件的这一事实并没有给我任何理由要相信它不真实。想象的东西，单纯地作为想象，既不是不真实的，也不是真实的。

第二，谈论 a priori〔先验的〕想象可能看来像是一个悖论，因为有人可能认为想象力本质上是随心所欲的、任意的、纯属幻想的。但是除了它那历史的功能而外，a priori〔先验的〕想象力还有两种功能是、或者应该是大家所熟悉的。一种就是艺术家的纯粹的或自由的想象，但那决不是任意的想象。一个写小说的人写出了一篇由各种人物扮演各种角色的故事。人物和情节全都是想象的；然而小说家的全部目的乃是要表明，人物的行动和情节的发展在某种意义上都是由它们本身的内在必然性所决定的。这个故事，如果它是一个好故事，就不可能不是像它所发展的那样在发展；小说家在想象它时，除了像它那样在发展而外，就不可能想象它的发展。在这里，也同样地像在其他一切的艺术里一样，是 a priori〔先验的〕想象在起作用的。它的另一种为人所熟知的功能就是可以称之为知觉的想象的那种东西，它在补充着和巩固着知觉的数据；那种方式康德曾经分析得那么好，他向我们提出了可能知觉的而实际并没有被知觉到的客体：如在这张桌子的下面，在没有敲开的鸡蛋的里面，在月球的背面，等等。在这里，想象又是 a priori〔先验的〕：我们不能不想象那不能不存在的东西。历史的想象之与这些想象所不同的，并不在于它是 a priori〔先验的〕，而在于它以想象过去为其特殊的任务：那不是一种可能的知觉的对象（因为它现在并不存在），而是通过这一活动可能变成为我们的思想的一种对象。

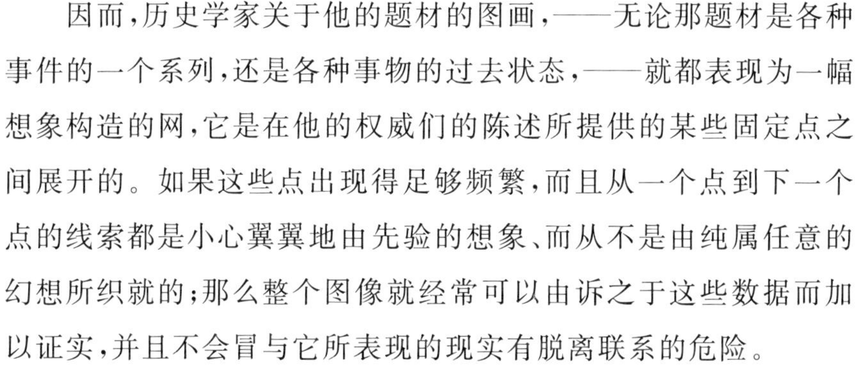

因而，历史学家关于他的题材的图画，——无论那题材是各种事件的一个系列，还是各种事物的过去状态，——就都表现为一幅想象构造的网，它是在他的权威们的陈述所提供的某些固定点之间展开的。如果这些点出现得足够频繁，而且从一个点到下一个点的线索都是小心翼翼地由先验的想象、而从不是由纯属任意的幻想所织就的；那么整个图像就经常可以由诉之于这些数据而加以证实，并且不会冒与它所表现的现实有脱离联系的危险。

实际上,当常识理论不再能使我们满足,而我们已经察觉到在历史学的工作中构造性的想象所起的作用时,那就大致确实是我们在思想着历史的工作了。但是这样一种概念在某种方式上却是严重错误的:它忽视了批评所起的同样重要的作用。我们认为我们所构造的网可以说是拴在权威们所陈述的事实之上的,我们把这些事实看作是构造工作的数据或固定点。但是这样想的时候,我们就又倒退滑进了我们现在知道它是错误的那种理论里面去了,即真理就是这些陈述所给予我们的现成的东西。我们知道,要获得真理并不是靠生吞活剥我们的权威们所告诉我们的东西,而是要靠批判它;因此,历史的想象在其间结网的那些假定的固定点就不是现成地赐给我们的,它们必须是靠批判的思维来获得的。

除了历史思想本身之外,并没有任何东西是可以用来证实它的结论的。一部侦探小说中的英雄就正像一个历史学家那样在思想,他要从各种各样的迹象中对于罪行是怎样犯的和是谁犯的,构造出一幅想象的画面。最初,这只不过是一种有待于证实的理论,证实必须是来自外部。对侦探来说,幸亏有那种文学形式的习惯要求,当他的构造完成的时候,它还要清清楚楚地被罪犯的口供所约束;在这样的情形下就可以假定它的真实性是不成问题的。历史学家却不那么幸运了。如果由于研究已有的证据而使他自己相信培根写了莎士比亚的剧本,或者亨利第七在伦敦塔谋杀了王子之后,他居然又找到了供认那件事实的一份亲笔文件,那么他也绝不会就证实了他的结论;新的文件远没有结束那种探讨,却只是由于提出了新问题,即它自身的可靠性的问题,而变得复杂化了。

我要从考虑这样的一种理论而开始,按照这种理论,每件事物都是给定的;亦即按照这种理论,一切真理,只要是历史学家可以得到的任何真理,都是在他的权威们的现成陈述中所现成提供给他的。然后我又看出,有很多他认为是真确的东西都不是以这种方式给定的,而是由他的先验的想象所构造的;但是我却仍然幻想着,这种想象是根据同样意义所给定的固定点而推论出来的。我现在就只好被迫承认,对于历史思想并没有什么这样给定的固定点;换言之,在历史学中正像严格说来并没什么权威一样,严格说来也并没有什么数据。

历史学家们一定认为他们自己是在根据数据进行工作的;在这里他们所说的数据,就是指出某项历史研究工作一开始时由他们所现成占有的历史事实。这样一种数据,如果涉及伯罗奔尼撒战争,就会把例如修昔底德的某种陈述当作实质上是真实的而加以接受。但是当我们问是什么给了历史思想这种数据时;回答是明显的:是历史思想把它给了自己,因此就历史思想整个而论,它就不是一种数据而是一种结果或成就。只有我们的历史知识才告诉我们,纸上这些稀奇古怪的符号是希腊字母;它们所形成的文字在雅典的方言中有着某种意义;这一节是修昔底德的原文,而不是一种羼入或窜改;在这个场合修昔底德知道他正在谈的是什么,并且在力图述说真相。脱离了这一切,这一节就只不过是白纸黑字的一张模板;它根本就不是什么历史事实,而只是此时此地存在着的某种东西,被历史学家所知觉而已。当历史学家把某些历史事实描述为他的数据的时候,他所指的一切就只是:对于某一项特殊的工作,就有某些与之相关的历史问题是他目前准备看作是已经确定了的;尽管如果这些问题是已经确定了的,那也只是因为历

史思维在过去已经确定了它们，并且它们就始终是这样被确定的，直到他或某个别人决定重新提出它们为止。

所以，他的想象所构造的那张网，就不可能是由于被约束在某些给定的事实上（正像我起初描写它的那样）而得出它的有效性的。这种说法表现了一种要免除他对他的织造品的关节点负责的企图，同时却承认他要对他在那些关节点之间所构造出来的东西负责。而在事实上，他对这一个要负责，就正像他对那一个要负责一样。无论他接受还是拒绝、修改还是重新解释他的所谓权威们所告诉他的东西，终究还是他要对他在恰当地批评了它们之后所做的陈述负责。证明他有理由做出那一陈述的标准，决不可能因为那是由一个权威所给予他的这一事实。

这就使我回到了这个问题：这一标准是什么？在这一点上，可以给出一种片面的暂时性的回答。想象的构造那张网，乃是比我们迄今所认识到的要坚固得多、有力得多的某种东西。远不是它的有效性要靠给定事实来支持，它实际上是充当了我们用以决定所声称的事实是否真实的试金石。苏埃托尼乌斯①告诉我，尼禄曾打算撤离不列颠。我拒绝他的陈述，并不是因为有任何更好的权威断然与它相矛盾，当然也并没有人这样做；而是因为我根据塔西佗而重行构造出来的尼罗的政策，不能允许我认为苏埃托尼乌斯是正确的。如果有人向我说，这只不过是说我偏爱塔西佗有甚于苏埃托尼乌斯而已，那么我承认我是这样；但我之所以是这样，正因为我发现我自己能把塔西佗告诉我的东西纳入我自己的一幅

① 苏埃托尼乌斯（公元2世纪）罗马历史学家。——译者

连续一贯的图画里，而对苏埃托尼乌斯却做不到这一点。

因此，证明它那构造中所使用的资料的合理性的，就必须是历史学家对过去的图画，亦即他自己的 a priori〔先验的〕想象的产物。这些资料成为资料，也就是说它们得到信任，就只因为它们是以这种方式被证明是正确的。因为任何资料都有可能受到损害：这个作者有偏见，那个作者的信息错误；这块铭文被一个拙劣的碑铭研究者读错了，那一块被一个粗心的石匠刻错了；这一块陶片被一个无能的发掘者、那一块又被一只无可遣责的野兔弄错了位置。批判的历史学家必须发现并纠正这一切以及许多其他的作伪。他是通过考虑证据所引导他得出那幅过去的图画究竟是不是一幅连续一贯的图画、一幅有意义的图画而在这样做的，并且只能是这样做。进行历史构造工作的那种 a priori〔先验的〕想象，就提供了历史批评的手段。

摆脱了它对于外部所提供的那些固定点的依赖之后，历史学家对过去的图画因而在每个细节上就都是一幅想象的图画，而其必然性在每一点上就都是一种先验的想象的必然性。凡是进入其中的任何东西之所以进入其中，都不是因为他的想象消极地接受它，而是因为他的想象积极地需要它。

我已经谈到过的历史学家和小说家之间的相似性，在这里就达到了它的高峰。他们各自都把构造出一幅图画当作是自己的事业，这幅图画部分地是叙述事件，部分地是描写情境、展示动机、分析人物。他们各自的目的都是要使自己的画面成为一个一贯的整体，在那里面每个人物和每种情境都和其余的是那么紧密地结合在一起，以至于在这种情况下的这个人物就不能不以这种方式而行动，而且我们也不可能想象他是以别的方式而行动。小说和历史学两者都必须是有意义的；除了必然的东西而外，两者都不能容许有任何别的东西，而对这种必然性的判断者在两种情况下都是想象。小说和历史学这二者都是自我-解释的、自我证明为合理的，是一种自律的或自我-授权的活动的产物；在两种情况下这种活动都是 a priori〔先验的〕想象。

作为想象的作品，历史学家的作品和小说家的作品并没有不同。它们的不同之处是，历史学家的画面要力求真实。小说家只有单纯的一项任务：要构造一幅一贯的画面、一幅有意义的画面。历史学家则有双重的任务：他不仅必须做到这一点，而且还必须构造一幅事物的画面（像是它们实际存在的那样）和事件的画面（像是它们实际发生的那样）。这种更进一步的必要性就迫使他要服从三种方法的规则，而小说家或艺术家一般说来却不受它们的约束。

第一，他的画面必须在空间和时间中定位。艺术家的画面则并不需要；本质上，艺术家所想象的事物是被想象为不是在某个地点或某个日期发生的。关于《呼啸山庄》[①]人们说得好，说它那背景是在地狱里，尽管地名都是英国的；为了避免在应该成为一个纯粹想象的世界中在地志学事实方面的不调协，就有一种确切的本能引导着另一位大小说家用基督大教堂来代替牛津，用阿尔弗雷德斯顿来代替万蒂奇，用马利亚教堂来代替福莱。

第二，一切历史都必须与它自己相一致。纯粹想象的各种世

① 《呼啸山庄》为英国小说家艾·布朗蒂（1818—1848）所作的小说。——译者

界是不可能有冲突的，也不需要一致；它们各自都是一个自己的世界。但却只有一个历史的世界，而且其中每一件事物都必定和其他每一件事物处于某种关系之中，哪怕这种关系仅仅是地志学上的和年代学上的。

第三，也是最重要的，历史学家的图画与叫做证据的某种东西处于一种特殊的关系之中。历史学家或其他任何人所能借以判断（哪怕是尝试着）其真理的唯一方式，就是要靠考虑这种关系；实际上，我们问一项历史陈述是否真实，也就是指它能否诉之于证据来加以证明。因为一个不能这样加以证明的真理，对于历史学家就是一桩毫无兴趣的事。这种叫做证据的东西是什么呢，它和已经写成的历史著作又是什么关系呢？

我们已经知道了证据不是什么。它不是被历史学家的心灵所吞噬和反刍的现成历史知识。每件事物都是证据，是历史学家能够用来作为证据的。但什么是他能够这样加以使用的呢？它就必须是此时此地他可以知觉到的某种东西：这页写着的字、这段说过的话、这座建筑、这个指纹，等等。而在所有他可以知觉到的事物之中，没有一种是他不能设想用来作为某个问题的证据的，——如果他心中是带着正确的问题接触到它的话。历史知识的扩大，主要就是通过寻求如何使用迄今被历史学家们一直认为是无用的这种或那种可知觉的事实作为证据而实现的。

因此，整个可知觉的世界就都潜在地和在原则上，是历史学家的证据。只要他能利用它，它就变成了实际的证据。而且除非他以正确的那种历史知识去接触它，否则他就不可能利用它。我们占有的历史知识越多，我们从任何一件给定的证据中所能学到的也就越多;如果我们没有历史知识,我们就什么也学不到。只是到了有人历史地思索它时,证据才成为证据。否则它就仅仅是被知觉到的事实而已,而在历史上却是沉默无言的。由此可见,历史知识只能由历史知识产生;换句话说,历史思维是人类心灵创造性的基本活动,或者像笛卡尔可能会说的那样,对过去的观念乃是一种“内在的”观念。

历史的思维是一种想象的活动,我们力图通过它来向这种内在的观念提供详细的内容。我们是用现在作为它自己过去的证据而做到这一点的。每个现在都有它自己的过去,而任何对过去在想象中的重建,其目的都在于重建这个现在的过去,——即正在其中进行着想象的活动的这个现在的过去,——正像这个现在在此时此地被知觉到的那样。在原则上,任何这种活动的目的都是要把全部此时此地可知觉的东西用来作为全部过去的证据,只有通过这一过程它才得以出现。在实践上,则这个目的是永远不可能达到的。此时此地所可知觉的,就它的全体而言是永远不可能被知觉的,更不可能被解释;而且过去的时间的无限过程也决不可能作为一个整体来观察。但是在原则上所企图的和在实践上所成就的二者之间的这种分离乃是人类的命运,而不是历史思维的一种特色。它在这里之被发现的这一事实,只是表明了这里面也有着历史学,正如同这里面有着艺术、科学、哲学、对善的追求和对幸福的寻求等等一样。

由于同样的理由,在历史学中正像在一切严肃的问题上一样,任何成就都不是最终的。可以用来解决任何给定问题的证据,都是随着历史方法的每一个变化和历史学家们的能力的每一种变动

而在改变着的。用以解释这种证据的原则也在变化着；因为对证据进行解释乃是一个人必须运用他所知道的全部事物的一项工作，包括历史知识、对于自然和人的知识、数学知识、哲学知识等等；并且不仅要有知识，而且还要有所有各种心灵的习惯和财富；而其中没有一样是不变化的。因为有这些永不停止的变化（无论在那些目光短浅的观察者们看来可能是多么缓慢），所以每个新的一代都必须以其自己的方式重写历史；每一位新的历史学家不满足于对老的问题做出新的回答，就必须修改这些问题本身；而且——既然历史的思想是一条没有人能两次踏进去的河流，——甚至于一位从事一般特定时期的一个单独题目的历史学家，在其试图重新考虑一个老问题时，也会发现那个问题已经改变了。

这并非是一种拥护历史怀疑论的论证。它只不过是发现了历史思想的第二维，即历史学的历史：亦即发现了历史学家本身以及形成了他可以运用的证据总体的那个此时此地，都是他正在研究的那个过程的一部分，他在那种过程中有他自己的地位，而且只有从他在目前这个时刻在其中所享有的那种观点才能观察它。

但无论是有关历史知识的原始材料，即在知觉中向他给定的此时此地的细节，还是可以帮助他解释这种证据的各种才能，都不能向历史学家提供他的有关历史真理的标准。那个标准乃是历史观念本身，即关于过去的一幅想象的画面这一观念。这种观念用笛卡尔的语言说，就是内在的；用康德的语言说，就是 a priori〔先验的〕。它不是心理原因的一种偶然的产物：它是每个人作为自己心灵装备的一部分都会具有的观念，而且是只要他意识到什么是具有一个心灵，就会发现为他自己所具有的那种观念。正像其他同类的观念一样，它是一个并没有任何经验的事实恰好与之相符合的观念。历史学家，不管他是怎样长期而忠实地工作着，都永远不能说自己的工作，哪怕是在最粗糙的轮廓上和在这种或那种最小的细节上，是一劳永逸地完成了。他永远不能说，他关于过去的图画在任何一点上都是适合于他关于它应当是个什么样子的观念的。但是，不管他的工作结果可能是多么支离破碎和错误，支配它那进程的观念却是清楚的、合理的和普遍的。它乃是历史想象之作为自我一依赖的、自我一决定的和自我一证实的思想形式的一种观念。

第三节　历史的证据

导　　言

伯里说："历史学是一门科学；不多也不少。"

也许它不少：这取决于你所指的科学是什么。有一种习俗的用法，像是"厅"就指音乐厅，或者"影"就指电影等等，因之"科学"也就指自然科学。然而，历史学在这个名词的上述意义上究竟是不是科学，是用不着问的；因为在欧洲语言的传统里，——那可以上溯到拉丁语的演说家们用他们自己的文字 scientia〔科学〕来翻译希腊语 ἐπιστὴμη〔知识〕的那个时代，而且一直延续到今天，——"科学"这个词的意思都是指任何有组织的知识总体。如果这就是那个词的意思的话，那么伯里就无可辩驳地是非常正确的，历史学就是一门科学，一点也不少。

但是如果说它不少的话，它却确实是更多。因为任何终究是一门科学的东西，就必定比单纯的科学要多，它必定是某种特殊类别的科学。知识的总体决不单单是有组织的，它还总是以某种特殊的方式而组织的。某些知识的总体，如气象学，是由搜集与某一类事件有关的观测资料组织起来的，这些事件当其发生时是科学家所能观察到的，尽管他不能任意制造它们。其他的，像化学，则不仅是由观察那些发生了的事件，而且还是由在严格受控的条件下使之发生而组织起来的。还有的则根本不是由观察事件，而是由做出某些假设并以极端的严谨性来推论它的结果而组织起来的。

历史学却不是以任何这类方式而组织的。战争与革命以及它所论述的其他事件，都不是历史学家在实验室里为了进行研究而以科学的精确性有意地制造出来的。它们甚至于也不是在事件之被自然科学家所观察到的那种意义上，被历史学家所观察到的。气象学家们和天文学家们要进行艰苦而花费昂贵的旅行，以便亲身观测他们所感兴趣的那种事件，因为他们的观测标准使得他们不能满足于外行的目击者的描述；但是历史学家却没有配备一支到正在进行战争和革命的国家里去的考察队。而这并不是因为历史学家比自然科学家更缺少精力和勇气，或更少能得到这类远征所要花的钱。而是因为通过这些考察队所可以学到的事实，就像通过在家里有意在酝酿着一场战争或革命所可以学到的事实一样，是不会教给历史学家们以任何他们所想要了解的东西的。

各种观察和实验的科学在这一点上都是相同的，即它们的目的都是要在某一种类的所有事件中探测出永恒的或反复出现的特征。一个气象学家研究一种旋风是为了和其他的旋风进行比较；而且他希望通过研究其中的许多种来发现它们之中有什么特征是永恒的，也就是，发现这类旋风有哪些是相同的。但是历史学家并没有这种目的。如果你发现他在某个时候正在研究百年战争①或1688年的革命②，你不可能推论说，他正处在一个其最终的目的是要达到有关战争或革命本身的结论的那种探讨的预备阶段。如果他是处在任何探讨的预备阶段，那么它更可能是对中世纪或17世纪的一般研究。这是因为观察和实验的科学是用一种方式组织起来的，而历史学则是用另一种方式组织起来的。在气象学的组织中，对于一种旋风所观察到的东西，其最终价值是由它与有关其他旋风所已经观察到的东西的关系来决定的。在历史学的组织中，有关百年战争所知道的东西，其最终价值并不是由它和有关其他战争所已知的东西的关系来决定的，而是由它和已知的关于中世纪人们所做过的其他事情的关系来决定的。

历史学的组织与“精确的”科学的组织之间的不同，是同样明显的。这一点是真确的：在历史学中，正像在精确科学中一样，思想的正常过程是推理的；那就是说，它是从肯定这一点或那一点而开始，并继续追问它证明了什么。但它们的出发点却是属于非常之不同的两种。在精确科学中，出发点是假设，而表达它们的传统方式则是以命令词而开始的语句，它规定要做出某种假设：“设ABC为三角形，并设AB＝AC”。在历史学中，则出发点

① 百年战争为1337—1453年间英法之间的战争。——译者

② 1688年的革命即英国的“光荣革命”。——译者

并不是假设，它们乃是事实，乃是呈现于历史学家观察之前的事实，例如，在他面前打开着的书页上印着声称某个国王把某些土地赐给某个修道院的特许状。它们的结论也是属于非常之不同的两种。在精确科学中，它们是一些关于在空间或时间中没有特殊定位的那些东西的结论：如果它们是在任何地方，那么它们就无地不然；如果它们是在任何时间，它们就无时不然。而在历史学中，则它们是对于事件的结论，每个事件都有其自己的地点和时日。为历史学家所了解的地点和时日的精确性是可变的；但是历史学家总归知道既有一个地点又有一个时日，并且在一定限度内他总归知道它们是什么；这种知识是他根据他面前的事实进行论证而得出的结论的一部分。

在出发点和结论方面的这些不同，就蕴涵着各种相应的科学的整个组织上的不同。当一位数学家已经决定了他想要解决的问题是什么时，他面临的下一步就是要做出使他能解决问题的假设；而这就包括着要诉之于他的创造力。当一个历史学家同样地做出了决定时，他的下一步任务就是要把自己放在这样一个地位上，使自己能说："我现在所观察的各种事实，是我能从其中推论出关于我的问题的答案的那些事实。"他的任务并不是创造任何事物，而是要发现某种事物。而成果也是以不同的方式组织起来的。精确科学传统上所被安排的图式，是根据逻辑先后的关系：如果为了理解第二个命题有必要理解第一个命题的话，第一个命题就被置于第二个命题之前；在历史学的安排中，传统图式是一种编年的图式，在其中一个事件如果在时间上发生得更早，就被置于第二个事件之前。

因而历史学就是一种科学，但却是一种特殊的科学。它是一种科学，其任务乃是要研究为我们的观察所达不到的那些事件，而且是要从推理来研究这些事件；它根据的是另外某种为我们的观察所及的事物来论证它们，而这某种事物，历史学家就称之为他所感兴趣的那些事件的“证据”。

一　作为推论的历史学

历史学与其他各门科学在这一点上是共同的：历史学家无权宣称有任何一点知识，除非是当他能够首先是向他自己、其次是向其他任何一个既能够、而又乐意追随他的论证的人证明它所依据的基础。这就是上面所谓的作为推论的历史学的意思所在。一个人之成为一个历史学家所凭借的知识，就是由他所支配的证据对于某些事件都证明了什么的知识。如果他或什么别的人凭着回忆或第二视觉或某种威尔斯[①]式的透过时间向后看的机器等方式，对于完全相同的事件能有完全相同的知识，那么这就不会是历史知识；那证明便是他并没有能向他自己或任何其他批评他的主张的人，提供他从其中得出了他的知识来的那种证据。批评家不是怀疑论者；因为一个批评家是一个能够而且乐意为自己接受别人思想的人，为的是要看看别人究竟做得是不是好；而一个怀疑论者却是一个不愿意做这种事的人；因为你不可能使一个人思想，像是你可以让一匹马饮水那样，所以也就没有什么办法可以向一

① 威尔斯(1866—1946)，英国小说家，此处指其所著科学幻想小说《时间机器》。——译者

个怀疑论者来证明某一项思维是健全的，也没理由要为他的否认而耿耿于怀。对任何一个自称有知识的人，就只有由他同类的人来进行判断。

靠显示它所依赖的基础来证明对知识的任何主张的正当性，这种必要性乃是科学的一种普遍的特征，因为它出自科学是一种有组织的知识总体这一事实。说知识是推理的，只是以另一种方式在说它是有组织的。记忆是什么以及它是不是一种知识，这是一本有关历史学的书籍中所不需要考虑的问题；因为至少这一点是清楚的，不管培根和其他人说过什么，记忆并不是历史学，因为历史学是某种有组织的或推理的知识，而记忆却根本不是有组织的，不是推理的。如果我说"我记得在上星期给某某人写了一封信"，那么这是关于记忆的一个陈述，但它并不是一个历史陈述。但是如果我补充说："我的记忆并没有欺骗我，因为这里有他的回信"；那么我就是把一个有关过去的陈述建立在证据之上，我就是在谈历史了。由于同样的理由，在像这样的一篇论文里也不需要考虑那些人的要求，他们说当他们处在一件事曾反复发生的那个地方时，他们就能以某种方式看到那件事在他们眼前进行。在这样的场合所实际发生的事，以及对他们发生了这种事的人是不是就由此获得了有关过去的知识，肯定都是有兴趣的问题，但这里并不是讨论它们的恰当地方；因为哪怕这些人们确实获得了有关过去的知识，那也不是有组织的或推理的知识，不是科学的知识，不是历史学。

二 不同种类的推论

不同种类的科学是以不同的方式组织起来的；由此应该得出，

（的确，这似乎仅仅是用不同的文字在说同一件事，）不同种类的科学是以不同种类的推论为其特征的。知识与它所依赖的根据发生联系的那种方式，对各种的知识来说，事实上并不都是一个样。这一点之所以如此，以及因此一个研究推理本身性质的人——让我们称他为一个逻辑学家——之所以能通过纯粹注意它的形式就正确地判断一个推理的有效性，（虽则他对于他那题材并没有专门的知识，）这些都是亚里士多德的学说；但它却是一种幻觉，尽管它仍然为许多有才能的、在亚里士多德逻辑学和根据它而建立其主要学说的其他逻辑学[①]方面受过过分排他性的训练的人所信仰。

古希腊人的主要科学成就在于数学；所以他们有关推论逻辑方面的主要著作，自然地是专心致力于在精确科学中所出现的推论形式。当中世纪末期，观察与实验的近代自然科学开始成形的时候，对亚里士多德逻辑学的反叛就成为不可避免的了，尤其是对亚里士多德关于证明的理论，那是决不可能用来包罗新科学中所实际使用的技术的。于是就渐渐地出现了以分析新的自然科学中所使用的程序为基础的一种新的推论逻辑。今天通行的逻辑学教科书在其划清“演绎的”和“归纳的”两种推论的界线上，仍带有这种反叛的痕迹。直到19世纪末，历史思想所达到的发展阶段才可

① 读者也许会原谅我在这里作一番个人回忆。当我还是一个青年的时候，有一位很有名望的来客向一个学术团体做了一次有关考古学问题的讲演，那恰好属于我的专门研究领域。他的立论是新颖的和革命性的，而对我来说，很容易看出他已经完全证明了它。我非常愚蠢地想象，一种如此清晰而无懈可击的推理一定会使任何听众信服的，甚至于以前对这个题材一无所知的人。由于发现这个论证完全未能使听众中的（非常有学问的和敏锐的）逻辑学家们信服，使我最初感到非常不安。但以后却长期大大地教育了我。

以和 17 世纪初自然科学所达到的发展阶段相比拟;但这件事却还没有开始引起那些写逻辑学教科书的哲学家们的兴趣。

精确科学中的推理的主要特点,亦即希腊逻辑学家们在总结三段论式的规则时所试图给出理论上的说明的那种特点,乃是一种逻辑的强制,——一个做出了某些假设的人就凭这种强制,并仅仅靠这样做,就会被迫做出其他的假设来。他有选择两种方式的自由:他并不被迫必须做出最初的假设(这个事实在技术上就表述为"证明性的推论的出发点,其本身是不可证明的"),以及当他这样做出了的时候,他仍然可以有自由随时停止思维。他所不能做的就是:做出了最初的假设,继续思维,却达到与科学上正确的结论不同的结论。

在被称为"归纳的思维"中,则没有这样的强制。在这里,过程的本质就是把某些观察放在一起,并发现它们构成为一种模式;我们并不确切地推断这种模式,正像是一个在方纸上标出几个点并向自己说"我标出的点提示着一条抛物线"的人,着手在任何方向上尽量画他所喜欢画的抛物线一样。这在技术上被说成是"从已知到未知",或叫做"从特殊到一般"。这对于"归纳的"思维乃是本质性的东西,虽然试图创立有关这种思维的理论的逻辑学家们,并不总是认识到这样一点,即上述的步骤决不是在任何一种逻辑的强制之下而采取的。采取它的思想家是高兴采取、还是不高兴采取它,在逻辑上是自由的。在由他或别人实际上所做的观察而形成的模式中,并没有任何东西能迫使他以那种特殊的方式,或者确实是以任何方式,进行推断。这个非常之明显的真理为什么如此经常被人忽视的原因就是,人们已经被亚里士多德逻

辑学的威望所迷惑了，竟致认为他们看出了在“演绎的”和“归纳的”思维之间，也就是在精确科学和观察与实验的科学之间，有着一种比实际上存在的更为密切的相类似性。在这两种情况中，对任何一项给定的思维来说，都有某些出发点，传统上就称之为前提，和某个终点，传统上就称之为结论；而在这两种情况中，前提都“证明”结论。但是在精确科学中，这意味着它们强制得出结论，或者说使它在逻辑上成为必需的；而在观察和实验科学中，那却仅只意味着它们之论证它是正确的，也就是说，准许任何希望如此做的人去思想它。当说它们“证明”某个结论时，它们所提供的并不是强制人们去接受它，而只是允许人们去接受它；这就是“证明”(approuver〔证明〕，probare〔证明〕①)这个词的完全合法的意义，正如并不需要加以说明的那样。

如果实际上这种允许，像是许多其他的允许一样，等于是事实上的强制，那只是因为使用它的那个思想家并没有把他自己看作是可以随自己的意而有进行或不进行外推的自由。他认为自己有义务这样做，并且是以某些方式在这样做；当我们探讨它们的历史时，我们就会发现这些义务是植根于某些对自然及其创造者上帝的宗教信仰之中的。更充分地发挥这种说法，在这里是不适宜的；但是补充下面一点也许并不是不适宜的，即如果它今天似乎对于某些读者是悖论，那只是因为事实已经被宣传作品的烟幕所蒙蔽了，这种作品以18世纪的“启明主义(illuminist)”运动而开始，被19世纪的“宗教与科学的冲突”所延续，其目的是以假想的“科学

① 〔证明〕前一个字为法文，后一个字为拉丁文。——译者

的世界观”的利益来攻击基督教神学，——其实这种“科学的世界观”却是以基督教神学为基础的，而且不可能在基督教神学毁灭之后再多活一刻钟。取消了基督教神学，科学家也就再不会有任何动机去做归纳的思想所允许他去做的事了。如果他终究这样继续做了下去的话，那只是因为他盲目地在追循着他所属的那个职业团体的习惯。

三　证词

在试图积极地描述历史推论的特点之前，我们将发现消极地描述它们也是有用的：亦即描述一下时常地但却错误地被认为就是它的那些东西。像各门科学一样，历史学是自律的。历史学家有权利并且有义务，以他自己的科学所固有的方法来下决心去追求在那门科学的过程中向他所呈现的各个问题的正确答案。他决没有任何义务或任何权利，让别人来为他下决心。如果任何另外一个人，——不管是谁，甚至于是很有学问的历史学家，或者是一个目击者，或者是一个对于做出了他正在探讨的那件事的人很有信心的人，或者甚至于是做出那件事的本人，——对他的问题给了他一份现成的答案，那么他所能做的一切就是拒绝它；这倒不是因为他认为他的资料提供者想要欺骗他，或是他本人受了欺骗，而是因为如果他接受了它，他就放弃了他作为一个历史学家的自律性，而允许另外的某个人去为他做（如果他是一个科学的思想家的话，）只能是由他自己去做的事情。不需要我向读者提供有关这一陈述的任何证据了。如果他知道有关历史著作的任何东西，他就已经根据他自己的经验而知道这是真确的。如果他还不知道它是

真确的，那么他所知道的历史学就还不够使他读这篇论文而获益，而他所能做的最好事情就是到此时此地止步。

当历史学家接受由另外的人对他所询问的某个问题给他提供的现成答案的时候，这个另外的人就被称为他的“权威”；而由这样的一个权威所做出的、并为历史学家所接受的陈述，就被称为“证词”。只要一个历史学家接受一个权威的证词并且把它当作历史的真理，那么他就显然丧失了历史学家称号的荣誉；但是我们却没有别的名字用来称呼他。

现在，我并没有片刻提示：那个证词是决不应当被接受的。在日常的实际生活中，我们经常地和正确地接受别人所提供给我们的报道，同时相信他们既是消息灵通的而又是真实可信的，而且有时候这种信心是有根据的。我甚至并不否认，（虽则我不肯定它），可能在有一些情况下，像是或许在记忆的某些情况下，我们之接受这种证词可以超出单纯的信心之外并配得上知识这个名称。我所断定的乃是，它决不可能是历史知识，因为它决不可能是科学知识。它不是科学知识，因为它不可能由于诉之于他所依靠的那种根据而得到证实。只要一有了这样的根据，情况就不再是一个证词的问题了。当证词被证据所加强的时候，我们之接受它就不再是接受证词本身了；它就肯定了基于证据的某种东西，那也就是历史知识。

四　剪刀加浆糊

有一种历史学是完全依赖权威们的证词的。正像我已经说过的那样，它实际上根本就不是历史学，但是我们对它又没有别的名称。它所赖以进行的方法，首先就是决定我们想要知道什么，然后就着手寻找有关它的陈述（口头的或书面的），这种陈述号称是由与那些事件有关的行动者、或是由它们的目击者、或者是由那些在复述着行动者或目击者所告诉他们（或告诉他们的消息报道者）的事情的人、或者是由那些向他们的报道者报道了消息的人等等，做出来的。在这种陈述中找到了与他的目的有关的某些东西之后，历史学家就摘抄它，编排它，必要的话加以翻译，并在他自己的历史著作中重行铸成他认为是合适的样式。一般说来，在他有很多陈述可以引用的地方，他将会发现其中之一会告诉他其他的所不会告诉他的那些东西；于是它们两者或其他所有的都将被采纳。有时，他会发现它们的一个和另一个相抵触，那么，除非他能找到使它们相调和的方法，否则他就必须决定删去一个；而且如果他是认真的，这就会使他卷入对互相矛盾的权威们的相对可靠程度进行批判的考虑。而有时，其中之一或者可能甚至是所有的，会告诉他一个他简直不能相信的故事、一个也许代表着作者的时代或他所生活于其中的那个圈子所特有的迷信和偏见的故事，可是对一个更开明的时代却是不可置信的，因而就要被删掉。

由摘录和拼凑各种不同的权威们的证词而建立的历史学，我就称之为剪刀加浆糊的历史学。我再说一遍，它实际上根本就不是历史学，因为它并没有满足科学的必要条件；但是直到最近，它还是唯一存在的一种历史学，而人们今天还在读着的、甚至于人们还在写着的大量的历史书，就都是属于这种类型的历史学。因此之故，不了解历史学的人（其中有些人，不顾我最近的告诫，可能还在阅读着这些书）就会有点不耐烦地说：“为什么你说不是历史学的这种东西，恰恰就是历史学本身；剪刀加浆糊，那就是历史学之成其为历史学的东西；而这就是为什么历史学并不是一门科学，这是人人都了解的一个事实，尽管专业的历史学家们在夸大他们的职能时，有着各种毫无根据的自诩。”因此，关于剪刀加浆糊的历史学的兴衰，我将要多说一点。

剪刀加浆糊乃是晚期希腊－罗马世界或中世纪所知道的唯一的历史学方法。它曾以其最简单的形式存在过。一位历史学家搜集证词（口头的或书写的），对于其可靠性使用他自己的判断，并把它放在一起出版；他对它所做的工作部分是文学的，——他的材料表现为一种有联系的、一致的和令人信服的叙述，——而部分则是修辞学的，如果我可以用这个词来指明下述事实的话，即大多数古代的和中世纪的历史学家们的目的就在于证明一个论题，特别是某种哲学的或政治的或神学的论题。

只是到了17世纪，当自然科学的后－中世纪的改革获得完成的时候，历史学家们才开始认为他们的家园也需要加以整顿。这时，历史方法上的两种新运动就开始了。一种是对权威们进行有系统的检验，以便确定他们相对的可靠性，而特别是要建立进行这种鉴定所依据的原则。另一种运动则是通过使用非文字的材料，例如迄今一直不是历史学家而仅仅是古董搜集者所感兴趣的古代的货币、碑文以及这类遗物，来开拓历史学的基础。

这第一种运动并没有逾越剪刀加浆糊的历史学的界限，但它却永远改变了它的特性。一旦人们理解到由一个特定的作者所做的特定陈述——直到一般地说是作者的可靠性和特殊地说是这一陈述的可靠性，已经被系统地加以探索为止，——是决不能作为历史的真理加以接受的；“权威”这个词就会从历史学方法的词汇中消失，除非是作为一个古词残留着；因为做出这一陈述的人从此就不被看作他的话必须是被当作有关他所说的事物的真理的一个人，（这正是称他为权威的意思），而是被看作自愿把自己放到受审问的证人席上的一个人。于是，迄今被称为权威的文献就获得了一种新的地位，可以恰如其分地称之为“资料”，这个词只是表明它包含着陈述，而并不蕴涵有它的任何价值。它是 sub judice〔受审判的〕；而进行审判的则是历史学家。

这就是自 17 世纪以来被创造出来的、并在 19 世纪被正式欢呼为历史意识的登峰造极的那种“批判的历史学”。对于它，有两件事是要提到的：即它仍然只是剪刀加浆糊的一种形式；并且它在原则上已经被某种非常之不同的东西所代替了。

(1) 历史批评所提供了解答的问题，乃是一个除了从事剪刀加浆糊的历史学的人之外不会使任何人感兴趣的问题。这个问题的先决条件是，在某种材料里我们已经找到了与我们的主题有关的某种陈述。问题是：我们要不要把这个陈述纳入我们自己的叙述之中？历史批评的方法是想用两种方式中的这一种或另一种来解决这个问题：即肯定或否定。在第一种情况下，摘录对于剪贴簿来说就被通过作为是合格的；在第二种情况下，它就被丢进了废纸篓。

(2) 但是在 19 世纪，甚至于在 18 世纪，都有许多历史学家察觉到了这种二难推论是荒谬的。这时候已经成为常识的是：如果在某项资料里你发现一个陈述由于某种原因不能被认作是确实真确的而加以接受，那么你也不必为了那个缘故就把它作为毫无价值的东西而加以拒绝。按照它当时的写作习惯，谈到某种你由于对那种习惯无知而不能认识其意义的事物，那就可以是一种（而且或许是牢固地确立了的一种）述说某种事物的方式。

提出了这一点的第一个人是18世纪初的维柯。确实，在德国这个18世纪晚期和19世纪早期"批判历史学"的故乡，维科著作的重要性并没有像它所应有的那样得到广泛承认，反而是他在那里完全不为人所知；的确，某些非常著名的德国学者，如F. A. 沃尔夫①，确实借用了维科的某些观念。现在，任何一个读过维科著作的人，或者哪怕是转手了解到他的著作中某些观点的人，必定都认识到：关于包含在一种资料里的任何陈述的重要问题并不是它究竟是真是假，而是它意味着什么。询问它意味着什么，就是走出了剪刀加浆糊的历史学的世界之外而步入了另一个世界，在那里历史学不是靠抄录最好的资料的证词，而是靠得出你自己的结论而写出来的。

今天的历史学方法的学者对于批判历史学之感兴趣，仅只是作为剪刀加浆糊的历史学在其解体的前夕所采取的最后形式。我不想贸然点任何一位历史学家的名，或者甚至于任何一部历史著作的名，作为它那最后的痕迹已经消失的一个代表。但是我敢说，任何始终一贯在实践它的历史学家（如果真有这样的历史学家的话），或任何完全用这种方法来写成的历史著作，至少是过时了一个世纪。

这两种运动之一赋给了17世纪的历史学以新的生命，这一点

① 沃尔夫（1759—1824），德国古典学者。——译者

已经谈得很多了。另一种，即考古学的运动，则是完全与剪刀加浆糊的历史学原则相敌对的，而且只是在这些原则垂死的时候才可能出现。为了了解到它们所做出的论述决不是一贯可靠的、而且确实更应该评价为是宣传而不是事实的陈述，并不需要对于货币和碑文有什么很深刻的知识。然而这却也给予它们以一种它们自身的历史价值；因为宣传也有它的历史。

如果哪个读者仍然认为今天所奉行的历史学就是一种剪刀加浆糊的事情，而且乐意为解决那个问题而承担一点麻烦；那么就让他读一读直迄伯罗奔尼撒战争结束为止的希腊史，——我提到它作为对他本人是特别有好处的一个例子，因为希罗多德和修昔底德在非常特殊的程度上在这里保持着“权威”的地位，——并且让他把格罗特所做的说明详细地和《牛津古代史》中所做的说明进行一下对比。让他在每一部书中标出他在希罗多德或修昔底德的原文中所能找到的每一句话；到他完成了这件工作时，他就会学到有关历史学方法在最近一百年中是起了怎样变化的某些东西。

五　历史的推论

第(二)小节中已经指出，证明可以是强制性的，像在精确科学中那样，在那里推论的性质是这样的，即没有人能肯定前提而同时又不被迫也肯定结论的；或则可以是许可性的，像在“归纳”科学中那样，在那里一个证明所能做的一切就是要证明思想家有理由肯定其结论，假定他愿意这样做的话。一种具有否定结论的归纳论证则是强制性的，也就是说，它绝对禁止思想家肯定他所希望肯定的东西；但它以其积极的结论是决不能超出于许可性的。

如果历史学就是指剪刀加浆糊的历史学，那么历史学家所知道的唯一的一种证明就是这后一种。对于剪刀加浆糊的历史学家来说，只有一种问题是可以被任何一种论证来加以解决的。那就是究竟是接受还是拒绝与他感兴趣的那个问题有关的某项证词。他解决一个这种问题所根据的那种论证，当然就是历史的批评。如果批评把他引到一个否定的结论，即那个陈述或者它的作者是靠不住的；那么这就禁止他去接受它，正像是在一种“归纳”论证中一个否定的结果（例如，一个结果表明他所感兴趣的那类事件是发生在缺乏他所希望证实成为它们的原因的那种事件的时候）就禁止归纳的科学家去肯定他所希望加以肯定的观点一样。如果批评把他引到一个肯定的结论，那么它所给他的绝大部分东西就是一种 Nihil obstat〔通行无阻〕。因为肯定的结论实际上乃是，做出这一陈述的那个人并不以愚昧无知或以爱扯谎而为人所知，而且这一陈述本身也并不具备任何可以识别的不真实的迹象。但尽管如此，它还可以是不真实的；而做出这一陈述的人，虽然一般说来享有一种信息灵通和诚实的好名声，但这一次也许会沦为他对事实的误传、对它们的错误理解或者是扣压或歪曲他所知道是或者相信是真理的东西的愿望的牺牲品。

为了防止可能的误解，这里可以补充说：我们可以认为，对于剪刀加浆糊的历史学家来说，除了究竟是接受还是拒绝一项给定的证词那个问题而外，还有另一个问题，因此它就必须用历史批评的方法之外的其他方法来解决；那就是，从他所已经接受的那项证词中，会得出什么（或者说如果他真的接受了，就会得出什么）蕴涵关系的问题。但这不是一个专门属于剪刀加浆糊的历史学的问题；它是一个在历史学中或任何一种伪历史学中、而且确实也是在任何一种科学或伪科学中所出现的问题。它只是有关蕴涵关系的一般问题。然而当它出现在剪刀加浆糊的历史学中的时候，它却呈现出一种特征。如果历史学家通过证词的方式而得到的某种陈述有着某种蕴涵关系，而且如果这种蕴涵性的关系是一种强制性的关系，然而如果把他引向接受那种证词的推论却仅仅是许可性的；那么同样的许可性的特点也就附着在他对它那蕴涵关系的肯定上。如果他只是借了他的邻居的乳牛，而在他的田里她生了一头小牛犊；那么他就不能声称那头牛犊是他自己的财产。对剪刀加浆糊的历史学家是不是被迫、还是只被许可接受某种证词这一问题的任何答案，都伴随着有一个相应的对他是不是被迫、还是只被许可接受关于那个证词的蕴涵关系这一问题的答案。

我们听人说，历史学"不是一门精确的科学"。我把这话的意义认作是，没有任何历史的论证曾经以精确科学所特有的那种强制性的力量证明了它的结论。这种说法似乎是指，历史推论从来都不是强制性的，它至多只是许可性的；或者像人们有时相当含糊地说的，它决不能导致确凿性，而只能导致或然性。目前这一代作家中，有很多历史学家都是在这个谚语被当作是有知识的人的普遍见解而被接受的那个时代里培养出来的，(我不谈在他们的时代之前整整一代的那少数人)，他们必定能回想起他们最初发现它完全不真实时的那种激动，而且他们手中确实掌握着有一种历史的论证，它没有给人留下胡思乱想的余地，也不容许有任何可供选择的其他结论，而是证明了它的论点就像数学中的论证一样地是结论性的。他们之中很多人一定能够回想起，发现了这个谚语严格说来并不是有关历史学——作为他们一直在实践着的那种历史学，即历史科学——的错误，反而是有关别的某种东西——即有关剪刀加浆糊的历史学——的真理的那种反思时的震动。

如果任何读者希望提出一个次序问题，并提议说一个哲学问题（因此就应当由推理来解决）在这里是非法地由于参照了历史学家们的权威而加以处理的，而且引用那个说过“我不是在争论，我是在告诉你”[①]的人的那个很好的老故事来反对我；那么我只能承认这顶帽子是合适的。我不是在争论；我是在告诉他。

这一点是我错了吗？我要解决的问题乃是与剪刀加浆糊的历史学有别的科学历史学中所使用的那种推论，它究竟是造成了强制呢，还是仅仅是许可接受它的结论呢？让我们假设这个问题不是关于历史学的，而是关于数学的。假定有人想要知道，欧几里得关于被称为毕达哥拉斯定理的证明，究竟是强迫、还只是许可一个人采纳弦的平方等于其他两边的平方之和的观点。我是谦逊地在谈论它；但是就我来说，我只能想到有一件事是一个聪明人在那种情况下所会做出的。他应当去找一个其数学教育已经达到了欧几里得第一卷第四十七节的人，并且去问问他。而如果他并不喜欢他的答案，他就该去找别的同样有资格做出答案的人，并去问问他们。如果所有其他的人都不能使他信服，那么他就不得不认真地对待它，并且亲自研究平面几何学的各种原理了。

如果他是一个有智慧的人，他所不会做的有一件事情就是说：“这是一个哲学问题，而我会感到满意的唯一答案就是一种哲学的

① 按为伏尔泰语。——译者

答案。”他可以把它叫做他所喜欢的某种东西；但他却不能改变这一事实，即认识一种给定的论证类型是否有说服力的唯一方式，就是学会怎样与那种方式争论，并且要弄个明白。同时，第二件最好的事，就是听取已经亲自这样做过了的人的话。

六　鸽子笼方式

剪刀加浆糊的历史学家们已经厌烦于抄录别人的陈述的工作了，并且意识到自己有头脑，感觉到有一种值得称道的愿望要运用它们；他们常常发现创造出一种鸽子笼的体系把他们的学问安排在其中，就可以满足这种愿望了。这就是所有那些图式和模式的来源，历史就以惊人的驯服性一次又一次地被这些人把它自己强行纳入其中；像是维柯以他的基于希腊一罗马的思辨的历史周期的模式；康德以他提议的“世界的观点之下的普遍历史”①；黑格尔追随康德之后把通史设想为人类自由的逐步实现；孔德和马克思这两个非常伟大的人物各以其自己的方式跟随着黑格尔；这样一直到当代的弗林德尔斯·比德里②、奥斯瓦尔德·斯宾格勒以及阿诺尔德·汤因比，但他们与黑格尔的关系不如与维柯的关系密切。

虽然我们迟至20世纪和早在18世纪就发现了它，还不用提更早一些的孤立出现的事例；但是把整个历史安排成一个单一的图式的这种冲动（不单纯是一种年代学的图式，而且是一种定性的图式，在这个图式中“各个时期”各以其自己的渗透一切的特性，按

① 按此处原文应作《一个世界公民观点之下的普遍历史观念》。——译者

② 比德里（1854—1942），英国埃及学家。——译者

照一个模式在时间之中一一相续；这根据逻辑的理由可以是 a priori〔先验的〕必然的，也可以是由于它那频繁的重复这一事实而强加于我们的心灵的，或许可能两者都有一点)，大体上是一种 19 世纪的现象。它属于剪刀加浆糊的历史学的垂死时期；这时人们已经变得对它不满，但还没有和它决裂。这就是为什么沉溺于其中的人，一般说来都是对历史学具有高度智力和真正才干的人，但是这种才干在某种程度上总是被剪刀加浆糊的局限性所阻挠和挫败。

这种情况的典型表现就是，他们之中有些人把他们的鸽子笼化的事业描写成是"把历史学提高到科学的地位"。历史学，照他们所发现它的那样，就意味着剪刀加浆糊的历史学；显然，那并不是科学，因为它并没有任何东西是自律的，是创造性的；它只不过是把现成的情报从一个心灵转运到了另一个心灵里。他们意识到，历史学可能是某种比这更多的东西。它可以具有而且也应当具有科学的特征。但是这一点怎样实现呢？他们认为，在这一点上和自然科学的类比就会帮助他们。从培根以来就已成为常谈的是，自然科学是由搜集事实而开始，然后进行建立理论，也就是在已经搜集到的事实里外推出可以分辨的模式来。很好；就让我们把历史学家所知道的一切事实都放在一起，在它们之中寻找模式，然后把这些模式外推成为一种有关普遍历史的理论。

对任何一个具有活跃的心灵而又爱好艰难工作的人，这证明完全不是什么困难的任务。因为这不需要搜集历史学家所知道的一切事实。人们发现，任何大量的搜集事实都会丰富地显示出各种模式来；而把这些模式推到遥远的过去(关于它并没有什么情报),并推到未来(关于它根本就没有任何情报),就恰好赋给了“科学的”历史学家以剪刀加浆糊的历史学所拒绝给他的那种意义上的能力。他在被教导着要相信,作为一个历史学家除了他的权威们所告诉他的而外,就决不可能知道任何事物,他却发觉自己发现了,有如他幻想的那样,这种教训乃是一种欺骗;并且通过把历史学转变成为一种科学,他就完全能向自己肯定他的权威们所向他隐瞒的或者所不知道的事情。

这是一种错觉。这些鸽子笼化的图式的每一种,其价值——如果那意味着,它们作为发现历史真理的工具的价值,是不可能由对证据的解释加以肯定的,——都恰好等于零。而事实上,它们之中根本就没有一种是具有科学价值的,因为它不单是要使科学成为自律的或有创造性的,而且它还必须是使人信服的或客观的;它必须使得任何能够并愿意考虑它所依赖的基础而且亲自去思想它们所指向的结论是什么的人,都感到它本身是不可避免的。那正是这些图式中没有一种能够做得到的。它们都是胡思乱想的产儿。如果它们之中有任何一种曾经为它的发明人身旁的任何一群值得注意的人所接受的话,那并不是因为它作为科学上令人信服的东西打动了他们,而是因为它已经变成了一种事实上(尽管并不必然在名义上)成其为宗教团体的正统。这一点在某种程度上是由孔德主义完成的,而在更大程度上则是由马克思主义完成的。在这些情况下,——或者无论如何是在马克思主义的情况下,——所讨论的这种历史图式就证明了有着一种重要的魔术价值,它为情绪提供了一个焦点,因而也就为行动提供了一种刺激。在其他的情况下,它们也具有一种娱乐的价值,在精疲力竭的剪刀加浆糊

的人们生活中倒不是没有它的功用的。

但这种错觉并不是完整的。剪刀加浆糊的历史学总有一天会被一种新的、应当真正成为科学的历史学所代替，这种希望是一种充分有根据的希望；它在事实上已经实现了。这种新的历史学能够使得历史学家知道他的权威们所不可能或不会告诉他的事物，这一希望也是充分有根据的，而且也已经完成了。这些事情是怎样发生的，我们很快就将会看到。

七　是谁杀死了约翰·道埃？

一个星期天的清晨，约翰·道埃被人发现躺在他的书桌旁，一把匕首刺进了他的后背；这时没有一个人指望着，是谁干了这件事的这个问题，会靠着证词来解决。不大可能有任何人看到进行谋杀事件的过程。更不可能的是，谋杀者所信任的某个人会把他泄露出去。而最不可能的则是，谋杀者会走进乡村警察局去自首。尽管如此，公众要求把他缉拿归案，警方也希望这样做；虽然唯一的线索就是匕首的柄上有一点新鲜的绿漆，像是约翰·道埃的花园和修道院长的花园之间那座铁门上的那种新鲜的绿漆。

这并不是因为他们希望着证词到时候会唾手可得。相反地，当证词确实来到的时候，它表现的形式却是有一位年纪很大的邻家老处女来访，声称是她自己亲手杀死了约翰·道埃的，因为他卑鄙地企图破坏她的贞操；甚至于乡村的警官（并不是一个格外能干的小伙子，但很和善）也劝她回家去吃点阿司匹林。当天晚些时候，村庄的偷猎者来了，说他曾看见乡绅的猎场看守人攀登约翰·道埃书房的窗户；这个证词就更不被重视了。最后院长的女儿极其激动不安地跑了进来，说这件事是她本人干的；它唯一的效果就是使得乡村警官打电话给当地的检察官，并且使他想起了这个姑娘的男朋友理查德·罗埃是一个医科学生，大概还知道哪儿能找到人的心脏；并且星期六夜里他是在修道院里度过的，距死者的家不到一箭之远。

那天夜里曾有一场大雷雨，在12点和1点之间是暴雨；当检察官询问院长家的客厅女佣人时（因为那生活是很优裕的），他听说罗埃先生的鞋子那天早晨很湿。在盘问之下，理查德承认半夜时曾经出去过，但是拒绝说明去哪里和为什么。

约翰·道埃是一个敲诈犯。多年以来他一直在敲诈院长，威胁着要公布他的死去的妻子年轻时的某些越轨行为。关于这种越轨行为，婚后六个月出生的孩子被认为是院长的女儿就是其结果；而约翰·道埃手中掌握有一些信件可以证明它。这时他已经把院长的全部私人财产弄到手了；而在那个致命的星期六的早上，他还勒索他妻子的那份定期存款，那是她托付给他照管她的孩子的。院长下了决心要结束它。他知道约翰·道埃坐在他的书桌旁一直到深夜；他知道在约翰·道埃坐着时，他的背后左面有一个法国式的窗户，右面有一件东方武器的战利品；而且在炎热的夜晚，窗户一直要开到他上床睡觉。半夜里他戴上手套溜出去；但是理查德却注意到了他的精神状态并且为此担心，他碰巧把身子探出窗外看见了院长经过花园。他赶忙穿上了衣服跟随着院长；但是他到了花园的时候，院长已经走了。这时雷雨突然袭来。同时院长的计划已经完全成功了。约翰·道埃已经睡着了，他的头向前倒在一堆旧信件上。只是在匕首已经穿进了他的心脏之后，院长才看

到它们，而且看见了他妻子的笔迹。信封是写给“约翰·道埃先生”的。在此之前，他从来不知道他妻子被谁勾引了。

苏格兰场[①]的侦探长詹金斯在他老朋友的小女儿的恳求之下被警察局长请了来，他在修道院的垃圾箱里发现了大量纸灰，大部分是字纸烧的，但也包括一些皮革，或许是一副手套。约翰·道埃花园的大门上油漆未干，——那天是他在午茶后亲自去油漆的，——这就说明了手套为什么要被毁掉；在灰烬之中还有一些金属纽扣，刻有牛津街上著名的手套制造商的名字，这个制造商经常受到院长的赞助。在一件外衣的右袖口上发现有约翰·道埃的更多的油漆，但样子被一片新的湿迹弄坏了，星期一院长把它给了一个值得表扬的教区居民。后来，侦探长受到了严厉谴责，因为他让院长看出了他的询问正朝着哪个方向在进行，从而给了院长一个机会服用了氰化物并瞒过了行刑人。

刑事侦查的方法并不是在每一点上都和科学历史学的方法一样，因为它们最终的目的并不相同。一个刑事法庭手里掌握着一个公民的生命和自由，因此在公民被认为享有权利的国家里，法庭就必须做出某种事情来而且要做得快。做出判决所用的时间，就是判决本身的价值（即司法）的一个因素。如果任何一个陪审员说：“我觉得可以肯定，再过一年之后，当我们都能从容地回想那种证据时，我们就会处于一个更好的地位来看它意味着什么”；那么答案将是：“你说的有点道理，但是你提议的事是不可能的。你的任务并不光是要做出裁决；而是要现在就做出裁决；你就得留在这

① 苏格兰场为英国警察局所在地。——译者

里直到你做出了裁决为止。”这就是何以一个陪审团不得不使自己满足于比科学的(历史的)证明更少一些东西,也就是满足于在任何日常生活的实际事务中就可以满足它的那种程度上的把握和信心。

因此历史方法的学者很难发现值得他去仔细探索那些证据的规则,就像它们在法庭中被人认可的那样。因为历史学家没有义务在任何规定的时间之内做出他的决定。对他来说,除了他的定案(当他达到这一点时)必须是正确的而外,就再没有别的问题了;这对于他就意味着,它将不可避免地要跟着证据而来。

然而,只要把这一点牢记在心里,法理方法和历史方法之间的类比对于理解历史学就有某些价值;并且我认为有充分的价值证明我有理由在读者面前提出上述有文学风味的一个样品的轮廓,当然缺乏了任何这样的动机,它就不配受人注意了。

八　问题

法律学家兼哲学家的弗兰西斯·培根,在他的一句值得记忆的话里提出,自然科学家必须要“质问大自然”。当他写这句话时,他所要否认的是,科学家对待自然的态度应当是毕恭毕敬的态度,等待着她发言并把他的理论建立在她所决定赐给他的那种东西的基础之上。他所主张的同时有着两件东西:第一,科学家必须采取主动,为自己决定他想要知道什么,并在他自己的心灵中以问题的形式总结出这一点;第二,他必须找到迫使自然做出答案的手段,设计出各种刑罚,使她不能再保持缄默。这里,就在一句简短的警语中,培根就一举而永远奠定了实验科学的真确理论。

这也是历史学方法的真确理论，尽管培根并不知道这一点。在剪刀加浆糊的历史学中，历史学家采取了一种前一培根的哲学的立场。他对待他的权威们的态度，正像权威那个词本身所表明的，乃是一种毕恭毕敬的态度。他期待着听取他们选定要告诉他的东西，而且让他们以他们自己的方式并在他们自己的时间里把它告诉他。甚至当他创立了历史批判，而他的权威们变成了单纯的资料时；这种态度在根本上也并没有变化。确实是有了一种变化，但那仅只是表面上的。它只不过是采用了把见证人分成为好人和坏人的那种手法。这一类人被取消了做出证词的资格；而另一类人则完全被当作是老办法之下的那些权威们来看待。但是在科学历史学中，或者说在严格的历史学中，培根式的革命却已经完成了。科学的历史学家无疑地花费了大量时间来阅读剪刀加浆糊的历史学家所一直在阅读着的同样书籍，——希罗多德、修昔底德、李维、塔西佗等等，——但是他是以一种完全不同的精神在阅读他们的，事实上是一种培根式的精神。剪刀加浆糊的历史学家则是以一种简单的接受性的精神来阅读他们，要找出他们都说过些什么。科学的历史学家在自己的心灵中带着问题去阅读他们；由于为自己决定了他想要从其中发现什么，他就采取了主动。再者，剪刀加浆糊的历史学家是根据这种理解来阅读他们的，即凡是他们用那么多的话所没有告诉他的东西，他就永远也不会从他们那里面找到；科学的历史学家则在考问他们，要从一段话里公然提炼出某种完全不同的东西来构成对他已经决定要询问的那个问题的答案。凡在剪刀加浆糊的历史学家十分自信地说“在某些作者那里并没有关于某个主题的东西”的地方，科学的或培根式的历史学家却回答说："噢，那不就是吗？在这一段有关另一个完全不同的问题的话里，就蕴涵有那个作者对于你说在他的原文中什么也没有说的那个主题采取了如此这般的一种观点；难道你没有看见吗？"

再用我的故事来加以说明。那个乡村警官并没有逮捕院长的女儿，也没有用橡皮警棍不时拷打她，直到她告诉他，她认为是理查德进行了谋杀为止。他拷问的不是她的身体，而是她说她杀死了约翰·道埃的这一陈述。他是从采用批判历史学的方法而着手的。他对自己说："谋杀是一个很有力气并有某些解剖学的知识的人干的。这个姑娘并不具备第一点，而且也许并不具备第二点；无论如何，我是知道她从没有进过救护训练班的。而且，如果她做了这件事，她就不会这样急急忙忙来自首了。这个故事是谎话。"

在这一点上，批判的历史学家就会对这个故事失去兴趣，并把它扔进字纸篓里；而科学的历史学家却对它开始感到兴趣，并且对它进行化学反应的试验。这一点他能够做到，因为他是一个科学的思想家，知道要问什么问题。"她为什么要撒谎呢？因为她要包庇某个人。她要包庇谁呢？不是她的父亲就是她的男朋友。是她的父亲吗？不是的；想不到是院长！所以那就是她的男朋友了。她对他的怀疑是很有根据的吗？也许是的；他一直待在这里；他是够有力气的；而且他也懂得足够多的解剖学。"读者可以回想到，在刑事侦查中或然性是需要有的，其程度以日常生活的行为为限；而在历史学中我们则要求确实性。除此之外，类似之处就是完全的了。那个乡村警官（不是个聪明的小伙子，像我已说过的那样；但一个科学的思想家并不必须是很聪明的，他却必须懂得他的工作，即懂得问什么问题）受过警察工作的基础训练，而且这种训练使他懂得要问什么问题，因而就能把她亲自做出了它的这一不真实的陈述，解释成她怀疑理查德·罗埃这一真确结论的证据。

那个警官的唯一错误就是，在回答“这个姑娘怀疑谁?”这个问题的激动之中，他没有看到“是谁杀死了约翰·道埃?”这个问题。这就是詹金斯侦探长比他高明的地方了，与其说是因为他是一个更聪明的人，倒不如说是因为他更透彻地学会了这种工作。我所看到的侦探长进行工作的方式就是这样。

为什么院长的女儿怀疑理查德·罗埃呢？或许是因为她知道他卷入了那天夜里在院长住宅里所发生的那件奇怪的事情。我们知道在院长的住宅中发生了一桩奇怪的事情：理查德在暴风雨中走出去了，而这就足以使那个姑娘产生怀疑。但是我们想知道的事情是，是他杀死了约翰·道埃吗？如果是他，那么他是什么时候干的呢？是大雷雨暴发之后，还是之前？不是在那之前，因为在院长花园小路的泥淖里留下了两行往返的足迹，离开花园大门几码你就可以看到这些从家里走出去的足迹；所以那就是他所到的地方，那就是他倾盆大雨开始的时候走去的方向。那么，他是带着泥浆进了约翰·道埃的书房吗？不是；那里一点泥都没有。他是在进去以前脱了他的鞋吗？想一想。约翰·道埃在他被刺时是在一个什么位置上？他在他的椅子上是向后仰着还是笔直地坐着？都不是；因为那把椅子就会保护住他的后背了。他必须是向右前方斜靠着。可能是，或许确实是，他在他仍然倒着的那个位置上睡着了。谋杀者是怎样确切地动手的呢？如果道埃睡着了，就再也容易不过了：静悄悄地走进去，拿着匕首，刺了进去。如果道埃醒着，只不过是向前靠着，同样也可以干，但就不那么容易了。那么，是

谋杀者停留在外面脱掉了他的鞋吗？不可能。无论是哪种情况，迅速都是头一桩必要的事；这件事必须在他向后仰或者醒来之前就干。因此，书房里没有泥浆就把理查德排除在外了。

那就再问一下，他为什么到花园里去呢？是散步吗？不会在那种雷雨的轰鸣声中散步的。去吸烟吗？他们家里是到处都吸烟的。去会见姑娘吗？没有她在花园里的任何形迹；究竟他为什么去呢？他们晚饭之后一直都有他们自己的休息室，而且院长并不是一个把青年人赶去睡觉的人。他是那种大度量的人。是出了麻烦，我并不奇怪。那么，年青的理查德为什么走进那座花园去呢？是有事必须要在那里进行。是件很奇怪的事。那天晚上在院长住宅里第二件奇怪的事，是我们并不知道的。

它可能是什么呢？如果杀人犯是从院长住宅里来的，而那种油漆也提示了他确实如此；如果理查德从他的窗户里看见了他；那么情形就可能是，因为杀人犯是在开始下雨之前到达道埃家的，而理查德却在离开花园大门十码远的地方碰上了雨。恰恰是这个时间了。让我们看接着发生了的事吧，假如杀人犯确实是来自院长住宅的话。或许他后来又回去了。但在泥淖中没有任何足迹；为什么？因为他充分知道这个花园，尽可以踏着草地走所有的路，哪怕在那漆黑的夜里。如果是这样，那么他就非常了解院长的住宅，还在那里过的夜。那么，是院长本人吗？

可是，为什么理查德拒绝说出是什么使得他要到花园里去呢？那必定是免得给某个人惹麻烦；几乎肯定是有关谋杀案的麻烦。不是他自己，因为我已经告诉他，我们知道他没有干这件事。是另一个人。是谁呢？也许是院长。不能想到它可能是另一个什么人了。假定那是院长;他是怎么干的呢?很容易。半夜里走出去,穿上网球鞋,戴上手套。院长家的小路上非常寂静,——路上没有沙砾。到了小铁门,进入约翰·道埃的花园。他不知道门上的油漆未干吗?或许不知道;那只是在午茶以后才涂上的。因此他抓住它。手套上就粘了漆。或许外衣上也粘上了漆。从草地上走向道埃书房的窗户。道埃在他的椅子上向前靠着,或者更像是睡着了。这时做一点敏捷的工作,对一个优秀的网球运动员是很容易的。左脚进去,右脚向右,抓住那个匕首,左脚向前,它就刺进去了。

但是约翰·道埃在那个书桌旁在做什么呢?桌上什么也没有,你是知道的。奇怪。一个人坐在一张空书桌旁边过夜吗?那里一定有什么东西。我们在苏格兰场对于那个家伙都知道些什么呢?敲诈犯,就是他。他敲诈过院长吗?而且整个晚上贪婪地注视着那些信,或者是其他什么?而如果那是院长,院长是发现他倒在那些信上睡着了吗?好了,那不是我们的事。不管它的价值如何,我们将把它移交给被告一方,我宁愿不像起诉书中那样地引用一种动机。

"好,乔纳森,不要说得太快。你已经谈到他进来了,你还得谈到他出去。他确实是在做什么呢?大约那时开始下起了倾盆大雨。他干了事就回去。从门上粘了更多的漆。走在草地上,没有粘上泥。回到屋里。浑身湿透了,手套也粘上了漆。擦去了门把手上的油漆。上了锁。把那些信(如果是信的话),还有手套,放进了热水锅炉里,——那些灰烬说不定现在还在垃圾箱里。把所有的衣服都放进洗澡间的小橱里;到了早晨它们就会干的。它们就是这样了;但是那件外衣将会是毫无希望地变了样。那么他把那件外衣怎么办呢？首先，他会寻找那上面的油漆。如果他找到了，他就必须把那东西销毁掉；我要可怜一个男人试图在一所被女人扰乱了的家里销毁掉一件外衣！如果他没找到什么，他就肯定会把它暗地里送给一个穷人的。

“是的，是的；这对你真是一篇很好故事；但是我们怎么能说它究竟是不是真的呢？有两个问题是我们必须要问的。第一，我们能够找到那副手套的灰烬吗？还有那些金属纽扣呢？是不是它们也像他大部分的手套呢？如果我们能找到，这个故事就是真实的。而如果我们也能找到一大堆字纸灰，那么敲诈这一点就也是真实的。第二，那件外衣在什么地方？因为如果我们能够在那上面找到约翰·道埃的一点点油漆，那么它就是我们说的情形。”

我相当详尽地进行了这种分析，因为我希望使读者熟悉下述有关提问题的活动的论点。它们在历史学中乃是主导的因素，正像它在一切科学工作中一样。

(1) 论证中的每一步都有赖于提出一个问题。问题就是在汽缸盖里面爆炸的那种充气，它是每一次活塞冲程的动力。但是这种比喻并不恰当；因为每一次活塞冲程都不是由充满相同的旧混合气的引爆而产生的，而是由充满一种新的混合气的引爆而产生的。凡是对方法有所掌握的人，没有人会始终在问同一个问题“是谁杀死了约翰·道埃”？每一次他都问一个新问题。准备一份包括必须要提问的全部问题的目录，而且或早或迟地要问它们之中的每一个问题。这样来包罗所有的根据仍是不够的；它们还必须是以正当的次序来提问。笛卡尔，这位提问逻辑的三位大师之一(其他两位是苏格拉底和培根)，坚持认为这一点乃是科学方法中的主要之点；但是就有关近代逻辑学的工作而言，笛卡尔则可能从来也没有经历过。近代逻辑学家们在合谋着伪称一个科学家的职责就是“做出判断”或“断言某些命题”或“领会事实”以及“断言”或“领会”它们之间的关系；这就说明了他们对于科学思维并没有任何一种经验，却希望把有关他们自己的杂乱无章的、无系统的、不科学的意识的阐述硬充是科学的阐述。

(2) 这些问题并不是一个人向另外一个人提出的，期待着这第二个人由于回答它们而能开启第一个人的无知。它们像一切科学的问题一样，都是由科学家自己向自己提出来的。这就是苏格拉底的观念，这一点由柏拉图把思想规定为“灵魂与自己的对话”而表达了出来；在这里柏拉图自己的文学实践使得他的对话乃是指问答过程就更加清楚了。当苏格拉底以向他们提问题来教导他的青年学生们时，他是在教导他们怎样提自己的问题，并且以例证向他们表明，最模糊的问题是多么惊人地可以由于向自己提有关它们的明智的问题而得到阐明；而不是，按我们近代反科学的认识论者的指示那样，简单地对着它们目瞪口呆，期望着当我们使我们的心灵变成一张完全的白纸的时候，我们就能“领会那些事实”了。

九 陈述和证据

成其为剪刀加浆糊的历史学的特征的，——从它最没有批评性的形式直到它最富有批判性的形式，——就是它必须对付现成的陈述，以及对于这些陈述中的任何一个，历史学家都有一个他究竟是不是接受它的问题；这里的接受它，意思是指重行肯定它作为他自己历史知识的一部分。在本质上，历史学对于剪刀加浆糊的历史学家来说，就意味着重复别人在他以前所已经做过的陈述。因此就只有在向他提供了有关他要思想、写作等等的主题的各种现成陈述时，他才能从事工作。正是这些陈述必须被他在他的资料里发现是现成的这一事实，才使得剪刀加浆糊的历史学家不可能要求科学的思想家的称号；因为这一事实使得我们不可能把对于科学思想无处不是最本质的那种自律性分派给他；在这里我所说的自律性是指成为其自己的权威的那种条件，根据其自己的首创性来做出陈述或采取行动，并非因为这些陈述或行动是由任何别人所批准的或规定的。

由此可见，科学历史学根本就不包括任何现成的陈述。把一种现成的陈述纳入自己的历史知识的整体之内的行动，对于一个科学的历史学家来说乃是一种不可能的行动。面对着他所正在研究的那个主题的一种现成陈述，科学的历史学家从来都不问他自己："这个陈述是真是假？"或者说"我是不是要把它纳入我的有关那个主题的历史学之中"？他问他自己的问题乃是："这个陈述意味着什么"？而这并不等于下面的问题："做出这种陈述的人的意思是指什么"？尽管那无疑地也是历史学家所必须问的而且是一定能够回答的一个问题。倒不如说，它等于这样一个问题，"这个人做出了这种陈述的这一事实，对于我所感兴趣的那个主题投射了什么光明呢？也就是说，他的意思是什么呢"？这可以换一种说法，即科学的历史学家并不把陈述当作陈述而是当作证据：亦即不是作为对它们所号称是在叙述着的那些事实的或真或假的叙述，而是作为另外的事实，——如果他懂得对它们提问正当的问题的话，那就可能对这些事实投射一道光明。于是在我的故事中，院长

的女儿就告诉警官说是她杀死了约翰·道埃的。作为一个科学的历史学家，在他不再把它当作是一种陈述的那一点上，他就开始了认真地注意着这种陈述；那就是说，不再把它当作是关于她进行了谋杀的叙述是真是假的一种叙述，而是开始把她做出了这一叙述的事实当作是可能对他有用的一种事实。它之所以对他有用，是因为他懂得要对它问什么问题，而从这个问题开始："她为什么要讲这个故事呢?"剪刀加浆糊的历史学家对于陈述的"内容"，——像它所被称呼的那样，——有兴趣；他对它们所陈述的东西有兴趣。科学的历史学家则是对做出了陈述的这一事实有兴趣。

一位历史学家所听到的一个陈述，或者说他所读到的一个陈述，对于他乃是一种现成的陈述。但是正在做出这样一个陈述的那一陈述，却不是一种现成的陈述。如果他向他自己说"我现在正在读或听一个陈述，大意是如此如此"，那么他就是自己正在做出一个陈述；但它并不是一种第二手的陈述，它是自律的。他是根据他自己的权威做出这个陈述的。而正是这种自律的陈述，就成为科学的历史学家的出发点。那个警官推论院长的女儿怀疑理查德·罗埃所根据的证据，并不是她的这一陈述"我杀死了约翰·道埃"，而是他自己的这一陈述"院长的女儿告诉我说，她杀死了约翰·道埃"。

如果科学的历史学家不是从他所发现是现成的那种陈述之中，而是从他自己关于有人做出了这类陈述的这一事实的自律的陈述之中得出了他的结论；那么即使是没有向他做出任何陈述的时候，他也能得出结论。他的论证的前提乃是他自己的自律的陈述；并不需要这些自律的陈述本身成为有关其他陈述的陈述。让我们再一次用约翰·道埃的故事来说明。侦探长所据以论证理查德·罗埃无罪的前提,都是侦探长自己的陈述的前提,都是除了他自己而外并不依靠任何权威的、自律的陈述;它们里面没有一个是有关别人所做的陈述的陈述。根本的论点是,理查德·罗埃在离开院长住宅时把他的鞋弄上了泥;而在约翰·道埃的书房里并没有看见泥;并且谋杀的环境是这样的,使他不会停下来擦干净或者脱掉他的鞋。这三点的每一点依次都是一种推论的结论,而且它们各自所依靠的陈述,与这三个论点本身一样,都不是有关别人陈述的陈述。再一次:最后控告院长一案,在逻辑上并不依赖于任何由侦探长关于别人所做的陈述而做出的陈述。它依赖于在某个垃圾箱里的某些东西的存在,以及在以传统的牧师体裁所做的、但由于弄湿而皱缩了的那件外衣袖子上某些油漆污迹的存在;而这些事实都是由他自己的观察所证实的。我的意思并不是说,科学的历史学家当有关他正在进行研究的那些主题并没有人向他做出任何陈述的时候,就可以工作得更好。要回避这种可能成为对更软弱的人的陷阱的场合,就会是回避剪刀加浆糊的历史学的一种迂腐的方式了。我的意思只是说,他并不有赖于要做出这类的陈述。

这一点是重要的,因为它靠诉之原则而解决了一种争论,这种争论即使现在不再像过去那样紧迫了,却并没有停止它在历史学家们的心灵中的反响。这是坚持历史学最终有赖于"书面资料"的那些人和坚持历史学也可以从"非书面的资料"中构造出来的那些人之间的争论。这些术语是选择得很不幸的。"书面资料"并不被人设想为排除口述的资料,或者与书写有特殊的联系而与刻在石头之类上面的有别。事实上,"书面资料"是指包含着现成陈述的那些资料，它们肯定了或者蕴涵着号称属于历史学家所感兴趣的那个主题的那些事实。“非书面的资料”是指与同一个主题有关的考古学的材料、陶瓷碎片，等等。当然，“资料”一词在任何意义上对这些都是不适用的，因为“资料”（source，来源）一词是指从其中现成汲引出水一类东西来的那种东西。就历史学来说，它指从其中现成汲引出历史学家的陈述的那种东西；而把陶瓷瓦片描述为“非书面资料”的论点，乃是表示它们并不是文件，不包含着任何现成的陈述，所以就不是书面资料（有字的陶瓷瓦片或“贝壳”〔ostraka〕当然是“书面资料”）。

实际上，在相信剪刀加浆糊的历史学乃是唯一一种可能的历史学的人，与虽不非难剪刀加浆糊的方法的有效性但主张还可能有不需要它的历史学的人，二者之间有着一种争论。按照我自己的回忆，这个争论，尽管在三十年前这个国家的学术界里就给人以一种过时的印象，却仍然在活着；有关这个问题的全部陈述，就我所能记忆的而言，都是极其混乱的；而当时的哲学家们，虽然这给他们一个极好的机会能对一个有高度哲学趣味的题目做出有益的工作来，却对这些事物毫不关心。我的印象是，这场争论终于在最软弱的妥协中失败了，剪刀加浆糊的历史学的拥护者们接受了“非书面资料”可以得出有效的结果来这一原则，但是坚持这只有在很小的规模上并且是在它们用来作为“书面资料”的辅助手段时才会出现，而且只是在有关工业和商业这类低级的问题上才会出现，而那是一个具有绅士本性的历史学家所不会探讨的问题。这等于说，历史学家们原来是被培养把历史学当作一种剪刀加浆糊的事情的，正在怯生生地开始认识到了某些完全不同的东西的可能性；

但是当他们试图把这种可能性转化为一种现实性的时候，他们除了对任何最短途的飞翔而外，仍然是羽毛太不丰满了。

十 问题和证据

如果历史学就是指剪刀加浆糊的历史学，历史学家对于有关他的主题的全部知识都要依靠现成的陈述，而他在其中找到这些陈述的原文就叫做他的资料；那么就很容易以一种具有某种实际效用的方式来为资料下定义了。一种资料就是包含着有关那个主题的一种陈述或许多陈述在内的一份原文；这种定义有着某种实际的效用，因为它有助于历史学家在一旦确定了他的主题之后，就把全部现存的文献分成为可以作为他的资料之用、因此是必须查看的原文，和不能作为资料之用、因此是可以忽略的原文。他所必须做的就是浏览一下他图书馆的书架，或有关那个时期的书目，对每个标题都问一下他自己："这可能包含与我的主题有关的任何东西吗？"假如他自己的头脑不能做出回答的话，人们也提供了几种帮助：特别是索引和分门别类的目录学。甚至于就有了所有这些帮助，他仍然可能找不到一项重要的证词，可以供他朋友们消遣；但是在任何一个给定的问题上所存在的证词数量总是一个有限的数量，而且在理论上总是有可能穷尽的。

在理论上，但并不总是在实践上，因为这个数量可能太大而其中某些部分又太难得到，以至于没有一个历史学家能希望看到它的全部。而且人们有时听见有人抱怨说，现在历史学的原始材料是保存得那么多，以至于使用它的任务正在变得不可能；并惋惜着书籍很少和图书室很小、从而使一个历史学家有希望可以掌握他

的主题那种旧时代的好日子。这些埋怨所意味着的就是，剪刀加浆糊的历史学家正处在一个二难推论的牛角尖之中。如果他关于他的主题只占有数量很少的证词，他就希望能有更多的；因为对它的任何一项新证词（如果确实是新的），都会对它投射出新的光明，而且可能使他实际上所提出的观点站不住脚。因此，无论他有多么多的证词，他那作为一个历史学家的热情却使他希望还能有更多的。但是如果他有了很大数量的证词，它就变得如此之难以驾驭并做出令人信服的叙述，以至于单纯作为一个软弱的凡人，他倒希望有更少一些。

这种二难推论的意识，往往把人们驱入对历史知识的可能性本身的怀疑主义里面去。这诚然是很正当的，——如果知识就是指科学的知识，而历史学就是指剪刀加浆糊的历史学。剪刀加浆糊的历史学家们用“吹毛求疵的批评”这种赐福的字样就把这个二难推论撇在了一旁，他们只承认在他们自己的职业实践中并没有发现它使他们为难；因为他们所追求的是对科学说服力的如此之低的一种标准，以至于他们的良心已变得麻木不仁了。当代生活中的这些情况是非常之有趣的，因为在科学史上我们常常会碰到它们，而且会奇怪如此之不平凡的盲目性是怎么可能的。答案就是，表现出它来的那些人是从事于一桩不可能的任务，而在目前情况下便是剪刀加浆糊的历史学的任务；而且既然他们由于实践的理由而不可能取消它，他们就只好使自己对于它的不可能性视而不见了。剪刀加浆糊的历史学家由于仔细地选择他所能“侥幸成功”的主题而保住他自己免得看见他自己的方法的真相，恰好像是19世纪的风景画家由于选择他称之为可画的主题而保住自己免得看见他那关于风景画的理论是全都错了一样。那些主题必须是那样的一些主题,关于它们有一定数量的证词是可以得到的,不太多也不太少;它们不是那么一致,竟致使历史学家无事可做,也不是那么分歧,竟致阻碍了他的努力。按照这些原则去实践,历史学最坏便是一种空谈的游戏,最好则是一种雅致的事业。这里我使用的是过去式;我留给那些能做自我批评的历史学家们的良心去决定,我在什么程度上可以正当地使用现在式。

如果历史学意味着科学历史学,我们就必须把“资料”读作“证据”。而当我们试图用我们规定“资料”的同样精神去规定“证据”时,我们就发现那是非常困难的。并没有任何简易的测验,是我们可以用来决定一本给定的书能否提供有关一个给定主题的证据的;而且确实并没有任何理由,我们应当把我们的研究限于书本。各种资料的索引和书目对一个科学的历史学家是完全没有用的。这并不是说,他不能使用索引和书目:他能够而且确实是在使用着;但是它们并不是有关资料的而是有关论文之类的东西的索引和书目;它们不是有关证据的、而是有关此前的讨论的索引和书目(这些以前的讨论他可以用来作为他自己的出发点)。因此之故,供一个剪刀加浆糊的历史学家所使用的书目中所提到的书籍,其价值大体上与它们的古老性成正比;而供一个科学的历史学家所使用的书目中所提到的书籍,则其价值大体上与它们的新鲜性成正比。

在我的故事中,只有一个显著的特点是那个侦探长在他的论证中所使用的各项证据所共有的:即它们都是他自己所观察到的事情。如果我们问这都是些什么样的事情,那就不容易给出一个

答案了。它们包括像是在某些泥淖中有某些足迹的存在，它们的数量、位置和方向，它们与某双鞋所造成的痕迹的相似性，同时又没有其他的足迹；在某个房间的地板上没有泥痕；尸体的位置，匕首在他背上的位置，以及所坐的那把椅子的形状；以及如此等等各色各样的材料积累。我认为我们可以有把握这样说它：直到他对他所有的问题得到了不仅仅是概括而且是答案为止，没有一个人可能知道有什么东西在其中可能、或者不可能占有一个位置。在科学历史学中，任何东西都是证据，都是用来作为证据的；而且没有一个人在他有机会使用它之前，就能知道有什么东西作为证据将会是有用的。

让我们这样来说明这一点，在剪刀加浆糊的历史学中，如果我们允许自己以证据这个名字来描述证词，（我承认，这是很不确切的）；那么就既有潜在的证据，又有现实的证据。有关一个主题的潜在的证据，就是现存有关它的一切陈述。现实的证据则是我们决定加以接受的那部分陈述。但是在科学历史学中，潜在的证据的观念消失了；或者，如果我们愿意用另外的话来说这同一个事实的话，则世界上的每一件事物对于无论任何一种主题都是潜在的证据。这对于任何一个把自己对历史学方法的见解固定在剪刀加浆糊的模式中的人，都会是一个令人苦恼的观念；因为他要问，除非我们首先把那些可能对我们有用的事实都搜罗在一起，否则我们怎么能发现有什么事实确实是对我们有用的呢？对一个理解科学（无论是历史学的还是任何其他的）思维的性质的人，这并没有什么困难。他将认识到，每一次历史学家问一个问题，他之所以问它都是因为他认为他能回答它；也就是说，他在自己的心灵中对于他将可能使用的证据已经有一个初步的和尝试性的观念了：不是有关潜在的证据的一种明确的观念，而是有关现实的证据的一种不明确的观念。要提问你看不出有回答指望的问题，乃是科学上的大罪过，就正像是在政治上下达你认为不会被人服从的命令，或者是在宗教上祈求你认为上帝所不会给你的东西。问题和证据，在历史学中是互相关联的。任何事物都是能使你回答你的那个问题的证据，——即你现在正在问的问题的证据。一个明智的问题（即一个有科学能力的人将会问的唯一的那个问题），就是一个你认为你必须有、或者将要有做出回答的证据的问题。如果你认为你此时此地就有它，则那个问题就是一个现实问题，像是这个问题："当约翰·道埃被刺的时候，他是在一个什么位置上？"如果你认为你将要有它的证据，则问题就是一个被推延了的问题，正像是"谁杀死了约翰·道埃"这个问题那样。

正是对于这一真理的正确理解，奠定了阿克顿勋爵的伟大教诫："要研究问题，不要研究时代。"剪刀加浆糊的历史学家们全都是在研究时代；他们对于某类一定范围的事件收集了全部现存的证词，并枉然希望着从其中会产生出某些东西来。科学历史学家则研究问题：他们提出问题，而且如果他们是好的历史学家，他们就会提出他们懂得他们做出回答的方式的那些问题。正是对于这同一个真理的正确理解，才引得赫居里·波瓦若先生对于那些满地爬着力图收集各种（不管是什么可能被设想成为线索的）事物的"人类的侦探"表示了他的蔑视，并且坚持说，侦探的秘密就在于（可能反复申说是令人讨厌的）运用他所称之为"灰色小细胞"的东西。在你开始思想之前，你不可能收集你的证据；他那意思是说：

因为思维意味着提问题（逻辑学家们，请注意），而且任何事物除了与某个确切的问题有关之外，就不是什么证据。在这方面波瓦若和福尔摩斯的不同，对于最近四十年在历史方法的理解上所发生的变化是意义深长的。阿克顿勋爵在 1895 年在他剑桥的就职演说中，还在歇洛克·福尔摩斯的极盛时期，就宣扬了他的学说；但那是曲高和寡的东西。在波瓦若先生的时代，从他的销路来判断，人们也不可能懂得太多。推翻剪刀加浆糊的历史学的原则、而代之以科学历史学的原则的这场革命，已经变成为公共的财富了。

第四节　作为过去经验之重演的历史学

历史学家怎样、或者根据什么条件才能够知道过去呢？在考虑这个问题时，第一点要注意的就是，过去决不是一件历史学家通过知觉就可以从经验上加以领会的给定事实。Ex hypothesi〔根据假设〕，历史学家就不是他所希望知道的那些事实的目击者。历史学家也并不幻想着自己就是一个目击者。他十分清楚地知道，他对过去唯一可能的知识乃是转手的或推论的或间接的，决不是经验的。第二点就是，这种转手性并不能由验证来实现。历史学家知道过去，并不是由于单纯地相信有一个目击者看到了所讨论的那些事件，并把他的见证留在记录上。那种转手的东西充其量也只是给人以信念而不是知识，而且是根据极其不足而又非常靠不住的信念。于是历史学家又一次清楚地知道，这并不就是他前进的道路；他察觉到，他对他的那些所谓权威们要做的事，并不是要相信他们，而是要批判他们。如果这时历史学家对他的事实既没有直接的或经验的知识，又没有传递下来的或可验证的知识；那么他还有什么知识呢？换句话说，历史学家为了知道它们，必须去做些什么呢？

我对历史的观念所做的历史评论，已经得出了对这个问题的一种答案：那就是，历史学家必须在他自己的心灵中重演过去。现在我们所必须做的，就是要更仔细地观察这种观念，明了它本身意味着什么，以及它所蕴涵的进一步后果是什么。

就一般方式而论，这个概念的意义是很容易理解的。当一个人历史地思想时，他在他的面前有着某些过去的文件或遗物。他的职责就是要发现遗留下来了这些遗物的那个过去是什么。举例说，遗物是某些写下来的文字，在那种情况，他就必须发现写那些文字的人用它们所要表示的意思是什么。这就意味着要去发现他用它们所表达的思想（就这个词的最广泛的意义而言；我们将在第五节里研究它更精确的意义）。要发现这种思想是什么，历史学家就必须为自己重行思想它。

举例说，假设他正在阅读狄奥多修斯[①]法典，而且在他面前有着皇帝的某一敕令。仅仅阅读这些文字并且能翻译它们，并不等于懂得了它们的历史意义。为了做到这一点，他就必须看清楚这位皇帝正在企图对付的那种局势，而且他必须看它就像这位皇帝看它那样。然后他必须为他自己看出这样一种局势如何加以对付，正好像那个皇帝所处的局势就是他自己所处的一样；他必须看到各种可能的选择，以及选定这一种而不是另一种的理由；这样，

① 狄奥多修斯（346？—395），罗马皇帝。——译者

他就必须经历皇帝在决定这一特殊办法时所经历的过程。因此，他就是在他自己的心灵中重演那个皇帝的经验；而且只有在他做到了这一点的时候，他才对那个敕令的意义具有真正的历史知识，而不同于单纯的语言学知识。

或者再假设他正在阅读一位古代哲学家的一段文章。他再一次地必须在一种语言学的意义上懂得那些词句，而且必须能够进行语法分析；但是这样做，他还是不曾像一位哲学史家理解那段文字那样地理解它。为了做到那一点，他就必须明了它的作者在这里陈述了他所解答的那个哲学问题是什么。他必须为他自己思想出那个问题来，必须明了对它可能提供的各种可能解答都是些什么，而且必须明了这位个别的哲学家为什么选择了那种解答而不是另一种。这就意味着要为他自己重行思想他的作者的思想；而缺少了这一点，就没有任何东西能使他成为有关那位作者的哲学史家。

我以为任何人都不能否认，这些描述不管有着怎样的含混和缺点，实际上确乎是唤起了我们对一切历史思维的中心特点的注意。作为对那种经验的描述，它们的一般正确性是不成问题的。但是它们仍然需要有大量的发挥和解说；或许着手这样做的最好的方式，就是把它们暴露在一个假想的反驳者的批判之下。

这样一个反驳者可能一开始就说，整个概念都是含糊不清的。它蕴涵得不是太少了就是太多了。他可能论证说，要重演一种经验或者重行思想一种思想，就可能意味着这样的两种事物之一：或则它意味着扮演一种经验或是完成一种思想的行动，有似于前一次的；或则它意味着扮演一种经验或是完成一种思想的行动，严格地与前一次雷同。但是没有一种经验可能与另一种严格雷同，因此可以推断，所指的那种关系只是一种相似的关系。但在那种情形下，我们由于重演过去而了解过去的这一学说，就只是为人熟知的而并不为人相信的知识的摹本-理论的一种翻版而已，它枉自声称能解释一件事物（在本事例中，就是一种经验或思想行动）是怎样为人所知的，据说是知者在自己的心灵里具有着它的一份摹本。其次，假定我们承认一种经验能够雷同地加以重复，那么仅就有关那种经验而言，结果就将只是历史学家和他所要努力理解的那个人之间的一种直接的同一性。客体（在这一事例中就是过去）就会简单地被并入主体（在这一事例中就是现在，即历史学家自己的思想）；我们不应该回答过去是怎样地为人所知这个问题，却应该主张过去并不为人所知，只有现在才为人所知。不过，有人可以问道，克罗齐本人不是已经以他的关于历史的同时代性的学说承认了这一点吗？

这里我们就有了两种反对的意见，我们必须依次加以考虑。我假定支持第一种反对意见的人，会蕴涵着类似这样一种对经验的观点。在每种经验中，无论如何只要它是认识性的，就存在着一种行动和一个客体；而且两种不同的行动可以具有同一个客体。如果我读欧几里得，发现其中有这样的陈述，一个等腰三角形的两个底角相等，而且我理解它的意思是什么，并承认它是真确的；那么我所承认的那个真理或者我所论断的那个命题，就是欧几里得所承认的那同一个真理和他所论断的那同一个命题。但是我在论断它这一行动，却和他的并不是同一个行动。这一点，根据它们是由两个不同的人所做出（而且是在不同的时代里所做出）这两件事实中的每一件，就可以充分得到证明。我之领会这两个角相等的这一行动，并不因此就是他的行动的复活，而是另一次同样的行动的完成；并且我由于完成那一行动所知道的，并不是欧几里得知道一个等腰三角形的两个底角相等，而是等腰三角形的两个底角自身是相等的。为了知道欧几里得知道它们是相等的这一历史事实，我将不必模仿他的行动（那就是说，完成一个像它一样的行动），而是要完成另一种完全不同的行动，即思想欧几里得知道它们是相等的那一行动。但我怎样设法成就这一行动，却一点也不能只靠说我在自己的心灵里重复欧几里得的认识行动而得到启示。因为如果重复他的行动，意思是指领会或论断欧几里得所领会的那同一个真理或所论断的那同一个命题，那么这一陈述便是不真确的，因为欧几里得的命题“两个角相等”和我的命题“欧几里得知道这两个角相等”是不同的；但如果重复他的行动意思是指再一次完成同一个行动，那么它就是胡说了，因为一种行动是不可能重复的。

根据这种观点，我现在思想“这两个角相等”这一行动和我在5分钟以前思想它这一行动，二者之间的关系乃是数值不同而品种同一的一种关系。这两个行动是不同的行动，但是属于同类的行动。因此它们是彼此相似的，而且这两种行动的每一种都以同样的方式有似于欧几里得的行动；所以结论就是，我们现在正在考虑的学说乃是知识的摹本-理论的一种情况。

但是，这是不是对这两种行动之间的关系的一种真实的叙述呢？情形是不是，当我们说到两个人在完成同一个思想行动，或者说到一个人在两个不同的时间里完成同一个行动时，我们是指他们是在完成同一种类的不同行动呢？我认为十分清楚的是，我们的意思并不是指任何这类的东西；而且任何人之所以会幻想我们的意思是这样，其唯一的原因就是因为他已经接收了一个教条：只要我们区别两件事物，然而又说它们是相同的（正如大家都公认的，我们常常在这样做），我们的意思就是指它们是同类之中的异种，是同一个共相的不同事例或同一类别中的不同成员。这个教条并不是说没有异中有同这样的事（没有人相信这一点），而是说它仅只有一种，亦即数值不同之中的品种同一性。因此对这一教条的批判，不是要证明这种异中有同并不存在，而是要证明其他的类别也存在，而我们所考虑的情况就是其中之一。

我们假定的反驳者争辩说，欧几里得的思想行动和我的思想行动不是一件事而是两件事：数值上是两件，尽管品种上是一件。还争辩说，我现在思想“两个角相等”的这一行动，和我在5分钟以前思想“两个角相等”的这一行动，也处于同样的关系。为什么这一点对于那位反驳者似乎是十分肯定的呢，我认为其原因就在于他把思想行动设想为在意识之流中占有其地位的某种东西，它的存在简单地只是它在那个意识之流中的呈现。它一旦出现，意识之流就把它带入到过去之中，而没有任何东西能把它召回来。另一件同类的事可能发生，但却不再是那一件了。

然而以上这番话的确切意思是指什么呢？假定一个人连续思想“两个角相等”长达一段可估计的时间，比如说5秒钟。是他完成一种思想行动持续了那5秒钟呢；还是他在完成5件或10件或20件数值不同而品种同一的思想行动呢？如果是后者，5秒钟进行多少次呢？反驳者是不能不回答这个问题的，因为他的观点的本质就是，思想行动在数值上是不同的因而是可以计数的。他也不能推迟回答，等到他诉之于进一步的研究再说，例如心理学实验室里的研究；如果他还没有知道是什么构成了思想行动的多元性，那么心理学实验室就永远也不能够告诉他。但他所做的任何答案，必定既是随意武断的而又是自相矛盾的。把单一一项思想行动的单元和1秒钟或¼秒钟的时间推移联系起来，并不比把它和其他任何东西联系起来更有道理。唯一可能的答案就是，思想行动是持续了5秒钟的行动；而那个反驳者，如果他愿意的话，可以承认这一点说，这种在一项持续的思想行动之中的同一性乃是“一种连续体的同一性”。

但是一种连续体在这里蕴涵着连续性吗？假设思想了“两个角相等”5秒钟以后，那个思想者又让自己的注意力漫想了3秒钟，然后又回到同一个题目上来，又去思想“两个角相等”。这里因为有一段时间在其间消逝了，是不是我们就有了两个而不是一个思想行动呢？显然不是的；这里只有一个单一的行动，这时它不仅仅是持续着，而且是在一次间隔之后又复活了。因为在这种情况里，并不存在着任何不同是不曾出现在另一种情况之中的。当一个行动持续了5秒钟以上，那第5秒钟内的活动和第一秒钟内的活动之被一段时间间隔所分开，就恰好等于中间的几秒钟被另一种不同的活动所占据，或者(如果那是可能的话)未被任何活动所占据。

因而这种论辩，——即一种行动不可能出现两次，因为意识之流把它席卷走了，——就是虚假的。它的虚假性来自一种 ignoratio elenchi〔对批评的无知〕，只要经验是由单纯的意识、即由纯粹而简单的感知和感觉所组成，它就是真实的。但是一种思想行动却不是单纯的感知或感觉。它是知识，而知识这种东西却不止于是当前的意识而已。因此认识过程就不是仅仅一种意识之流。一个人的意识如果是各种状态的单纯相续，那么不管这些状态叫做什么，他是不可能有任何知识的。他不能回忆他自己过去的状态，因为(即使承认他的各种状态是由某些 ex hypothesi〔根据假设〕对他是不可知的心理学定律联系在一起的)，他不会回忆被烧伤，而只会怕火。他也不能知觉他周围的世界；他会害怕，但是他不会认识他所怕的是火。他或任何其他人所最不会知道的就是，他的意识乃是被人断言为各种状态的单纯相续。

所以，如果单纯的意识乃是各种状态的相续，那么思想就是一种活动，可以使得那种相续以某种方式被人把握，从而就其普遍的结构而为人所领会；它是那种东西，过去对于它不是已经死去和消逝了，而是能够和现在放在一起加以想象并加以比较的。思想本身并没有被卷入当前的意识之流；在某种意义上，它是站在那个意识之流以外的。思想行动确实是发生在确定的时间里；阿基米德发现比重的观念是在他洗澡的时候；但它们并不是以感知和感觉那种同样的方式与时间相关联着的。不仅是思想的对象以某种方式处于时间之外，思想的行动也是如此；至少在这种意义上，同一个思想行动就可以经历时间的流逝，并且在搁置了一段时间之后又能复活。

现在再谈第三种情况，这里的这段时间包括从欧几里得到我本人的全部时间间隔。如果他思想过“两个角相等”，我现在也在思想“两个角相等”；假定时间间隔并不成为否定这两个行动就是

同一个行动的原因，是不是欧几里得与我本人之间的不同就成为否定它的根据呢？现在还没有关于个人同一性的可靠理论，可以证明这样一种学说。欧几里得和我并不(就好像)是两台不同的打字机，正因为他们不是同一台打字机，所以就永远也不能完成同一个行动，而只能完成同类的行动。心灵并不是一架具有各种功能的机器，而是各种活动的一个复合体；但要论证欧几里得的一个行动不可能和我自己的一个行动一样，因为它构成另一个不同的活动复合体的一部分；那么这种论证就仅只是在用未经证明的假定来论辩而已。假设同一个行动在我自己活动的复合体中，在不同组合中可以出现两次；那么为什么在两种不同的复合体中，它就不可以出现两次呢？

反驳者尽管公开否认这种情形可能出现两次，却又暗地里认定它可能而且确实出现两次。他认为两个人的思想行动的对象可以是同一个，而行动本身却是不同的。但是为了可以这样说，就有必要了解“另外一个人所思想的是什么”，不单单是在了解他所了解的同一个对象这种意义上，而且是在更进一步了解他之了解它的那种行动的意义上；因为这一陈述奠基于要求不仅是了解我自己的认识行动，而且还有另一个人的认识行动，并对它们进行比较。然而是什么使得这种比较成为可能的呢？任何一个能够进行这种比较的人，必须能够反思：“我的认识行为是**这样的**”，——然后他又重复它：“根据他谈话的方式，我可以看出他的行动是**这样的**”，——然后他又重复它。除非能够做到这一点，否则就永远不可能进行比较。但是要做到这一点，就包括着一个心灵重复另一个心灵的思想行动：不是一种与它相像的行动(那就会是彻底的知识的摹本-理论了），而是那个行动本身。

思想永远不可能是单纯的客体。要了解另一个人的思维活动，只有根据这同一个活动在一个人自己的心灵里可以重演这一假定，才是可能的。在这种意义上，要了解“某个人在思想（或者‘已经思想’）什么”，就包括着自己要思想它。拒绝这一结论，就意味着根本否认我们有任何权利来谈论思想行动（除了是在我们自己的心灵中所出现的那些）；并且还意味着接受我的心灵乃是唯一存在着的心灵这种学说。对于任何接受这种形式的唯我主义的人，我不想停下来进行论辩。我是在考虑历史学作为对过去的思想（思想的行动）的知识是怎样可能的；而且我仅仅关心着表明，除非所根据的观点是：了解另一个人的思想行动就包括着向自己重复它，否则那就是不可能的。如果一个拒不接受这种观点的人，结果被驱入到了这种唯我主义里面来，我的论点就得到了证明。

我们现在就来谈第二种反对意见。有人要说：“这种论证是不是已经证明得太过分了呢？它已经表明，一种思想行动不仅仅可以在一瞬间完成，而且还可以持续一段时间；不仅仅是持续，而且还可以复活；不仅仅是在同一个心灵的经验之中复活，而且（使唯我主义为难的是）还可以在另一个人的心灵里重演。但是这并不就证明历史学的可能性。要做到那一点，我们必须能够不仅仅重演另一个人的思想，而且还要了解我们所重演的思想乃是他的思想。但是只要我们重演它，它就变成了我们自己的；它只有作为是我们自己的，我们才完成它，而且在完成之中察觉到它；它已经变成了主观的，而正是为了这个缘故，它就不再是客观的；它变成了现在的，因此就不再是过去的。这的确正好是奥克肖特在他的学说中所公开主张的东西，即历史学家只是 sub specie praeteritorum〔在过去的观点下〕安排实际上乃是他自己现在的经验的东西，以及事实上克罗齐在说一切历史都是当代史时所承认的东西。”

反驳者这里是在说着两种不同的东西。首先，他是在说，单纯重演另一个人的思想并不成为历史知识；我们还必须知道我们是在重演它。其次，他是在论证，这种附加条件，即我们是在重演过去的思想的这一认识，就这种情形的本质来说乃是不可能的；因为被重演的思想现在就是我们自己的思想，而我们对它的知识则只限于我们自己现在察觉它是我们自己经验中的一个成分。

第一点显然是正确的。某一个人完成了在他之前的另一个人已经完成了的思想行动这一事实，并不就使他成为一个历史学家。在这样一种情形中，不能说他是一个历史学家而自己并不知道；除非他知道他是在历史地进行思想，否则他就不是在历史地进行思想。历史思维是一种活动（而且不是唯一的活动，除非其他活动也以某种方式成为它的一部分），它是自我意识的一种功能，是只对一个知道它自己是以那种方式在思想的心灵才可能有的一种思想形式。

第二点则是，为第一点所需要的 condicio sine qua non〔绝不可少的条件〕是永远不可能实现的。为证明这一点所引证的论证是重要的，但是让我们首先看看已经证明之点。那就是，虽然我们能够在我们自己的心灵中重演另一个心灵的思想行动，我们却永远不可能知道我们是在重演它。但这却是一桩明显的自相矛盾。反驳者承认有一种发生了某种事情的知识，而同时却又否认这种知识是可能的。他可能试图解决这个悖论说:“我的意思并不是说它确实发生了;我的意思只是说就我所知道的一切而言,它是可能发生的。我所主张的是,如果它发生过了,我们也无从知道它是发生了的。”他还可以作为一种平行的事例而引证:我们不可能知道任何两个人在观看同一片草叶时,是在经验着无法区分地同样的颜色感。但是这种平行事例并不确切,实际上他所说的乃是十分不同的东西。他并不是在说:如果它发生了,某种其他的情况就会阻止我们认识它;而是在说:如果它确实发生了,它发生了的这一事实本身就会使得我们不能知道它曾发生过。而这就使它成为一种非常特殊的事件了。

只有一种事物可能在心灵里发生,关于它可以说它曾发生过的这一事实本身就会使它不可能被我们知道它曾发生过:亦即它是处在一种幻觉或错误之下。因此,反驳者所说的就是,历史知识的两个必不可少的条件中的第一个,在它恰好需要有知识的那一点上,乃是一种幻觉或错误。毫无疑问,这本身并不会使得历史知识成为不可能。因为某种事物存在的条件,可能是以如下两种方式之一与这种事物相联系着:这种条件或者是某种必须首先存在的东西,但当该事物一旦存在时便停止存在了;或者是某种必须存在得像该事物存在得一样之久的东西。如果争论的是,历史知识只能作为取代历史错误才能存在,那么无论如何这会是值得考虑的。但是过去思想的重演并不是历史知识的一个先决条件,而只是其中的一个组成成分;因此这一争论的作用就是使得这种知识成为不可能。

我们必须再转过来看这一争论所依靠的那种论证。有人论证

说，思想行动由于变成了主观的，就不再是客观的了，并且因此由于变成了现在的，就不再是过去的了；我只能察觉它作为我此时此地正在完成的行动，而不是作为什么别人在另一个时间所已经完成的行动。

这里又有各个不同之点是要加以区别的。或许第一点就是“察觉到它”一语的意义。“察觉”一词往往是以一种模棱两可的态度在使用的。察觉到一种疼痛，只不过是用于泛指感觉到了疼痛而并不知道它是牙痛、还是头痛或者甚至到底是否疼痛；这个词只是指有着或者经受着疼痛的直接的经验。有些哲学家会用“知悉”(acquaintance)这个名称来称呼这种最直接的经验；但是那对于它却是一个最能把人引入歧途的名词了，因为它是一个常用的英文字，表示这样一种方式，我们用以认识在我们的经验过程中作为永久的、可以辨认地与其自身同一的客体而反复出现的个别人物或地方或其他事物：那是一种远离当前感觉的东西。但是“察觉”(awareness)一词也是以另外两种方式在使用着的。它被用来作为自我-意识的一种名称，像是人们说一个人察觉到在发脾气；这里的意思是说，不仅他直接经验到一种事实上在不断增长着的愤怒感觉，而且他知道这种感觉就是他自己的感觉，并且是不断增长着的一种感觉；与这种情况截然有别的情况是，例如，他经验着这种感觉，但却像一般人常常所做的那样，把它归咎到邻人的身上。而第三点则是把它用来当作知觉，像是当人们说一个人感觉到一个桌子的时候，而且特别是在知觉多少有些模糊不定的时候。最好就是以规定如何使用这些字样来澄清这种含混；而最好的英语习惯用法则会提示把它限于第二种意义，而为第一种意义保留着

感觉一词,为第三意义保留着知觉一词。

这就要求对这个论点予以重新考虑了。它的意思是说,我仅仅感觉到这种行动正在继续着,作为当前经验之流中的一种成分呢,还是说,我认识它是我心灵生活中具有一种确定地位的行动呢?显然它是第二种,虽说这并不排斥第一种。我察觉到我的行动,不只是作为一种经验而且是作为我的经验,并且还是一种确定类型的经验;它是一种行为,并且是一种以一定方式出现的、并具有某种认识特性以及诸如此类的思想行动。

如果它是这样,那么就不能再说因为行动是主观的,所以就不可能是客观的。这样说确实就会自相矛盾。说一种思想行为不可能是客观的,也就是说它不可能被人认识;但是任何一个这样说的人就因此会是要求陈述他的有关这种行为的认识。因此,他就必须对它加以修改;并且或许要说一种思想行动可以成为另一种行动的客体,但却不是它自己的客体。然而这一点又需要加以修改,因为任何一个客体严格说来都不是一种行动的、而是一个行动者的客体,亦即完成那种行动的心灵的客体。确实,心灵除了它自身的活动而外就不是什么别的;但它是所有这些活动的总和,而非分别地是任何一种。于是,问题便是,是否一个人完成一个认识行动,便也能认识他是在完成着或者已完成了那个行动呢?大家公认他是能够的,否则就没有人会知道曾经有过这样的行动,于是也就没有人能够把它们称为主观的;但是仅仅称它们是主观的而并不同时也称之为客观的,便是在继续假定它那真理的时候却又要否定那种认可了。

于是,思维的行动便不仅仅是主观的,而且也是客观的。它不

仅是一种思维，而且也是某种可以被思维的事物。但是因为（正如我已经试图表明的）它决不仅仅是客观的，所以它便要求以一种特殊的方式、以一种仅只适合于它自身的方式而被人思维。它不能被置于思维着的心灵之前作为一种现成的客体，被认作是独立于那种心灵之外并且能就它的自身、就它的那种独立性而加以研究的某种东西。就“客观地”便排斥“主观地”这种意义而言，它永远也不可能被“客观地”加以研究。它必须像它所实际存在的那样，也就是说作为一种行动，而加以研究。而且因为这种行动乃是主观性（尽管不单纯是主观性）或者经验，它就只能以其自身的主观存在而加以研究，也就是说只能被思想者加以研究，而它就是思想者的活动或经验。这种研究不是单纯经验或意识，也甚至不是单纯自我意识；它乃是自我认识。因此，思想行动之变成为主观的，并不就中止其为客观的；它是自我-认识的客体，而与成为自我意识或察觉时的单纯意识不同，并且也与成为自我认识时的单纯成为自我意识不同；它是对一个人自己的思想的批判研究，而不是单纯察觉到作为自己的思想的那种思想。

这里就有可能回答一个默认的问题，——这个问题，在我说一个人完成一桩认识行动也就能够认识他“是正在完成、或者已经完成”那个行动时，就已经被公开了。这是什么问题呢？显然，第一个就是：思想行动必须像它实际存在的那样，也就是作为一种行动，来加以研究。但是这并不排斥第二个。我们已经看到，如果单纯的经验被设想为一种各个相续状态之流，那么思想就必须被设想为能够领会这一洪流的结构和它所显示的各种相续形式的某种东西；那就是说，思想是能够思想过去、也能思想现在的。因此，凡在思想研究思维本身的活动时，它就能够同样地研究思维过去的行动，而且把它们和现在的行动加以比较。但在这两种情形之间却有着一种不同。如果我现在思想到我过去有过的一种感觉，那么很可能真的是，思想着它就造成了那种感觉在现在的一种回声，或者不然的话也是它那可能性有赖于那种感觉在现在的回声的独立出现。例如，我不能思想我曾一度感到的那种愤怒，除非是我目前在我的心灵里至少经验着一种愤怒的微弱震颤。但是无论这一点真确与否，我在思想着的那种实际上的过去愤怒却是过去了并且消逝了；它并没有重行出现，那直接经验的长河已经把它永远席卷走了；至多也只是重行出现了某种与它相像的东西而已。在我现在的思想和它过去的客体之间的这一时间间隙，并不是被客体的存留或者客体的复活所接连起来的，而只是由于思想有跨过这一间隙的能力；而做出这件事的思想就是记忆。

反之，如果我所思想着的是思想的一种过去的活动，例如我自己过去的一种哲学探索；那么这个间隙就是由双方来接连的。要终究思想到思想的那种过去的活动，我就必须在我的心灵里复活它；因为思维行动只有作为一个行动才能加以研究。但是这样被复活的东西，并不是老一套活动的单纯回声，不是属于同一种类的另一个活动；它是再度从事并重演那同样的活动，或许是为了在我自己批判的检验之下把它重做一遍，我就可以在其中探测出批评者所曾谴责过我的那些虚假的步骤了。在这样重行思想我的过去的思想时，我不是单纯在回忆它。我是在构造我的生活中某个阶段的历史；记忆和历史学之间的不同是，在记忆之中过去单纯是一种景观，但在历史学中它却是在现在的思想之中被重演。只要这一思想是单纯的思想，过去就只是单纯地被重演的；只要它是对于思想的思想，过去就是作为被重演而被思想着的，而我对我自己的知识也就是历史知识。

因此我自己的历史并不是记忆本身，而是记忆的一种特例。当然，一个心灵不能回忆，也就不能有历史知识。但是记忆本身仅仅是关于过去经验本身的现在的思想，无论那种经验可能是什么；历史知识乃是记忆的那样一种特例，其中现在思想的客体乃是过去的思想，现在和过去之间的间隙之被连接，并不只是由于现在的思想有能力思想过去，而且也由于过去的思想有能力在现在之中重新唤醒它自己。

再回到我们所假设的那个反驳者。为什么他认为思想行动变成为主观的，就不再是客观的了呢？答案现在就应该清楚了。那是因为他理解的主观性并不是思想行动，而简单地只是作为各种当前状态之流的意识。主观性对他来说，并不意味着思想的主观性，而只是感觉的或当前经验的主观性。即使是当前的经验也有一个客体，因为在每种感觉中总有某种东西被感觉到，在每种感知中总有某种东西被感知到；但是在看见一种颜色时，我们所看见的乃是颜色，而不是我们之看见了颜色的这一行动，而且在感觉到冷时，我们是感觉到冷（无论冷确切说来可能是什么）而不是感觉到在感觉着它的这一活动。因此，直接经验的这种主观性，乃是一种纯粹的或者单纯的主观性；它对其自身永远不是客观的，经验活动决不会经验到它自身是在经验着。因而，如果有一种经验能把一切思想都排除在外的话，（不论这样一种经验真正存在与否，这与所要探讨之点无关），那么那种经验中的主动的或主观的成分就永远不可能成为它自己的客体；而如果一切经验都是属于同一类的，那么它就根本永远也不能成为客体。因此反驳者所做的就是假定一切经验都是直接的，即仅只是意识而没有思想。如果他否认这一点，并且说他充分承认思想作为经验中的一种成分而存在；那么我们就必须回答说，他可能在名义上承认了它，但在事实上并没有承认它。他只是用权宜的办法在意识之流中挑选出一些项目并授予它们以思想这一称号，并给思想找到了一席地位，而不问它所蕴涵的是什么；所以，他所称为思想的，事实上就只不过是一种直接的经验，而思想之不同于感知或感觉恰恰就在于它决不是一种直接的经验。在视觉的直接的经验中，我们看见一种颜色；只有由于思想我们才能认识到自己是在看见它，而且也认识到我们所看见的乃是我们并没有看到它的未来，例如，原来它是我们从前所看见过的、距离我们之外的一种客体。即使是他进而承认了这一点，他也还是未能再前进一步，并体会到我们只是由于思维才认识到我们自己是在思维着。

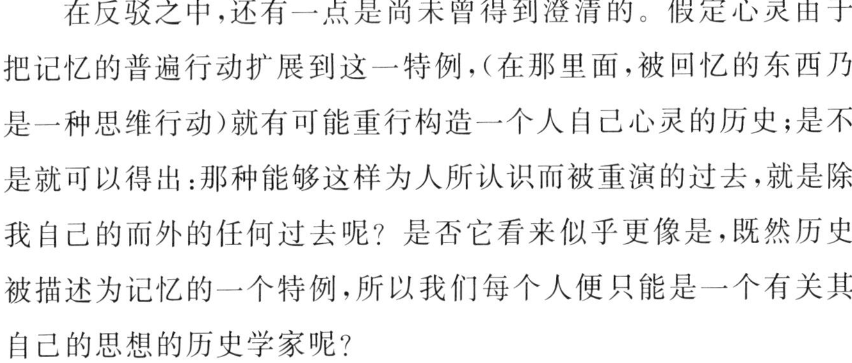

在反驳之中，还有一点是尚未曾得到澄清的。假定心灵由于把记忆的普遍行动扩展到这一特例，（在那里面，被回忆的东西乃是一种思维行动）就有可能重行构造一个人自己心灵的历史；是不是就可以得出：那种能够这样为人所认识而被重演的过去，就是除我自己的而外的任何过去呢？是否它看来似乎更像是，既然历史被描述为记忆的一个特例，所以我们每个人便只能是一个有关其自己的思想的历史学家呢？

为了回答这个问题，我们就必须进一步探讨这二者之间的关系，即记忆和有别于记忆的、我将称之为自传的那种东西之间关系，自传这个名称是用之于对我自己的过去的严格历史性的叙述。如果我们任何人要从事撰写这样一种叙述，他就会面临着两种任务，其中一种必定要先于另一种。我的意思并不是说，一种必须先完成，然后另一种才开始；而只是说，在这项工作的每一部分中，在它的另一个方面能够实现之前，必须先把它的一个方面掌握到手。第一件任务是追忆：他必须搜索他的记忆得出过去经验的一幅景象，并且使用各种不同的方法来激发它，例如阅读他曾经写过的信件和书籍，重访和他心灵里的某些事件相联系着的地方等等。在做到这一点时，他就在自己的心灵之前有了与他自己过去生活有关部分的一个景象；他看到了有一个青年人在经历着如此这般的经验，而且知道这个青年人就是他自己。但是现在就开始了第二件任务。他必须不是仅仅知道这个青年人就是他自己，他必须还试图重新发现那个青年人的思想。不过在这里，追忆却是一个靠不住的向导了。他回忆起他是怎样夜晚在花园里散步，纠缠于一种思想；他回忆起那些花卉的芬芳和拂着他头发的微风；但是如果他依靠这些联想来告诉他那种思想是什么，那么他就很可能不止于是被引入歧途而已。他也许会陷入错误，以他后来的另一种思想取代了原来的思想。因此，政治家们在写他们的自传时，对某一次危机的冲击和感情记得很清楚；但在描述当时他们所主张的政策时，却易于用那些事实上是属于他们事业的后来阶段的观念来渲染它。但这是自然的；因为思想并没有全部都被卷入经验之流，所以我们就在经常重新解释我们过去的思想，并把它们吸收到我们现在所思想的那些思想里面来。

只有一种方法可以制止这种倾向。如果我要肯定二十年前我的心灵里确实有某种思想，那么我就必须有关于它的证据。那个证据必须是我当时所写的一本书或者一封信或者诸如此类的东西，或者是我所画的一张画，或者（我自己的或其他人的）关于我所说过的某种东西或者我所作过的一种行为的一篇回忆，清楚地显示出我那时心灵里面有着些什么。只有通过我面前有着某种这样的证据，而且通过公正地解释它，我才能向自己证明我确实是这样思想过。这样做了之后，我就重新发现了我过去的自己，并且作为我的思想而重演它们；这时就可以希望，判断它们的优缺点要比我过去做得更好。

现在这一点肯定是真实的，即除非一个人能够为他自己做到它，否则他就不可能为任何别人做到它。但是自传作者在他的任务的第二部分里所做的，并没有什么东西是历史学家所不能为另一个人做出的。如果那位自传作者——尽管根据简单回忆的观点来看，他过去的思想是和他现在的思想乱成一团的，——还是能够借助于证据而把它们解开，而且断定他一定曾经以某些方式思想过，虽说最初他并没有回想起来这样做过；那么历史学家利用同样这种一般的证据，也能够恢复别人的思想；——而且现在就能思想它们，哪怕是以前他从未思想过它们，并且还能知道这种活动就是在重演那些人曾一度思想过的东西。我们永远也不会知道在伊壁鸠鲁的花园里的花卉气味如何，或尼采在山中散步时风吹拂他的头发，他的感觉如何；我们不能重新复活阿基米德的胜利或马略[1]的辛酸；但是这些人思想过什么的证据，却在我们的手里；而且凭

① 马略（公元前155—前86），罗马将军兼政治家。——译者

借解释那些证据而在我们自己的心灵中重行创造这些思想时，我们便能够知道（只要有任何知识的话），我们所创造的思想就是他们的思想。

我们把这一陈述放在反驳者的嘴里：如果经验能够被重复，那么结果就会是历史学家和他的客体之间的直接的同一性了。这一点值得进一步讨论。因为如果一个心灵只不过是它自己的活动，而且如果要认识一个人过去的心灵，——比如说托马斯·贝克特[①]的——就是要重演他的思想；那么确实只要我这个历史学家这样做，我就径直变成了贝克特，而这似乎是荒谬的。

为什么这是荒谬的呢？可以这样说，因为要成为贝克特是一回事，要认识贝克特又是另一回事；而历史学家的目标则在于后者。可是，这种反对意见已经被解答过了。它有赖于对主观性和客观性二者间的区别的一种虚假的解说。就贝克特而言，只要他是一个思想着的心灵，作一个贝克特也就是认识到他就是贝克特；就我自己而言，根据同样的证明，作一个贝克特也就是认识到我就是贝克特，那就是说，认识到我现在的自身是在重演贝克特的思想，我自己在那种意义上也就是贝克特。我并没有“简单地”变成为贝克特，因为一个思想着的心灵永远也不“简单地”是任何东西；它是它自己的思想活动，而且它并不“简单地”（如果这个词 意味着什么，它就意味着“直接”）就是这些，因为思想并不是单纯直接的经验，而总是反思或自我一认识，即对一个其自身就是活在这些

① 托马斯·贝克特（1118？—1170），英国坎特伯雷大主教，因反对英王亨利第七而被暗杀。——译者

活动之中的人的认识。

很可以再补充一下这一点。一种思想行动确实是思想者的经验的一部分。它出现在某个一定的时间，而且出现在思想、感情、感知和诸如此类的其他行动的某种普遍联系之中。它在这种普遍联系中的呈现，我就称之为它的直接性；因为虽说思想并不是单纯的直接性，但它却并不缺乏直接性。思想的特点就是，除了在这种普遍联系之中出现于此地此时之外，它还能维持它自己经历这种普遍联系的变化，而且在不同的另一种思想之中复活它自己。这种维持并复活自己的能力，就是使得一个思想行动不止于是（例如，用怀德海所曾说它的话）一个单纯的“事件”或“局势”的那种东西。那是因为——而且只要是——思想行动是被错误地设想为是一个事件，所以重演它这一观念就似乎是悖论了，而且还是描述另一个类似事件出现的颠倒方式。当前的东西其本身并不能被重演。因此之故，在经验中凡是其存在恰恰只是它们的当前性的那些成分（感知、感觉等等本身），就都不能被重演；不仅如此，而且思想本身也永远不可能在它们的直接性之中被重演。例如，初次发现一个真理之不同于任何尔后对它的思考，并不在于所思考的真理是一种不同的真理，也不在于思考它这一行动是一种不同的行动；而在于那第一次情况的直接性是永远不可能再度被经验的：诸如对于它那新奇性的震惊，从令人困惑问题中获得解放，达到了一种迫切希望着的结果的胜利，也许是一番战胜了反对者们并取得声誉的感受，以及如此等等。

而且还有：思想的直接性不仅仅在于它那感情的（当然还有感知的，像是阿基米德的身体在浴盆里的浮力）普遍联系，而且还在

于它和其他思想的普遍联系。两个角相等这一思维行动的自我同一性，不仅仅与这样一些事情无关，诸如一个正在进行它的人是饥寒交迫的，或觉得他的椅子硬邦邦的，或为他的功课而烦恼等等；它也与更进一步的思想无关，像是书上说两个角相等或者老师相信它们是相等的；或者甚至于也和与手头这个问题更为密切相关的思想无关，像是它们的和再加上顶角是一百八十度。

有时候有人否认这一点。有人说，凡是与它的普遍联系割裂开的任何事物就因而都是残缺的和伪造的；于是结果就是，要认识任何一件事物，我们都必须认识它们的普遍联系，而这就蕴涵着要认识全宇宙。我并不准备就其全部的含义来讨论这种学说，只不过提醒读者它和现实就是当前的经验这一观点的联系，以及和它那系论的联系，即思想不可避免地要把事物从它们的普遍联系之中割裂开来，所以就永远不可能是真确的。根据这样一种学说，欧几里得在一个给定场合认为两个角相等的这一思想行动，只有就它与他当时经验的普遍联系的关系才会成其为这一思想行动，这包括着像他的心情愉快，有一个奴仆站在他右肩后面之类的事情；不认识所有这一切，我们就不能认识他的意思是什么。如果(而那是这个学说以其严谨的形式所不容许的)除了他那几何思想的普遍联系之外，我们把其他一切都当作无关的东西而撇开到一旁去，即使是这样我们也不免于荒谬；因为在给这条定理做出证明时，他可能思想过“这条定理能使我证明一个半圆的内接角是一个直角”以及上百种其他的东西，这些都恰好是我们所不可能认识的。很可能没有某种这类的普遍联系，他就永远也思想不出他的第五条定理；但是要说因为这条定理作为一个思想行动仅仅存在于它的

普遍联系之中，所以除了在他实际上思想它的那种普遍联系之中，我们便无法认识它；那便是把思想的存在限于它自己的直接性，把它归结为单纯的当前经验的一个事例，从而就否定它是思想了。还没有一个企图坚持这样一种学说的人，是把它坚持到底的。举例说，他企图表明一种敌对的学说是不真确的。但是他所批判的这种学说却是另一个人所教导的学说（或者甚而是他自己在冥顽不化的日子里所接受的学说）。根据他自己的说明，这一学说只有在那种不可能被重复、又不可能被认识的普遍联系的总体中，才成其为这一学说。这种思想的普遍联系——其中也有他的对手的学说的存在，——永远不可能是那种在他的批判者的经验中所有的普遍联系；而且如果一种思想行动只有在与它的普遍联系的关系中才能成其为那种思想行动，那么他所批判的学说便永远不可能是他的反对者所教导的那种学说了。而这一点并不是由于阐释方面或领悟方面的任何缺陷，而是由于企图理解别人的思想——或者确乎是进行任何思想——的那种自我-挫败的性质。

另一些人接受了这些后果的警告，便接受了相反的学说，即一切思想行动彼此在每一点上都是互不相同的。这就使得把它们从它们的普遍联系之中割离出来既很容易而又合法；因为并不存在着什么普遍联系，而只存在着各种事务的并列，它们彼此处于纯属外部的关系。根据这种观点，知识体的统一性就只是属于一种集合体的那种统一性；这一点无论对于科学或已知事物的体系，还是对于心灵或认识行动的体系，都是真实的。我再次不去管这样一种学说的全部含义，而仅仅是指出，它由于以逻辑分析代替了对经验的注意（经常诉之于经验，乃是它那反对学说的力量之所在），便忽视了思想的直接性，并把思维行动从主观的经验转化为客观的景象。欧几里得完成了思想的某项操作这一事实，就变成只不过是一个事实，就像这张纸放在这张桌子上的这个事实一样；心灵则仅仅是这些事实的一个集合名词而已。

历史学根据这种观点并不比根据其他观点就更加成为可能。欧几里得完成了思想的某项操作，可以称之为一个事实；但它是一个不可知的事实。我们不可能知道它，我们至多只能根据证件而相信它。只有是对于紧抱着误认历史学是克罗齐所称之为“语言学的历史”的那种伪历史学形式的根本错误的那些人，这一点才表现为对历史思想的一种令人满意的阐述。那些人认为历史学只不过是博学或者学问，并且会把发现（例如）“柏拉图思想的是什么”而不去追问“它是否真实”这种自相矛盾的任务分派给历史学家。

要使我们自己摆脱上述这样两种相辅相成的错误，我们就必须攻击这两者所由以发生的那种虚伪的二难推论。那种二难推论基于这样一种选言判断：即思想要末是纯粹的直接性，在这种情况中它就无可摆脱地卷入了意识之流；要么就是纯粹的转手性，而在这种情况中它就全然脱离了那个意识之流。但实际上，它却既是直接性而又是转手性。每个思想行动，像它实际上所发生的那样，都是发生在一种普遍的联系之中，它从其中产生并在其中生存，也像任何其他经验一样，是思想者的生活的一个有机部分。它和它那普遍联系的关系，并不是一个单项在一个集合体中的关系，而是一种特殊功能在一个有机体的整个活动中的关系。至此为止，不单是那些所谓理想主义者的学说是正确的，甚至于把它的那个方面发展到极端的那些实用主义者的学说也是正确的。但是一种思想行动，除了实际上的发生而外，还能够维持其自身并能够被复活或被重复而不失其同一性。至此为止，那些曾反对这些“理想主义者”的人是在正确的方面的，他们主张，我们所思想的东西并不因我们在其中思想着它的那种普遍联系的改变而改变。但是它不能*in vacuo*〔在真空里〕重复自己，好像是过去经验的一个脱离了躯壳的幽灵那样。无论它多么经常地出现，它必定总是出现在某种普遍的联系之中的，而且那种新的普遍联系必定是像旧的一样地适合于它。因此，某个人已在著作中表达了他的思想而且我们也掌握有他的作品这一单纯的事实，并不能使我们就理解他的思想。为了使我们能够这样做，我们就必须在着手阅读它们时，具备有一种充分像他自己一样的经验，使得那些思想对它成为有机的。

思想的这种双重性质，就为与史学理论有着密切联系的这个逻辑难题提供了一个解答。如果我现在重新思想柏拉图的一个思想，是否我的思想行动与柏拉图的是同一个呢，还是与之不同呢？除非它是同一个，否则我所声称关于柏拉图的哲学的知识便是彻底错误的。但是除非它是不同的，否则我对柏拉图的哲学的知识便蕴涵着我自己的哲学的泯没。如果我一定要知道柏拉图的哲学，那么所需要的就是既要在我自己的心灵里重新思想它，又要从我能对它进行判断的角度思想其他事物。有些哲学家试图解决这个难题而诉之于一种朦胧的“异中有同的原则”；他们论证说从柏拉图到我自己存在着有一种思想发展，而且任何发展着的东西始终都是与其自身同一的，尽管它变得不同了。另一些人曾公正地回答说，问题恰好是这两种东西是如何相同而又如何不同的。答案是，在它们的直接性之中，——正像实际的经验和它们所由以产生的那种经验整体是有机地结合在一起的那样,——柏拉图的思想和我的就是不同的。但是在他们的转手性之中,它们却是相同的。这一点或许要求有更进一步的解释。当我阅读柏拉图在《泰阿泰德》篇中的论证,反对知识单纯是感知的那种观点时,我并不知道他是在攻击什么哲学学说;我无法阐述这些学说并详细说出是谁在主张它们,以及根据什么论证。在其直接性之中,作为他自己的一种实际经验,柏拉图的论证必定毫无疑问地是从某种讨论之中产生出来的,(虽然我并不知道它是什么),而且是和这样一种讨论紧密联系在一起的。然而如果我不仅仅阅读他的论证,而且理解它,在我自己的心灵之中由于与我自己而又向我自己重新论证它而在追循着它;那么我所经历的论证过程就不是一个类似于柏拉图的过程了,那实际上就是柏拉图的过程,只要我把他理解得正确。这一论证单纯地作为它本身,就从这些前提出发,经过这一过程而引到了这一结论;这种论证因为它既能在柏拉图的心灵里、又能在我的或任何其他人的心灵里得到发展,所以也就是我称之为在其转手性之中的思想。在柏拉图的心灵里,它就存在于讨论和理论的某种普遍联系之中;而在我的心灵里,因为我不知道那种普遍联系,所以它就存在于另一种不同的普遍联系之中,也就是从近代的感知主义(sensationalism)所产生的那种讨论的普遍联系之中。因为它是一种思想而不是一种单纯的感觉或感知,所以它便能存在于这两种普遍联系之中而不失其同一性,尽管没有某种适当的普遍联系,它就永远也不可能存在。它存在于我的心灵之中的那种普遍联系,有一部分(假如它是一种谬误的论证的话)就由于包括知道怎样去批驳它而可能成为思想的其他活动;但是即使我批驳了它，它依然会是同样的论证，而遵循它的逻辑结构的行动也依然会是同样的行动。

第五节　历史学的题材

如果我们提出这一问题：对于什么东西才能有历史知识？答案就是：对于那种能够在历史学家的心灵里加以重演的东西。首先是，这必须是经验。对于那不是经验而只是经验的单纯对象的东西，就不可能有历史。因此，就没有、而且也不可能有自然界的历史，——不论是科学家所知觉的还是所思想的自然界的历史。毫无疑问，自然界包括着和经历过各种过程，甚至于就是由各种过程所组成的；它在时间中的变化对它是根本性的，而这些变化甚至于(像有些人认为的)可能是它所具有的一切、或者就是它的一切；而且这些变化可能是真正创造性的，即不是固定的循环形态的单纯重复，而是自然存在的新秩序的发展。但是所有这些都不能导向证明大自然的生命就是一种历史的生命，或我们对它的知识就是历史的知识。能够存在有一部自然史的唯一条件就是，自然界的事件乃是某个或某些在思维着的人或人们的行为，而且我们由于研究这些行为就能够发现它们所表达的思想是什么，并为我们自己思想这些思想。这是一个或许没有人会声称已经得到了满足的条件。因此之故，自然界的过程就不是历史的过程，而我们对自然界的知识，——虽则它可以在某些表面的方式上有似于历史，例如都是纪年的，——就不是历史的知识。

第二，甚至经验本身也并不是历史知识的对象。只要它是单

纯的直接经验，是包括感知、感觉等等之类的单纯的意识之流，它的过程就不是一种历史的过程。毫无疑问，那种过程不仅能够以它的直接性为人所直接经验，而且还能够被人认识；它的特殊细节和它的普遍特点都能够被思想加以研究；但研究这种过程的思想，在其中所找到的只是一种单纯的研究对象，为了对这个对象加以研究，并不需要、而且确实也不可能在思想中对它加以重演。只要我们思想着有关它的特殊细节，我们就是在回忆着我们自己的经验，或者是带着同情和想象而进入了别人的经验。但在这类情况中，我们并没有重演我们所记忆的或我们所同情的那些经验；我们只不过是在思索它们作为是我们目前自身之外的对象，或许还求助于我们自身之内所呈现的(像是它们那样的)经验。只要我们思考的是它的一般特点，我们就是从事于心理科学。在这两种情况中，我们都不是历史地在思想。

第三，甚至于思想本身，——在它以其在一位个别思想家的生活中的独一无二的普遍联系而作为独一无二的思想行动的那种直接性之中，——也不是历史知识的对象。它不能够被重演；如果它能够的话，时间本身就会被一笔勾销，而历史学家也就会是他所思想的那个人一模一样地在各个方面都复活着了。历史学家不可能就思想的个别性而领会个别的思想行动，就像是它所实际发生的那样。他对那种个体所领会的，仅仅是可能和别的思想行动所共有的、而且实际上是和他自己的思想行动所共有的某种东西。但是这个某种东西并不是在如下这种意义上的抽象，即它是不同的个体所共有的一种共同性质，而且可以脱离共同享有它的那些个体而加以考虑。它是思想本身的行动，是在不同的时代里和在不同人的身上的存留和复活：一度是在历史学家自己的生活里，另一度是在他所叙述其历史的那个人的生活里。

因此，历史学是对个体的知识这样一句含混的话，就要求有一片过分广阔而同时又过分狭小的领域；过分广阔是因为被知觉的对象和自然的事实以及当前的经验的个体性都落在它的范围之外，而尤其是因为即使是历史事件和人物的个体性(假如这意味着他们的独一无二性的话)也同样落在它的范围之外；过分狭小则是因为它会排除普遍性，而恰好是一个事件或人物的普遍性才使之成为历史研究的一种恰当的和可能的对象，——假如我们说的普遍性是指越出了单纯的区域的和时间的存在而具有一种对一切时代的一切人都有效的意义那种东西的话。毫无疑问，这些也都是含糊的话，但是它们却企图描述某种真实的东西；那就是思想超越它自身的直接性而存留在和复活在其他的普遍联系之中的那种方式。它们也企图表示这个真理，即个别行动和人物出现于历史上并不是以它们的个体性本身的资格，而是因为那种个体性乃是一种思想的工具，——那种思想因为实际上是他们的，所以潜在地也就是人人都有的。

除了思想之外，任何事物都不可能有历史。因此，比如说一部传记，不管它包含着有多么多的历史，都是根据那些不仅是非历史的而且是反历史的原则所构成的。它的范围是生物学的事件，是一个人的有机体的诞生和死亡；它的构架因此就不是思想的构架而是自然过程的构架。对这种构架，——那个人的肉体生活、他的童年、成年和衰老、他的疾病和动物生存中的全部偶然事件，——思想的各种浪潮(他自己的和别人的)就不顾它的结构而在交叉冲刷着，像是海水冲刷着一只搁浅了的废船。许多人类的感情都是和处在它那涡流之中的这种肉体生活的景象联系在一起的；而作为一种文学形式的传记，则哺育着这类感情并可能供应它们以优质的粮食；但这并不是历史。再有，在日记里忠实保存下来的或在回忆录里追忆的那种直接经验及其感觉和感情的洪流的记录，也不是历史。它那最好的就是诗歌，它那最坏的就是一种突出的自我中心主义；但它永远不可能是历史。

但是还存在着另一个条件，没有它一件事物就永远也不可能成为历史知识的对象。历史学家和他的对象之间的时间鸿沟，像我说过的那样，必须从两端来加以衔接。对象必须是属于这样的一种，它自身能够在历史学家的心灵里复活；历史学家的心灵则必须是可以为那种复活提供一所住宅的心灵。这并不是指他的心灵必须是某种具有历史气质的，也不是指他必须在历史技术的特殊规则方面受过训练。它指的是，他必须是研究那个对象的适当人选。他所研究的是某种思想，而要研究它就包括要在他自己身上重演它；并且为了使它得以出现在他自己思想的直接性之中，他的思想就必须仿佛是预先就已经适合于成为它的主人。这并不蕴涵着历史学家的心灵和它的对象两者间有一种预定的调和（在这个词句的技术性的意义上）；它并不是，例如认可柯勒律治①的说法：人或生而为柏拉图主义者或生而为亚里士多德主义者；因为它并没有预先判断这个问题，一个柏拉图主义者或一个亚里士多德主义者究竟是天生的还是被造就的。一个人在生活中的这一段时期

① 柯勒律治（1772—1834），英国诗人、评论家。——译者

发现某些历史研究是毫无裨益的,因为他不能够使自己进入他所思想着的那些人的思想里面去;却会在另一段时期发现他自己变得有能力这样做了,也许是作为有意的自我训练的结果。但是在他生活中的任何一个固定阶段,历史学家所处的地位肯定地(不管由于什么原因)对某些思想方式要比对其他的更容易感到同情。这部分地是因为某些思想方式整个地或相对地对他很陌生;部分地是因为它们是太常见了,于是他感到有必要为了他自己心灵的和伦理的利益而摆脱它们。

如果一个历史学家所研究的东西与他自己的心灵格格不入,因为它所要求于他的是他应当去研究那些不合心意的主题,或者因为它们是"属于这样一个时期",他自己那被引入歧途的良知在幻想着他应当对它面面俱到地加以处理;如果他试图掌握他本人所无法钻进去的那种思想的历史;那么他就不是在写它的历史,而是仅仅在重复着那些记录了其发展的外部事实的陈述了:姓名和日期,以及现成的描述性的词句。这样的重复或许可以很有用,但却并非因为它们是历史。它们都是些枯骨,但也可能有朝一日会成为历史的,——当什么人有能力把它们用既是他自己的,而又是它们的思想的血肉装饰起来的时候。这只是在以一种方式说,历史学家的思想必须渊源于他全部经验的有机统一体,而且必须是他整个的人格及其实践的和理论的兴趣的一种功能。几乎没有必要补充说,因为历史学家是他那时代的产儿,所以便存在着一种普遍的可能性,即凡是使他感兴趣的东西也会使他同时代的人感兴趣的。这是为人熟知的事实,每一代都发现自己对于其祖先来说只是枯骨、毫无意义的东西的那些领域和方面感到兴趣,因此才能

够历史地加以研究。

因此，历史知识就是以思想作为其固定的对象的，那不是被思想的事物，而是思维这一行动的本身。这一原则已经供我们在一方面区别了历史学和自然科学的不同，作为是对一个给定的或客观的世界的研究之不同于思想着它的这一行动；而另一方面又区别了历史学和心理学的不同，心理学是对直接的经验、感知和感觉的研究，那尽管是心灵的活动，却不是思维的活动。但是这一原则的积极意义，还需要更进一步确定。要包括在“思想”这个名词之下的，究竟意味着有多少内容？

“思想”这个名词，就像它迄今为止用在本节和以前各节中的，一直代表着经验或心灵活动的某种特定的形式；它的特点可以消极地被描述为：它不仅仅是当前的，所以也就并不被意识之流所席卷而去。而它那区别思想与单纯意识的积极特点则是，它有能力认识，自己的活动乃是贯彻于它自己各种行动的分歧性之中的一种单一的活动。如果我感觉冷，而后又感觉暖；就单纯的感觉来说，这两种经验之间并没有连续性。确实，像是柏格森指出的，冷的感觉“渗透”到了随后的暖的感觉里面去，并赋给它以一种通过别的方式所不会具有的性质；但是这种感觉暖，尽管它的那种性质有负于此前的感觉冷，却并不承认这笔账。单纯感觉和思想之间的区别，就可以用简单地感觉冷和能够说“我感觉冷”这二者间的区别来加以说明。要说那句话，我就必须察觉我自己不止于是对于冷只有直接经验的某种东西；就必须察觉我自己就是感觉的一种活动，它以往曾有过其他的经验，而且贯穿在这些不同的经验之中的始终是那同一个。我即使不需要记得这些经验都是什么；但是我必须知道它们存在过，而且还是我的经验。

因此，思想的特点就是，它不是单纯的意识，而是自我-意识。自我，作为单纯的意识就是一股意识之流，是当前感知和感觉的一个系列；但是作为单纯的意识，它并没有察觉到它自己是那样一股意识之流；它不知道它自己的连续性贯彻在各种经验的前后相续之中。察觉到了这种连续性的活动，就是我们所称之为的思维。

但是这一有关我自己的思想，作为一种感觉活动（它始终是贯穿着它的各种不同的行动的同一个活动）仅仅是思想最萌芽的形式。它由于从这个出发点向外朝着各个不同的方向活动而发展为其他各种形式。有一件它可以做的事就是，要逐渐更清楚地察觉这种连续性的确切性质；不是仅仅把“我自己”设想为以往曾有过若干经验但不能明确它们的性质，而是考虑这些经验具体地都是些什么，即记忆它们并以它们和当下的现在进行比较。另一件它可以做的事就是分析现在的经验本身，在其中区别出感觉的行动和被感觉到的东西之不同，并且设想出被感觉到的乃是某种东西，它那实在性（像是我自己作为感觉者的实在性一样）并不是它那对我感觉的当前存在所能穷尽的。沿着这两条路线前进，思想就变成了记忆，即有关我自己的经验之流的思想，而知觉就变成了关于我所经验的东西之作为某种真实的东西的思想。

它所发展的第三条途径就是，认识我自己不仅仅是一个有感知的人而且还是一个在思想着的人。在记忆和知觉中，我所做的已经不止于是享受当前经验之流而已，我还在思想着；但我并没有（简单地在记忆或知觉本身之中）察觉到我自己是在思想着。我仅仅察觉到我自己是在感觉着。这种察觉已经是自我一意识或思想了,但它是一种不完全的自我-意识,因为我在具有它时,只是在完成我所没有意识到的某种心灵活动,亦即思维。所以我们在记忆或感知本身之中所做的思维,就可以称之为无意识的思维;那并不是因为没有意识我们也能做到它,(因为要能做到它,我们就必须不仅仅是有意识的,而且是自我意识的)而是因为我们做到它而无需意识到我们正在做它。意识到我正在思维,也就是以一种新的方式在思想,我们可以称它为反思。

历史思维总是反思;因为反思就是在思维着思维的行动,而且我们已经看到一切历史思维都是属于这一类的。但是哪一类的思维才能是它的对象呢?有没有可能研究我们刚刚所称为的无意识的思维的历史呢,还是历史研究的思维必须是有意识的或反思的思维呢?

这等于是在问,究竟能不能有一种记忆的或知觉的历史。而显然的是,那是不可能有的。一个人要坐下来写记忆的历史或知觉的历史,就会发现没有什么东西可写。可以设想,人类不同的种族(而且因此,不同的人们)曾经有过不同的记忆或知觉的方式;而且还可能,这些不同有时并不是由于生理的差别(例如不发达的颜色感,这一点根据很可疑的理由而被说成是希腊人所特有的),而是由于不同的思想习惯。但是如果存在着不同的知觉方式,它们由于这种原因在过去曾经到处流行过,而现在却没有被我们所采用,那么我们就不能重行构造它们的历史了,因为我们不能随意地重演那些恰当的经验;而这又是因为它们所由以形成的那种思想习惯乃是"无意识的",因此就不能有意地加以复活。例如,可能真的是,我们自己以外的一些文明曾经享有过第二视觉的能力和看得见鬼的本领，作为它们正常性能的一部分。也可能是，在他们当中，这些事都出自思维的某些习惯方式，因此就是为大家所熟知的并理解的一种表达真正的知识或很有根据的信仰的方式。确实，在北欧的史诗（Saga）中，在伯恩特·扎尔使用他的第二视觉作为向他的朋友们进忠告的一种手段时，他们是由于世界上一位健全的律师和一个精明能干的人的智慧而受益的。但是，假设这一切都是真的，我们还是不可能写出一部关于第二视觉的历史来；我们所能做的一切就只是收集那些断言过它的事例，并且相信有关它的陈述都是事实的陈述。但是这至多只不过是在信仰证词而已；而我们知道，这种信仰是就在历史学所开始的地方止步的。

因此，为了使任何一种个别的思想行动成为历史学的题材，它就必须不仅仅是思想的一种行动，而且还必须是反思思想的一种行动；那也就是，它是一种在它被完成的意识之中被完成的思想，而且是被那种意识构成了它之所以为它。做出这件事的努力，必然不止于是一种单纯的意识的努力而已。它决不是要做出我们自己也不知道要做什么的那种盲目的努力，就像是努力去追忆一个已经忘记的名字或是去知觉一种混乱不堪的对象那样；它必须是一种反思的努力，是那种要做出我们在做它之前就对它有了一个概念的某种事物的努力。反思的活动就是我们知道在其中我们想要做的是什么事的一种活动，所以在它完成时，我们就由于看到它符合了成其为我们对它的最初概念的那种标准或规范而知道它是完成了。因此，它就是我们由于预先知道如何完成它，便能以完成的一种行动。

并非一切的行动都属于这一类。撒末尔·巴特勒[①]说一个婴儿必定知道怎样吮奶,否则婴儿就不会吮奶了,这时他就从单方面混淆了这个问题;又有人从相反的方面混淆了这个问题,主张我们永远也不知道我们所要做的是什么,除非我们已经把它完成了。巴特勒是企图证明那些非反思的行动实际上是反思的,他夸大了生活中理性的地位,为的是反对当时流行的唯物主义;而其他那些人则争辩说,反思的行动实际上乃是非反思的,因为他们把一切经验都设想为直接的。就其直接性作为一种独一无二的个体而言,——以其全部完整的细节、而且处于唯有在其中它才可能有直接的存在的那种充分的普遍联系之中——,则我们未来的行动肯定是决不可能预先被计划出来的;不管我们把它想得多么仔细,它总会包含有许多东西是没有预见到的和令人惊讶的。但要推论说因此它根本就不可能有计划,便暴露出它的当前存在乃是它所具有的唯一存在这一假设了。一种行动不止于是一个单纯的独一无二的个体,它还是某种具有普遍性质的东西;而且在一种反思的或有意的行动(这种行动我们不仅是在做,而且是在做出以前就有意要做了)的情况中,这种普遍的性质也就是在做出这一行动本身之前我们在思想里所设想的这一行动的计划或观念;并且也就是在我们做出了它时,对我们赖以知道我们已经做出了我们所想要做的事的衡量标准。

有某几种行动除非是根据这些条件便不可能做到:那就是说,

① 撒末尔·巴特勒(1835—1902),英国社会批评家、哲学家和小说家。——译者

除非是由这样一个人来做到，他反思地知道他是在试图做什么，并且因此在他已经做出它时，就能够根据他的意图来判断他自己的行为。这些行动的特点是，它们应当像我们所说的，是“有目的地”做出来的；也就是应当有一个目的作基础，行动的结构就建立在那上面，而且还必须与之相符合。反思的行动可以大致描述为是我们根据目的所做出的行动，而且这些行动是可以成为历史学的题材的唯一的行动。

根据这种观点，我们就能够看出何以某些形式的活动就是、而其他一些形式的活动则不是历史知识的素材。一般会公认，政治是可以历史地加以研究的一种东西。原因是政治提供了有目的的行为的一种清楚的例证。政治家是一个有政策的人，他的政策是在行为完成之前预先设想的一种计划；而他作为一个政治家的成功是与贯彻他的政策的成功成比例的。毫无疑问，他的政策并不是在他的行为开始之前就一劳永逸地确定了下来这种意义上先于他的行为的；随着他的行为在发展，政策也在发展着；但是在他的行为的每一阶段，政策总是领先于它本身的实现。假如有可能说一个人在行动着，而对于那会产生什么结果却没有任何观念，他做的只是最先出现在他头脑里的那件事，而等着看它的后果如何；那么就可以结论说，这样一个人决不是政治家，他的行为仅只是闯入到政治生活里的一种盲目的和非理性的力量而已。但是如果一定要说某一个人毫无疑问地有着一个政策，而我们却无法发现它是什么（有时候一个人会感到倾向于，例如对早期的罗马皇帝，说这样的话）；这就等于说自己要重行建造他的行为的政治史的企图已经失败了。

由于同样的原因,也可以有一部战争史。一般说来,一个军事司令官的意图是容易理解的。如果他率领大军进入某一个国家,并攻击对方的武力,我们就可以明白他的意思是要打败它,并且根据有关他的行动的记述,我们就能在我们自己的心灵里重行建造他所试图实现的那个作战计划。这又一次有赖于他的行动是有目的地做出来的这一假定。如果它们不是这样,那么它们就不可能有历史;如果它们是根据我们所无法探测的目的而做出来的,那么我们至少就无法重建它们的历史。

经济活动也可以有一部历史。一个人建立一座工厂或者开办一家银行,是根据一个我们所能理解的目的在行动的;同样,还有那些从他那里领取工资,购买他的货物或他的股份,或者存款和取款的人。如果有人告诉我们工厂发生罢工或者银行发生挤兑,我们就能够在我们自己的心灵里重行建造其集体行动采取了那些形式的人们的目的。

还有,也可以有一部伦理史;因为在伦理行为中我们是有目的地在做着某些事情的,为的是使我们的实践生活能与它所当然应该成为的理想相谐调。这种理想既是我们自己的人生观,像它所应该的那样,或是像我们想塑造它成为什么样子的那种意图,同时又是对我们所做的事究竟做得是好是坏的一个标准。在这里,也像在其他的情况里一样,我们的目的是随着我们活动的发展而在改变,但是目的总是要领先于行动的。伦理行动是不可能的,除非在、并且只有在一个人是有目的地在行动的时候;责任是不能通过偶然或漫不经心而完成的;没有一个人能够尽到他的责任,除非是他有意要尽他的责任。

在这些情况中，我们有着实践活动的事例，它们不仅是有目的地加以追求的事实，而且除非是它们被这样加以追求，否则它们就不可能成为它们那样。现在就可以认为，一切有目的的行为都必定是实践的行为，因为其中有两个阶段：首先是设想这个目的，这是一种理论活动或纯粹思想的行动；然后是执行这个目的，这是伴随理论活动的实践活动。根据这种分析就可以得出，行动就这个词的狭隘的或实践的意义而言，乃是有目的地所能够做出的唯一的事。但是有人可以论证说，——你并不能够有目的地去思想；既然是如果你在执行你自己思想的行动之前就先设想了它，你就会是已经执行它了。由此可以得出，理论活动是不可能有目的的；它们仿佛必须是在暗中完成的，而对于从事这些活动会出现什么结果却是毫无概念。

这是一个错误，但它是一个对历史学理论有点兴趣的错误，因为它实际上已经影响了历史编纂学的理论和实践达到了一种程度，竟使得人认为历史学唯一可能的题材就是人类的实践生活。历史学只关注着而且只能关注着仅仅像是政治、战争、经济以及一般说来属于实践世界的东西；这种观点现在仍然广泛流行，而且在过去曾经几乎一度是普遍的。我们已经看到，甚至于曾经那么高明地表明了哲学史应如何写作的黑格尔，也在他的论历史哲学的讲演里委身于这种见解，认为历史的固有题材就是社会和国家，是实践的生活，或者(用他自己的技术语言来说)就是客观精神，即把自己外在地表现为行为和制度的精神。

今天，再没有必要来论证艺术、科学、宗教、哲学以及诸如此类都是历史研究的固有题材了；它们之被人历史地加以研究的这一事实是太为人所熟知了。但是鉴于上面所叙述的相反的论证，却有必要问一问为什么会是如此。

首先是，一个从事纯粹理论思维的人是没有目的地在行动着，这一点并不是真实的。一个人在进行某项科学工作时，如探索疟疾的原因时，他在心灵里总有着一个十分明确的目的：即要发现疟疾的原因。确实，他并不知道这个原因是什么；但是他知道在他找到它时，他就由于把从一开始就在他面前的某些测验或标准应用到他的发现上面而会知道他已经找到了它。于是，他那发见的计划便是将会满足这些标准的一种理论的计划。对历史学家或哲学家来说，情形也一样。他从来也不是航行在一片未标出航线的海洋上；他的航行图不管内容是多么不详尽，却是标志着有经纬线的，而他的目的则是要发现在图上那些经纬线之间要注上些什么东西。换句话说，每项实际的探索都是从某个确定的问题出发，而探索的目的则是要解决那个问题；因此进行发现的计划就是已知的，而且是被如下的说法所规定的，即无论这一发见可能是什么，但它必须是能够满足这一问题的条件。正像在实践活动的情况中那样，这一计划当然也要随着思想活动的前进而改变；有些计划因为行不通而被放弃了并代之以其他的计划，有些计划则成功地得到实现并被发现导致了新问题。

其次，设想一个目的和执行一个目的之间的不同，并没有正确地被描述为是理论行动和实践行动之间的不同。设想一个目的或者形成一种意图，已经就是一种实践活动了。它并不是构成为行动的先行站的思想；它本身就是行为的开始阶段。如果这一点不能马上为人承认，那么还可以通过考虑一下它的含义而为人承认。

思想作为理论活动，不可能是道德的或不道德的；它只可能是真的或假的。成为道德的或不道德的，必须是行为。现在假定有一个人形成了要谋杀或奸淫的意图，然后又决定不去实现他的意图；那么这种意图本身已经暴露出他应根据道德的理由而受到谴责。这并不是要说他："他精确地设想了谋杀或奸淫的性质，所以他的思想就是真的，因而是值得钦佩的"；而是要说他："他无疑地还没有坏到像已经把他的意念贯彻到底的地步；但是谋划着这种行为总归是罪恶的"。

因此，科学家、历史学家和哲学家并不亚于实际生活中的人，也是按照计划在进行他们的活动的，是有目的地在思维的，因而达到的结果是可以按照从计划本身之中所得出的标准来加以判断的。因此之故，就可能有有关这些事物的历史。所需要的一切只是，应当有着关于这类思维是怎样完成的证据，还有历史学家应当能够解释它，也就是应当能够在他自己的心灵里重演他所研究着的思维，想象它所由以出发的那个问题，并且重建那些企图解决它的步骤。在实践上，通常对于历史学家的难题乃是能认出这个问题是什么；因为思想者一般都是谨慎小心在阐述他自己思想的步骤的，所以他照例是在向他同时代的人发言的，而他们已经知道问题是什么了，并且他或许根本就不叙述它。而且除非是历史学家知道他所研究的问题是什么，否则他便没有借以判断他的工作是否成功的标准。历史学家的努力就在于去发现赋予对"影响"的研究以重要意义这个问题；而当影响被设想成是把现成的思想从一个心灵灌注到另一个心灵里的时候，那就会是枉然的。明智地探讨苏格拉底对柏拉图的影响，或笛卡尔对牛顿的影响，并不是要发

现那些一致之点，而是要发现一个思想家所达到结论给下一个思想家所造成的问题的那种方式。

关于艺术的情况，似乎有着一种特殊的困难。艺术家，即使他的作品多少能够被称为反思的，似乎也远远不如科学家或哲学家那么反思。他看来并不像是带着一个明确规定了的问题去从事某一件特殊的作品，并参照问题的条件来判断他的结果。他仿佛是在一个纯粹想象的世界里工作着；在这里，他的思想是绝对地创造性的，在任何种意义上都决不知道自己所要做的是什么，直到他做完了它为止。如果思维是指反思和判断，那么就仿佛真正的艺术家的是根本就不思想的；他的心灵劳动似乎是一种纯粹直觉的劳动，在这里没有任何概念是领先于或者是支持着或者是判断着直觉本身的。

但是艺术家并不是无中生有创造出他的作品来的。在任何一种情况中，他都是从他面前的一个问题而开始。而这个问题，只要他是一个艺术家，就不是装饰某个房间或者设计一所符合某些给定的实用要求的住宅这类的问题；这些都是应用艺术的特殊问题，而在艺术本身之中并不发生这些问题。它也不是用颜料或声音或大理石制造出来某种东西的问题；只有在这些问题丝毫不再成为问题而且他的技巧的材料已经成为他的想象的驯服的仆人时，他才开始成为一位艺术家。他开始创造一件艺术品的起点，就是那件作品被嫁接到他的非反思的经验整体之上的那一点：亦即他当前的感性的和感情的生活，及其通过记忆和知觉的合理性的、但无意识的发展。他所面临的问题乃是把这种经验馈入一件艺术品里面去的问题。他遇到过某种经验，其意义之深长或感人超过了其他的经验；它那没有表达出来的意义像是一副重担压在他的心灵上，鞭策着他要找出某种表达它的方式；他创造一件艺术品的劳动，就是他对那种鞭策的反应。在这种意义上，艺术家很知道他在做什么和他在企图做什么。他之已经正当地完成了它的那种标准，就是当它被完成时，它应该被人看作是表达了他所想要表达的东西。他的全部特殊性就在于这样一个事实，即他不能制订他的问题；如果他能制订它，他就会已经表现了它，而艺术品也就会已经完成了。但是尽管他不能够在这件作品本身之前预先说出问题是什么，他却知道有一个问题，而且他还察觉到它的特性；只不过并不是反思地察觉到，直到作品已告完成为止。

这的确似乎是艺术的特殊性格，而且是它对思想生活的特殊重要意义。它是实际所发生的从非反思的转化为反思的思想的那种生活形态。因此，就有一部艺术史，但不是一部艺术的问题的历史，像是有一部科学或哲学的问题的历史那样。有的只是一部艺术成就的历史。

也有一部宗教史；因为宗教也是反思思想的一种功能，并不亚于艺术或哲学或政治。在宗教中，人对自身所具有的概念是把自己作为一种思维的和主动的生物，他以这种概念来与对上帝的概念相对立，——在对上帝的概念中，他关于思想和行动、知识和力量的想法都被提到无限的高度。宗教思想和宗教实践的任务，（因为在宗教中，理论的和实践的活动是合而为一的）乃是要找出作为有限的自我和作为无限的上帝这两种互相对立的概念之间的关系。缺乏任何明确的关系，单只有两者之间的不同，这就成为了宗教心灵的问题和苦恼。发现了这种关系，同时也就是发现了我的思想通向了上帝和上帝的思想通向了我；而和这一点分不开的便是我的一个行动的完成（我由之而建立了与上帝的一种关系），和上帝的一个行动的完成（他由之而建立了与我的一种关系）。幻想着宗教是生存在反思思想的界限之下或之上，乃是致命地在要么是错误地设想了宗教的性质，要么是错误地设想了反思思想的性质。更近于真理的说法倒是，在宗教中，反思的生活被集中为它最强烈的形式，而理论的和实践的生活中的一些特殊问题则由于与宗教意识的整体分离而一概采取它们的特殊形式，并且仅仅是在它们保持着它们与它的联系、以及它们彼此在其中的联系的时候，才保持着它们的生命力。

第六节　历史和自由

我已经提出过，我们研究历史乃是为了获得自我一认识。借着说明这个论点，我将试图表明我们关于人类的活动是自由的这种知识，是怎样只是通过我们之发现历史才被取得的。

在我对历史的观念的历史概述中，我曾试图表明历史学最后是怎样逃出了对自然科学的学徒状态的。可是，历史自然主义的消失却包含着更进一步的结论，即人所赖以建筑起来他自己那经常变动着的历史世界的这种活动乃是一种自由的活动。除了这种活动而外，再没有别的力量能控制它或改变它，或迫使它以这样的和那样的方式来行事，以建立起某一种而不是另一种世界。

这并不意味着一个人永远可以自由做他所高兴做的事。所有的人在他们一生中的某些时刻，是可以自由做他们所想要做的事情的：例如，饿了要吃或累了要睡。但是这和我所提到的问题毫无关系。吃和睡是动物的活动，是在动物的嗜欲的强迫之下进行的。历史学并不涉及动物的嗜欲以及它们的满足或挫折。对于一个历史学家作为历史学家来说，一个穷人的家里没有东西吃，这并不关重要；——尽管对于他作为一个对他的同胞具有感情的人来说，这可以是而且必然是至关重要的；并且尽管作为一个历史学家，他可能强烈地关切着有些人策划了这些变动从而造成了这种事态，以便使自己致富而使那些从他们那里领取工资的人变得贫困；他也同样地关怀着穷人所可能被导致的行为，——不是被他的孩子们的饥饿未得到解决的这一事实所导致的，即腹内空虚和四肢萎缩这一事实、这一生理的事实，而是被他对于这一事实的思想所导致的。

这也并不意味着一个人可以自由做他所选择的事情；在历史学本身固有的领域中，与动物嗜欲的领域不同，人们可以自由计划他们所认为是适当的行为和执行他们自己的计划，每个人都在做他所规划去做的事，而且每个人要为它们的后果承担充分的责任，每个人都是自己灵魂的指挥者，等等。没有什么能比这一点更加虚假的了。亨利[①]的韵诗所表达的只不过是一个病儿的幻想，这个病儿发现，由于自己相信自己已经得到了月亮，便能使自己不再哭着要月亮了。一个健康的人知道在他面前的空虚的空间，——他准备用一些活动把它填充起来，因而他现在就开始制订这些活动的计划，——当他步入其中时，它就远不是空虚的了。它会挤满

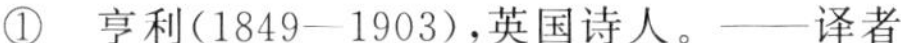

① 亨利(1849—1903)，英国诗人。——译者

了其他的人，他们都在追求着自己的活动。就是现在，它也不像它看来那么空虚。它充满着活动的饱和溶液，正处在开始要结晶的关头。那里并没有他自己活动的余地，除非是他能如此设计这一点，使得它能适合其余的空隙。

历史学家所必须研究的那种理性活动，永远也不可能摆脱强迫，即必须面对着自己的局势中的各种事实的那种强迫。它越是有理性，就越发完全地经受着这种强迫。要有理性，也就是要去思想；而对一个打算要行动的人，要加以思想的最重要的事便是他所处的局势。就这个局势而言，则他是一点也不自由的。这就是它的实际情况，而无论是他、还是其他任何人都永远不能改变这种情况。因为尽管局势完全是由思想——他自己的或别人的思想——所组成的；它却不能由于他自己的或别人方面的心灵的改变而改变。如果他们的心灵确实是改变了，这只不过是意味着随着时间的推移，已经出现了一种新局势。对一个要采取行动的人来说，这种局势就是他的主宰、他的神谕、他的上帝。他的行为将证明成功与否，就取决于他是否正确地把握了这种局势。如果他是一个聪明人，非到他请教过了他的神谕，做出了力所能及的每一件事来发现这种局势是什么，他甚至于是不会做出最微小的计划来的。但是如果他忽视了这种局势，这种局势却不会忽视他。它可不是那样一位神明，会放过一种侮辱而不施以惩罚的。

历史中所存在的自由就在于这一事实，即那种强迫并不是由其他任何东西而是由人类理性自身所强加给它自身的活动的。这种局势，即他的主人、神谕和上帝，乃是一种它自己所创造的局势。我这样说的时候，我的意思并不是说一个人发现自己所处于其中的那种局势，其存在只是因为一些其他人通过一种理性的活动已经创造了它（这种理性活动在性质上和他们的后继者发现自己是处于其中、并在其中依照他自己的想法而行动的那种并没有不同）；我的意思也不是说，因为人类的理性总是人类的理性，不论它在其身上发生作用的那个人的名字叫什么，所以历史学家便可以忽视这些个人之间的区别，不是说人类理性已经创造了它发现自己是处于其中的那种局势。我的意思是指与这种见解颇为不同的某种东西。一切历史都是思想的历史；而当一个历史学家说一个人处于某种局势之中时，这就等于是说他想他是处于这种局势之中的。这种局势中的各种困难事实，——那对他来说是太重要了而不能不正视，——也就是他对这种局势的设想方式中的各种困难事实。

如果对于一个人，翻山越岭之所以困难的原因，是因为他害怕山里有鬼；那么对于一个历史学家要跨过若干世纪的鸿沟而向此人说教："这纯粹是迷信。根本就没有鬼。要面对事实，要知道山里并没有危险，除了有乱石、流水和积雪，或者还有狼，也或者有坏人；但是并没有鬼"，——那便是愚蠢的事了。历史学家说，这些都是事实；因为他就是被教导以这种方式进行思想的。但是那个怕鬼的人却说，有鬼出现乃是一件事实；因为他就是被教导以那种方式进行思想的。历史学家认为那是一种错误的方式；但是错误的思维方式正如正确的方式同样地都是历史事实，而且也和它们一样地在决定着具有这种思想方式的人被置身于其中的那种局势（它总是一种思想-局势）。这一事实的困难性就在于，人没有能力以别的方式去思想他的局势。山上有鬼出没对于想翻山越岭的人所起的强迫作用，就在于他无法不相信有鬼这一事实。毫无疑问，这纯粹是迷信；但是这种迷信却是一件事实，而且是我们所考虑这一局势中的关键事实。为这种迷信所苦的人，在他企图翻山越岭时，并不单纯是在为教导了他相信有鬼的他那些祖先们的罪过而受苦受难（如果说那是一种罪过的话），他在受苦受难是因为他已经接受了这种信仰，是因为他已经分担了这种罪过。如果近代历史学家相信山里并没有鬼，那也仅只是他以恰好同样的方式所接受的一种信仰。

他所研究其行为的那些人，在这种意义上就是自由的；这一发现是每个历史学家一旦对他自己的课题达到了一种科学性的掌握时，马上就会做出的发现。在这种情形出现时，历史学家也就发现了他自己的自由；那就是，他发现了历史思想的那种自律性格，即它以自己的方法为它自己解决自己的问题的力量。他发现，对于他作为历史学家来说，把这些问题交给自然科学去解决，是何等地不必要而又是何等地不可能；他发现了以他作为历史学家的资格，他既有可能而又有必要为他自己解决这些问题。正是与他作为历史学家发现了他自己的自由的同时，他就发现了人作为历史的代理人的自由。历史思想，即关于理性活动的思想，是不受自然科学的统治的；并且理性的活动也是不受自然界的统治的。

这两种发现之间的联系的密切性，可以用这种说法来表示，即它们是以不同的言辞在说着同一个的东西。可以这样说，把一个历史的代理人的理性活动描述为是自由的，只是以一种转弯抹角的和伪装的方式在说，历史学乃是一种自律的科学。或者也可以这样说，把历史学描述为是一种自律的科学，只不过是以一种伪装的方式在说，它是研究自由活动的科学。对我本人来说，我应当欢迎这两种说法的任何一种，因为它提供了证据，表明那样说的人目光之深远足以看透历史学的本性并发现：(a) 历史思想是不受自然科学的统治的，并且是一种自律的科学；(b)理性的行为是不受自然的统治的，并且根据它自己的命令和以它自己的方式在建筑起它自己有关人类事务，Res Gestae〔事迹〕，的世界；(c) 这两个命题之间有着一种密切的联系。

但在同时，我也应该发现在这两种陈述中都有证据表明，做出这种陈述的那个人不能(或者为着别有目的而决定承认他自己不能)区别一个人所说的东西和他所说的东西里蕴涵着的东西；那就是说，他不能区别语言的理论(或美学)和思想的理论(或逻辑)；因此，至少是在目前，就靠玩弄文字的逻辑，把两种互相蕴涵的思想之间的逻辑联系，和“代表同一个事物”的那两组文字之间的语言学联系，混为一谈。

我也应该看到，他之企图取消逻辑的问题而代之以语言学的问题，并不是根据对语言性质的任何公正的欣赏；因为我应该看到在两种同义语的文字表达中，他是在假定其中之一是真正地而恰当地指“它所代表”的事物，而那另一种在指这一点的则只不过是因为这一不充分的理由，即使用它的人是用它在指这一点的。所有这一切都是很可争论的。我不想赞同这类的错误，而宁愿把问题留在我原来留下来的地方，并且宁愿说这两种陈述(即历史学是一种自律的科学这一陈述，和理性的活动在上述的意义上是自由的这一陈述)并不是文字上的同义语的形式，而是表达了两种发现中的任何一种在没有得出另一种发现时，它本身就不可能得出来。

由这一点而来的，我就要指出在17世纪曾经是那么突出的“自由意志的论战”乃是与下列事实有密切联系的，即17世纪乃是剪刀加浆糊的历史学以其较简单的形式开始令人感到不满的时代，这时历史学家们正开始看到他们自己的家园需要整理得秩序井然，或者说历史研究应当从自然研究那里借取典型，并把它们自己提升到一种科学的高度。把人类行为看成是自由的这一愿望，是和作为对人类行为的研究的历史学要达到自律性的这一愿望结合在一起的。

但是我并不把问题就留在这里，因为我希望指出我现在所考虑的这两种陈述中，有一种必然要先于另一种。只有使用历史方法，我们才能够发见有关历史研究的对象的任何事物。没有人可以断言，自己比那些声称掌握着有关过去所做过的某些行为的知识的历史学家们知道得更多；而且他还是以这样一种方式知道这一点的，以至于他竟能使自己和别人都满足于那种毫无根据的声明。结果就是，我们在能够把握人类活动是自由的这一事实以前，就必须首先在历史研究中达到一种真正科学的、因而也就是自律的方法。

这一点可能看来是违反事实的；因为确实有人会说，早在历史学借以把自己提升到一种科学高度的那场革命以前，很多人就已经察觉到人类的行为是自由的了。对于这一反驳，我将提出两点答案，它们并不互相排斥，但是有一点是比较浮浅的，而另一点则我希望是更深刻一些的。

(i) 或许他们察觉到了人类的自由，但是他们掌握了它么？他们这种察觉是一种配得上科学这一称号的知识吗？当然不是；

因为在那种情况下，他们就会不仅仅是相信它，他们还会以一种系统的方式认识它，于是对它就不会有争论的余地，——因为那些相信它的人会理解他们信念的根据，而且还能够令人信服地陈述它们。

(ii) 即使是历史学借以成为了一种科学的那场革命只不过大约有半个世纪之久,我们却决不可被“革命”一词所欺骗。早在培根和笛卡尔由于公开阐明自然科学方法所根据的那些原则,从而进行了自然科学的革命以前,人们就到处在使用这些同样的方法了,有些人用得比较经常,另有些人则用得比较稀少。正如培根和笛卡尔所如此之公正地指出的,他们自己著作的作用就是要把这些同样的方法置之于十分平凡的知识分子的掌握中。当人们说,历史学方法已在最近半个世纪里经历了革命,它那意思所指的也就是这一点。它的意思并不是指,在那个时期以前要寻找出科学历史学的事例将会是徒劳的。它的意思是指,虽然较早的科学历史学是一种罕见的东西,除了在突出人物的作品中而外,几乎是很难发见的,而且即使在它们里面也不过是标志着一瞬间的灵感而不是均衡的研究动向;但它现在却是所有的人知识范围之内的东西,是我们要求每一个在写历史的人的一件事,而且它是充分广泛地为人所理解的,甚至于在那些没有学问的人中间,从而足以使得那些写侦探小说(其情节就是根据它的方法)的作家们谋得一条生路。人类自由这一真理在17世纪被人所掌握的那种偶发的和间断的方式,至少可以这样说,可能就是这种偶发的和间断的对科学历史学方法的掌握的一个后果。

第七节　历史思维所创造的进步

“进步”这个名词，像它在19世纪那样脍炙人口地被人所使用时，包括着两种应该很好地加以区别的事物：即在历史中的进步，和在自然中的进步。对于在自然中的进步，“进化”一词已经是那么广泛为人应用，以至可以接受它当作是它确定的意义。而且为了不至于混淆这两种事物起见，我把我使用“进化”一词仅限于那种意义上，而以“历史的进步”这个名称来区别另一种意义。

“进化”是一个用于自然变化过程的名词，只要是它们被设想为是把新的物种形式带进了自然。作为进化的自然概念，决不可和作为过程的自然概念相混淆。即使就后一个概念而论，关于自然过程也仍然可能有两种见解：或则是，自然界中的各种事件在品种上是彼此重复的，而物种的形式则贯穿着它们个别事例的分歧性而始终保持不变，“所以自然的过程乃是同一的”，而且“未来将有似过去”；或则是，物种形式本身也经历着变化，而新的形式就通过改造旧的形式而产生。这第二种概念就是“进化”所意味的东西。

在一种意义上，把自然过程称为进化的和称它为发展的，是同一回事。因为如果任何一种给定的物种形式，仅仅是作为对已经确立的形式的改造才能够产生；那么任何给定形式的确立也就预先假定有另一种形式，它就是那另一种形式的一种改造，如此类推。如果形式 b 是 a 的一种改造，而 c 是 b 的改造，d 又是 c 的改造；那么 a、b、c、d 这些形式就只能以那种次序而产生。那是一系列的项目，它们只能以那种次序产生；在这种意义上，那个秩序就是进步的。当然，这样说并不蕴涵着任何与改造何以出现、或改造是大是小有关的东西。就“进步”一词的这种意义而言，进步的意思只是指有次序的，也就是说显示出次序来。

但是自然界中的进步或进化，常常被人用来表示比这更多的意思；那就是这一学说：即每种新形式不仅是前一种的改造，而且还是对它的一种进步。说到进步，就蕴涵着有一个评价的标准。这一点在繁殖家畜或植物的新形式的情况中是明白易晓的；其所蕴涵的价值，就是这种新形式对于人类目的的效用。但没有人假设自然的进化也是被设计来要产生这种效用的；因此其所蕴涵的标准就不可能是效用。那么，它又是什么呢？

康德主张价值有一种形式（而且是唯一的一种）是独立于人类的目的之外的，那就是善意的道德价值。他论证说，所有其他种类的善都仅仅对于某种所要求的目的才是善，但是道德的善则并不有赖于任何所要求的目的；因此，他就提出道德的善其自身就是一种目的。根据这种见解，进化的过程就是真正进步的，因为它通过一系列明确的形式而导致了人类的存在，即一种有可能做出道德的善的生物的存在。

如果这种见解被驳斥了，那么就很可怀疑是否还可以找到任何其他的评价标准，使我们有权把进化称为是进步的了，除非仅仅在它是有次序的这种意义上而言。这倒并不是因为价值观念在我们的自然观中找不到一席地位，——那是因为除了是作为努力要维持它自身的生存而外，我们就很难想象任何有机体的缘故；而这种努力就蕴涵着，至少是对它自身来说，它的生存就不是一个单纯的事实问题，而且还是一种有其价值的东西；——而是因为一切的价值似乎都只是相对的。始祖鸟可能事实上原是鸟类的祖先，但是是什么东西授权我们把鸟类称为是始祖鸟的一种进步呢？一只鸟并不是一只更好的始祖鸟，而是由它所衍生出来的另一种不同的东西。每一种都力图成为它自己。

但是人性是进化过程的最崇高的结果这一观点，毫无疑问地构成为被自然规律所保证的19世纪那种历史进步概念的基础。事实上，那个概念有赖于两种假设或两组假设。首先是，人乃是、或者在他自身之内包含着某种具有绝对价值的东西；所以自然过程在其进化之中，只要是导致人类存在的一种有次序的过程，就是一场进步。从这一点就可以得出，既然人显然并未控制着导致他自己生存的那个过程，所以在自然本身之中就有着一种内在的倾向要实现这种绝对的价值；换句话说，“进步乃是一项自然规律”。其次是这一假设，即人作为自然的产儿是服从于自然规律的，而历史过程的规律和进化规律乃是同一回事；亦即历史过程是属于自然过程的同一类的。由此就得出，人类历史是服从于进步的必然规律的；换句话说，它所创造的社会组织、艺术和科学以及诸如此类的新品种的形式，每一种都必然是对前一种的一项改进。

“进步的规律”这一观念，可以由于否定这两种假设中的任何一种而受到攻击。人们可以否定人自身之中具有任何有绝对价值的东西。人们可以说，人的理性只是做到了使他成为最凶恶的和最有破坏性的动物，那倒不如说是大自然的一桩错误或者一种残酷的开心，而并不是什么她的最崇高的杰作；人的道德性仅仅是（像近代的行话所说的）他设计出来为了自己遮蔽起他那兽性的粗暴事实的一种合理化或者思想意识而已。从这种观点来看，导致他的存在的那种自然过程，就不能再被看成是一种进步了。但是更进一步，如果历史过程的概念作为自然过程的单纯的扩大而被否定了，正如它所必定要被任何健全的历史理论所否定的那样；那么就可以得出，在历史之中并不存在着自然的（而且在那种意义上也就是必然的）进步规律。任何特殊的历史变化是否就成为一场改进的这个问题，因此之故就必须成为要根据它在每一种特殊情况中的成效来加以回答的一个问题了。

“进步的规律”这一概念，——即历史的进程是这样地被它所支配着，以至于人类活动前后相续的各种形式的每一种都显示出是对于前一种的一次改进，——因此就是纯属一种思想混乱，是由人类对自己超过自然的优越性的信念和自己只不过是自然的一部分的信念这二者间的一种不自然的结合而哺育出来的。如果其中一种信念是真的，另一种便是假的；它们不可能被结合在一起而产生出逻辑的结果来。

而且在一种给定的情况中，一场历史变化究竟是不是进步的这个问题，也是得不到答案的，直到我们能肯定这类问题有一种意义为止。在它们被提出之前，我们必须询问历史进步的意义是指什么，既然它已经和自然的进步区别了开来；而且如果它意味着什么东西，那么这种意义是否可以适用于我们所考虑的那种给定情况。说因为历史进步听命于自然规律的这种概念是毫无意义的，所以历史的进步这一概念本身也就是毫无意义的；——这样做出假定，就未免太草率了。

那么，假定“历史的进步”这个说法仍然可能具有一种意义，我们就必须询问它是什么意义。由于进化观点的污染已经把它弄得混乱不堪的这一事实，并不就证明它毫无意义；相反地，它却提示着它在历史经验中有着某种基础。

作为初步企图规定它的意义，我们可以这样提出，历史的进步只不过是人类活动本身的别名，它们是各种行动的相续，其中每一种都是从前面一种产生的。每种行动我们都可以研究其历史，不管它是属于哪一类；每种行动在一系列的行动中都具有它的地位，并在其中创造出一种下一个行动所必须加以应付的局势。已经完成的行动就引起了新的问题；总是这个新问题、而不又是那个老问题，才是新行动所必须加以解决的。如果一个人发现了怎样能弄到一顿饭，下次他饿了，他就必须发现怎样能弄到另一顿；而弄到这另一顿就是从老行动中产生出来的新行动。他的形势总是在变化着，他用以解决它所提出的各种问题的思想行动也就总是在变化着。

这一点无疑是真的，但是它并未解决我们的目的。每一顿饭必然都是另一顿饭，这对于一只狗正像对于一个人同样地是真的。同样真的是，每一次蜜蜂飞到一朵花上采蜜，那必定是另一朵不同的花；同样真的是，每一次一个物体以直线或以开张曲线而运动到空间中的一部分，那必定是另一个不同的部分。但是这些过程都不是历史过程，而引用它们来说明历史过程就会犯自然主义的那种老错误。还有，新局面和新行动的新颖性并不是品种上的新颖性，因为新行动可能是恰恰同类的一个新行动（例如把同一张罗网又放在同一地方）；所以我们甚至于并不是在讨论自然进程的进化方面了，而这却是那种过程似乎与历史进程最相似之点。寻找一顿新饭,甚至于也发生在最为完全停顿的或非进步的社会里。

历史进步的观念,如果说它是指什么东西的话,那么它指的就不仅仅是产生了属于同样品种类型的、而且是产生了属于新的品种类型的那些新行为或新思想或新局势。所以它就预先假定了这种品类的新颖性,并且就作为改进而存在于这些概念之中。例如,假设一个人或一个群体原来是靠吃鱼而生活,在鱼的供应不敷时,就以一种新的方式靠挖掘根茎觅食,这就会引起局势和活动在类型上的一种改变;但这不能看成是一种进步,——因为这种改变并不蕴涵着这种新类型是对于旧的一项改进。但是,如果食鱼者的群体把他们的捕鱼方法从一种较无效的改变成为一种较有效的方法,一个通常的渔人平均每天能用它捉到十条鱼,代之以原来的五条,这就可以称为是进步的一个例子了。

但是根据谁的观点来看,它才是一项改进呢?这个问题必须提了出来,因为从一种观点看来成为一项改进的,可能从另一种观点看来却相反;如果还有第三种观点能对这种冲突做出不偏不倚的判断,那么这种不偏不倚的判断的资格就必须加以确定。

让我们首先根据与它有关的人们的观点来考虑这种改变:老的一代仍然在使用老方法,年青的一代则已采用了新方法。在这样一种情况中,老的一代会看不出有改变的必要,他们确实知道生活可以按照老方法过下去。而且老一代也会想,老方法要比新方法好;这并非出于不合理的偏见,而是因为它所知道的和所重视的那种生活方式是环绕着老方法而建立的,因此它肯定会有着各种社会的和宗教的关联,表示它与这种生活方式密切联系成为一个整体。一个老一代的人只要求一天有他的五条鱼,他并不要求有半天闲暇;他所要求的是像他曾经生活过的那样去生活。因此,对他来说,这种改变并不是进步,而是一种堕落。

似乎显然的是,那年青一代的反对派则把那种改变设想为一种进步。他们已经放弃了他们父辈的生活,并为自己选择了一种新生活;要不是比较这两者并认定还是新的更好,他们就不会这样做了(我们可以这样假定)。但是情况并不必然就是这样。除非是对一个知道他所要做出选择的这两种东西都是什么的人,否则就没有选择可言。要在两种生活方式之间做出选择是不可能的,除非一个人知道它们都是什么;而这就意味着不仅仅是把一种生活方式当作一种景象来看,并在实践着另一种,或者是实践着一种并把另一种设想为是一种未经实现的可能性;而且意味着要以各种生活方式都能够为人所知的那种唯一的方式来知道这两者;那就要靠实际经验,或者是靠为这样一种目的而可能出现的那种同情的洞见。但是经验表明,最困难的事莫过于要使在一个变动着的社会中正以自己的新方式生活着的某一代人,同情地进入前一代人的生活里面去了。他们把那种生活看成仅仅是一种不可理解的景象,并且似乎是被逼得要避免同情它,以一种本能的努力来使自己摆脱父母的影响,并要把他们盲目决定的改变付诸实现。在这里并不存在两种生活方式之间的真正比较,所以也就不存在一种生活方式优越于另一种生活方式的判断,也就不存在变化之作为一种进步的概念。

因为这个缘故,在一个社会的生活方式中的历史变化,即使是造就了它们的那一代人,也极少是把它们设想为进步的。这就使他们服从于一种盲目的冲动,要把他们所不理解的东西当作是坏

的而毁掉，并代之以其他某种被当作是好的东西。但是进步并不是以好的代替坏的，而是以更好的代替好的。于是，为了要把一种变化设想为一种进步，那个造成了变化的人就必须想到他已经废除了的东西是好的，而且在某些确定的方式上是好的。他只能根据下述的条件做到这一点：即他知道旧的生活方式是什么样子，那也就是，在他实际上生活于他所创造的现在之中的同时，他还对他那社会的过去具有历史知识，——因为历史知识仅仅是过去的经验在现在的思想家心灵之中的重演。唯有如此，这两种生活方式才能在同一个心灵里放在一起而对它们的优点进行比较；所以一个人由于选择了这一种而抛弃了另一种，也才可以知道他得到了什么和失去了什么，并断定他已经选择了那更好的。总之，革命者只有在他同时也是一个历史学家、在他自己的历史思想里真正重演那种虽则已被他扬弃了的生活时，才能把他的革命看作是一种进步。

现在让我们来考虑正在讨论的这种变化，但不再是从那些与它有关的人们的立场来考虑，而是从置身于其外的一个历史学家的立场来考虑。我们可以希望，根据他那置身局外的和不偏不倚的观点，他有可能以某种程度的公正性来判断它是不是一种进步。但这却是一件难事。如果他紧紧抓住在先前捉五条鱼的地方现在捉了十条鱼这个事实，并且用这一点来作为进步的一个标准，那么他就只是受骗而已。他必须顾及那种变化的条件和结果。他必须问用那些额外的鱼或额外的闲暇都做了什么事。他必须问，什么价值是隶属于那些为了它们而被牺牲了的社会制度和宗教制度的。总之，他必须把两种不同的生活方式当作两个整体来判断它们相对的价值。而为了做到这一点，他就必须能够以同等的同情感钻入到每种生活方式的主要特征和价值里面去；他必须在他自己的心灵里重行经验它们两者，作为是历史知识的对象。因此，使他成为一位合格的裁判官的那种东西，就恰好是他并非从一种置身局外的观点来观看他的对象，而是在他自身之中重行生活它的这一事实。

我们后面将要看到，就其全体来判断某一种生活方式的价值这一任务，乃是一桩不可能的任务，因为从没有这类的事物是以其全体而成为历史知识的一种可能的对象的。企图知道我们所无法知道的事物，乃是产生错觉的一种可靠的方式。要判断一个历史时期或人类生活的一种形态作为整体而言，是不是比起它的前人来表现了进步，——这种企图就造成了一种很容易识别的类型的错觉。它们的特点是把某些历史时期贴上美好的时期、或历史的伟大时代的标签，而把另一些时期贴上恶劣的时期、或历史衰颓或贫困的时代的标签。那些所谓的美好时期，就是历史学家深入到它们的精神里面去的那些时期，——或则是由于有大量证据的存在，或则是由于他自己有能力来重行生活它们所享有的那种经验。而那所谓的恶劣时期，则要么是有关的证据是相对地稀少的时期，要么是它们那生活，由于他自己的经验和他的时代所产生的原因，是他无法在他自身之中重行建造的那些时期。

在今天，我们经常遇到一种历史观点是以这种方式包括着美好的和恶劣的时期的，而恶劣的时期之被区分为原始的时期和衰颓的时期，则视其先于还是后于那些美好的时期而定。这种原始时期、伟大时期和衰颓时期之间的区分，并不是、而且永远不可能

是历史的真相。它告诉了我们许多有关研究那些事实的历史学家们的事，但却没有一点是有关他们所研究的事实的。它就像我们自己这样的一个时代所具有的特点，在这里历史受到广泛地、成功地但是折中地研究。每一个我们对其具有胜任的知识的时期，（说胜任的知识，我的意思是指对它那思想具有洞见，而不是单单是熟悉它的遗文遗物，）在时间的透视中看过去，都是一个辉煌的时代；这种辉煌乃是我们自己的历史洞见的光辉。相形之下，那些介乎其间的时期，相对地说来而且在不同的程度上，就被人看作是“黑暗时代”了；我们知道这些时代曾经存在过，因为在我们的编年史中它们也占有着一段时间间距，而且关于它们的著作和思想我们可能有大量的遗物，但是在其中我们却不能发现真正的生活，因为我们不能在我们自己的心灵里重演那种思想。这种光明与黑暗的模型，是由历史学家的知识和无知的分配所形成的视觉上的错觉；这从不同的历史学家和不同世代的历史思想来勾绘它的不同方式，是显而易见的。

就是这种视觉上的错觉，以一种较简单的形式影响了 18 世纪的历史思想，并且奠定了为 19 世纪所接受的那种进步教条的基础。当伏尔泰提出“一切历史都是近代史”[①]，以及关于 15 世纪末叶以前没有任何事物是真正能够为人所知时；他就一举而说出了两件事：即早于近代的事都是不可知的，以及更早的事都是不值得知道的。这两件事是同一件事。他之无力根据古代世界的和中世纪的文献来重建真正的历史，乃是他之所以相信那些时代是黑暗

① 《哲学辞典》，《历史学》条；《全集》第四十一卷（1784 年版），第 45 页。

的和野蛮的根源。从原始时代直到今天，作为进步的历史观念，对于那些相信它的人来说，都是他们的历史视野只局限于最近的过去这一事实的一个简单的结果。

因此，关于有一种单一的历史进步导致了今天那一古老的教条和关于历史周期（即一种多重的进步导致了“伟大的时代”，而后又导致衰颓）这一近代的教条，就都仅仅是历史学家的愚昧无知在过去的屏幕之上的投影罢了。但是，若把这些教条撇在一旁，是不是进步的观念就除此以外再没有其他的基础了呢？我们已经看到，有一种条件是观念可以据之以表现一种真正的思想的，而不是一种盲目的感情或一种单纯的愚昧状态。这种条件就是，使用进步这个名词的人应当把它用之于比较两种历史时期或两种生活方式，而这两者他都能历史地加以理解，那就是说能以足够的同情和洞见为自己重建它们的经验。他必须使他自己和他的读者都满意于，在他自己的心灵里没有任何死角、在他的学识装备中没有任何缺陷，足以妨碍他进入这一种经验之中，就像他进入另一种之中同样地那么充分。满足了这种条件之后，他就有资格提问从第一种到第二种的变化是不是一个进步了。

但是在他问这个问题时，他确切地是在问什么呢？显然地，他并不是在询问第二种是不是更接近于他作为自己的生活方式而接受的那种生活方式。由于在他自己的心灵里重演了两种之中的每一种经验，他便接受了它作为一种要根据其自身的标准而加以判断的事物，即具有其自己的问题的一种生活形式；那是要根据它解决那些问题成功与否、而不是根据什么别的来加以判断的。他也并不假定，两种不同的生活方式都是企图要做同一件事情；而且并不问第二种是不是比第一种做得更好。巴哈[①]并不打算像贝多芬那样作曲，却失败了；雅典并不是要产生出罗马来的一种相对的不成功的企图；柏拉图就是他本人，而不是一个半发展了的亚里士多德。

这个问题只有一种真正的意义。如果思想在其最初阶段，在解决了那一阶段的最初问题之后，就由于解决这些问题而带来了另一些使它遭遇挫败的问题；并且如果这第二种思想解决了这另一些问题而并未丧失其解决第一种的据点，从而就有所得而并没有任何相应的所失；那么就存在着进步。并且也不可能再存在有什么根据任何其他条件的进步。但如果有任何所失的话，那么得失相权衡的这个问题就是无法解决的。

按照这个定义，要问任何一个历史时期作为一个整体而言，是不是表明了自己超越其前人的进步，这种提问就是废话了。因为历史学家永远也不可能把任何一个时期当作一个整体。关于它的生活，必然有大片地带要么是他并没有掌握材料的，要么是没有材料是他所处的地位能够加以解释的。例如，我们无从知道希腊人以音乐经验的方式都享受过些什么，虽然我们知道他们高度评价音乐，但我们现在没有足够的资料。而在另一方面，虽然我们并不缺乏有关罗马宗教的材料，我们自己的宗教经验却并不属于那样的一种，可以使我们有资格在我们自己的心灵里重建它对他们所意味着的东西。我们必须选定经验的某些方面，并把我们对进步的探索限定在这些方面。

① 巴哈(1685—1750)，德国作曲家。——译者

我们能够谈论幸福、或舒适、或满足的进步吗？显然不能。不同的生活方式之间的分化，最明显的莫过于它们由于人们所习惯享受的各种事物之间的、他们所感到舒适的那些条件之间的和他们所认为满意的那些成就之间的不同而分化了。在一个中世纪的茅舍里感到舒适的问题和在一个近代的贫民窟里感到舒适的问题，是那样地不同，以至于并不存在对它们进行什么比较；一个农民的幸福是不会被包含在一个百万富豪的幸福之中的。

要问在艺术中是否存在着任何进步，也是毫无意义的事。艺术家的问题(只要他是一位艺术家)，并不是要做他的前人所做过的事、并继续去做他的前人所未能做到的某些事的问题。在艺术中存在着发展，但不存在着进步；因为尽管在艺术的技巧过程中，一个人向另一个人学习，提香[①]向贝里尼[②]学习，贝多芬向莫扎特学习等等，但艺术本身的问题并不在于掌握这些技术过程，而在于使用它们来表达艺术家的经验并赋给它以反思的形式；因此之故，每一件新的艺术品就都是解决一个新问题，这个新问题不是出自一件已往的艺术品，而是出自艺术家的未经反思的经验。艺术家作品的好坏，要视它们解决这些问题的优劣而定；但是艺术好坏之间的关系并不是一种历史关系，因为它们的问题是出自未经反思的经验之流，而这一经验之流并不是一种历史过程。

在一种意义上，在道德中也不存在进步。道德生活并不在于道德法典的发展，而在于把它们应用到行为的各种个别问题上；并

① 提香(1477—1576)，威尼斯画家。——译者

② 贝里尼(1430—1516)，威尼斯画家 。——译者

且在很大程度上，这些问题和艺术的那些问题一样，都是来自未经反思的经验。我们道德生活的进程，是受着我们各种欲望的相续所制约的；而且尽管我们的欲望改变了，它们却不是在历史地改变着的。它们来自我们的动物性，尽管那从青年到老年可以改变，或者随不同的民族和气候而变异，但那些不同乃是自然过程的、而不是历史过程的一部分。

然而在另一种意义上，却存在着、或可能存在着道德的进步。我们道德生活有一部分包括应付那些并非出自我们的动物性、而是出自我们的社会制度的问题，而这些却是历史的事物，它们只有在已经成为道德理想的表现时，才创造出道德问题。一个人问自己是不是应当志愿地参加他的国家的战争，那并非是在向个人的恐惧进行斗争，而是他卷入了体现为国家制度的道德力量，和体现为不仅是国际和平与交往的理想、而且也同等地是国际和平与交往的当前现实的道德力量，这两者之间的一场冲突。同样地，离婚问题并不是出自性欲的狂想，而是出自一夫一妻制的道德理想与硬性地实施那种理想而带来的一连串道德罪恶这两者之间的一场未解决的冲突。解决战争或离婚的问题，只有靠设计一些新制度才有可能，这些新制度将充分承认被国家或被一夫一妻制所承认的那些道德要求，而且将满足这些要求，并不把在历史事实中由旧的制度所造成的各种更进一步的要求遗留下来而得不到满足。

同样的这两个方面也出现在经济生活中。只要它时时刻刻是在寻求可以满足的各种要求——不是出自我们的历史环境，而是出自我们作为具有某些欲望的动物的天性——的办法，其中就不可能存在着进步；那会是一场在幸福、或舒适、或满足上的进步，而

我们已经看到这是不可能的。但是并非我们所有的要求都是为了满足动物的欲望。要求投资，我可以把我的储蓄放在投资里面以备养老，就不是一种动物欲望；它出自于一种个人主义的经济体系，在那种体系之中老年人得到赡养既不是靠国家规定，也不是习惯地靠他们的家庭，而是靠他们自己的劳动成果，在那种体系中资本是要有一定的利率的。那种体系解决了很多问题，因而其中就有着它的经济价值；但是它也造成了其他大量的问题是它目前尚未能解决的。一种更好的经济体系——即对这种体系的取代将会成为一场进步的那个体系——将会继续解决那些由个人主义的资本主义所解决的同样问题，而且也解决那些其他的问题。

同样的考虑也适用于政治和法律，我无须再详细阐述这种运用。在科学、哲学和宗教中，情况就颇为不同了。在这里，——除非是我错了，——并不出现应付我们的动物天性和满足它那需要的问题。这个问题是单一的而不是双重的。

科学的进步就在于一种理论被另一种所取代，这另一种既可以解释前一种理论所已经解释的一切，又可以解释前一种理论所应该解释、但却未能解释的各种类型或类别的事物或“现象”。我认为达尔文的物种起源的理论就是一个例子。物种固定的理论解释了在人类有记录的记忆范围之内自然界品种的相对永久性，但是它还应当对延续得更长的地质时代有效；而且它对人工驯化之下选择繁殖动植物的情况，也不能成立。达尔文于是提出了一种理论，它所具有的优点是它把这三种都带到了一个观念之下。我几乎不必再引现在更为人所熟知的牛顿的引力定律和爱因斯坦定律二者之间的关系，或狭义相对论和广义相对论二者之间的关系了。就有关进步的概念而言，科学的兴趣似乎是，这就是进步存在并可以证实的最简单而又最明显的情况了。由于这个原因，那些极其坚定地信仰进步的人，一直是非常之习惯于诉之科学的进步，作为进步这样一种东西存在的最明白的证据，并且往往还把他们对其他领域进步的希望都寄托在使科学成为人类生活的绝对女主人的希望之上。但是科学却只有在她自己的家园里才是（而且才能是）女主人，而那些不可能有进步的活动形式（像艺术）就不能由于它们隶属于科学的规律而使它们做到进步，假如那种词句意味着什么东西的话；同时，那些能够进步的，则必须为自己发见怎样通过改进自己的工作而取得进步。

哲学，只要它在其发展中的一个阶段解决了上一个阶段曾挫败过它的一些问题，而又不丧失其对已经成就了的解决方法的把握，就取得了进步。当然，这一点与两个阶段是否是一个单独的哲学家一生中的两个阶段，还是由不同的人所代表的两个阶段无关。因此，假设真的是柏拉图把握了一种永恒客体的必然性，即理念的世界或善的理念，而且还把握了一种永恒主体的必然性，即灵魂具有认识者和运动者的双重功能，作为是对他的前人的工作所遗留给他面临着的那些问题的解决方法；但是又犹疑着不能肯定这两者是否有关系；而且假设亚里士多德看出了，两者之间的关系问题——像是柏拉图所陈述的，或者不如说像是他本人在对柏拉图的教诲的长期学徒状态之中所看到的，——是能够凭着把它们两者想象为同一个，即纯理智与其客体是同一的，而且它关于那个客体的知识也就是它对于其自身的知识，从而得到解决的；那么亚里士多德的哲学（尽管可以设想不是在其他方面）就会标志着对柏拉图哲学的一个进步,只要是亚里士多德迈出那新的一步并未牺牲柏拉图用他的理念理论和他的灵魂理论所成就了的任何东西。

在宗教中,进步根据这些同样条件也是可能的。如果基督教丝毫没有减少犹太教以它的上帝作为唯一的上帝的概念——既公正而又可怕,相对于人类的无限渺小乃是无限地伟大,并且在他对人类的要求上又是无限严格的,——所获得的一切东西,而又能通过上帝之变成人乃是为了使我们可以变成上帝的这种概念来沟通上帝与人之间的那道鸿沟;那就是宗教意识史上的一个进步,而且是一个了不起的进步。

在这类的意义上和在这类的情形中,进步就是可能的。它是否在实际上已经出现,在何时、何地并以何种方式出现,则是历史思想所要回答的问题。但是还有另一件事是要历史思想来做的,那就是要创造这种进步本身。因为进步不仅仅是一件要由历史思维来发现的事实,而且还是只有通过历史思维才能完全出现的。

这样说的理由是,在它出现的那些(无论是常见的或是罕见的)情况中,进步仅只是以一种方式出现的:即心灵在一个阶段里保留着前一阶段所成就的一切。这两个阶段是相联系着的,不仅仅是通过一一相继的方式,而且还是通过连续性的方式,——并且是一种特殊的连续性。如果爱因斯坦在牛顿的基础上做出了前进,他是由于知道牛顿的思想并把它保留在他自己的思想中而做出了前进的;那是在这种意义上,即他知道牛顿的问题是些什么和他怎样解决了它们;并且把这些解决办法中的真理从任何阻止了牛顿再向前进的错误之中清理出来,从而就这样在自己的理论中进行清理这些解决办法。毫无疑问,他可以做到这一点而自己并不必读过牛顿的原著；但他却不能不从某个人那里接受过牛顿的学说。因此，牛顿在这样一种普遍联系之中就不是代表一个人，而是代表一种理论，它支配着某个一定时期的科学思想。只有在爱因斯坦知道那种理论作为科学史上的一件事实，他才可能在这个理论上做出一种前进。因此，牛顿就是以任何过去的经验都活在历史学家的心灵之中的那种方式而活在爱因斯坦之中，正如过去的经验是作为过去——即作为与他有关的那种发展的出发点——而为人所知，但它却又是在此时此地和它自身的发展一起被重演；那种发展部分地是建设性的或积极的，而部分地则是批判性的或消极的。

其他的任何进步也都是同样的。如果我们想要消灭资本主义或战争，而且在这样做时，不仅是要摧毁它们，并且还要创造出更美好的东西来；那么我们就必须从理解它们而开始；要看出我们的经济体系或国际体系所成功解决了的问题都是些什么，而且这些问题的解决又是怎样和它所未能解决的其他问题相关系着的。这种对于我们准备要取而代之的体系的理解，乃是我们必须在取而代之的工作之中始终保留着的一种东西，作为制约着我们创造未来的一种有关过去的知识。也许要做到这一点是不可能的；我们对我们所要摧毁的东西的那种憎恨也许会妨碍我们去理解它，而且我们又可能是那么热爱它，以至于我们不可能毁掉它，除非是我们被那种憎恨所蒙蔽。但如果是那样的话，就会又一次像在过去常常发生的那样出现一种变化，但并不是一种进步；我们在急于要解决下一组问题时，就会丧失对于这一组问题的掌握。而我们到了现在就应该认识到，并没有什么自然界的仁慈的法律可以挽救我们脱离我们愚昧无知的结果。

人名译名对照表

Acton, Lord.	阿克顿勋爵
Alexander, S.	亚历山大
Alexander, the Great	亚历山大大帝
Alfred, King	亚勒弗烈王
Ambrose, St.	安布罗斯
Archimedes,	阿基米德
Aristotle	亚里士多德
Arnold, Thomas	阿诺尔德
Augustine, St.	奥古斯丁
Aurelius, M. A. A.	奥勒留
Bach, J. S	巴哈
Bacon, Francis	培根
Barth, K.	巴尔特
Barth, P.	巴尔特
Bauer, Wilhelm	鲍威尔
Baumgarten, A. G.	包姆加登
Baur, F. C.	鲍尔
Baynes, N. H.	贝恩斯
Becket, Thomas	贝克特
Bede	贝德
Beethoven,	贝多芬
Bellini	贝里尼
Bergson, H.	柏格森
Berkeley, Bishop	贝克莱
Bernheim, E.	伯伦汉
Bodin, J.	鲍丹
Bolland, J.	波兰狄
Bosanquet, B.	鲍桑葵
Boutroux, E.	布特鲁
Bradley, F. H.	布莱德雷
Brehier, E.	布勒伊埃
Breysig, k.	布莱齐希
Brutus, M.	布鲁图斯
Buchanan, G.	布坎南
Buokle, H. F.	巴克尔
Burnt Njál,	伯恩特·扎尔
Bury, J. B.	伯里
Butler, S.	巴特勒
Camden, W.	卡姆丹
Campanella, T.	康帕内拉
Carrit, E. F.	凯里特
Cochrane, C. N.	柯克兰
Coleridge, S. T.	柯勒律治
Comte, A.	孔德
Condorcet, Marquise	孔多赛
Cornford, F. M.	康福德
Cournot, A. A.,	库尔诺
Croce, B.,	克罗齐
Croesus,	克罗苏斯
Croiset, A.,	克罗瓦赛

Dante	但丁
Darwin, Charles	达尔文
Descartes, R.	笛卡尔
Dilthey, W.	狄尔泰
Domitian	图密善
Dray, W.	德雷
Droysen, J. G.	德罗伊曾
Einstein, A.	爱因斯坦
Eusebius of Caesarea	赛瑟里亚的优昔比乌斯
Fichte, J. G. ,	费希特
Flint, R.	弗林特
Frazer, Sir James	弗雷泽
Frederick the Great	腓德烈大王
Freeman, E. A.	弗里曼
Fueter, E.	傅特尔
Furneaux, H.	傅尔诺
Gardiner, S. R.	迦丁纳
Gibbon, E.	吉本
Grote, George	格罗特
Grote, John	格罗特
Grotius, H.	格老秀斯
Halévy, E.	阿累维
Hammurabi	汉谟拉比
Havenfield	哈佛菲尔德
Hegel,	黑格尔
Henley, W. E.	亨利
Heraclitus,	赫拉克利特
Herbart, J. F.	赫尔巴特
Herder, J. G.	赫德尔
Herodotus,	希罗多德
Hesiod,	赫西俄德
Hippocrates	希波克拉底
Hippolytus, Bishop	希波里特
Hobbes, T.	霍布斯
Holmes, Sherlock	福尔摩斯
Homer,	荷马
Horsley, John.	霍尔斯雷
Hume, David	休谟
Huxley, T. H.	赫胥黎
Inge, M. R.	印泽
Isidore of Seville	赛维尔的伊西多尔
Isocrates	伊索克拉底
Jean, Charles F.	秦恩
Jerome, St.	哲罗姆
Joachim, H.	约阿喜姆
Joachim of Floris	佛罗里斯的约西姆
Joseph, H. W. B.	约瑟福
Julius Caesar	尤里乌斯·恺撒
Jullian, C.	于利昂
Kant	康德
Kepler, J.	开普勒
Kierkegaard, S.	克尔凯郭尔
Labriola, A.	拉布里奥拉
Lachelier, J.	拉希利埃
Lamprecht, K.	兰普雷喜特
Langlois, C. V.	朗格路瓦
Laplace, P.	拉普拉斯
Lecky	莱基
Leibniz,	莱布尼兹
Livy,	李维
Locke, John.	洛克
Lotze, R. H.	洛采

Mabillon, J.	马比雍
Macaulay, Lord,	麦考莱
Machiavelli, N. ,	马基雅维里
Mackenzie, R.	麦肯齐
Maitland, F. W.	梅特兰
Marius	马略
Marx, K.	马克思
Meyer, E.	迈耶
Mill, J. S.	穆勒
Mommsen, T.	蒙森
Montesquieu, Baron de	孟德斯鸠
Napoleon	拿破仑
Nelson, H.	纳尔逊
Nero	尼禄
Newton, Sir Isaac	牛顿
Niebuhr, B. G.	尼布尔
Novalis,	诺瓦利斯
Oakeshott, M. B.	奥克肖特
Occam, William of	奥坎
Ortega Y Gasset	奥特加
Pascal, B.	帕斯卡尔
Pater, W.	佩特
Percy, Bishop.	帕尔西
Pericles	伯里克利
Petrie, sir W. M. F.	比德里
Plato	柏拉图
Poirot, Hercule,	波瓦若
Polybius	波里比乌斯
Polycrates	波吕克里特
Pope, A.	蒲伯
Pythagoras	毕达哥拉斯
Quintilian	昆体良
Ranke, L. von,	兰克
Ravaisson, J. G. F.	拉韦松
Reid, Thomas,	里德
Rickert, H. ,	李凯尔特
Richmond, I. A.	理奇蒙
Ruggiero, G. da	鲁吉罗
Russell, B.	罗素
Santayana, G.	桑塔亚纳
Schelling, F. W. J.	谢林
Scheller, F.	席勒
Schopenhauer, A.	叔本华
Scipio	西庇阿
Seeley	西莱
Seignobos, Charles	瑟诺博斯
Simmel, Georg	齐美尔
Socrates	苏格拉底
Solon	梭伦
Spencer, H.	斯宾塞
Spengler, O.	斯宾格勒
Spinoza.	斯宾诺莎
Strauss, D. F. ,	斯特劳斯
Stubbs, Bishop,	斯塔布斯
Suetonius	苏埃托尼乌斯
Sybaris	息巴利斯
Tacitus	塔西佗
Theodosuis	狄奥多修斯
Thucydides	修昔底德
Tiberius	提比略
Tillemont, L. S.	提累蒙特
Titian	提香
Toynbee, A. J.	汤因比
Vico, B.	维柯
Voltaire	伏尔泰
Walsh, W. H.	沃尔什

Wells, H. G.	威尔斯	Winckelmann, J.	温克尔曼
Whitehead, A. N.	怀特海	Windelband, W.,	文德尔班
Wilson, J. C.	威尔逊	Wolf, F. A.	沃尔夫

译 后 记

关于本书的作者柯林武德的思想及其史学理论的述评，已见本书的译序。这里只对我们在译文中所遇到的某些技术问题作一简略的说明。

“心灵”(mind) 一词为作者理论中的一个关键性的术语。这个字也可以译作“精神”；如黑格尔《精神现象学》或“精神哲学”的精神一字德文原文为 Geist ，而英译则作 mind。译文中除少数地方(如有关黑格尔历史哲学的章节)作“精神”外，其余地方均译作“心灵”，以期统一。

本书中的 idealism 一词，通常中译名作“唯心主义”。但此词另有一个含义是“理想主义”。在大多数情况，书中用 idealism 和它的形容词 idealistic ，系与“实证主义”(以及“实用主义”)相对而言，所以我们均译作“理想主义”。只有少数情况，当它是与“唯物主义”相对而言的时候，则译作“唯心主义”。

另一点特别需要提到的是：作者使用“批判的历史学”一词和当代一般流行的用法大相径庭。在一般的用法上“批判的历史学(或历史哲学)”系与“思辨的历史学(或历史哲学)”相对而言。但作者使用“批判的历史学”一词，却指的是一般通行意义上所谓的“考据历史学”(或历史考据学)；他的心目中是指 19 世纪以兰克为代表而盛行一时的历史考据学，也就是他在本书中所始终猛烈抨击的那种“剪刀加浆糊的历史学”（或剪贴史学）。这在用词上也并非标新立异。因为 criticism 一词和它的形容词 critical 包含有两种意思，一般作“批评”或“批判”解，而在历史研究中则往往作“考据”或“考订”解。作者在本书中使用此词，大都是用在后一种意义上。至于前一种意义，即通常意义上所谓的“批判历史学”，则作者特别标出“科学历史学”一词。“科学历史学”是本书的中心思想，全书所讨论的实际上即作者所谓的“科学历史学”问题。对于这一用法，请读者们在阅读时特别加以注意，以免与通行的用法混淆。

由于作者在生前没有来得及把本书写成定稿，所以本书在编排上和内容上显得颇不平衡。有些理论并没有做出应有的详尽发挥，甚至没有讲清楚。对他的一些基本论点的理解，翻译过程中曾参考了作者的其他著作，尤其是他的《自传》一书。读者如对他感兴趣的话，最好也请参阅他的其他著作，至少是他的《自传》。当然，作者理论本身也有其重大的漏洞，乃至前后自相矛盾和风格不一的地方。这些是有待于读者以批判的眼光加以分析的。

本书的翻译始自 1979 年，其后时作时辍，直到 1983 年秋才最后完工；现由中国社会科学出版社出版，以供国内对历史哲学和历史理论感兴趣的同志们阅读、研究、批判或参考之用。限于我们的水平，译文中的错误或不妥之处希望能得到读者的批评和指正。本书中所有的希腊文都由中国社会科学院哲学研究所叶秀山同志进行了核对，谨在此表示衷心的谢意。

译　　者

1983 年秋，于北京

修订版后记

本书中译本原由中国社会科学出版社(北京)于1986年出版,作为“汉译外国史学理论名著丛书”中之一种。译文现经过重行校正和修订,改由商务印书馆列入“汉译世界学术名著丛书”,作为修订本排印再版。“译序”也嫌不能满意,但目前已来不及改写,只好俟诸异日。

此次校订过程中,承友人朱本源教授多所指正,谨此致谢,并志鸿爪;同时对商务印书馆编辑部同志的热情帮助,表示衷心的感激。

译　者

1994年春北京

图书在版编目(CIP)数据

历史的观念/(英)柯林武德著;何兆武,张文杰译.—北京:商务印书馆,2017
(汉译世界学术名著丛书:120年纪念版:珍藏本)
ISBN 978-7-100-14283-0

Ⅰ.①历… Ⅱ.①柯… ②何… ③张… Ⅲ.①历史哲学 Ⅳ.①K01

中国版本图书馆CIP数据核字(2017)第141170号

汉译世界学术名著丛书
(120年纪念版·珍藏本)
历 史 的 观 念
〔英〕柯林武德 著
何兆武 张文杰 译

商 务 印 书 馆 出 版
(北京王府井大街36号 邮政编码100710)
商 务 印 书 馆 发 行
北京通州皇家印刷厂印刷
ISBN 978-7-100-14283-0

2017年12月第1版 开本710×1000 1/16
2017年12月北京第1次印刷 印张32½
定价:160.00元